高等学校经济与工商管理系列教材

# 战略管理

汤小华　黎　群　魏　炜　张娜娜　**编著**

清华大学出版社
北京交通大学出版社
·北京·

## 内 容 简 介

本书内容包括：战略管理概论，企业使命、愿景与目标，企业外部环境分析，企业内部环境分析，企业总体战略，企业经营单位战略，企业战略方案的评价与选择，企业战略实施与控制，企业增长的战略方式，企业国际化经营战略和企业文化战略，以及课堂研讨案例。全书贯彻案例教学的思想，编入了许多国内外战略管理的新近案例。

本书适合高等院校经济管理类专业本科教学使用，也适合 MBA 等专业学位研究生教学及各类管理干部培训使用，还可供政府部门及企事业单位从事经济管理工作的相关人员参阅。

本书封面贴有清华大学出版社防伪标签，无标签者不得销售。
版权所有，侵权必究。侵权举报电话：010-62782989　13501256678　13801310933

### 图书在版编目（CIP）数据

战略管理/汤小华等编著. —北京：北京交通大学出版社：清华大学出版社，2023.9
高等学校经济与工商管理系列教材
ISBN 978-7-5121-5055-3

Ⅰ. ①战… Ⅱ. ①汤… Ⅲ. ①企业管理-战略管理-高等学校-教材 Ⅳ. ①F272.1

中国国家版本馆 CIP 数据核字（2023）第 145503 号

### 战略管理
ZHANLÜE GUANLI

责任编辑：黎　丹

| | | | | | |
|---|---|---|---|---|---|
| 出版发行： | 清华大学出版社 | 邮编：100084 | 电话：010-62776969 | http://www.tup.com.cn |
| | 北京交通大学出版社 | 邮编：100044 | 电话：010-51686414 | http://www.bjtup.com.cn |

印　刷　者：北京时代华都印刷有限公司
经　　　销：全国新华书店
开　　　本：185 mm×260 mm　　印张：16.75　　字数：418 千字
版 印 次：2023 年 9 月第 1 版　　2023 年 9 月第 1 次印刷
印　　　数：1～2 000 册　　定价：49.00 元

本书如有质量问题，请向北京交通大学出版社质监组反映。对您的意见和批评，我们表示欢迎和感谢。
投诉电话：010-51686043，51686008；传真：010-62225406；E-mail：press@bjtu.edu.cn。

# 前　言

《孙子兵法》谋攻篇中提到"兵者，国之大事，死生之地，存亡之道，不可不察也""上兵伐谋，其次伐交，其次伐兵，其下攻城"，强调了军事战略关乎国家的兴亡，是上等的军事行动。企业的经营亦如此，要靠战略去明确方向，抓住机遇，迎接挑战，扬长避短。德鲁克曾指出："对企业而言，未来至关重要，经营战略使企业为明天而战。"

近年来，全球政治、经济、技术和社会发展格局发生了深刻变化，特别是以 A（artificial intelligence，人工智能技术）、B（blockchain，区块链技术）、C（cloud computing，云计算技术）、D（big data，大数据技术）为代表的新一代信息技术改变了传统的生产方式和生活方式，给企业经营带来了重大的机遇和挑战。随着新一轮科技革命和产业变革的发展，如何在竞争日趋激烈并且复杂多变的市场环境中求得长期生存和可持续发展，已经成为当今企业面临的首要问题。解决这一问题的关键在于企业是否确立了适应外部环境变化和自身资源条件的企业战略，并有效实施与及时评价、控制。

西方国家大多数企业都积极实施了战略管理，许多规模较大的企业还设有专门的战略规划部门。改革开放 40 多年来，中国经济建设与发展取得了巨大成就，出现了许多优秀的企业，丰富了企业战略管理实践和理论研究。目前中国企业的外部环境发生了前所未有的变化，步入"乌卡时代"（VUCA）。经营环境呈现动态性、不确定性、复杂性和模糊性等特征，以往单纯依靠外部机遇的模式已经无法实现企业的长期发展。中国企业已迎来战略管理时代，迫切需要将战略管理理论应用于企业的商业实践。战略管理思想和方法同时还可应用于一般非营利性组织及政府组织，甚至还可以运用到每一个人的事业规划之中。

战略管理是一门与时俱进的课程，旨在培养学生的战略性思维，提升战略管理能力。作为一本综合性和实践性很强的教材，本书的编写力求整合国内外最新研究成果，及时反映我国企业战略管理实践，通过理论与实践相结合，为系统学习和灵活掌握战略管理的基本理论知识与实践操作技能提供支持，以有效满足企业战略实践和人才培养的需要。

本书的特点体现在以下几个方面。

（1）反映学科前沿。本书力求反映企业战略管理的最新理论，并结合当代企业战略管理实践的需要，编入了商业生态系统、动态能力、蓝海战略、动态竞争、数字化转型战略、平台战略、创新战略等前沿研究成果。

（2）贯彻案例教学的思想。本书编入了许多国内外企业战略管理的新近案例。案例的选择体现了典型性、时代性和多样性，包括的企业主要有科大讯飞、比亚迪、阿里巴巴、贵州宁德时代、海康威视、隆基绿能、中国港湾、维维股份、海澜之家、春秋航空、蔚来、腾讯、字节跳动、华为、盒马鲜生、海底捞、中国好声音、娃哈哈、小米集团等。

（3）注重学科知识的系统性。本书根据战略管理学科的特点，从概论、战略分析、战略制定、战略实施、特定企业战略和职能战略等层面，完整地体现出战略管理课程的知识体系，便于教师授课和学生学习。

（4）结构完整。① 大多数章都设有案例导入，引导读者学习本章内容。② 每章后附有小结、思考题，有助于学生理解课程知识和掌握课程的重点与难点。③ 大多数章都设有章末案例，后面的讨论题紧扣该章内容，以帮助读者深入理解战略管理。④ 本书最后还附有研讨案例，以便于组织课堂案例讨论。

（5）逻辑体系清晰。本书逻辑性强，体系清晰，既有利于教师授课，也有利于学生学习。本书根据战略管理课程的思维方法，按照企业战略管理的过程组织核心内容，即战略分析、战略制定和战略实施。本书较好地反映了企业战略管理各部分内容的内在联系，体现出了企业使命—企业目标—企业战略的层次关系。

（6）突出时代性。数字化已成为时代大潮，本书利用二维码技术与纸质教材深度融合，实现内容的多元化呈现，既减少了篇幅，又增加了读者的阅读量和选择性。

（7）强调本土化。本书力求把西方经典的战略管理理论放在我国情境下考察，注重战略管理理论与我国企业实际情况的结合和调适问题。选取的案例也以国内企业为主。

全书共分 11 章，编写分工如下：汤小华编写第 1、3、4 章；魏炜编写第 5、6、7 章；张娜娜编写第 8、9、10 章；黎群编写第 2、11 章。全书由汤小华统稿。

本书在编写过程中得到了北京交通大学经济管理学院研究生王庆文、李鑫鑫、潘倩倩、睢利娜及本科生于一敏、赵菁宇等的大力协助，在此一并向他们表示衷心的感谢。

本书在编写过程中参考了大量国内外学者的文献，在此谨向作者们深表谢意。

由于编者水平有限，书中不足之处，恳请广大读者予以指正。

编　者

2023 年 7 月

于北京交通大学红果园

# 目 录

## 第1章 战略管理概论 · 1
案例导入 科大讯飞——探寻人工智能的实现路径 · 1
1.1 企业战略的性质与类型 · 3
1.2 企业战略管理过程 · 7
1.3 企业战略管理者 · 11
1.4 企业战略管理理论的演进 · 13
章末案例 新能源汽车领军者——比亚迪的战略选择 · 15
本章小结 · 18
思考题 · 18

## 第2章 企业使命、愿景与目标 · 20
案例导入 阿里巴巴的使命 · 20
2.1 企业使命 · 22
2.2 企业愿景 · 33
2.3 企业目标 · 35
本章小结 · 40
思考题 · 40

## 第3章 企业外部环境分析 · 42
案例导入 动力电池巨头——宁德时代的"好运" · 42
3.1 宏观环境分析 · 44
3.2 行业环境分析 · 47
3.3 战略群体分析 · 56
3.4 竞争对手分析 · 58
3.5 商业生态系统分析 · 61
3.6 外部因素评价矩阵 · 64
章末案例 人工智能行业的现状与发展趋势 · 65
本章小结 · 69
思考题 · 69

# 第4章　企业内部环境分析 ... 70
案例导入　海康威视——公司竞争力是根本 ... 70
4.1　企业资源能力分析 ... 73
4.2　企业核心能力 ... 76
4.3　企业价值链 ... 80
4.4　内部因素评价矩阵 ... 83
4.5　SWOT 分析 ... 84
章末案例　隆基绿能——没有一次成功是偶然的 ... 87
本章小结 ... 89
思考题 ... 89

# 第5章　企业总体战略 ... 90
案例导入　维维股份的多元化与归核化 ... 90
5.1　战略态势 ... 95
5.2　专业化战略 ... 97
5.3　一体化战略 ... 100
5.4　战略外包 ... 101
5.5　多元化战略 ... 105
5.6　平台战略 ... 108
5.7　数字化转型战略 ... 112
章末案例　海澜之家的轻资产运营模式 ... 116
本章小结 ... 118
思考题 ... 118

# 第6章　企业经营单位战略 ... 120
案例导入　春秋航空的成本领先战略 ... 120
6.1　企业一般竞争战略 ... 123
6.2　蓝海战略 ... 134
6.3　动态竞争战略 ... 135
章末案例　蔚来的差异化战略 ... 138
本章小结 ... 140
思考题 ... 140

# 第7章　企业战略方案的评价与选择 ... 141
7.1　企业战略方案评价的原则与过程 ... 141
7.2　企业战略方案评价的方法 ... 142
7.3　影响战略方案选择的行为因素 ... 148
本章小结 ... 150
思考题 ... 150

# 第 8 章 企业战略实施与控制 ... 151
  案例导入 腾讯可持续社会价值创新战略的实施 ... 151
  8.1 企业战略实施的原则、过程与任务 ... 154
  8.2 企业战略实施的支持系统 ... 158
  8.3 企业战略实施的评价与控制 ... 167
  本章小结 ... 173
  思考题 ... 173

# 第 9 章 企业增长的战略方式 ... 174
  案例导入 开放式创新战略助力华为成长 ... 174
  9.1 企业并购战略 ... 175
  9.2 企业战略联盟 ... 181
  9.3 创新战略 ... 186
  章末案例 外部合作助力宁德时代快速增长 ... 190
  本章小结 ... 194
  思考题 ... 194

# 第 10 章 企业国际化经营战略 ... 195
  案例导入 中国高铁国际化的过程——从国内到出口 ... 195
  10.1 国际化经营战略的实施动因 ... 197
  10.2 国际市场进入方式与选择 ... 199
  10.3 国际化经营战略的类型 ... 204
  10.4 国家竞争优势理论 ... 207
  10.5 国际化经营战略的风险 ... 210
  章末案例 字节跳动——在全球"跳动字节" ... 211
  本章小结 ... 215
  思考题 ... 215

# 第 11 章 企业文化战略 ... 216
  案例导入 中国港湾基于战略转型的文化变革 ... 216
  11.1 企业文化概述 ... 218
  11.2 企业价值观 ... 221
  11.3 培育促进战略实施的企业文化 ... 224
  11.4 企业文化变革 ... 227
  本章小结 ... 230
  思考题 ... 231

# 附录 A 课堂研讨案例 ... 232
  A.1 盒马鲜生 ... 232

A.2 娃哈哈集团的经营战略 ………………………………………………… 237
A.3 海底捞的经营之道 ……………………………………………………… 240
A.4 中国好声音 ……………………………………………………………… 243
A.5 从后发到领先：华为公司的追赶之路 ………………………………… 246
A.6 小米的多元化、生态链与成本领先战略 ……………………………… 251

**参考文献** ………………………………………………………………………… 256

# 第1章

# 战略管理概论

**案例导入**

## 科大讯飞——探寻人工智能的实现路径

由美国人工智能公司 OpenAI 推出的大语言模型 ChatGPT 持续火热,席卷全球。它于 2022 年 11 月发布,两个月的时间里,ChatGPT 用户规模达到 1 亿,成为互联网发展史上用户增长最快的消费级应用,这将给以科大讯飞为代表的中国人工智能企业带来怎样的机遇和挑战?

科大讯飞股份有限公司成立于 1999 年,上市于 2008 年,目前市值突破千亿元,是亚太地区知名的智能语音和人工智能企业。科大讯飞是北京冬奥会官方自动语音转换与翻译独家供应商。自成立以来,科大讯飞一直从事智能语音、自然语言理解、计算机视觉等核心技术研究并保持了国际前沿技术水平,在智能语音产业领域占据绝对的优势地位。2021 年度公司营业收入达 183.14 亿元,净利润为 15.56 亿元。成绩的取得离不开公司正确的战略决策和有效的战略管理。

1. 科大讯飞发展历程中的战略决策

(1) 初创期:明确智能语音的战略方向

1999 年,中科大智能语音专业博士毕业的刘庆峰和他的创业伙伴们共同创办了科大讯飞,尝试将智能语音技术进行商业化开发探索。创业团队在 2000 年前后开发出了面向大众消费市场的两款产品,但是这两款产品的市场表现并不理想。究竟是继续坚持语音技术产业化还是另寻他路?公司在十字路口徘徊。2000 年,科大讯飞在关键战略会议——巢湖"半汤会议"上坚定地将语音交互技术的自主研发和产业化落地作为核心战略方向,将业务重心从大众消费市场转向了企业级用户市场。

(2) 成长期:提出"IFLY Inside"战略

虽然科大讯飞有出色的语音技术,但是公司年轻,创业团队才十几人,缺乏成熟的商业经验,在与大客户合作的过程中屡屡碰壁。后来在与华为合作的过程中,摸索出了合适的模式，即"IFLY Inside"战略，其核心就是充分发挥大公司在服务终端消费者方面的渠道优势和市场优势，而科大讯飞则专注于语音技术的开发，应用集成则让运营商或者用户自行完成。业务的增长使科大讯飞终于在2004年扭亏为盈，并实现全年近亿元的销售收入。

(3) 再生期：从技术提供商转型为生态构建者

科大讯飞从单一的核心技术提供商模式向基于云端的开放型平台思维的转变，始于2007年逐渐兴起的互联网热潮。互联网思维下的技术免费模式对科大讯飞的传统2B模式形成了潜在挑战。科大讯飞董事长刘庆峰要求公司"搭建平台，构建一个合作共赢的生态体系，并通过持续不断的源头创新主导产业价值链关键环节"。基于拥有自主知识产权的核心技术，2010年，科大讯飞在业界发布以智能语音和人机交互为核心的人工智能开放平台——讯飞开放平台，为开发者提供一站式人工智能解决方案。目前已聚集400万开发者团队，具有良好的人工智能生态基础。

(4) 面向未来的双轮驱动战略和三大战略路径

目前公司实施"根据地业务"＋"系统性创新"的双轮驱动战略。具体而言，语音及语言、自然语言理解、机器学习推理及自主学习等核心产品是公司的"根据地业务"，刘庆峰认为"根据地业务是我们穿越经济周期的船票，让我们更加从容地用创新来改变世界"；系统性创新助力解决诸多社会民生领域的问题，包括教育、医疗、养老、智慧城市等系统性创新，实现多项关键技术在底层拉通，同时形成技术、产品和服务管理资源联动。近期，刘庆峰宣布，启动"讯飞超脑2030计划"。该计划的目标是让人工智能懂知识、善学习、能进化，让机器人走进每个家庭。

科大讯飞成立20周年之际，公司提出三大战略路径：坚定不移地实施"顶天＋立地"的技术战略、"平台＋赛道"的产品战略和"To B＋To C"的市场战略。科大讯飞始终坚持源头技术创新，研发投入占营业收入的比重连续多年超过20%；科大讯飞的人工智能开放平台保持行业引导地位，聚焦客服、教育、医疗、司法、智慧城市等重点行业的需求迭代，形成了众多人工智能应用成果；To B与To C的双轮驱动使公司能在各种经济周期下实现相互补充和促进。

科大讯飞董事长刘庆峰预判人工智能将是未来十年推动社会进步和经济繁荣的重要引擎，具有头雁效应，其大背景是数字经济和数字中国，并且认为："越是在艰难的压力之前，公司能不能挺得住、能不能稳得住，就看你过去的战略是不是对，是否有预判性，内心是否坚定。"

2021年，中国人工智能产业达到1 300亿元，同比2020年提高了38.9%。虽然产业规模在快速发展，但是基础核心技术发展却受限。目前在中国人工智能产业生态系统中，占比较高的是应用层企业，比例达到78%，基础层的企业仅有7.7%，而美国的基础层企业高达26%。另外，全球知名科技公司，如微软、谷歌等纷纷进驻人工智能行业，国内以BAT为首的企业也高调入场，行业的竞争将日趋激烈。

**2. 科大讯飞的战略管理**

首先，科大讯飞有明确的使命和愿景。"成为全球人工智能产业领导者，用人工智能建设美好世界的伟大企业"是公司的愿景，"让机器像人一样'能听会说，能理解会思考'"，是科大讯飞创业20多年以来一直坚守的梦想，公司秉持"用人工智能建设美好世界"的理念，积极推动人工智能技术的应用落地，赋能人民群众美好生活。

其次，公司有清晰的战略目标。成为中国人工智能产业领导者和产业生态构建者，连接十亿用户，实现千亿收入的战略目标明确，"根据地业务"＋"系统性创新"的双轮驱动战略是公司实现"千亿目标"的核心逻辑。

最后，公司形成了有特色的战略管理体系。目前，科大讯飞将战略滚动规划、战略分解、年度计划制订、预算及人力规划、组织绩效设定、个人绩效设定等工作集成，逐步形成战略先导、预算协同、绩效驱动、运营支撑的"战略规划到执行"的闭环管理体系。

公司每年分上、下半年召开战略研讨会议，结合业务实际发展，思考市场开拓、产品规划、组织发展等方面的战略实施路径，制订3年滚动发展战略。此外，科大讯飞还通过"信息输入与战略问题提出、战略分析、业务战略研讨与制定、集团战略研讨与制定"4个环节将创新与企业发展紧密融合。

**资料来源：**
[1] 梅新蕾，李伟．科大讯飞：探寻人工智能的实现路径．清华管理评论，2018（12）：11-19.
[2] 陈瑜，陈衍泰．如何赋能企业创新生态系统：以科大讯飞为例．清华管理评论，2022（10）：45-52.
[3] 握紧穿越经济周期的船票，科大讯飞做对了什么？经济观察报，2022-02-09.

**思考题：**
科大讯飞的战略决策对企业发展的意义？"双轮驱动战略"和"三大战略路径"的主要内容是什么？科大讯飞战略管理过程中的主要任务有哪些？

随着新一轮科技革命和产业变革的发展，如何在竞争日趋激烈并且复杂多变的市场环境中求得长期生存和可持续发展，已经成为当今企业面临的首要问题。解决这一问题的关键在于企业是否确立了适应外部环境变化和自身资源条件的企业战略，并有效实施及及时评价控制。

《孙子兵法》中提到："上兵伐谋，其次伐交，其次伐兵，其下攻城。"由此可见，上等的军事行动是谋略上的较量，企业的经营亦是如此，要靠战略去明确方向，抓住机遇，迎接挑战，扬长避短。从开篇案例中可以看出，科大讯飞在经营发展中重视战略，懂得运用战略管理去获得竞争优势。美国著名管理学大师彼得·德鲁克（Peter Drucker）曾指出："对企业而言，未来至关重要，经营战略使企业为明天而战。"那么，什么是企业战略？企业战略有哪些特征？什么是企业战略管理？在企业战略管理过程中有哪些主要任务？企业战略管理者的角色定位有哪些？战略管理理论的演进过程是怎样的？这些问题是本章将要讨论的主要问题。

# 1.1 企业战略的性质与类型

企业战略的产生

### 1. 企业战略的概念

"战略"一词，原为军事用语，指作战的谋略，对战争全局的谋划。《孙子兵法》被誉为"兵学圣典"，虽未用"战略"命名，但其内容蕴含着丰富的战略思想。三国时期，诸葛亮向刘备提出的《隆中对》，是军事战略系统分析的典范。毛泽东在《中国革命战争的战略问题》中指出，"战略问题是研究战争全局的规律性的东西"，"凡属带有要照顾各方面和各阶段的性质的，都是战争的全局"。

在西方，战略"strategy"一词源于希腊语，表示"将军指挥军队的艺术"，指战争指挥者所必须具备的心理和行为方面的能力。克劳塞维茨在《战争论》中指出："战略是为了达到战争的目的而对战斗的运用。"

目前，战略的概念已经广泛运用于社会经济活动的各个领域，泛指重大的、带有全局性和决定性的谋划，如经济发展战略、区域发展战略、企业发展战略等。1965年，美国学者安索夫（H. I. Ansoff）的《公司战略》一书问世，企业战略概念开始在企业管理中广泛使用。

什么是企业战略？目前还没有一个统一的定义。安索夫认为企业战略是为了适应外部环境，对目前从事的和将来要从事的经营活动所进行的决策；钱德勒认为企业战略是决定企业的基本长期目标，以及为实现这些目标而进行的行动和资源分配；安德鲁斯认为战略是企业决策的模式；亨利·明茨伯格提出了"5P"战略，即企业战略是计划（plan）、计谋（poly）、行为模式（pattern）、定位（position）和观念（perspective）；迈克尔·波特认为企业战略讨论的是如何界定独特有利的企业定位、在竞争中做出明确的取舍以及加强各项运营活动之间的关联性。

综上所述，本书认为，企业战略是企业面对经营环境，为求得长期生存和持续发展，为创造和保持竞争优势，对企业发展目标、达成目标的途径和策略的总体谋划。它是企业经营思想的集中体现，是企业经营范围的科学规定，同时又是制定规划（计划）的基础。

具体而言，企业战略需要分析企业同环境的关系，规定企业从事的经营范围、成长方向和竞争策略，合理地调整企业结构、配置企业资源。

在理解企业战略的概念时，需要把握好以下几点。

第一，企业应该把未来的生存和发展问题作为制定战略的出发点和归宿。一个好的战略应有助于企业实现长期生存和发展的目的。要做到这一点，企业不仅需要了解自身及所处行业的过去和现在，而且需要把握行业内外环境因素未来发展变化的趋势。在政治、经济和其他外部环境因素发生剧烈变化的时代，仅凭过去的经验和传统的分析方法已不能满足企业建立和保持竞争优势的要求，失去对未来动态环境的充分估计和把握，企业将失去目标和方向。反之，则可能抓住有利的机遇，使企业获得快速发展。

第二，企业应当有一个明确的战略目标。对于一个企业来说，这种目标不仅指明未来的发展方向和引导资源的配置，而且有助于协调不同部门和个人之间的活动，增强组织的凝聚力。

第三，企业战略的实质是帮助企业创造和保持竞争优势。如果一家公司的盈利能力高于行业平均水平，就称它拥有竞争优势。这个差距越大，则竞争优势越强。如果能够长期保持高于行业平均水平的盈利能力，则称这家企业具有持续的竞争优势。要使企业长期生存和发展，就必须创造和保持竞争优势，也只有保持或不断地创造新的竞争优势，才有可能使企业获得长期生存和发展。过去战略思维的基本出发点是扬长避短，认为企业优势是可以长期保持的，但在动态竞争环境下，企业的竞争优势通常会受到侵蚀，这种侵蚀有的是因为竞争对手的有效模仿，有的是被竞争对手所超越。因此在动态竞争环境下，企业一方面要想方设法保持已有的竞争优势，另一方面则要不断创造新的竞争优势。

## 2. 企业战略的特征

（1）全局性

企业战略具有综合性和系统性。企业战略是以企业的全局为对象，根据企业总体发展的需要而制定的，它规定的是企业的总体行为，追求企业的总体效果。虽然它包括企业的局部活动，但是这些局部活动是作为总体行动的有机组成部分在战略中出现的。对企业来说，不能"只见树木，不见森林"。

（2）长远性

企业战略的着眼点是企业的未来，是为了谋求企业的长远利益。虽然它的制定要以企业外部环境和内部条件的当前情况为出发点，并且对企业当前的生产经营活动有指导作用，但是这一切也都是为了更长远的发展。因此，评价战略优劣的一个重要标准就是看其是否有助于实现企业的长期目标和保证长期利益的最大化。经验表明，企业战略通常着眼于未来3~5年乃至更长远的目标。有效的企业战略可以避免企业经营管理的"短视症"。

（3）竞争性

企业战略是企业在竞争中战胜对手，应付外界的威胁、压力和挑战的整套行动方案。市场如战场，企业战略的目的通常是战胜对手，取得优势地位，从而保证自己的长期生存和发展。因此，企业战略关注的焦点是竞争优势的问题，企业间的竞争是围绕竞争优势的建立、保持和发挥而展开的。

（4）纲领性

企业战略规定的是企业总体的长远目标、发展方向和重点，以及所采取的基本行动方针、重大措施和基本步骤，这些都是原则性的、概括性的规定，具有行动纲领的意义。它需要通过分解和落实，变为具体的行动计划。

（5）相对稳定性

战略必须在一定时期内具有一定的稳定性，这样才能在企业经营实践中具有指导意义。如果朝令夕改，就会使企业经营发生混乱。当然企业经营实践又是一个动态过程，指导企业经营实践的战略也应该是动态的，以适应外部环境的不断变化。因此，企业战略具有相对稳定性。

## 3. 企业战略的类型

企业战略主要是按照战略层次、战略时间跨度进行分类。按照战略层次，一般可以将企业战略划分为以下3个层次。

企业战略与其他决策方式、计划形式的区别

（1）公司层战略

公司层战略又可称为企业总体战略，是指根据企业的目标，选择企业参与竞争的经营领域，合理配置企业的资源，使各项业务相互支持与相互协调。它是企业整体的战略总纲，是企业最高管理层指导和控制企业一切行为的最高行动纲领，是企业战略中最高层次的战略。公司层战略突出两个方面的问题：一是"我们应该做什么业务"，即确定企业的产品与市场领域；二是"我们怎样去发展这些业务"，即在企业不同的业务单元之间分配资源等。

（2）业务层战略

业务层战略又称为竞争战略或经营单位战略，它是在公司层战略的指导下，就如何在某个特定的市场上开展竞争所制定的战略。因此，业务层战略关心的主要问题是应开发哪些产品或服务,以及将其提供给哪些市场;关心它们满足顾客的程度,以寻求建立竞争优势,并达到企业的目标,如远期盈利能力、市场增长速度或者提高效率等。同时,业务层战略还要协调各职能层战略,使之成为一个统一的整体。

(3) 职能层战略

职能层战略是为贯彻、实施和支持公司层战略与业务层战略而在企业特定的职能管理领域所制定的战略。职能层战略关心企业的不同职能部分——研究与开发、营销、人力资源和生产等部门如何为其他层级战略服务,当然这些服务对于企业如何提高竞争力是很重要的。

虽然本书所讨论的问题与战略的3个层面都有关,但本书将重点探讨公司层战略与业务层战略,即企业总体战略和经营单位战略,分析企业应开办哪些方面的业务(或经营的领域是什么),以及在各业务领域怎样展开竞争。

企业战略的3个层次之间的关系如图1-1所示。

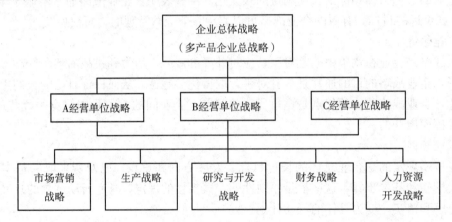

图1-1 企业战略的层次

按照战略时间跨度,企业战略大体可以划分为三类:① 短期战略,一般指时间跨度在1年内的战略,有时也称为年度经营战略或者计划;② 中期战略,指1年以上5年以内的战略;③ 长期战略,指5年甚至10年以上的战略。由于预测企业外部环境变化,尤其是长期变化越来越难,大多数企业不再制定5年以上的长期战略,而选择制定3年左右的中期战略和1年以内的短期战略。另外,很多企业不再像以前那样重视中短期战略实施的严格性,而是更关注中短期战略的滚动调整。

**4. 战略决策的性质**

战略决策一般指具备下列特征的管理决策:① 重大、根本性和长期决策。例如,战略方向、增长方式、经营目标、重大的投资和融资决策;业务范围、竞争定位、市场范围的调整等。② 非常规或者创新性的决策。在上述重大、长期和根本性决策中,一部分决策会因为有规可循而变成常规性决策,另一部分新涌现出来的决策则需要战略管理者特别关注,在决策方法和程序上进行创新。③ 针对主要竞争对手的对抗性或者博弈性决策,这是将战略引入企业管理领域的初衷。

企业战略决策的特点

战略决策的性质如下。

① 企业战略决策既包括事前决策,也包括事中决策。例如,允许、鼓励和授权企业战略管理者在战略实施过程中,根据环境变化和企业实际,对已经确定和正在实施的企业战略

进行动态调整。

② 企业战略决策既包括主动决策，也包括被动决策。有些外部环境的变化很难预测，需要等待变化发生后才能做出战略决策，例如企业在有效应对新冠疫情过程中所做的战略决策。明茨伯格认为，企业真正实现了的战略是已经付诸实施的意图（规划）的战略与突发（无规划）的战略相结合的产物。由于环境不可预知的变化，许多事先规划的战略未能得到实施。突发战略（emergent strategy）是对于未预见到的变化的反应，是企业对环境变化做出的反应。它们通常不是规范的自上而下的规划机制的产物。

**5. 企业战略思维模式**

目前，企业战略管理领域形成了两种普遍认同的战略思维模式，即产业组织模式和资源基础模式，分别解释了企业该选择何种模式来形成战略才能获得高于社会平均水平的超额收益。

（1）产业组织模式

产业组织模式即产业组织的战略思维模式，也被称为以市场为基础的模式。在企业外部环境相对静态、稳定的情况下，有学者认为企业获得成功的战略决定因素是外部环境，尤其是企业所处的行业，与管理者做出的内部决定相比，企业选择进入的行业或细分行业对经营业绩的影响更大。该模式认为决定企业能否盈利的关键因素是外部环境特征而非企业内部特有的资源或能力。迈克尔·波特提出了行业竞争分析模型，用来帮助企业寻找最具吸引力的行业，如果企业能够有效地研究外部环境，识别有吸引力的行业，并实施适当的战略，企业是可以获得高于社会平均水平的超额收益的。产业组织的战略思维模式解释了外部环境对企业战略行动的决定性影响。

（2）资源基础模式

以彭罗斯为代表的学者发现同一产业内不同企业长期利润率差异的根本原因在于企业之间存在资源异质性，形成了资源基础的战略思维模式，即资源基础模式。该模式认为随着时间的推移，不同企业所表现出来的业绩差异主要源于它们所拥有的独特资源和能力，而不是行业结构特征，企业资源和能力的异质性才是企业能够持续获得高于社会平均收益的基础。20世纪80年代后期开始，随着企业经营环境动态、不确定、复杂化趋势的日益明现，资源基础模式逐渐成为企业战略制定的主流思维模式。

相关研究发现，对于企业，有20%的利润来自企业选择竞争的行业，36%的利润变化源于企业的特征和采取的行动。因此，行业环境和企业内部资源能力都会影响企业的业绩表现，在战略管理中，需要同时运用产业组织模式和资源基础模式。事实上，这两个模式是相互补充的，前者关注企业的外部环境，后者聚焦于企业内部的资源、能力和核心竞争力，它们共同构成了企业战略的基础。

# 1.2 企业战略管理过程

乔布斯挽救苹果公司的战略

**1. 企业战略管理的内涵和作用**

"管理"是指通过计划、组织、领导和控制对组织资源进行利用，保证有效率、有效益地实现组织目标的过程。战略与管理之间存在密切的关系，战略作为计划的结果将对组织、领导和控制三项管理职能起指导作用，也就是说战略管理是一种高层次管理；同时，战略目标的实现需要组织、领导和控制的支持。

对于企业战略管理，不同管理学者、不同战略家，所给出的定义不尽相同。安索夫在1976年出版的《从战略计划走向战略管理》一书中提出了战略管理；1979年他又出版了《战略管理论》，认为企业战略管理是把企业的日常业务决策同长期计划决策相结合而形成的一系列经营管理业务。斯坦纳在1982年出版的《企业政策与战略》一书中则认为，企业战略管理是确定企业使命，根据企业外部环境和内部经营要素确定企业目标，保证目标的正确落实，并使企业使命最终得以实现的一个动态过程。汤普森认为，战略管理是通过指明企业长远发展方向，建立具体的业绩目标，根据有关的内部条件和外部环境，制定各种战略，进而执行所选择的行动计划，以达到业绩目标的过程。

战略管理是一种崭新的管理思想和管理方式，是现代企业管理发展的高级阶段。战略管理活动的重点是制定和实施战略，制定和实施战略的关键在于对企业外部环境、内部条件和企业目标三者的动态平衡，以保证实现企业的战略目标。

综上所述，企业战略管理是一个动态管理的过程，它是对企业的生产经营活动实行的总体性管理，是企业制定和实施战略的一系列管理决策与行为，其核心问题是使企业自身条件与外部环境相适应，以求得企业的长期生存与发展。

在市场经济条件下，企业实行战略管理是十分必要的。

① 有利于树立适应外部环境的思想。在市场经济中，企业的外部环境是动态变化的。为此，企业需要进行战略性的管理，将内部资源条件与外部环境的变化结合起来考虑，从而有效建立具有竞争力的管理模式。

② 有利于树立竞争优势的思想。实行战略管理，企业可以根据现有的资源条件与能力，选择经营领域，强化在市场上的竞争能力，提高获利能力和经济效益，形成企业自身特有的竞争优势。

③ 有利于树立战略联盟的思想。在战略管理中，仅仅片面强调企业间的竞争关系是不够的。在某种条件下，企业之间往往会强烈要求形成一种联盟关系，共同适应外部环境的变化，求得共同的发展。例如，企业之间组建合资企业，就是一种建立战略联盟的方式和行为。

④ 有利于提高企业的长期经营业绩。研究表明，运用战略管理的企业比那些没有运用战略管理的企业更能盈利，更为成功。例如，美国学者历时3年对101家零售、服务和制造企业进行的纵向研究表明，与那些不进行系统规划的公司相比，采用战略管理的企业更明显地增加了销售、盈利和提高了生产率。

⑤ 有利于提高企业的综合素质。例如，鼓励向前式思维，对变化采取积极的态度，促使人们识别、重视和利用机会，为明确个人的责任提供了基础，加强对业务活动的协调与控制等。

### 2. 企业战略管理的过程

(1) 企业战略管理的阶段

企业战略管理过程由战略形成、战略实施和战略评价3个基本阶段组成，这3个阶段之间存在相互制约、相互影响、相互作用的反馈联系，如图1-2所示。

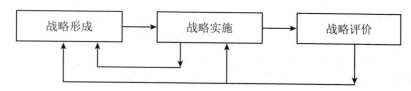

图1-2 企业战略管理过程的3个阶段

战略形成包括确定企业使命、分析企业的外部机会与威胁、分析企业内部的优势与弱点、建立战略目标、提出供选择的战略及选择特定的实施战略。由于没有任何企业拥有无限的资源，战略制定者必须确定，在可选择的战略方案中，哪一种战略方案能够使企业获得最大收益。战略决策将使企业在相当长的时期内与特定的产品、市场、资源和技术相联系。

战略实施要求企业形成战略实施计划、制定政策、配置资源和激励员工，以便使形成的战略得以贯彻执行。战略实施活动包括培育支持战略实施的企业文化，建立有效的组织结构，制定预算，建立和使用信息系统等。

战略评价是战略管理过程的最后阶段。管理者需要了解企业战略的推进状况，而战略评价便是其运用的主要方法。由于外部因素及内部因素处于不断变化之中，所有战略都将面临可能的调整与修订。基本的战略评价活动包括：重新审视外部因素与内部因素，这是决定现时战略正确与否的基础；度量业绩；必要时采取校正措施。

（2）企业战略管理模型

实施战略管理的最好方法是采用模型，每个模型都代表了某种过程。图1-3所示的框架是一种被广泛接受的、综合的战略管理过程模型。这一模型清楚地描述了一种实用的形成、实施和评价战略的方法，模型还明确了战略管理过程中各要素之间的关系。

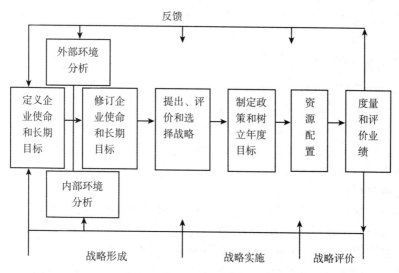

图1-3 企业战略管理模型

企业战略管理者根据企业的使命和目标，分析企业经营的外部环境，确定存在的经营机会和威胁；评估自身的内部条件，认清企业经营的优势和劣势。在此基础上，企业制定用以完成使命、达成目标的战略计划，根据战略计划的要求，管理人员配置企业资源，调整企业结构和分配管理工作,并通过计划、预算和进程等形式实施既定的战略。在执行战略的过程中,对战略实施的成果和效益进行评价,同时将战略实施中的各种信息及时反馈到战略管理系统中来,确保对企业整体经营活动进行有效控制,并且根据变化的情况修订原有的战略或者制定新的战略,开始新的战略管理过程。因此,战略管理是一种循环往复、不断发展的全过程总体性管理。

(3) 将直觉与分析相结合

战略管理可以被描述为一种关于企业重大决策的客观的、逻辑的和系统的方法,战略管理旨在对定性和定量的信息进行组织,以便在不确定的条件下做出有效决策。然而,战略管理不是一门精密、纯粹的科学,基于以往经验、判断和感觉的直觉对于制定良好的战略决策至关重要。在具有很大不确定性或所做的事情没有先例的情况下,直觉对于战略决策尤为重要。在存在高度相关变量的情况下,当决策者就决策是否正确面临巨大压力时,以及必须在若干可行的战略方案中做出选择时,直觉对最终决策也很有帮助。

一些企业的高层管理者常常具有超常的靠直觉制定出色战略的能力。例如,曾经管理通用汽车公司的威尔·杜兰特就被艾尔弗雷德·斯隆描述为:"至少就我所知,他是一位仅仅用绝妙的灵感来指引自己行动的人,他从不觉得应该用工程式的精细来寻求事实,然而他总是不时地做出惊人正确的决策。"

尽管一些企业由于有直觉天才在进行管理而得以生存和发展,但大多数企业却受益于这样的战略管理,即将直觉与分析结合起来进行决策。分析式思维与直觉式思维是可以互为补充的,靠直觉还是靠分析进行决策不是一个非此即彼式的判断,企业管理者应当将他们的直觉和判断融入到战略管理分析中去。

德鲁克曾说过:"只有受纪律约束的直觉才是可信的,只进行诊断而不用事实对其进行检验的'预感'式艺术家,作为一个医生会治死病人,作为一个管理者会搞垮企业。"从某种意义上说,成功的战略管理取决于直觉与分析的有效结合。

意图的战略与
突发的战略

3. 企业战略管理的主要任务

企业战略管理需要完成以下 5 项基本任务。

(1) 构想企业的愿景与定义企业的使命

构想企业的愿景将指明企业的未来业务组成和企业发展的长远目标,从而为企业规划一个长期的发展方向。定义企业的使命需要回答以下基本问题:我们的业务是什么?从客户的角度来看,我们要达到的根本目的是什么?

(2) 设定战略目标

设定战略目标的目的是将企业的战略愿景和使命转换成明确、具体的业绩目标,从而使得企业的发展有一个可以对照或测度的标准。成功的管理者建立的企业业绩目标往往需要执行者付出艰巨的努力。达到大胆的、积极进取的业绩目标所带来的挑战往往会促使企业变得更加富有创造力,更加迫切地改善和提高企业的财务业绩及市场地位,在采取行动时目的更加明确,精力更加集中。

(3) 形成战略

形成企业的战略需要企业管理层对以下关键的业务问题进行回答:是开展单一业务还是多元化的业务?是满足较大范围的顾客的需求还是聚焦于某一个特定的细分市场?产品线的

广度和深度如何选择？是将企业的竞争优势建立在低成本之上，还是建立于差异化基础之上？如何对新市场和竞争环境的变化做出反应？战略的形成实际上反映了企业管理者所做出的各种选择，表明这家企业将会致力于哪些特定的产品、市场、竞争策略等。

（4）实施战略

实施和执行一个既定的战略所涉及的管理任务是要使战略运作起来，并且按照一定的日程达到既定的业绩目标。企业在战略实施阶段要确定所要采取的措施，包括建立一个能够成功执行战略的组织；制定预算，将企业的资源分配给对企业战略起着关键作用的内部活动；建立起对企业战略起着支撑作用的政策和运作程序；制定相应的奖惩制度；建立企业的信息系统；营造一种有利于战略实施和执行的工作环境和企业文化等。

（5）战略实施的评价与控制

战略的实施并非一帆风顺，通常总会遇到这样或那样的困难和问题，因此对战略的实施进度进行评价、寻求新的途径改善战略的执行，以及在战略实施过程中采取校正性举措就显得十分重要。企业的管理层必须驾驭企业的整个局势，从而判断企业内部事项的进展程度，同时密切关注外部环境的发展状况。如果战略执行的业绩低于预期的水平，或者战略实施进展很慢，则必须采取校正措施；如果外部环境出现了新的变化，也需要采取相应的措施进行调整。

企业战略管理的基本程序

# 1.3 企业战略管理者

**1. 企业战略管理者的构成**

企业战略管理者是指按照企业章程或者正式制度安排而对企业战略制定、实施、评价与控制活动实施管理的相关团体及其成员，一般包括企业的董事会、高层管理者、中层管理者、战略管理部门和企业外聘的咨询机构等。战略管理者是企业战略管理的主体。

**2. 企业战略管理者的角色定位**

企业内部不同层次的战略管理者代表着不同的利益诉求，以不同的方式在企业战略管理中发挥着各自的作用。战略管理过程主张全体员工参与，即在战略制定过程中，上下结合，多轮循环和完善，把企业战略制定和实施看成员工共同的责任，从"大处着眼，小处着手"，让企业不同层级的管理者和员工都能在战略管理过程和活动中找到自身的位置，明确自己的责任，落实自己的行为。按照企业的管理层次结构，可以将战略管理者分为3个层次：公司层面的战略管理者、业务层面的战略管理者和职能层面的战略管理者。

（1）公司层面的战略管理者

公司层面的战略管理者包括首席执行官（CEO）、其他高层管理者、董事会和公司职员。在众多的企业战略管理者中，企业的董事会和高层管理者的角色和作用最重要，两者之间存在委托代理关系。董事会主要在以下几方面发挥重要作用：决定主要企业战略管理者的人事任免；审议和批准企业战略；监督企业战略的实施情况。高层管理者根据董事会的要求，具体负责企业战略制定和与战略实施相关的重大决策的制定，保证企业重大战略决策的科学性，并且在得到董事会批准后负责企业战略的实施工作。

CEO是企业总体管理者的核心，在其他高级主管的协助下，公司层面的战略管理者的任务是负责企业的整体战略，包括定义企业的使命和目标，决定开展哪些业务，决定进入哪些市场，在不同的业务间分配资源，制定和实施跨业务的战略，领导整个企业的长远发展。

越来越多的企业，尤其是大公司，开始设立类似战略规划部的战略部门，在战略管理过程中为高管和各事业部提供支持。战略部门的主要职责有：识别与分析公司战略问题，并向高管建议公司战略方案；在战略规划过程中指导并促进事业部的战略规划。

（2）业务层面的战略管理者

经营单位是一个相对独立的事业部，具备各种重要的职能部门，如财务部门、采购部门、生产部门和营销部门，为某一特定的市场提供产品和服务。业务层的主管总经理，即业务层经理，是事业部的负责人，这些经理的战略角色是将公司层面的总体战略转换成具体的经营单位战略。

（3）职能层面的战略管理者

职能层面的战略管理者负责组织公司或经营单位具体业务的职能活动的运营（如人力资源、采购、产品开发、客户服务等）。职能经理的职责范围通常局限于某一具体的职能活动，不需要为公司的整体绩效负责。职能层面的战略管理者也有自己重要的战略角色，即制定本领域的职能战略，协助达成业务层面和公司层面管理者的战略目标。

此外，公司层经理和业务层经理为了形成现实的和可实现的战略所需要的绝大多数信息都来自职能层经理。一般来说，职能层面的战略管理者比公司层面的战略管理者和业务层面的战略管理者更接近顾客，他们往往可能贡献出未来能够成为整个企业发展战略的重要信息和思想。因此，公司层面的战略管理者和业务层面的战略管理者应重视职能层面战略管理者的意见和建议。职能层面的战略管理者的另一项同样重大的责任是负责战略实施，他们必须能够有效执行公司层面和业务层面的战略。

### 3. 企业战略领导者

企业战略领导者是企业战略管理者中的某个或者某些成员，通常可能是企业的控股股东代表、董事长或者企业总经理，甚至同时拥有这3个身份，他们主要通过影响其他战略管理者而发生作用。企业战略领导者的这种影响力主要不是来源于其所拥有的产权或者与职权相关的权力，而是源于其所拥有的价值观和特殊的能力。例如，华为公司创始人任正非不仅是华为公司的战略管理者，还是华为公司的战略领导者。任正非主张的"深淘滩，低作堰"的战略思想，有效地促进了企业发展。充分发挥企业战略领导者的作用不仅有利于企业实现战略创新，也有利于企业在实施战略变革过程中克服多个内外部环境因素的制约。

《孙子兵法》中提及"将者，智、信、仁、勇、严"，阐述了军事战略家需要具备的5种素养，这对现代企业战略家仍有借鉴意义。一般而言，企业战略领导者往往具备以下素质：具有长远的或者战略性眼光；具有强烈的企业家精神，包括能够以独特的视角发现新的商业机会，以丰富的想象力形成自己或者企业的愿景，甘于为实现企业愿景付出努力，善于在战略实施过程中不断探索和创新，并且能承担相应的风险；具有强烈的社会责任感；具有非常乐观和积极的心态。

华为的战略领导

## 1.4　企业战略管理理论的演进

中国传统文化中的战略思想博大精深，以《孙子兵法》《三国演义》《三十六计》《资治通鉴》等著作为代表，其中知己知彼、随机应变、出奇制胜等战略思想至今仍然具有现实意义。一般认为，现代企业战略管理思想诞生于 20 世纪 60 年代的美国，至今有 60 多年的发展历程。企业战略管理理论发展大致分为 4 个阶段，即早期战略管理理论阶段（20 世纪初期至 20 世纪 50 年代）、古典战略管理理论阶段（20 世纪 60 年代至 80 年代初）、竞争战略管理理论阶段（20 世纪 80 年代以来）、新时期战略管理理论阶段（2000 年以来）。作为一个学术研究领域，战略管理的理论和经验研究精彩纷呈。理清战略管理研究发展的来龙去脉，可以更好地了解过去、认识现在、把握未来。

### 1. 早期战略管理理论阶段（20 世纪初期至 20 世纪 50 年代）

在早期的企业管理中没有企业战略，它是市场经济发展到一定阶段的产物，是在市场竞争加剧、企业外部环境日趋复杂和不稳定，从而使企业的生存和发展经常面临严峻挑战的背景下产生的。

20 世纪初期，法约尔提出了企业管理的五项职能，即计划、组织、指挥、协调和控制，其中的计划职能，可以说是最早出现的战略思维。巴纳德在《经理人员的职能》一书中认为管理和战略是与领导者相关的工作，提出了组织与环境相适应的观点，成为战略分析方法的基础。"二战"后，一些企业开始运用长期计划技术来预测环境、确定组织目标、制定战略计划和配置资金预算，这为当时企业追求财务目标、控制财务预算提供了有效的工具。但是，由于 20 世纪 60 年代之后，美国进入了一个崭新的时代（有人称为后工业时代）：市场竞争加剧、需求结构发生变化、科学技术水平不断提高、资源开始趋于短缺、突发事件不断出现等，这些使企业外部环境变得不稳定和难以预料，长期计划技术的价值越来越打折扣，企业不能再局限于从消除计划和现实之间的差距的视角来设计战略，需要采用新的管理方式，以谋求自己的生存和发展。

### 2. 古典战略管理理论阶段（20 世纪 60 年代至 80 年代初）

20 世纪 60 年代至 80 年代初，战略管理领域早期的奠基性著作纷纷问世，包括钱德勒的《战略与结构》、安索夫的《公司战略》、安德鲁斯的《公司战略的概念》和鲁梅尔特的《战略、结构与经济绩效》等，它们为战略管理作为一个相对完整的理论体系出现奠定了基础。从学术研究的角度，20 世纪 70 年代末、80 年代初，战略管理逐渐成为一个独立的研究领域，相关的学术组织（如战略管理学会）和学术期刊（如 *Strategic Management Journal*）相继创立，研究范式逐渐确立并日趋成熟。

钱德勒在分析环境、战略和组织之间关系的基础上，提出了"结构跟随战略"的思想；安德鲁斯认为战略的构成要素包括市场机会、企业实力、个人价值观、社会责任，其中市场机会和社会责任是外部环境因素，企业实力和个人价值观是企业内部因素；安索夫在研究多元化经营企业的基础上，提出了"战略四要素说"，即产品与市场范围、增长向量、竞争优势、协同效应，成为现代企业战略理论的研究起点。这个阶段产生了多个战略管理的理论流派，例如以安德鲁斯为代表的设计学派和以安索夫为代表的计划学派，这些流派具有以下共性;以组织与环境间的关系作为研究立足点;战略是企业产品或业务的组合;组织结构必须围绕战略做出相应的变革;战略管理主要是企业高层管理者的工作等。但是,进入20世纪80年代,这些学派受到其他学派的轻微冲击,因为它缺少对企业投入竞争的一个或几个行业的分析与选择,也缺乏对企业内在环境的考虑。

### 3. 竞争战略管理理论阶段(20世纪80年代以来)

20世纪70年代末80年代初以来,实践界越来越重视企业竞争力,逐渐把战略问题核心转移到如何获得竞争优势。理论界,经济学(尤其是产业经济学)对战略管理研究的影响逐渐增强,波特根据产业组织"结构—行为—绩效"理论,完成了《竞争战略》和《竞争优势》两部著作,有力地促进了竞争战略理论的发展。波特首先提出产业分析的五力模型,然后提出企业在既定产业结构条件下可采用成本领先、差异化和聚焦3种基本竞争战略,并且运用价值链分析框架,为企业在产业内获得优势定位和在竞争中获得并维持竞争优势提供指导。波特强调战略是定位,是战略管理定位学派的典型代表。

波特的竞争战略理论过于强调产业状况对企业战略的影响,它不能有效解释同一个产业内不同企业间利润率上的差异,于是出现了基于资源、能力的战略分析框架,使战略思考从企业外部转向企业内部。

进入20世纪90年代后,战略管理研究的钟摆摆向了组织内部,主流研究着重关注组织内部的资源、能力与竞争优势之间的关系。杰伊·B.巴尼(Jay B. Barbey)提出了资源基础观,认为组织内部满足一定条件的资源是其可持续竞争优势的来源,这些条件包括资源的价值性、稀缺性、难以模仿性和不可替代性;普拉哈拉德和哈默提出了核心能力理论,随后Teece等提出了动态能力理论。这个阶段,无论是外部的产业结构分析,还是企业内部的资源、能力分析,其研究重点都是在企业竞争方面,但过分强调企业竞争往往会使多方所损,企业在"红海"中竞争而难以持续发展。所以,部分学者着手从其他视角进行战略研究,进一步推动战略管理理论的发展。

### 4. 新时期战略管理理论阶段(2000年以来)

新时期企业的经营环境越来越具有动态性(volatility)、不确定性(uncertainty)、复杂性(complexity)和模糊性(ambiguity)等特征,步入所谓的"乌卡时代"(VUCA)。随着企业外部环境的快速变化,跨界竞争层出不穷,对创新的要求不断提高,创新成为企业发展的决定力量,而传统的行业分析对战略决策的支持作用在逐渐减弱(并不是不重要)。实践需要新的理论指导,蓝海战略、动态竞争、创新战略、商业模式、生态系统和平台战略等理论相继产生。另外,既竞争又合作的商业实践日趋普遍,以往的竞争战略范式难以解决现有企业的竞争问题,出现了合作战略及竞合战略。

(1) 从竞争优势到价值创造

对竞争优势尤其是可持续竞争优势的探究,一直是战略管理领域主导范式所试图解释的变量。然而,随着商业模式、平台战略和生态系统等新兴概念的引入,战略管理研究逐渐从竞争优势转向价值创造,企业秉持价值共生、共创、共享的理念,重新思考与消费者、员工、上下游合作企业、竞争对手等利益相关者的关系。价值创造的视角更容易包容和接纳日益丰富的企业绩效测量指标,比如平衡计分卡和社会责任表现等。

(2) 重视社会责任与商业伦理

非市场战略,尤其是企业社会责任和商业伦理,已经不再是战略管理过程中可有可无的内容，而是日益受到关注的核心战略主题。学者们发现，企业的社会责任行为通过增进企业的社会与政治合法性从而正面影响了企业绩效。好的管理与社会责任同步并行。对中国企业来说，软实力对提升其全球影响力很重要，所以中国企业要把商业伦理和社会责任纳入战略管理中，在战略制定和实施过程中更多地考虑如何协同股东与其他利益相关者的关系，包括经济利益与社会利益、商业利益与商业道德之间的关系。只有明确和坚持自己的初心，遵从商业道德才能实现健康持续的发展。

（3）强调战略决策的实践导向，战略即实践

传统战略管理研究将战略看作是组织所拥有的事物，如企业拥有成本领先战略或差异化战略。与此不同的是，现代战略管理研究认为，战略即实践，将战略看作是人做的事，认为战略是一项实践活动，推动了战略管理的实践转向，体现了"知行合一"。

现实的战略往往不是理性和计划的结果，而是不断试错和学习的结果，需要在"干中学"；战略不可能给企业一个完全确定的的路线，它更像指引方向和导航的"罗盘"，而不是具体详细的"地图"；战略管理的过程和结果都应该和实践紧密相连，"自组织""自适应"的企业能更好地适应复杂多变的环境。这对企业战略管理者提出了更高的要求，既需要"兵来将挡，水来土掩"的战略定力，也需要有"逢山开路，遇水搭桥"的应变能力。

以理性主义流派为主导的、相对传统的企业战略管理理论认为企业战略决策属于事前、主动和理性的决策。在"乌卡时代"，以理性主义为代表的企业战略理论遇到了严峻挑战，非理性主义流派的学者认为企业战略决策应该或者至少应该包括事中、被动和非理性决策。

企业战略十大学派

> **章末案例**
>
> ### 新能源汽车领军者——比亚迪的战略选择
>
> 比亚迪创建于 1995 年，最开始是一家生产充电电池和手机零部件的 OEM 企业，2003 年涉足整车制造，2022 年比亚迪的新能源汽车销量达到 186.35 万辆，超越特斯拉的 131 万辆，成为全球新能源汽车销售冠军。亮眼的业绩推动比亚迪的市值一度突破万亿元。
>
> 目前，比亚迪是一家致力于"用技术创新，满足人们对美好生活的向往"的高新技术企业，经过 20 多年的高速发展，已在全球设立 30 多个工业园，实现了全球六大洲的战略布局。公司业务涵盖电子、汽车、新能源和轨道交通等领域，从能源的获取、存储，再到应用，全方位构建零排放的新能源整体解决方案。
>
> 20 多年来，比亚迪通过正确的战略布局和有效的战略管理，实现了从世界"电池大王"到全球新能源汽车领导者的转型，成就了两次商业奇迹。比亚迪创始人王传福认为，掌握核心技术、制定精准的战略、拥有快速决策能力，是比亚迪发展的三大法宝。
>
> **1. 电池起家，企业上市（1995—2002 年）**
>
> 比亚迪创始人王传福，1987 年毕业于中南大学冶金物理化学专业，专攻电池领域，同年进入北京有色金属研究总院攻读硕士，继续对电池的研究，1990 年毕业后留院工作。1995 年，积累了一定经验和技术的王传福选择辞职，带领着比亚迪最早的 20 多人，来到深圳，在一个租来的冶金大院里，创办了比亚迪公司。查理·芒格曾向巴菲特这样推荐王传福："他是爱迪生和韦尔奇的混合体，既是出色的发明家，又是优秀的企业家。"

在成立之初，搞技术出身的王传福把目光投向技术含量最高、利润最丰厚的充电电池核心部件——电芯的生产。王传福在一份国际电池行业报告中发现，日本宣布本土将不再生产镍镉电池，而这势必会引发镍镉电池生产基地的国际大转移，比亚迪的黄金机遇来了。

但是摆在比亚迪面前的困难一样不少。首先是一条镍镉电池生产线，日企要价几千万元人民币，再加上日本禁止出口，比亚迪要得到生产线无异于痴人说梦。比亚迪决定自造生产线和装备。根据中国劳动力资源多、成本低的国情，比亚迪拆解整个生产线流程，把它分解成一个个可以人工完成的工序。最后，比亚迪只花了100多万元人民币，就建成了一条日产4 000个镍镉电池的生产线。生产线两端坐上成百上千个工人，被当时业界戏称为"劳动密集型"的高新科技公司。虽然生产方式和流程不同，但比亚迪还是迈开了宝贵的第一步，并成功地以品控抢占了电池市场。1997年，比亚迪镍镉电池销售量达到1.5亿块，排名上升到全球第四位。

2000年，比亚迪决定进入锂电池生产领域。王传福带了200万人民币去日本买设备，结果日方开口就是500万美元。谈到生产线，日方开价1亿美元，并直白相告："你们中国人是不可能做得出锂电池的。"这个设备王传福最终还是没有买。他很快用镍电池生产线"拼凑"出一条锂电池生产线来：能兼容的就用镍电池生产设备，不能兼容的，就用人工和夹具来取代。如锂电池生产线要裁剪一块很大的极片，比亚迪买不起日本分切机，就用中国的裁纸刀，配上一块长宽相等的挡板作为夹具，进行人工剪裁。

21世纪初，比亚迪依靠技术和低成本控制等方面的优势，在手机和电脑等电子产品的电池领域如日中天，打败了一些同期的国外大电池厂，获得了飞利浦、松下、索尼、通用的大额采购订单。例如，2001年比亚迪锂电池市场份额迅速上升到世界第四位，实现销售额13.65亿元，纯利高达2.56亿元。

2002年7月31日，在百富勤的帮助下，因为在盈利能力和现金流两方面都表现得很好，比亚迪（股票代码：1211.HK）在香港主板上市。

### 2. 进军汽车，领跑全国（2003—2007年）

在进军手机电子产业的同时，比亚迪更大的战略意图开始显山露水。2003年1月22日，比亚迪宣布以2.7亿元收购西安秦川汽车有限责任公司77%的股份，成为继吉利之后国内第二家民营轿车生产企业。

21世纪初，我国汽车市场日益扩大，汽车产业发展非常迅速。2002年，中国轿车产量从上一年的70万辆增加到110万辆，汽车业的丰厚利润在制造业激发起一股强烈的"造车冲动"。中国加入WTO后，跨国车企也纷纷大举进军中国，长安福特、东风悦达起亚、北京现代、华晨宝马等都是在这一时段成立的。中国已成为世界上最大的汽车生产国和消费国。

当时的比亚迪电池业务基本已经达到顶峰，而且该细分市场的竞争日趋激烈，企业需要转型。王传福不再将眼光局限于单一的电池制造领域，一方面，比亚迪继续加大电池新技术的研发力度，维持自身在电池制造业的领先地位；另一方面，比亚迪也开始瞄向其他行业机会。但是做什么呢？一直是个难题。王传福觉得手机肯定不能做，因为不能和比亚迪下游企业竞争；家电也不能做，因为竞争太激烈；房地产也不能做，因为门槛很低，未来竞争会很激烈。王传福的逻辑很简单：要找一个玩家少一点、门槛高一点、竞争程度相对低一点的行业进入。他想来想去，只有汽车。在一次偶然的机会中，王传福与朋友闲聊时得知了秦川汽车正在寻找买家。王传福一听当即断定这是个机会。

王传福认为，汽车与手机一样都是技术含量较高的组装行业，同样可以进行垂直整合。3年多时间里，比亚迪环环相扣完成了汽车产业的垂直整合过程。2005年9月22日，比亚迪第一款车型F3上市，它为比亚迪奠定了新的起点。

**3. 进军新能源汽车（2008年至今）**

作为国家支柱产业，汽车行业一直备受中央政府关注，由于不可再生资源日益减少、环境污染严重等问题日益凸显，我国汽车工业承受着巨大的环保节能压力，对汽车产品结构进行合理化调整迫在眉睫，这样才能适应社会可持续发展要求。2008年，共有595辆混合动力、纯电动、燃料电池电动汽车在北京奥运会期间投入示范运行。

王传福认为，"中国这么大的国家，70%石油靠进口，这是很可怕的，我们研发电动车也是为了保障国家能源安全。另外电动车的核心无非是电池，而比亚迪最会造的就是电池了"。

2005年，比亚迪推出了首款磷酸铁锂动力电池；2006年，比亚迪的第一款搭载磷酸铁锂电池的F3e电动车研发成功；2008年12月，比亚迪上市了搭载磷酸铁锂电池的全球首款量产插电式双模电动车F3DM，拉开了全球新能源汽车变革的序幕。

2008年9月29日，巴菲特旗下的中美能源以2.32亿美元购入约2.25亿股比亚迪股票，约占10%，当时交易总金额约为港币18亿元，以8港元认购的比亚迪股票，次年7月30日的收盘价达到41.65港元。

当时王传福笃定电动车将成为未来大趋势，原因是技术。在比亚迪，技术首先为战略服务，其次才是为产品服务，因为技术可以让企业看得更远、更深。王传福对媒体说，"十多年前，我们就从技术的角度，看到了新能源汽车的机会，认准新能源汽车会是大趋势，并且进行了大量的布局，目前比亚迪掌握了电池、电机、电控及IGBT芯片等产业链的核心技术"，成为新能源汽车行业的技术引领者。

除了技术上的不断创新，比亚迪新能源汽车的发展，尤其是近几年爆发式增长，很大一部分原因来自国家政策的支持。政府在技术研发、产业化和市场培育等方面相继出台了一系列的政策、法规、标准，明确了新能源汽车发展的方向和路线，积极推动了我国新能源汽车产业的快速发展。

机会永远留给有准备的人。2015年，比亚迪发布了全面进军新能源市场的"7+4战略"。"7"代表城市公交、出租车、道路客运、城市商品物流、城市建筑物流、环卫车、私家车7大常规领域；"4"代表仓储、矿山、机场、港口4大特殊领域。

进入汽车产业整20年，比亚迪逐步将核心技术与供应链掌控在手中。比亚迪垂直整合新能源汽车产业链，从上游原材料、中游核心零部件、下游整车制造和售后服务领域全方位发力，形成显著的协同效应。在原材料领域，公司借助中国在锂资源储备上的优势，在上海、深圳、西安等地建设锂电池工厂，从源头布局电池产业。在汽车零部件领域，公司自产自研汽车核心零部件及三电系统，在动力电池、发动机、变速箱等关键部件上均实现自主生产。在下游整车制造领域，公司在不同价格区间陆续推出海洋系列、王朝系列、军舰系列等多款车型，丰富的产品类型拉动终端需求，提升了公司自产核心零部件的市场份额。同时，公司在产业链上游和中游的布局增强了供应链的自主性，减少了"缺芯少电"问题，为销量扩张提供了保障。2020年，比亚迪推出刀片电池，解决了市场最关心的安全痛点；2021年发布DM-i超级混动技术；2022年3月，停止传统燃油车的生产，成为全球首家宣布停止生产燃油车的企业。

王传福多次在不同场合提到：新能源汽车"电动化"是上半场，"智能化"是下半场。公司凭借战略布局和电动化技术方面的优势已在汽车革命的上半场战役中赢得先机，智能化将成为其下一步规划中需争夺的"战略制高点"。

资料来源：
[1] 郭焱，周美慧．世界电动汽车领军者：比亚迪的战略转型．中国管理案例共享中心．
[2] 比亚迪．乘风破浪的2022年．中国新闻周刊，2023.1.
[3] 比亚迪股份研究报告．国元证券，2022.6.

思考题：
1. 比亚迪兴起的主要原因是什么？
2. 比亚迪经历了几次战略转型？影响比亚迪战略变化的驱动力量有哪些？
3. 分析比亚迪不同历史发展阶段企业经营环境、竞争优势与战略管理的关系。
4. 王传福作为企业战略家有哪些特征？
5. 你对比亚迪的未来发展有何战略建议？

# 本章小结

企业战略是企业面对经营环境，为求得长期生存和不断发展，为创造和保持竞争优势，对企业发展目标及达成目标的途径和手段的总体谋划，它具有全局性、长远性、竞争性、纲领性和相对稳定性等特征。目前有两种普遍认同的战略思维模式，即产业组织模式和资源基础模式。企业战略管理是一个动态管理过程，由战略形成、战略实施和战略评价组成，是对企业生产经营活动实行的总体性管理。企业要从"大处着眼，小处着手"，明确不同层级的管理者和员工在战略管理过程中的角色定位。本章最后介绍了企业战略管理理论的演进历程。

# 思考题

1. 什么是企业战略？企业战略的特征与层次有哪些？
2. 简述两种战略制定的基本思维模式。

3. 企业战略管理的过程有哪几个阶段？主要任务有哪些？
4. 以某企业为例，阐述企业战略管理的重要性。
5. 举例说明什么是企业竞争优势。
6. 简述企业战略管理者的构成和角色定位。
7. 简述企业战略管理理论的演进历程。

# 第 2 章

# 企业使命、愿景与目标

**案例导入**

## 阿里巴巴的使命

1999年，马云与他的17位员工在杭州的一个公寓里成立了阿里巴巴公司。当时马云认为，互联网将由"网民"和"网友"时代进入"网商"时代，而中国99%的企业都是中小企业，市场经济环境与美国迥然不同，这就决定了中国要发展电子商务就只能为中小企业服务。截止到2022年，阿里巴巴全球员工数量已达25万，公司的电子商务成长为全球国际电子贸易领域最活跃的网上交易市场之一。

马云曾经发出感慨："100年前，通用电气成立的时候，他们的使命是让世界亮起来；迪士尼的使命也许是让天下快乐起来……而阿里巴巴的使命，则是让天下没有难做的生意。因为有了互联网这个工具，我们也许可以用自己的聪明和智慧达到这一点。"

马云希望阿里巴巴能把互联网带入网商时代，让天下没有难做的生意。马云认为，"公司如果只以赚钱为目的是做不大的，而如果以使命为驱动才有可能做大。"他觉得，在一个企业里，作为领导人最重要的就是要有使命感，并且要让公司的所有人都知道这种使命感，认同这个使命。明确目标以后，必须让每一个员工，甚至门口的保安、扫地的阿姨都明白使命感才行。

可以说，马云最成功的地方在于他在企业使命、价值观层面上所发挥的领导力，而不是简单地带领员工去实现目标、利润。在马云的感召下，阿里巴巴创业团队也都抱有相同的使命感，而不是单纯为公司打工。

"让天下没有难做的生意"的使命在马云看来也包含了企业的社会责任。马云曾说，中国有13亿多人口，20年以后可能很多人因为各种各样的原因失业，希望电子商务能帮助更多的人有就业机会，有了就业，家庭就能稳定，事业就能发展，社会就能稳定，这也是企业社会责任的一种体现。

从这个角度衡量，阿里巴巴B2B模式让数千万中小企业打破来自时空、空间的限制，在一个简单实用的平台上找到产业链的上下家，不仅由此改变了自己的命运，同时也提升了整个中国中小企业阶层在国际上的声誉，同时也使阿里巴巴顺理成章地成为最大的电子商务企业。而淘宝向所有人开放的C2C平台，通过使最平凡的人通过自己的努力做自己的小生意，也直接或间接地制造了就业机会。

马云认为，社会责任一定要融入企业的核心价值体系和商业模式中，这样才能行之久远。换言之，一个企业的产品和服务必须对社会负责。如果卖掉的产品和提供的服务对社会有害，即使做得很成功也不行。马云坚信，电子商务一定会改变社会。

2014年5月，马云在向阿里巴巴员工宣布申请赴美上市的内部邮件中说道，我们深知，我们生存下来不是因为战略多么的宏远、执行力多么的完美，而是我们15年来坚持了"让天下没有难做的生意"这个使命，坚持了我们"客户第一"的价值观，坚持了相信未来，坚持了平凡人一起做非凡事。上市从来就不是我们的目标，它是我们实现自己使命的一个重要策略和手段，是前行的加油站。

2014年9月，阿里巴巴集团向美国证监会（SEC）提交了招股书更新文件。在信件中，马云系统阐述了阿里巴巴在使命、愿景、商业模式、如何面对挑战、解决问题的优先级及治理机制等方面的思考。马云在公开信中表示，阿里巴巴是一家真正相信并践行使命驱动的公司，是一个由成千上万名相信未来、相信互联网能让商业社会更公平、更开放、更透明、更应该自由分享的参与者们，共同投入了大量的时间、精力和热情建立起来的生态系统。

2016年9月，马云谈到使命时说："我最怕阿里巴巴的人进来是为马云打工，那是很累的。我们共同确定为什么要有这家公司。所有的人围绕这个使命去打工，我也一样。我在公司5年、15年，所有做的一切都是围绕我们共同的使命展开的。"

2019年9月10日，阿里巴巴在成立20周年之际，宣布全面升级企业使命、愿景、价值观。在正式公布新价值观"新六脉神剑"后，阿里巴巴表示，面对未来，阿里巴巴仍将坚守使命。正是"让天下没有难做的生意"的使命，将湖畔花园里的18个人发展到数字经济体数万名同行者。当晚，张勇接替马云，正式成为阿里巴巴董事局主席。阿里巴巴表示"正是以使命价值观驱动的独特文化和良将如潮的人才体系，保障了阿里巴巴此次领导力升级"。

2023年3月，阿里巴巴集团董事局主席兼首席执行官张勇发布全员信，宣布启动"1+6+N"组织变革，设立六大业务集团。在全员信中，张勇表示，阿里正迎来新的发展契机，需要有变革的勇气和使命感，更要有变革的能力和底气。想要成为一家活102年的好公司，就需要坚持"让天下没有难做的生意"的使命。

（资料来源：根据互联网资料整理）

企业在形成自己的战略时，首先需要界定其所承担的使命、构想企业的愿景和确定企业在战略规划期的目标，从而为企业战略的制定提供基础性的依据。企业使命表明了企业主要从事的事业领域和根本追求，企业愿景指明了企业发展的方向和长远目标。使命、愿景与战略目标引导着企业的战略方案决策，而战略方案决策又为使命、愿景与战略目标的实现提供了具有一致性的方案。

## 2.1 企业使命

德鲁克曾指出，建立一个明确的企业使命应成为战略家的首要责任。有效的企业管理必须回答"企业存在的理由是什么？业务是什么？业务应该是什么？"这3个基本问题。这些听上去很简单的问题，正是企业必须时时作出明确答复的最大难题。在企业刚成立时这些问题通常比较清晰，但经营一段时间后，企业逐渐做大，增加了新的产品和新的市场时，这些问题往往就会变得模糊起来。特别是随着新的经济时代的到来，企业需要面对各种新的变化，如业务转型、多元化发展、并购重组、跨国经营等。在新时代、新产品、新技术、新市场等新的环境中，企业如何选择自身存在的基础，如何树立自身存在的价值和意义，如何确立企业生存和发展的根本信念，成为当今企业所面临的重要课题。

**1. 企业使命的概念和意义**

1) 企业使命的概念

企业使命的思想主要是以德鲁克20世纪70年代中期创立的一整套思想为基础提出的。德鲁克认为，问"企业的业务是什么"就等于问"企业的使命是什么"。定义企业使命就是阐明企业的根本性质与存在的根本目的或理由，说明企业的经营领域、经营思想，为企业目标的确立与战略方案的制定提供依据。例如，麦当劳的使命是：在洁净友好的餐馆里为世界范围内的广泛快餐用户提供有限种类的迅速、可口、物有所值的热食。

使命陈述（mission statement）也可称为任务陈述、纲领陈述、目的陈述、宗旨陈述、经营原则陈述等，尽管提法不同，但都是用来回答"企业的业务是什么"这一关键性问题。企业使命描述了企业的主导产品和市场，反映了企业的价值观。使命是企业根本的、最有价值的、崇高的责任和任务，即回答我们做什么及为什么做这个或这些业务。企业使命是一个企业区别于其他企业的长期适用的对经营目标的叙述，揭示企业要想成为什么样的组织和服务于哪些用户的基本内容。例如，微软公司的使命是致力于帮助全球的个人用户和企业展现他们所有的潜力。

2) 企业使命的意义

企业使命的确定是战略管理的起点，每个企业客观上都应该有一个特别的不同于其他组织的使命。清楚表达企业使命，对于战略管理过程来说至关重要。

一项对《财富》500强企业中绩优企业和绩劣企业的企业使命的比较研究表明，绩优企业比绩劣企业通常有更为全面和综合的企业使命。金（King）和克莱兰（Cleland）认为，企业精心定义企业使命的目的如下。

① 保证整个企业经营目的的一致性。
② 为配置企业资源提供基础或标准。
③ 建立统一的企业风气或环境。
④ 通过明确的表述，员工可以认识到企业的目的和发展方向，防止他们在不明白企业目的和方向的情况下参与企业活动。

⑤ 有助于将目标转变为企业组织结构，包括向企业内各责任单位分配任务。

⑥ 使企业的经营目的具体化，有利于后续将这些目的转变为目标，以便使成本、时间和绩效参数得到评估和控制。

高露洁公司前首席执行官鲁本·马克（Reuben Mark）认为，一个明确的企业使命必须在世界范围内具有合理性。马克关于企业使命的思想如下："当它将每个员工召集到公司的旗帜之下时，重要的是在全球树立统一的形象，而不是在不同的文化中传达不同的信息。其奥妙在于使公司的形象简单而高大——'我们制造世界上速度最快的计算机'或'面向每一个人的电话服务'。你不要指望仅仅靠财务目标就能使每个人都去冲锋陷阵，你必须提供一些使人们感觉更好、感到自己是某种事业的一部分的东西。"

企业使命的重要意义如下。

(1) 明确核心业务与发展方向

德鲁克曾说："一个企业不是由它的名字、章程和公司条例来定义的，而是由它的任务来定义的，企业只有具备了明确的任务和目的，才可能制定明确和现实的企业目标。"企业使命可以帮助企业明确组织的核心业务与发展方向，弄清企业目前是怎样的一个组织，将来希望成为怎样的一个组织，从而为企业确立一个贯穿各项业务活动的主线，建立一个相对稳定的经营主题，为企业目标开发、资源配置及重要活动的管理提供依据，以保证整个企业在重大战略决策上做到思想统一、步调一致，充分发挥各方面力量的协同作用，提高企业整体的运行效率。例如，Polaroid 公司的使命为：完善与销售即时成像系统以满足较为富裕的家庭对于亲情、友情和欢娱留念的需要。

当公司面临的环境发生巨大变化时，这些变化往往会要求企业对自己的发展方向进行修正。英特尔公司在 20 世纪 80 年代中期就经历了这样一次战略大转型。当时，计算机存储芯片是英特尔公司的主要业务，这块业务占公司收入的 70%，而日本的制造商为了占领存储芯片市场，采取了残酷的低价竞争策略。英特尔公司研究了许多战略应对方案，如建立巨大的存储芯片生产工厂，以克服日本生产商的成本优势；投资研究与开发，设计出更加高级的存储芯片；撤退到日本生产商并不感兴趣的小市场上去。最后格罗夫认为，所有这些战略方案都不能为公司带来很好的前景，最好的长期解决方案是放弃存储芯片业务，致力于为个人计算机开发出更加强大的微处理器。从存储芯片业务撤退，使英特尔公司在 1986 年承担了 1.73 亿美元的损失。格罗夫所做出的这项大胆的战略决策实际上给英特尔公司带来了一个新的使命，即成为个人计算机行业微处理器最主要的供应商，使个人计算机成为公司和家庭应用的核心，使英特尔公司成为推动个人计算机技术前进的一个领导者。

企业核心业务与发展方向的明确，一方面可以为组织的发展起到一定的规范作用，帮助企业界定战略方案选择的边界，排除某些严重偏离企业发展方向与核心业务而又前景不明的投资领域，从而做到目标明确、力量集中；另一方面使得人们能在基本符合企业发展方向与核心业务的前提下，开阔思路，积极创新，从比较广泛的角度提出与形成多种可行目标及战略方案，并对方案进行评价与选择，使企业获得创造性增长。

(2) 协调内外部矛盾冲突

战略管理者与不同利益相关者往往会对企业的发展方向与核心业务抱有不同的期望与看法。例如，公众通常比较关心企业的社会责任，股东较为关心自己的投资回报，政府主要关心税收与公平竞争，地方社团更为关心安全生产与稳定就业，这就会使他们在企业使命与目标的认识上产生意见分歧与矛盾冲突。

由于企业利益相关者所追求的目标之间存在上述矛盾冲突，因此企业战略决策者不可能对每一个利益相关者所提出的要求和所关心的问题都给予同样程度的重视。此外，对于"企业的业务是什么"这一问题，即使在企业内部不同战略管理者之间，也会由于各人经验、知识、能力等的不同而给出不同甚至相互矛盾的回答。为此，一个良好的使命陈述应能说明企业致力于满足这些不同利益相关者需要的相对关心与努力程度，注意协调好这些相互矛盾冲突目标之间的关系，对不同利益相关者之间所存在的矛盾目标起到调和作用。企业必须兼顾顾客、股东、员工、社会等主要利益相关者的利益。

① 企业的顾客。一般情况下，只要存在竞争与替代品的威胁，顾客就有自主选择自己喜欢的产品和服务的权利，企业就必须考虑如何才能更好地满足顾客的需要。

② 企业的股东。从长期来看，作为企业的投资者，股东如果不能从企业经营中获得满意的回报，必然会将投资转向其他企业，从而使企业的发展失去持续资金投入的支撑。

③ 企业的员工。没有满意的员工就不会有满意的顾客，因为员工的不满会在与顾客的交往中表现出来。特别是在迈向知识经济时代的今天，员工的知识和技能成为企业最重要的资产，存在于员工头脑中的思维创新能力决定着企业的长期发展潜力。

④ 企业运行其中的社会。托马斯·佩蒂特（Thomas Petit）认为，工业社会面对着主要由于大公司的出现而带来的严峻的人文和社会问题，管理者在执行公司事务时要能够解决或至少是缓解这些问题，企业为了自身的长期利益应向社会负责。佩蒂特指出，今天社会出现的许多问题与企业自身的失误有一定的关系，企业应该在解决这些问题的过程中起到应有的作用。

总之，一切企业都需要得到用户、股东、员工与社会的支持，使命陈述能够起到帮助企业实现与内外部利益相关者有效沟通并赢得支持的作用。企业使命通过对企业长期发展目标的说明，还可以为各级管理人员超越局部利益与短期观念提供努力方向，促进企业各层次员工形成共享的价值观，并随着时间的推移得到不断强化，以做到最终为企业外部环境中的个人与组织所认同和接纳，从而为企业树立良好的社会形象。

（3）树立用户导向思想

一个好的企业使命体现了对用户的正确预期。企业的经营应当是确认用户的需求，并提供产品和服务以满足这一需求，而不是首先生产产品，然后再为它寻找市场。理想的企业使命应认定本企业产品对用户的根本功效。美国电话电报公司的企业使命不是电话而是通信，埃克森公司的企业使命是突出能源而不是石油和天然气，太平洋联合公司强调的是运输而不是铁路，环球电影制片公司的企业使命强调的是娱乐而不是电影，其道理都在于此。上述使命陈述的共同特点是专注于公司所要满足的顾客的需求，而不拘泥于具体的产品形态。

下面有关产品效用需求的歌谣对于企业使命的定义很有参考价值。

不要给我东西。
不要给我衣服，我要的是迷人的外表。
不要给我鞋子，我要的是两脚舒服，走路轻松。
不要给我房子，我要的是安全、温暖、干净和快乐。

不要给我书籍，我要的是阅读的愉悦与知识的益处。

不要给我磁带，我要的是美妙动听的乐曲。

不要给我工具，我要的是用处和创造美好物品的快乐。

不要给我家具，我要的是舒适、美观和方便。

不要给我东西，我要的是想法、情绪、气氛、感觉和收益。

请，不要给我东西。

定义企业使命的一个重要目的在于吸引对企业至关重要的顾客。下面这段对企业经营目的的经典叙述揭示了用户在企业使命中的重要性："是用户决定了企业应当经营什么。正是，也仅仅是那些愿意购买商品和服务的用户将资源转变为财富，将物品转变为商品。企业想要生产什么不是最重要的，尤其对企业未来的成功不是最重要的。可见，决定企业经营什么、生产什么及企业是否兴旺的，是用户想买什么和珍视什么。而且用户所购买的和珍视的永远不是产品，而是效用，即产品和服务带给他们的功用。用户是企业的基础，是用户决定了企业的存在。"

（4）表明企业的社会政策

社会政策与企业高层领导的管理思想密切相关，社会政策会影响企业使命的定义。社会问题迫使战略决策者不仅要考虑企业对股东的责任，而且要考虑企业对用户、环境保护主义者、少数民族、社区及其他社会团体所负有的责任。经过几十年来对企业社会责任这一问题的争论，越来越多的企业正在努力建立适当的社会政策。

当今时代，企业与社会间的相互影响越来越引人注目，社会政策会直接影响企业的用户、产品、服务、市场、技术、盈利、自我认识及公众形象。企业的社会政策应当贯彻到所有的战略管理活动之中，这当然也包括定义企业使命的活动。

企业应当积极从事可带来社会效益的社会活动。例如，默克公司曾研制一种叫 Ivermectin 的药物，用于治疗流行于非洲、中东和拉丁美洲贫困地区的由苍蝇携带的寄生虫所导致的一种被称为"河瞎病"的疾病。开始，默克公司想以获利的价格销售这一药品，后来该公司了解到这种做法不可行，因为对这种药有需求的人太穷了，他们都生活在偏远贫困的地区。在当时没有一家组织出面资助的情况下，默克公司决定对每一位需要者免费提供这种药品。

尽管各企业对待社会问题的态度不同，但是绝大多数企业都力求使外人相信它们是以对社会负责的态度从事经营活动的，而企业使命就是表达企业这一态度的有效途径。例如，诺顿公司（Norton）的企业使命是这样结尾的："为完成这一任务，诺顿公司将继续表现出它对公众利益的责任感，并将继续赢得用户、雇员、股东、供应商及与它发生业务往来的社区的尊敬与忠诚。"

### 2. 企业使命的基本结构

企业是生产物质财富或提供依靠自己的生产提供物质财富或服务的组织，这是传统的企业观，在当今时代，企业活动的领域正在逐步扩展，伸触到社会的诸多方面。仅仅从企业的经济活动本身来认识企业，已经远远不够。企业不仅在经济上，而且在许多方面都担负着重要的社会责任，企业活动的领域正在逐步扩展，延伸到社会的诸多方面。

以日本为例，在20世纪60年代，人们曾经把企业作为4个行为主体来认识企业的性质：

① 企业是生产物质财富、建设经济基础的"经济主体"；

② 企业是通过纳税给国家活动提供财政基础的"纳税主体";
③ 企业是为国民和侨民提供安定就业条件的"就业主体";
④ 企业是推进技术开发和事业开发的"开发主体"。

这些观点虽然已经从较广的范围来认识企业和企业的经营任务,但实质上仍然仅仅是从经济的着眼点来认识企业的功能。在当时那个年代,社会也把企业仅仅作为国民经济增长的主要承担者。

进入20世纪70年代,日本社会对于企业的看法发生了极大的变化。1973年10—12月,日本做了一项以东京市民为对象的调查,调查目的是弄清"企业"这个概念究竟给人们一种什么印象。调查者将预先能够想到的企业重要活动事项排列了出来,一共有20项,其中有积极的因素,也有消极的因素,同时要求被调查者从20项里选出5项并按顺序排列,最后的结果表明,人们对企业的活动是这样认识的:

① 公害的制造者;
② 经济增长的动力;
③ 政治的伙伴;
④ 新产品的开发者;
⑤ 物价上涨的制造者。

从以上调查可以看出,随着经济高速增长时代的到来,人们并非更加注重企业的经济功能,而是把企业作为社会细胞之一,从社会的角度强调企业的作用,把企业的活动直接看作是社会的活动之一。

进入20世纪80年代以来,人们对企业的看法又有了新的变化。请看日本对学生就业倾向做过一项调查,这项调查表明了学生们在选择就业时对企业形象的认识和希望,如图2-1所示。

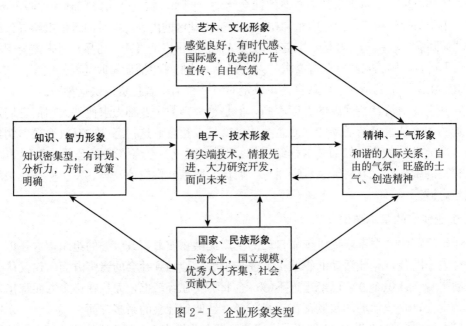

图2-1 企业形象类型

可见,不论学生就业时个人倾向于何种形象的企业,有一点是共同的,那就是学生们都是用文化的眼光来选择企业形象的，艺术、文化形象，电子、技术形象，知识、智力形象，精神、士气形象等，这都是从文化角度的品评。

下面再来看看日本的企业家们是怎样看待企业和经营的。日本曾对200家公司的500名企业家进行过连续3年的调查，调查的主题是对企业形象的综合评价。综合评价的项目标准一共设计了16项，包括：

① 经营的性质；
② 产品的应用质量；
③ 技术开发力；
④ 财务；
⑤ 人才的培养和活用；
⑥ 社会责任能力；
⑦ 广告活动；
⑧ 文化活动；
⑨ 组织能力；
⑩ 销售能力；
⑪ 商品计划；
⑫ 海外活动；
⑬ 最高层经营者；
⑭ 企业的发展；
⑮ 综合经营能力；
⑯ 企业精神。

在这16项中，有经济的成分，也有文化的成分，文化的成分又可分为显层文化成分和深层文化成分。值得注意的是人才的培养和活用、社会责任能力、组织能力、企业精神，这4个要素构成了"企业人格"，这是企业文化的深层部分，这个部分得到了企业家们的一致重视。

日本企业观念的转变可以代表欧美先进国家对于企业看法的转变。从20世纪60年代到70年代是第一次观念飞跃，从20世纪70年代到80年代是第二次观念飞跃。第一次飞跃的标志是在传统的经济观念上加上了社会的观念，第二次飞跃的标志是在社会观念之上又加上了文化的观念。在20世纪80年代的企业观念中，企业已经被作为一种文化存在，企业活动也被看作是一种文化现象。

因此，企业使命从大的层面上可以划分为经济使命、社会使命和文化使命。

### 3. 企业使命的定义

企业使命的定义没有一个统一的模式，但通常应遵循以下基本原则。

1) 首先确定好企业的经营领域

新创办一个企业或对一个企业做出重大调整时，要做的第一件事就是确定企业的性质和任务，即确定企业的经营领域。虽然在我国每个企业的营业执照一般都写有该企业的经营范围，但一般都比较笼统。在企业内部，特别是在经理人员中，对这一问题应有一个统一的认识，以便指导企业的生产经营活动。

经营领域一经确定，通常要在较长的时间内保持稳定，以便企业能够稳定地发展壮大。随着社会的发展、技术的进步，需求也在不断变化，企业经营领域也可能发生变化。企业经营者应密切关注外部环境因素的变化，使企业经营领域能够追随社会需求和技术的变化，及时进行调整，以求得企业的长期生存和发展。

（1）如何确定企业经营领域

企业经营领域通常可由下述5个关键要素决定。

① 企业的历史。每个企业都有在某个经营领域内实现自己目标和取得一定成就的历史，选择新的经营领域时需要回顾企业过去的历史。

② 企业领导人的偏好。每个企业的领导者都有他们自己的观念和见解，这些观念和见解会影响企业经营领域的选择。

③ 企业外部环境要素。外部环境要素形成了企业的主要机会和威胁，这在确定企业经营领域时必须加以考虑。

④ 企业的资源。企业的资源能够使企业在某些领域内实现自己的目标，但同时又可能限制企业在其他领域内实现其经营目标。

⑤ 企业管理能力。企业经营领域的选择还应当建立在企业的领导、计划、组织、指挥、协调与控制等管理能力的基础上，管理基础好，管理能力强，企业就能在较宽广的经营领域内顺利地实现自己的目标；管理基础差，管理能力弱，则只能在范围较狭窄的经营领域中运作。

（2）确定企业经营领域应当注意的问题

① 要用市场导向观念来确定企业经营领域。在《营销近视》一文中，莱维特提出了下述观点：企业的市场定义比企业的产品定义更为重要。他认为企业经营必须被看成是一个顾客满足的过程而不是一个产品生产的过程。产品是短暂的，而基本需要和顾客群则往往是永恒的。马车公司在汽车问世以后不久就会被淘汰，但是如果它界定公司的经营领域是提供交通工具，则该公司可能就会从马车生产转向汽车生产。以市场为导向的使命陈述有助于企业预见需求转变，将环境的变化转化为投资机会。它可以回答"我们的业务将会怎样变化"的问题。

一些企业由于没有对业务进行定义或未能进行正确定义而最终走向衰亡。在20世纪50年代和60年代，许多办公设备企业（如Smith Corona公司和Underwood公司）将业务定义为打字机制造商，这一产品导向的业务定义使它们忽略了所在产业实际上是满足顾客信息处理的需要。当一项新技术（计算机）能够更好地满足顾客信息处理需要时，打字机的需求必然一落千丈。最大的打字机生产商Smith Corona在1996年宣布破产，成为以计算机为基础的文字处理技术的牺牲品。相反，IBM正确地预见了自身业务的未来。在20世纪50年代，IBM是打字机和机械式编表机市场上的领导者。然而，与许多竞争对手不同，IBM对自己业务的定义是"提供信息存储和处理的方法"，而不仅仅是提供打字机和机械式编表机。遵循这一定义，IBM后来进入了计算机、软件系统、办公系统和打印机等市场。

莱维特主张企业在确定其经营领域时应该从产品导向转向市场导向，表2-1列举了几个这样的例子。

表 2-1　产品导向和市场导向两种不同的经营领域定义的比较

| 公司 | 产品导向经营领域定义 | 市场导向经营领域定义 |
| --- | --- | --- |
| 化妆品公司 | 我们生产化妆品 | 我们出售美丽和希望 |
| 复印机公司 | 我们生产复印机 | 我们帮助改进办公效率 |
| 化肥厂 | 我们出售化肥 | 我们帮助提高农业生产力 |
| 石油公司 | 我们出售石油 | 我们提供能源 |
| 电影厂 | 我们生产电影片 | 我们经营娱乐 |
| 空调器厂 | 我们生产空调器 | 我们为家庭及工作地点提供舒适的温度 |

在定义企业经营领域时，企业需要避免两种倾向：一种是过于狭隘，另一种是过于宽泛。例如，一家钢笔厂可以把自己视为生产小型书写工具的企业，由此它就可以把业务扩大到生产钢笔或打字机等其他方便书写的工具；如果把自己视为生产办公室自动化工具的企业，它就可能涉及除打字机以外的复印机、计算机、投影仪等诸多产品经营领域，而这对于一家钢笔制造企业来说则显得过于宽泛。

定义经营领域往往能够激发起员工工作的激情，使企业的全体员工能认识到他们正在创造美好的生活，他们的工作是有意义的。例如，一家化肥厂如果把自己说成是为了提高农业生产力，以生产更多粮食，员工就会产生一种新的使命感。生产吸尘器的企业如果把自己说成是为人们创造一个清洁、健康的生活及工作环境，员工就会受到一种巨大的鼓舞。

② 从顾客和市场需要出发确定经营领域。要确定好企业的经营领域，必须从顾客和市场需要出发，具体分析两个问题：一个是我们的企业是干什么的？另一个是我们的企业应该是干什么的？

分析企业是干什么的，其目的是要明确现在企业从事的是什么事业。究竟你们企业属于什么行业，有时候人们其实并不十分清楚。有一家制作窗帘的企业，由于当地社会及家庭对窗帘的需求有限，使企业经营陷入了困境。咨询专家来厂调研后提出："你们企业是一家制作遮挡光线产品的企业。"由此企业经营者获得了对自身企业的一种新的认识，并开始进行大胆的改革，开发出遮挡光线的仪器、设备及用品，使企业走出困境。可见，界定清楚企业是干什么的这一问题的重要性。

搞清楚企业是干什么的问题，可以从以下4个方面进行分析。

谁是企业的顾客？从战略角度看，企业用户有两类：一类是产品和服务的最终使用者；另一类是与最终使用者有关的非最终使用者。例如生产电子计算机的企业既要使直接使用电子计算机的人想要买，又要使各企事业单位的决策者想要买。因此，企业必须认真分析谁是自己的顾客。

顾客在哪里？一个企业不了解自己的顾客在哪里，就会盲目行动。尤其当企业的原有顾客发生转移时，企业若没有发觉，就可能失去自己的服务对象。例如在城市生活水平提高后，原来为城市服务的中低档服装、家具等消费品的顾客转移到了农村，对于生产这些产品的企业来讲，或者放弃中低档产品的生产继续面向城市，或者继续生产中低档产品转而面向农村，或者高中低档产品都生产既面向城市也面向农村。

顾客买什么？企业管理人员常常把产品的质量作为影响顾客购买的主要因素，实际上这种认识有时与实际并不相符。例如，一件衬衫，对一些人来说，重要的不是它的耐穿性而是款式，如何与西装颜色相搭配，价格只是次要的因素；而对另一些人来说，首先考虑的是其耐穿性及价格，款式则是次要的。因此顾客所购买的不是产品本身，而是一种对需要的满足。表面上不同顾客买的都是某企业相同的衬衫，有的顾客是为了遮体御寒，有的顾客则是为了体现自己的身份。企业弄清了顾客买什么的问题，就能正确确定自己的经营领域，也才能搞清楚自己的产品在与什么产品竞争。

企业将会成为什么样子？这一问题的提出主要是为了弄清楚在企业环境发生变化时对企业的经营领域会产生什么影响，进而评估市场的潜力及发展趋势。

分析企业应该是干什么的问题，其目的在于了解有什么新的经营领域、企业可以创造些什么机会，使企业明确经营领域应当有什么样的变化才能使其得到更好的生存和发展。为此可以从以下3个方面进行分析。一是市场需求的变化与科技的迅猛发展为企业提供了哪些新的经营领域。例如通信事业的发展带来电子计算机硬件及软件的大发展，新的经营领域会给企业带来新的变化。二是社会、经济等方面的改革为企业提供了哪些新的经营领域。例如我国实行经济体制改革后出现了房地产市场、股票市场等，这些新的经营领域也为企业提供了许多新的机会。三是企业应当淘汰哪些没有前景的经营领域。如果企业不及时淘汰衰退的经营领域，将浪费企业的资源，也会使企业没有力量去开创新的经营领域。要确定哪些经营领域应当淘汰，必须对现有产品、市场需求、销售渠道、定价促销手段等问题进行系统分析，看是否还有继续经营的前景，最终做出慎重选择。

在分析了以上两个问题以后，还要看企业所选择的经营领域是否符合国家产业政策。凡被国家列为重点发展和优先支持的行业，如新能源工业、交通运输工业、基础新材料工业等都将得到国家的支持；而被国家列为限制发展的行业，则不论企业的经济效益如何，一般都不是国家积极支持的对象。对国家产业政策明令禁止发展的小烟厂、小酒厂、小棉纺厂、小炼油厂、小加工厂等，国家将促使其关停并转，以实现产业结构优化。从宏观上来看，新兴产业、高科技产业均属于朝阳产业，一般会有发展前途。污染环境严重、产品技术性能差、能耗高的产业，都属于夕阳工业，其发展前景不容乐观。企业应当选择有发展前途的朝阳产业作为自己的经营领域。

③ 要找到最能发挥本企业优势的经营领域。大多数企业在选择经营领域时经常发生两种错误倾向：一是企业经营者已习惯于从企业原有产品及原来的经营领域来观察周围的环境，这就限制了他们的眼界，很难开拓新的经营领域；二是企业经营者过高估计自己企业的实力，盲目乐观，开辟了许多新的经营领域，向一些完全陌生的行业投资，结果消耗了大量的人力、物力，进而使经营效益下降。

为了避免上述两种错误倾向，企业经营者一方面要跳出企业原有产品或经营领域的局限，分析企业所处的外部环境及内部条件，根据社会需求、企业当前掌握的技术及目标市场状况，确定企业的经营领域；另一方面，企业应对其经营领域的范围进行审视，实事求是地评估自身的实力，不要盲目地拓展企业的经营领域。如果经营领域数目过多，将严重分散企业资源及管理人员的精力，也难以取得经营成功。总之，企业应当紧密结合自身的优势及特长来选择经营领域。

2）注重企业所承担的社会责任

在现代社会中，企业对于社会生活的影响与作用越来越大，社会也对企业的运行提出了越来越高的要求，希望企业的运行能够更好地符合整个社会发展的需要。因此，企业如果在进行战略管理中不能正确地认识自己所应承担的社会责任，从长远的观点看，就很难保证自己在市场竞争中立于不败之地。

作为经济社会中重要而有影响力的成员，企业有责任与义务来帮助保持和改进社会的福利。企业与社会的相互作用可以表现在政治、技术、经济、环境、社会、文化等方面，为此，企业在进行战略管理时必须考虑社会责任问题。例如企业的用工制度对社区就业的影响问题、企业的生产工艺可能产生的环境污染问题、企业生产的产品和提供的服务的社会成本问题等，这些问题都要求企业本着对社会负责的理念，用更长远的眼光来看待和处理。

从企业盈利的角度来看，承担社会责任短期内似乎于企业盈利并无好处，但从长期来看，可以为企业的长期发展创造一个良好的外部环境。例如安利公司的企业文化中对于企业公民的责任是这样描述的：安利深切了解其身为企业公民对社会及生态环境所承担的责任，并会竭尽全力成为良好的企业公民。

3）建设优秀企业文化，促进社会文化的进步

企业文化将影响企业战略的制定和实施。企业文化不仅会对本企业产生巨大影响，而且还会不断地向社会传播和辐射。

随着改革开放的深入，文化的落后越来越成为中国经济发展的障碍，而社会的发展使我国无论是在体制上还是在文化上都处于新旧交替的震荡之中。作为市场经济中的企业，为了自身的生存和发展，必须建构有利于企业进步的组织文化，勇敢地致力于新文化的建设。众多企业的这种行为势必影响社会大文化的变化，从而使企业成为推动社会文化进步和产生中国新文化的坚实土壤。

企业在制定企业使命时可以分析以下几个问题：

① 企业的所有者是谁？他们对企业的长期预期和短期预期是什么？
② 企业的优势有哪些？企业能为社会做些什么？
③ 企业的客户真正想获得什么？
④ 企业能为员工提供什么？
⑤ 企业能为其他的利益相关者提供什么？

**4. 企业使命的表述**

1）表述企业使命时应遵循的基本原则

（1）使命表述不宜太细，也不宜太粗

企业使命作为企业经营的总体指导思想，通常需要在比较广泛的层次上阐明企业的观点与态度，客观上不应该太详细；同时，企业也应该注意到，太笼统的表述可能会显得无所不包，难以对战略目标与战略方案的选择起到真正的指导作用。

企业使命是对企业态度和展望的宣言，而不是对具体细节的陈述。企业使命的表述不宜太过具体的原因主要有以下两个：第一，一个好的企业使命有助于产生多种可行的目标和战略，过于细致的规定将限制企业创造性增长潜力的发挥；第二，有利于调和企业众多利益相关者之间的矛盾或满足他们的不同需求。

企业使命的表述不宜太过粗略，主要是指企业使命对于企业战略方案选择的指导意义。含义太广的使命表述往往可以容纳过多类型的战略方案，这在客观上将起不到指导战略方案筛选的作用。例如，若给出一个包罗万象的企业使命定义，将某企业的业务表达为"满足整

个国家的食品需要",则这种企业使命对于企业的发展方向选择将没有太大意义,因为这样的使命表述几乎涵盖了包括农场、农机、粮食物流、粮店、餐馆等在内的所有经营领域,这显然不是一个企业所能做到的。

(2) 业务范围不宜太宽,也不宜太窄

进一步考虑企业使命的表述,必须注意业务范围的宽窄问题,定义中所描述的范围太宽或太窄都会给企业运行带来不利影响。范围太宽可能在语言上太模糊而显得空洞无物,从而使得企业的特点丧失,造成当前与未来的经营范围不清;而范围太窄则又可能会由于语言上过于局限而失去指导意义,使管理人员受到不适当的限制,从而可能使企业对出现的重要战略机会与威胁视而不见。

综合考虑以上因素,在企业使命的实际表述中,通常可在企业目前产品的基础上提高一档来进行描述,这样做既有利于企业的进一步发展,又不至于使企业失去具体业务方向。例如,将电话电报公司的使命定义为"提供信息传递服务"是比较合适的,若把制笔公司的使命也定义为"提供信息传递服务"就显得太宽,而定义为"提供信息记录手段"就比较合适,因为这样可使企业有比较明确的发展方向。类似地,若把电影公司的使命定义为"制作影片"就会显得范围太窄,而定义为"提供文化娱乐服务"就比较合适,因为这有助于电影公司开阔思路,积极向电视、视频等方面发展。当然,企业使命表述的宽窄范围是相对的。对于制造音响设备的厂商来说,若将使命表述为"提供家庭娱乐服务"可能会显得范围太宽,而这种表述对于生产电视机、组合音响、收音机等多种产品的大型企业集团来说也许就更合适。

2) 国内外若干企业的企业使命表述

表 2-2 列示了国内外一些著名企业的使命表述。

字节跳动的使命

表 2-2 国内外一些著名企业的使命表述

| 企业名称 | 企业使命描述 |
| --- | --- |
| IBM | 无论是一小步,还是一大步,都要带动人类的进步 |
| 通用电气 | 以科技及创新改善生活品质 |
| 惠普 | 为人类的幸福和发展做出技术贡献 |
| 麦肯锡 | 帮助杰出的公司和政府取得更大的成功 |
| 耐克 | 将灵感和创新带给世界上的每一位运动员 |
| 戴尔 | 在我们服务的市场传递最佳顾客体验 |
| 荷兰银行 | 通过长期的往来关系,为选定的客户提供投资理财方面的金融服务,进而使荷兰银行成为股东最乐意投资的企业及员工最佳的生涯发展场所 |
| 沃尔玛 | 给普通百姓提供机会,使他们能与富人一样买到同样的东西 |
| 迪士尼 | 使人们过得快活 |
| 中国移动通信 | 创无限通信世界,做信息社会栋梁 |
| 华为 | 把数字世界带入每个人、每个家庭、每个组织,构建万物互联的智能世界 |
| 万科集团 | 为最广大的利益相关方、创造更长远的真实价值 |
| 腾讯 | 用户为本,科技向善 |

## 2.2 企业愿景

20世纪80年代后期尤其是进入90年代以后,企业经营环境的挑战使得战略管理理论研究开始重视愿景驱动型管理,这其中有影响力和代表性的是哈梅尔和普拉哈拉德提出的"战略意图"(strategic intent)、彼得·圣吉提出的共同愿景(shared vision)及柯林斯和波勒斯提出的"愿景型企业"(visionary company)。企业愿景驱动型管理的兴起充分表明,20世纪90年代以来的战略管理理论更加强调宏大目标对企业变革与长期发展的激励作用,更加注重战略的未来导向与长期效果。

### 1. 企业愿景的概念

愿景是由英文"vision"翻译而来。目前对"vision"有远景、景象等多种译法,但均不如"愿景"贴切,"愿景"反映了"vision"的原意。愿景包含两层内容:其一是"愿望",指有待实现的意愿;其二是"景象",指具体生动的图景。在解释愿景时,有本教科书曾用了一幅漫画,画中一只小毛毛虫指着它眼前的蝴蝶说:"这就是我的愿景。"可见,愿景是一个主体对于自身想要实现目标的具体刻画。因此,企业愿景(corporate vision)是指企业成员普遍接受和认同的企业的长远目标。

企业愿景阐述了企业成员希望达到什么目标,是他们就所能达到的理想的未来状况形成的概念。企业愿景不同于一般的短期目标,它更为笼统。

### 2. 建立企业愿景的意义

企业愿景可以唤起人们的一种希望,特别是内生的企业愿景更是如此。工作变成是在追求一个蕴含在组织的产品和服务之中,比工作本身更高的目的。苹果计算机使人们通过个人计算机来加速学习,AT&T借由全球的电话服务让全世界互相通信,福特制造大众买得起的汽车来提升出行的便利。这种更高的目的,可以深植于企业的文化或行事作风之中。

企业愿景会改变成员与组织间的关系,它不再是"他们的公司",而是"我们的公司"。企业愿景是使互不信任的人一起工作的第一步,它能够产生一体感。事实上,组织成员所共有的目的、愿景与价值观是达成共识的基础。心理学家马斯洛晚年从事对杰出团体的研究,发现它们最显著的特征是具有企业愿景与目的。

企业愿景具有强大的驱动力。在追求愿景的过程中,人们会激发出巨大的勇气,去做任何为实现愿景所必须做的事。企业愿景最简单的说法是"我们想要创造什么?"正如个人愿景是人们心中所持有的意象或景象,企业愿景就是组织中人们所共同持有的意象或景象,它创造出众人是一体的感觉,渗透到组织的全面活动当中,使各种不同的活动融汇起来。当人们真正共同愿景时,这个共同的愿景会紧紧地将他们结合起来。企业愿景的力量源自共同的关切。人们寻求建立企业愿景的理由,就是他们内心渴望能够归属于一项重要的任务或事业。企业愿景刚开始时可能只是被一个想法所激发,然而一旦发展成感召一群人的支持,就不再是抽象的了,而是具体存在的。

拥有企业愿景的企业可以有效协调各经营单位之间的关系。企业愿景的意义,在于使个别愿景与一个较大的愿景和谐一致。如果组织的愿景被强加于下级单位，它最多能够产生遵从而不会是奉献。如果有一个持续进行的建立愿景过程，就会使经营单位的愿景与组织的愿景不断互动且相互充实。使命、愿景与价值观的结合产生的认同感，能够将一个大型组织内部的全体员工连接起来。不论在总公司或在分公司，领导者的主要任务之一就是培育这种共识。

### 3. 建立企业愿景应遵循的基本原则

（1）宏伟

一个愿景要能够激动人心，就不能是普通和平凡的，它必须具有神奇色彩，要能够超越人们所设想的"常态"水准，体现出一定的英雄主义精神。大多数人是为了一种意义而活着，并追求自我实现。远大的组织愿景一旦实现，便意味着组织中个人的一种自我实现。因此，愿景规划的真正意义在于：通过确立一种组织自我实现的愿景，将它转化为组织中每个人自我实现的愿景。而要达到自我实现，愿景必须宏伟。企业的愿景描述了某种期望实现的状态，通常是用非常大胆的语言来清楚地说明企业想要实现的长远目标。例如，腾讯公司的愿景是成为"最受尊敬的互联网企业"。

（2）振奋

表达愿景的语言必须振奋、热烈，能够感染人。人是有感情的动物，只有用热烈的语言才能激发起人们的情感力量，企业愿景应当鼓舞人心。企业愿景越令人振奋，就越能激励员工，影响他们的行为。愿景规划给人以鼓励，它为人们满足重要需求、实现梦想增添了希望。

例如，迪士尼乐园的愿景是："成为世界上最快乐的地方。"麦当劳的愿景："成为世界上最好的快餐店。"

（3）清晰

愿景还必须清晰。愿景是一种生动的景象描述，如果不清晰，人们就无法在心目中建立一种直觉形象，鼓舞和引导的作用也难以发挥。

例如，福特的"使汽车大众化"，就非常清晰与形象生动。福特还进一步表达了它的愿景："我要为大众生产一种汽车，它的价格如此之低，不会有人因为薪水不高而无法拥有它，人们可以和家人一起在上帝赐予的广阔无垠的大自然里陶醉于快乐的时光。"

（4）可实现

愿景"宏伟"的原则并不意味着愿景的规划必须十分夸张，相反，只有可实现的"宏伟"才有意义。因为愿景不是单纯为了激发想象力，而是为了激发坚定的信念。愿景如果不能被认为是可实现的，就不可能有坚定信念的产生。

### 4. 建立企业愿景要注意的一些方面

企业愿景的设计与建立是一个密不可分的过程，需注意以下方面。

① 把个人愿景作为企业愿景的基础。

② 按照自下而上的顺序进行征集和筛选。

③ 反复酝酿，不断提炼和充实。无论愿景是谁提出来的，都应使其成为一个企业上下反复酝酿、不断提炼的分享过程。

为了更好地运用企业愿景，应当使它具备以下特征。

① 简单易懂。员工看到企业愿景后，能够很快领会它的意思，并且能够记住其主要内容。这一点对于运用愿景规划帮助组织实行变革尤为重要。

② 具有吸引力。员工在读到或听到愿景规划后，会这样对自己说："听上去还不错。我喜欢它，要是我们真像那样就好了。"

③ 有助于建立一整套的标准。人们能够根据某项决定、选择方案或行为是否符合愿景规划来对它们进行评估。企业愿景的一大好处是它能促使人们不断为一个共同的目标而努力。

④ 具有可操作性。能够运用企业愿景提出有助于实现设想的提案和计划。通过认清当前的现实，找出现实和企业愿景之间的差距，进而制定发展策略。

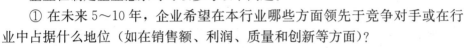
万科的企业愿景

企业在制定企业愿景时可以参考以下问题。

① 在未来5~10年，企业希望在本行业哪些方面领先于竞争对手或在行业中占据什么地位（如在销售额、利润、质量和创新等方面）？

② 在本行业或其他行业中，标杆企业的愿景陈述对企业有什么启示？

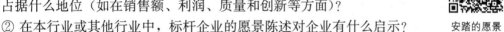
安踏的愿景

③ 从组织结构、地域分布、人员和进入的市场等方面来考虑，企业希望达到什么样的规模和增长水平？

## 2.3 企业目标

企业在确定了企业使命和企业愿景之后就可以着手设立企业目标了。企业目标的设立是提出与选择战略方案的基础，在制订战略方案之前，首先要明确企业的战略目标。

**1. 企业目标的概念和作用**

1) 企业目标的概念

企业愿景的前瞻性意味着企业设置了具有拓展空间的长远目标，而有效的企业愿景必须与企业阶段性的目标及经营活动相结合，以达成战略的一致性。企业目标是企业在一定时期内，依据企业使命和企业愿景，考虑到企业的内外条件和可能，沿其经营方向所要预期达到的理想成果。

企业目标通常可分为定性目标和定量目标。定性目标通常是指与组织使命相一致的一般性目标，它本质上是定性的描述。定量目标即具体目标，是与整体目标相一致的、更加精确的目标。

2) 企业目标的作用

企业使命和企业愿景从总体上描述了企业的经营领域与发展方向，为指导企业的各项活动提供了一条共同主线。企业目标进一步对企业使命和企业愿景起着具体化与明确化的作用。战略目标是落实企业愿景所代表的企业长远发展目标的阶段性任务分解。战略目标提供战略方案选择的依据，企业战略最终是达成企业战略目标而进行的规划。企业目标除引导企业战略外，还具有以下作用。

（1）为管理工作指明方向

管理是一个为了达到一定目标而协调集体活动所做出努力的过程。如果不为达到一定的目标，就无须进行管理。因此，企业目标的作用首先在于为管理活动指明方向。

（2）激励作用

企业目标对于企业员工具有激励作用。大多数人都有成就需要，希望不断获得成功，而成功的标志就是达到预定目标。目标的激励作用主要表现在：一是个人只有在明确了目标后才能调动起潜在的积极性；二是个人只有在达到了目标后，才会产生成就感和满意感。要使目标对企业员工具有激励作用，目标首先要符合企业员工的需要，此外还要具有挑战性。

（3）凝聚作用

企业是一个社会协作系统，它是靠目标使全体成员联结起来的。企业的凝聚力受到多种因素的影响，其中一个主要因素就是企业的目标。只有在企业的目标充分体现了或者变成了企业成员的共同利益和共同追求时，全体成员的工作热情、献身精神和创造力才能够被激发出来。

（4）提供考核标准

定量目标是考核管理人员和员工工作绩效的客观标准。由于定量目标本身是可以考核的，而且目标又是可以分解的，因此可据此对管理者和员工的目标完成情况进行考核。

3）从单一目标模式转向多目标模式

当今世界大多数优秀企业已经摒弃了"经济利益最大化"这种单一目标模式，建立起一种将企业的经济动机与社会责任相结合的多目标模式（见图2-2）。

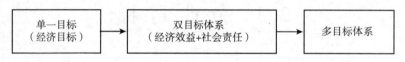

图2-2 企业目标的变化过程

西蒙首先提出了"管理人"假设，把价值判断引入到管理活动中，使企业建立起经济效益和社会责任双目标体系。德鲁克则进一步认为，一个成功的企业应在8个方面建立自己的多目标体系，包括：市场；技术进步和发展；提高生产力；物质和金融资源；利润；人力资源；员工积极性；社会责任。因此，企业目标设定时必须根据企业的使命和共同愿景，并结合自身实际，相应地构建出一套多目标体系。

**2. 企业目标体系**

1）战略目标

这是指企业在其战略管理过程中所要达到的市场竞争地位和管理绩效的目标，包括在行业中的领先地位、总体规模、竞争能力、技术能力、市场份额、收入和盈利增长率、投资回报率及企业形象等。企业制定战略目标是为了使企业战略具体化、数量化，将企业总体的努力方向转变为各部门、各层次员工的行动准则。其结果不仅明确了企业的工作重点，而且提供了评价工作绩效的标准。

战略目标是选择战略方案的依据，战略方案是实现战略目标的手段。

战略目标通常可分为财务目标和非财务目标两大类。财务目标是直接与更大盈利和企业所有者的更多回报联系在一起的。例如，宝洁公司曾经提出过以下目标：未来5年内，销售增长率从6%提高到8%，每股核心业务净收益增长率从13%提高到15%。又如，富国银行曾经提出过以下目标：将银行业务（投资业务、经纪业务和保险业务）的收益贡献率从

16%增加到25%。非财务目标一般与顾客或整个社会有关。例如,富国银行曾经提出过以下目标:希望绝大部分客户在接受调查时说,他们认为富国银行是最好的金融机构。

2)长期目标

这是指企业在一个相对较长的期间内所力求实现的生产经营的结果。长期目标的计划期一般为5年,并以市场占有率、投资收益率和股票价格等手段来衡量企业战略的最终效能。

企业战略决策者一般从以下6个方面考虑建立企业的长期目标。

(1)获利能力

在长期生产经营中,任何企业都会要求获得一种满意的利润水平。实行战略管理的企业一般都有自己的利润目标。在市场经济条件下,这种目标可以用企业每股股票或其他证券的收益来表示。

(2)生产效率

企业要不断地提高生产效率,生产效率经常用投入产出比率、年产量、设备自动化水平等指标来表示,有时也会把产品成本降低率、废品率等指标作为企业生产效率指标提出来进行分析。

(3)市场竞争地位

企业在市场中所占有的地位是衡量企业绩效的一个市场标准。大企业往往根据竞争地位来确立自己的目标,判断与评价自己在增长和获利方面的能力。企业的销售总量或市场占有率常常被用来作为评价这种目标的标准。

(4)企业的技术水平

企业自身的技术状况关系到企业在市场中的竞争地位,而竞争地位又关系到企业的战略选择。因此,许多企业把技术领先作为一项长期目标。

(5)员工发展

在企业中生产能力往往与员工的敬业程度及企业为员工提供的发展机会和福利密切相关。当员工感到自己在企业有发展机会时,他们往往会促进生产能力的增长。因此,企业战略决策者要考虑满足员工的期望,确立员工民主管理制度,制定有关员工职业发展的长期目标。

(6)社会责任

企业必须认识到自己对顾客和社会负有的责任,不仅要通过提供价格适宜的产品或服务来提高自己的声誉,还应通过参与社会活动、公共福利等事务来扩大自己的影响。

在确定长期目标时,企业不仅要考虑上述内容,而且要考虑目标的质量。衡量长期目标质量的标准一般有以下几个。

① 适合性。企业中的每一个目标都应该是实现其总体目标的一个具体步骤,必须服从于企业使命中规定的企业目标。违背企业使命的目标往往会损害企业自身的利益。

② 可度量性。企业在制定长期目标时,必须明确、具体地规定目标的内容及实现目标的时间进度。目标制定得越具体,越能减少误解,从而有利于操作。

③ 合意性。即所制定的目标要适合企业管理人员的期望和偏好,使他们乐于接受和完成。管理人员如果认为目标不合适或不公平,就会消极应付或拒绝实现这一目标。此外,有的长期目标还要使企业外部利益群体接受。

④ 易懂性。企业各个层次的战略管理人员都必须清楚地理解他们所要实现的目标,并理解评价目标的主要标准。为此,企业在阐述长期目标时要准确、详细,使其容易为人们所理解。

⑤ 激励性。企业长期目标既不要高不可攀，也不要唾手可得，要有一定的挑战性，激励人们去完成。在实践中，不同的个人或群体对目标的挑战性可能有着不同的认识，在这种情况下，企业要针对不同群体情况提出不同的目标，以达到更好的激励效果。

⑥ 灵活性。通常情况下，应保证预定目标的实现。如果内外环境发生了意外变化，原定目标不再合理，应当及时修订目标。

3）年度目标

这是指实施企业战略的年度作业目标，是战略实施中的一种必要手段。它与企业的长期目标有着内在的联系，为监督和控制企业的绩效提供具体的可以衡量的依据。企业主要从两个方面来考察其年度目标。

（1）与长期目标的联系

年度目标必须与企业战略的一个或多个长期目标有明确的联系。它与长期目标之间存在内在的传递与分解的关系，即年度目标将长期目标的信息传递给主要职能部门，并将长期目标按各职能部门需要分解为更具体的年度短期目标，使其便于操作和落实。

年度目标与长期目标的区别在于：一是长期目标一般要考虑未来5年或5年以上的情况，而年度目标通常只考虑一年的情况；二是长期目标着重确定企业在未来竞争环境中的地位，而年度目标则着重考虑企业职能部门或其他下属单位下一年度具体要完成的任务；三是长期目标内容广泛，年度目标内容比较具体；四是长期目标一般用相对数衡量，年度目标多用绝对数衡量。

（2）企业年度目标与总体目标的协调

在实践中，有的企业职能部门在确定年度计划和目标时，往往会忽略企业的总体目标，而只注重本部门的利益，可能导致各职能部门在年度目标上各行其是，缺乏内在联系，从而损害企业的整体利益。为了避免这种情况发生，保持各部门年度目标间的一致性，首先，每一个年度目标都要明确说明它所要完成的工作内容、时间和衡量工作效果的手段；其次，在分别考虑各个年度目标的基础上，由企业综合考虑它们对整个企业长期目标的贡献；最后，针对各个部门的经营重点，既有分工又统一地加以实施。

**3. 战略目标的确定过程**

一般来说，确定战略目标需要经历调查研究、拟定目标、评价论证和选定目标4个具体步骤。

（1）调查研究

将机会与威胁、长处与短处、自身与对手、需要与资源、现在与将来加以对比，搞清楚它们之间的关系，为确定战略目标奠定坚实的基础。调查研究一定要全面进行，但又要突出重点，应侧重于企业与外部环境的关系和对未来变化的研究和预测。

（2）拟定目标

拟定战略目标一般需要经历两个环节：拟定目标方向和拟定目标水平。首先，在既定的经营领域内，依据对外部环境、需要和资源的综合考虑，确定目标方向。其次，通过对现有能力与资源等诸种条件的全面评估，对沿着战略方向展开的活动所要达到的水平做出初步规定，这便形成了可供决策选择的目标方案。

在确定战略目标的过程中，还需要注意目标结构的合理性，要列出各个目标的综合排列次序。在满足需要的前提下，要尽可能减少目标个数。一般采用的方法是把类似的目标合并为一个目标，把从属目标归于总目标，通过计算形成一个单一的综合目标。此外，要根据实际需要与可能，尽可能多地提出目标方案，以便于对比优选。

(3) 评价论证

战略目标拟定以后，就要组织多方面的专家和有关人员对提出的目标方案进行评价论证。评价论证要围绕目标方向是否正确进行。要着重研究拟定的战略目标是否符合企业使命、是否符合企业整体利益与发展的需要，还要论证战略目标的可行性。评价论证的方法主要是按照目标的要求，分析企业的实际能力，找出目标与现状的差距，然后分析用以消除差距的措施。如果能力和措施对消除这个差距有足够的保证，就说明这个目标是可行的。此外，还要对拟定目标的完善化程度进行评价，要着重考察目标是否明确、目标的内容是否协调一致、有无改善的余地。

如果在评价论证时，人们已经提出了多个目标方案，那么这种评价论证就要在比较中进行。通过对比，权衡利弊，找出各种目标方案的优劣所在。

目标的评价论证过程，也就是目标方案的完善过程。要通过评价论证，找出目标方案的不足，并想方设法使之完善起来。如果通过评价论证发现拟定的目标完全不正确或根本无法实现，那就要重新拟定目标，然后再重新评价论证。

(4) 选定目标

选定目标可从以下3个方面进行：目标方向的正确程度、可望实现的程度、期望效益的大小。对这3个方面要做综合考虑。在选定目标时，要掌握好决断的时机，既要防止在机会和困难没有搞清楚前就轻易决断，也要反对无休止的拖延和优柔寡断。

调查研究、拟定目标、评价论证、选定目标这4个步骤是紧密联系在一起的，要前后照应、协调进行。

#### 4. 企业目标的表述

企业目标的表述要注意以下几个方面。

(1) 要有单一明确的主题

每一个目标所涉及的应该是单一明确的主题。避免使用含糊不清的抽象语言与华而不实的空话和套话，如"在行业中处于领先地位""成为积极进取的市场开拓者"等。目标单一明确，才有可能将它进一步具体化为有针对性的战略方案，并分解成一项项任务，最后把应完成的任务、应拥有的权利与应承担的责任落实到企业员工身上。

(2) 要有希望取得的成果

目标所涉及的应该是希望通过活动取得的结果，而不是活动本身。不要将企业准备做的事情与准备要做成的事情混淆起来。事实上，企业准备做的事情只是企业拟进行的活动，这与结果没有必然的联系，而企业准备要做成的事情才是企业真正希望取得的最终成果。

(3) 可以进行评价考核

目标应该具有可衡量性，以便人们对目标最终是否实现进行比较客观的评价和考核。目标应该尽量用数量化的术语来表述。如果设定的目标不可衡量，也就无法对它进行必要的考核，从而也就不能对企业是否达到目标进行适当的评价，这显然不利于企业战略管理过程的运作。

(4) 要有实现目标的期限

企业目标表述必须包括一个实现该目标的时间期限。对于任何工作或任务，在布置时如果没有提出时间上的要求，则接受该工作或任务的人就不可能清楚该工作或任务的紧迫程度，从而也就很难对所需完成的工作做出适当的顺序安排，企业管理人员也难以对其进行有效的运作。

（5）应具有挑战性和激励性

企业目标设定的水平值要科学。企业制定的目标不宜过高，否则根本达不到；也不能过低，否则不需经过太多努力就可以轻松地达到。具有挑战性的目标是指经过艰苦努力能够达到的目标。挑战性目标应该极为大胆和振奋人心，以便能够持续鼓励企业员工向既定目标迈进。

目标的"SMART"原则

（6）目标应该符合企业的核心理念

企业在设定挑战性目标时，还应该使目标符合企业的核心理念。例如，波音747是风险特别高的项目，但是波音公司始终没有忘记公司的核心价值观：珍视产品安全，应用商用客机历来最严格的安全标准、测试和分析。不管金融压力有多大，迪士尼公司在制作《白雪公主》、兴建迪士尼乐园和佛罗里达州迪士尼世界时，仍然遵循极为注重细节的核心价值观。此外，优秀企业不会盲目地追求挑战性目标，而是追求既能加强本身核心理念又能反映企业自我定位的挑战性目标。

贵州茅台的"十四五"战略目标

伊利的企业目标

## 本章小结

企业使命代表企业存在的根本目的或理由，而企业愿景是指组织成员普遍接受和认同的组织的长远目标。德鲁克曾指出，建立一个明确的企业使命是战略家的首要责任。企业使命为所有的战略管理活动指明了方向，它对于战略制定、战略实施和战略评价来说都至关重要。企业使命通常包括经济使命、社会使命和文化使命三个层面的内涵。在确立企业使命时，要用市场导向观念来确定企业的经营领域，以激发企业员工的工作激情，使企业员工能认识到他们工作的意义。企业使命从总体上描述了企业的经营领域与发展方向，为指导企业的各项活动提供了一条共同主线。企业目标进一步对企业使命起着具体化与明确化的作用。在企业目标体系中，企业战略目标是企业选择战略方案的依据，而在整个战略管理过程中，战略方案是实现战略目标的手段。定义企业目标时要遵循可度量和带有一定挑战性等基本原则。

## 思考题

1. 什么是企业使命？
2. 企业使命的意义有哪些？
3. 搜集一家公司关于企业使命的表述，并分析其表述是否具有指引战略方向和激励员工等作用。

4. 试为你熟悉的一家企业定义其使命。

5. 什么是企业愿景？

6. 搜集一家公司关于企业愿景的表述，并分析其表述是否具有指引战略方向和激励员工的作用。

7. 请谈谈战略目标、长期目标、年度目标三者之间的联系和区别。

8. 企业目标表述应注意哪些方面的要求？

# 第3章

# 企业外部环境分析

**案例导入**

## 动力电池巨头——宁德时代的"好运"

宁德时代创立于2011年,是全球领先的新能源创新科技公司,致力于为全球新能源应用提供一流解决方案和服务。2022年宁德时代的营业收入为3 285.9亿元,同比增长107.5%。

赶上新能源车风口的宁德时代,随着国内电动汽车销量的不断攀升,公司规模快速扩大。"我们做锂离子电池的人,一开始就是做手机电池这些小电池,从来没有想过这么小的电池,能驱动这么重的车。"宁德时代董事长曾毓群公开直言运气好,进入到汽车动力电池赛道。纵观公司的发展历程,宁德时代在每个重要时间节点,似乎都有"好运"相助——抱紧市场最主流的汽车企业,与之建立深度合作。

成立初期,宁德时代就与宝马达成合作,成功实现由手机电池到汽车电池的转变,还在业内打响了知名度。近年来,宁德时代持续高跟猛进,多次与本田、奔驰和特斯拉等主流车企合作,供货不限于磷酸铁锂或三元锂电池。

"锂电行业到2025年将迈入TWh时代。"曾毓群层表示,受欧洲补贴、中国的《新能源汽车产业发展规划(2021—2035年)》等利好政策推动,需求会越来越大,还存在产能缺口。宁德时代乘势大干快上,不断融资扩充产能,维持市场领先地位,现有产能及2025年已规划的产能均高居行业第一。更多的产能,意味着企业能以更低的生产成本,获取更多的订单,尤其是获得头部企业的青睐。

然而,宁德时代在发展过程中面临着不少挑战。2019年6月,中国动力电池"白名单"管理制度被废除后,LG化学、松下等企业加快在华的投资步伐。LG化学在欧洲市场已向雷诺、沃尔沃等车企提供动电池。另外,为了保证电池供应链的安全,分享红利,车企也掀起投资动力电池企业的浪潮,扶植更多宁德时代的竞争对手。汽车厂商比亚迪也成立弗迪公司,加快新能源汽车核心零部件的对外销售业务。更多竞争对手的加入,使公司毛利率不断下降,且这种下降的趋势预计会长期延续。宁德时代面临的另一个挑战是技术能否持续领先,产品能否满足客户需求?

为了防止竞争对手在技术上颠覆自己,宁德时代也有所布局。上汽集团旗下智己汽车搭载的电芯电池,采用与宁德时代共同开发的"掺硅补锂"技术,能量密度较行业领先水平高出30%~40%,续航能达到1 000 km。这种电池技术革新,将解决电动汽车用户里程焦虑的难题。而电力成本也有机会继续降低,曾毓群称,油电平价时代将在2025年全面到来,届时电动汽车会加速放量。即便有隐忧,宁德时代的前路依然会有几年的美好时光。按照曾毓群的规划,动力电池不是全部,宁德时代正同步储备开发两项业务,一项是可再生能源和储能业务,另一项是进入以电动化+智能化为核心的应用场景,如无人矿山、电动重卡、电动船舶等。

目前宁德时代的三大战略发展方向为:以可再生能源和储能为核心,实现固定式化石能源替代;以动力电池为核心,实现移动式化石能源替代;以电动化+智能化为核心,实现市场应用的集成创新。在可见的将来,宁德时代还有很多故事可讲。

**资料来源:**
杨松.宁德时代的好运.21世纪商业评论,2021(Z1):52-55.

**思考题**
"好运"的宁德时代,未来能否一直领先?宁德时代面临哪些机遇和挑战?

从宁德时代的案例可以看出,外部环境对企业的生存和发展有着重要的影响,它不仅给企业带来了机遇,也会带来挑战。企业是环境的产物,战略管理者要善于判断企业外部宏观形势,考察行业未来发展态势以及与竞争对手的竞争合作关系,明确它们对企业可能带来的影响,从而帮助企业制定正确的战略。

科学分析企业的外部环境和内部环境是战略管理的重要基础。企业外部环境是指存在于企业外部、影响企业经营活动和战略选择的各种客观因素的总体。外部环境一般包括宏观环境、行业环境和市场竞争环境,内部环境又称微观环境,是指企业的内部条件,包括企业的资源、能力、企业文化和组织结构等因素。企业环境构成如图3-1所示。

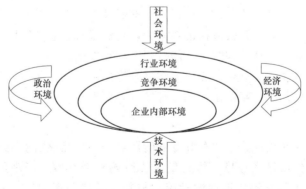

图3-1 企业环境构成

本章将分别从宏观环境、行业环境、竞争环境、战略群体和商业生态系统分析及外部因素评价矩阵来讨论,从而掌握企业外部环境分析体系和方法,识别企业面临的机遇和威胁。

## 3.1 宏观环境分析

宏观环境,是指那些给企业带来机会或者造成威胁的主要社会力量,处于企业面临的各种环境的最外围。当今世界,百年未有之大变局加速推进,全球政治、经济、技术和社会发展格局发生深刻变化,企业步入所谓的"乌卡时代"(VUCA),它在给企业带来前所未有的严峻挑战的同时,也孕育着全新的发展机遇。

分析外部宏观环境是一个连续的过程,包括:扫描、监测、预测和评估,见表3-1。宏观环境分析可以帮助企业明晰关键外部环境因素及其对企业的影响,预测其发展趋势,看清企业面临的机遇和威胁。

表 3-1 分析外部宏观环境的步骤

| 扫描 | 发现环境变化及其趋势的早期信号 |
|---|---|
| 监测 | 持续观察环境变化及其趋势,查明变化的意义 |
| 预测 | 根据所跟踪的变化和趋势,形成结果预期 |
| 评估 | 判断环境变化及其趋势对企业战略管理的重要性与实效性 |

宏观环境主要由政治(political)因素、经济(economic)因素、社会文化(social-cultural)因素和技术(technological)因素等相互影响而成,因此宏观环境分析又称为PEST分析。在此基础上,还有环境(environmental)因素和法律(legal)因素值得关注,由此构成了PESTEL(分别代表政治、经济、社会、科技、环境和法律)宏观环境分析框架。

PESTEL 分析

### 1. 政治

企业的政治环境是指制约和影响企业的各种政治要素及其运行所形成的环境系统,涉及政治制度、政党和政党制度、政治性团体、国家的方针政策和政治形势等。

政治环境是保障企业开展正常的生产经营活动的基本条件。需要注意的是,政治因素对企业来说通常是不可控的,带有强制性的约束力,企业只有适应这些环境因素,使自己的经营行为符合国家的政策、法律、法规,才能获得生存和发展。

在处于市场化进程中的发展中国家或者转型经济体中,企业往往需要面对制度环境的动态变化,以及在不同区域之间呈现出的制度环境的差异性和多样性。

### 2. 经济

所谓经济环境,是指构成企业生存和发展的社会经济状况及国家经济政策,包括社会经济结构、经济体制、经济发展速度、银行信贷、市场发育程度、宏观经济政策要素及经济运行的平稳性和周期性波动等。与其他环境因素相比,经济环境对企业的经营活动有更广泛、更直接的影响。

首先,要考察宏观经济的总体状况。了解目前国家经济处于何种阶段,

恩格尔系数

是萧条、停滞、复苏还是增长,以及宏观经济以怎样一种周期规律变化发展。一般来说,在宏观经济增长阶段,市场扩大,需求增加,企业发展机会较多;反之,在宏观经济的萧条、停滞阶段,市场需求增长很小甚至不增长,企业发展机会随之减少。

在众多衡量宏观经济的指标中,国内生产总值(GDP)是最常用的指标之一,它是衡量一国经济实力的重要指标,它的总量及增长率与工业品市场购买力及其增长率有较高的正相关关系。2012—2021年,我国GDP总量由54万亿元增长到114万亿元,年度复合增长率超过5%,占世界经济比重由11.3%上升到18.5%,位居世界第二位,人均GDP超过1.2万美元大关。除了分析国内生产总值这个指标外,还要分析可支配收入和恩格尔系数。可支配收入决定了社会和个人的购买能力,由此决定了潜在市场容量。除了可支配收入的总量之外,可支配收入的分配结构将决定具体行业所面临的市场容量和市场分布结构,影响行业结构和行业布局。可支配收入的发展速度和发展稳定性也对企业战略有重大影响,特别是对消费品行业更是如此。

除了上述宏观经济总体状况以外,企业还应考虑基础设施、利率水平、劳动力的供给(失业率)、消费者收入水平、价格指数的变化(通货膨胀率)等。这些因素将影响企业的投资决策、定价决策和人员录用政策等。其中,基础设施条件主要指一国或一个地区的运输条件、能源供应、通信设施及各种商业基础设施(如各种金融机构、广告代理商、分销渠道、营销调研机构)的可靠性及其运行效率,它在一定程度上决定着企业运营的成本与效率。对于从事跨国经营的企业来说,还必须考虑汇率、国际贸易的支付方式、东道国政府对利润的控制、税收政策等。

当下,数字经济成为引领新时期社会经济发展的重要力量和国际竞争的新领域。根据世界经济论坛的预测,2016年至2025年期间,各行业的数字化转型会带来超过100万亿美元的经济价值和社会价值。《"十四五"数字经济发展规划》指出,数字经济发展速度之快、辐射范围之广、影响程度之深前所未有,正推动生产方式、生活方式和治理方式深刻变革,成为重组全球要素资源、重塑全球经济结构、改变全球竞争格局的关键力量。"加快建设数字中国",已成为新发展阶段国家的重大战略。数字经济催生了大量的新业态、新模式和新技术,深刻影响着企业的发展环境,许多企业选择并实施了数字化转型战略。

**3. 社会文化**

社会文化环境是指一定时期整个社会发展的一般状况,主要包括社会结构、社会风俗和习惯、人的价值观念、宗教信仰、文化传统、人口变动趋势、生活方式和行为规范等。影响企业经营战略的社会文化因素主要有以下几种。

(1) 人口

社会文化环境对企业生产经营的影响是不言而喻的,特别是其中的人口因素,因为人口构成了大多数产品的消费市场,是决定市场规模的重要因素。总人口、人口的地理分布和密度、家庭数量、年龄构成及人口增长率对企业的生产和销售都有显著的影响。

人口规模影响市场容量,人口增长率影响未来市场的增长情况。人口年龄结构影响市场需求结构,不同年龄段的人对产品的需求有很大差别。儿童需要玩具、学习用品和营养食品;老年人需要保健食品和怀旧商品。企业通过分析一定时期的人口年龄结构能发现市场机会。例如20世纪50年代,百事可乐公司发现美国13~19岁的人口在总人口中的比重很大,决定将青少年作为主要目标市场,提出了"新一代的可乐"的宣传口号,这种市场策略赢得了青少年的青睐，获得了很大成功。据预测，到2050年，我国达到或超过65岁的人口数量将会达到3.3亿，这几乎是全国人口总数的1/4。企业可以利用这个细分市场人群的显著增长而获利，通过专为老年人设计产品或服务来满足他们的需要，如休闲活动、医疗产品和怀旧商品等。

家庭规模影响家庭购物和消费模式。一般来说，大家庭需要大体积的用具、大包装的食品，而小家庭则需要小型的家用设备和小包装的食品。

(2) 教育水平和人口素质

目前，我国的教育无论是在内容方面还是在形式方面，都变得越来越丰富多彩，从全日制的中专技校、高等学校，到各种慕课、微课的线上教育及各类短期培训班，应有尽有，教育方面的积极变化对企业经营产生许多影响。一般而言，消费者受教育程度越高，收入越多，购买力越强，对书籍、艺术品、旅行、文化娱乐的需求也会越多。

教育水平和人口素质是相互联系的，整个社会的教育水平高，对企业来说就可以获得高质量的人力资源。反之，若教育水平低下，劳动力素质低，则很难适应企业的生产经营活动，从而影响企业的经济效益。

(3) 文化传统

文化传统是一个国家或地区长期形成的道德、习惯、思维方式的总和。文化因素强烈地影响着人们的购买决策和企业的经营行为。不同国家有着不同的文化传统，也有不同的亚文化群、不同的社会习俗和道德观念。企业要通过对文化传统的分析，了解行为准则、社会习俗、道德态度等，在经营管理中对具有不同文化传统的人采取不同的方法进行管理。

(4) 社会心理

社会心理对人们的行为起支配作用。例如一个民族精神比较强的民族，人们会自觉地维护民族利益。其行为特征是个人利益服从民族利益，局部利益服从整体利益。在企业经营中表现为以企业利益为重，容易形成有巨大凝聚力的企业精神。社会心理还可以体现为人的价值观取向、对物质利益的态度、对新生事物的态度、对企业经营风险的态度、对社会地位的态度，这些都会给企业经营带来影响。

4. 技术

技术环境由企业所在国家或地区的技术水平、技术体制、技术政策与技术发展趋势等因素构成。科技革命和技术变革是一把双刃剑，在为企业发展创造新机遇的同时，也给企业带来威胁。技术革新为企业创造的机遇表现为：① 新技术将催生全新的行业，不断涌现新产品和新服务市场，从而为企业带来全新的机会；② 新技术的出现使得社会和新兴行业增加了对本行业产品的需求，从而使企业可以开辟新的市场和新的经营范围；③ 技术进步使企业能利用新的生产方法、新的生产工艺流程或新材料等，生产出高质量、高性能的产品，同时也大大降低了产品成本。技术革新给企业带来的挑战也很明显：① 许多传统行业不断被解构和重塑，甚至会使某些行业不复存在；② 竞争对手率先使用新技术可能使本企业的产品或服务陈旧过时，也可能使本企业的产品价格不再具有优势而失去竞争力；③ 企业面临的技术压力很大，一家企业很难长期保持其在行业内的技术优势，这同时也使一些新兴企业凭借某项独特技术优势获得超常规、跨越式发展成为可能，从而给其他企业造成新的竞争压力。

近年来，以A（artificial intelligence，人工智能技术）、B（blockchain，区块链技术）、

C（cloud computing，云计算技术）、D（big data，大数据技术）为代表的新一代信息技术改变了传统的生产方式和生活方式，使许多传统行业不断被颠覆，给企业经营带来了重大的机遇和挑战。生产的定制化和智能化，使土地、劳动力等传统生产要素的重要性大幅下降，数据、人力资本等要素的作用日趋凸显。企业要重视新技术及新产品的研究和开发工作，预测技术的发展及更新演变的趋势，并根据这些变化不断调整产品结构、市场结构，创新管理模式和商业模式，使自己立于不败之地。

### 5. 环境

环境是指企业所在国家或地区的自然资源与生态环境，包括土地、森林、海洋、矿产、河流、水源和能源等。强化环境保护和倡导绿色低碳环保是全球趋势，企业需要关注环境保护、生态平衡与可持续发展等因素对企业发展的影响。例如，对企业的经营成本、公众形象和厂区选址的影响。ESG（environment，social and governance，环境、社会与公司治理）企业评价体系，除了要求企业承担起自身的经营责任外，对企业的环境责任、社会责任和治理责任也提出了高要求。

在2020年第75届联合国大会上，中国向世界承诺力争在2030年前实现碳达峰，在2060年前实现碳中和。中国坚持不懈地推动绿色低碳发展，统筹污染治理和生态保护，应对气候变化，促进经济社会发展全面绿色转型。企业要秉持环保理念，切实节能减排，迎接绿色经济带来的机遇和挑战。

柯达：从胶卷大王到破产重整

### 6. 法律

企业的法律环境是指与企业相关的社会法制系统及其运行状态，包括国家制定的法律、法规、法令及国家的执法机关等因素。

一般来说，政府主要是通过制定一些法律、法规来间接影响企业的经济活动。为了促进和指导企业的发展，我国颁布了许多相关的法律，主要包括：① 保护企业权益的法规，如《商标法》《专利法》《著作权法》等；② 规范企业行为的法规，如《反不正当竞争法》《反倾销法》《广告法》《价格法》等；③ 保护消费者权益的法规，如《消费者权益保护法》《产品质量法》《食品卫生法》等。

## 3.2 行业环境分析

与宏观环境相比，行业环境同企业的关系更直接、更具体。所谓行业或产业，是指居于微观经济细胞（企业）与宏观经济单位（国民经济）之间的一个集合概念。迈克尔·波特在《竞争战略》中对行业的定义为："一个行业是由一群生产相似替代品的公司组成的。"

### 1. 行业竞争结构分析

迈克尔·波特以产业组织理论中关于市场力量和盈利性的概念为基础，建立起一个综合的、跨部门的框架来解释单个企业的业绩。他认为，企业盈利水平的高低在很大程度上取决于行业的平均收益率，行业平均收益率的高低取决于行业的竞争强度，行业竞争强度的高低取决于行业的基本竞

基于波特五力模型分析民航业现状

争结构，行业的基本竞争结构取决于行业中的 5 种竞争力量及其相互作用，这 5 种竞争力量是：行业中现有企业间的竞争、潜在加入者的威胁、替代品的威胁、供应商讨价还价的能力及购买者讨价还价的能力，如图 3-2 所示。这 5 种竞争力量的状况及其综合强度决定着行业的竞争激烈程度及盈利水平，从而决定着企业在行业中的竞争优势和利润潜力。在竞争激烈的行业中多数企业获利较低，而处于竞争缓和的行业中企业相对获利丰厚。

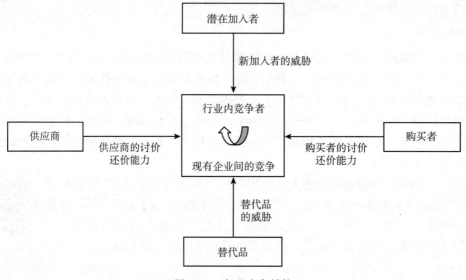

图 3-2　行业竞争结构

对于不同行业或某一行业的不同时期，5 种竞争力量的作用是不同的，常常是一种力量或两种力量起支配作用，其他竞争力量处于较次要的地位。应该指出的是，尽管行业结构对行业的竞争强度和获利能力具有决定性的影响，但是企业也不是无能为力的，它们可以通过制定适当的战略来谋求相对优势的地位，从而获得更高的利润。不仅如此，行业内的企业，尤其是处于领先地位的企业还可以通过战略调整改变行业的竞争结构。对行业 5 种竞争力量的分析如下。

1）行业中现有企业间的竞争

行业中现有企业间的竞争是最直观、最直接也是最重要的威胁因素，它往往构成了行业竞争结构中最强的一种力量。行业中现有企业间的竞争手段十分多样，一般围绕价格、质量、产品的性能、顾客服务、广告、促销、经销商网络、产品创新等方面展开。不同行业现有企业间的竞争激烈程度是不一样的，有的比较缓和，有的比较激烈。竞争程度的强弱主要受到以下因素的影响。

(1) 行业中现有企业的数量与力量对比

行业中企业数量越多，集中度越低，竞争越趋于激烈，因为每一个企业都想改善其竞争地位，而且都认为它的单独行动不会引起其他竞争对手多大的反应；行业内企业数量不多，集中度中等，但每个企业都处于势均力敌的地位，实力不相上下，由于它们都有支持竞争和进行激烈反击的资源，也会导致行业内企业竞争激烈；行业内仅有一个或少数几个大型企业主宰行业的市场，行业集中度高，由于这几个大型企业实力强大，行业内其他企业与这几个大型企业实力上有相当的差距，则行业内竞争不激烈。

(2) 行业增长速度

当行业快速增长时，行业总体市场需求扩大，各企业都有进一步发展的空间，各企业都可以从快速增长中获益，因而行业中竞争相对不激烈。而在增长缓慢的行业中，现有企业为了争取更高的市场占有率，容易发生价格战和促销战，竞争变得异常激烈。

(3) 固定费用和存储费用的高低

固定费用高的行业迫使企业尽量充分利用其生产能力。当市场需求不足时，企业宁愿削价扩大销售量也不愿让生产设备闲置，因而使企业间竞争加剧。在储存费用高或产品不易保存的行业内，企业急于想把产品卖出，也会使行业中竞争加剧。

(4) 产品差异性和转换成本

如果行业中产品之间的差异性高，那么消费者大多会根据偏好或忠诚度来购买，企业之间的竞争就会较少。但是，如果产品同质性高，购买决策主要基于价格，容易导致企业之间的直接对抗，竞争激烈。同样，当转换成本较低时，购买者在选择上有更多自由，也会使竞争趋向激烈。高转换成本，至少能在一定程度上保护企业，抵消竞争对手吸引顾客的能力。

(5) 行业中生产能力大幅度提高

如果由于行业的技术特点和规模经济的要求，行业中企业生产能力大幅度提高，会打破行业的供需平衡，使行业产品供过于求，迫使企业不断降价销售，这样就会强化现有企业之间的竞争。

(6) 退出障碍

所谓退出障碍，是指企业退出某个行业时要付出的代价。当退出障碍较高时，经营不好的企业也很难退出行业，只有继续经营，从而使行业内竞争加剧。常见的退出障碍有以下几种。

① 专用性资产。只在特定的产品或地区有价值的资产，撤出时会因清算价值降低而蒙受损失。

② 退出的固定费用高。如劳动合同费、职工安置费等都很高。

③ 战略相关性。退出某一行业会使企业形象、声誉、市场营销能力、设备能力受到很大影响。

④ 感情障碍。退出某一行业会影响到员工的事业前途及忠诚度等。

⑤ 政府和社会的约束。如政府出于对失业和对地区经济影响的关注，对企业的退出行为进行劝阻，甚至否决。

尽管进入障碍和退出障碍是两个不同的概念，但它们之间却有不同的组合，如图3-3所示。对于企业而言，最好选择进入障碍高而退出障碍低的行业，这时新进入者将受到抵制，而经营不成功的企业会离开本行业；反之，进入障碍低而退出障碍高是最不利的情况，这时新进入者很容易进入，而当行业不景气时又很难退出，从而加剧行业的竞争程度。

2) 潜在加入者的威胁

高额利润永远是企业追求的目标，当某一个企业尤其是某一个新兴的行业可以获得高额利润时，不仅会刺激行业内的现有企业增加投资来提高生产能力，而且会吸引行业外的潜在加入者进入该行业。潜在加入者，可以是一个新办的企业或者是一个采用多元化战略的企业。潜在加入者将给这个行业带来新的生产能力，并要求取得一定的市场份额。对于一个行业来说，新进入者的威胁大小取决于两个因素：行业的进入障碍和行业内现有企业对进入者

图 3-3 进入障碍和退出障碍组合

的反击强度。行业进入障碍的高低主要取决于以下因素。

(1) 规模经济

规模经济是指在一定时期内,企业所生产的产品或劳务的绝对量增加时,其单位产品成本趋于下降。这里所说的"经济"是节省、效益的意思,具体地说,就是单位产品成本的下降。用西方经济学的概念来表述,规模经济就是规模的收益递增现象。

规模经济的存在阻碍了对产业的侵入,因为它迫使进入者或者一开始就以大规模生产并承担遭受原有企业强烈抵制的风险,或者以小规模生产而接受产品成本方面的劣势,这两者都不是潜在进入者所期望的。

(2) 产品差异性

在一个存在产品差异的行业中,行业内现有企业享有品牌认知和顾客忠诚的优势,它是通过长期的广告宣传、客户服务、产品差异等途径形成的差异优势。新进入者进入行业后必须要用很大的代价来树立自己的信誉和克服现有用户对原有产品的忠诚。例如,在保健品和化妆品行业,产品差异性是最主要的进入障碍。又如,在白酒行业,产品差异性与规模经济一起构筑成很高的进入壁垒。

一份研究发现,比起早期市场进入者,消费品市场的后期进入者所花费的额外的广告和促销成本相当于销售收入的 2.12%。我国消费者不仅对家用高档消费品形成品牌忠诚度(如汽车、家用电器等),对一些一般家用消费品也已形成了品牌忠诚度(如香烟、服装、牙膏、洗涤剂、皮鞋等),因此新进入者必须花巨资投入广告和促销,消除消费者对原有品牌的忠诚,增加对新品牌的认知,逐渐挤占原有企业的市场,这些努力会给企业带来极大的风险,同时在初始阶段也会造成亏损。

(3) 资金需求

如果生产某种产品需要大量的资金,或者因为竞争需要而要投入大量的资金,那么这种资金的需求就是一种进入障碍。对资金密集型行业来讲,资金需求便形成了潜在加入者的进入障碍,如汽车业、石油化工业、钢铁业、航空业、远洋运输业、电力行业等对资本需求都非常大,因而进入壁垒很高,限制了潜在加入者的进入,所以在这种资金密集型行业中的企业数量较少。相反,在资金密集度较低的行业,如日用品、餐饮、美容美发、旅游等行业,由于所需资金量较少,因而企业数量较多。

(4) 转换成本

转换成本指购买者变换供应者所需支付的一次性成本,包括重新培训雇员的费用、购买新的附加设备、对新供应商的产品重新检测的费用及建立新关系需付的心理代价。例如,一次性静脉注射器替代传统静脉注射器时,遇到来自护理界的很大阻力,还增加了患者的费用。又如，微软公司的 Windows 操作系统可能不是最好的操作系统，但转换操作系统的成本可能是很高的。一般来说，现有供应关系越稳定，转换成本越高。

（5）销售渠道

产品或者服务的差异化是否对潜在进入者构成障碍与最终消费者对产品的选择偏好有关系，然而对于一个新的产品生产厂家而言，它们必须改变原有经销商的偏好，使自己的商品能够通过他们进入销售渠道，这样就形成了进入障碍。对于大多数新进入者来讲，这可能是最大的进入壁垒。由于分销渠道容量有限，分销一种新产品的固定成本较高，同时分销商也要规避由于分销新产品所带来的风险，因此分销商一般不愿意经销新进入者的新产品，这时新进入者只能采用降价、分担广告费用等各种方法，使分销商获得更多的利益，促使分销商愿意接受其产品，这种方法就会降低企业利润水平，甚至新进入者要独立建立自己的销售渠道，营销自己的产品，这样就使成本大量增加，这些都会成为新进入者的进入壁垒。

（6）学习或经验曲线效应壁垒

行业中现有企业，随着工人生产经营经验的增多，单位产品成本将下降。这种学习曲线效应的优势是新进入者不能获得的，行业中现有企业比新进入者更有经验，所以它们的成本能控制得更低。在半导体行业中，生产过程的学习或经验效应明显，累计产量增加一倍，单位生产成本往往会降低 20% 左右，也就是说，如果第一批 100 万件产品的单位成本为 100 美元，那么当产量达到 200 万件时，单位成本就是 80 美元（100 美元的 80%）；当产量达到 400 万件时，单位成本就是 64 美元（80 美元的 80%）。学习或经验曲线效应越大，公司在大规模生产中获得的成本优势就越大。所以，如果一个行业具有学习或经验曲线效应的特征，行业中的成员会被驱使追求较高的销售量而降低成本。一个行业的学习曲线效应和规模效应越大，相互竞争的企业就越有必要制定扩大销售量和市场份额的战略。

（7）资产专用性或专有技术壁垒

如果行业内企业资产专用性非常强，则该行业对潜在加入者的吸引力可能会减少，如石油开采设备资产专用性较强，因此潜在加入者很难进入石油采掘业。如果行业内现有企业持有专利或专有技术，将阻止新进入者自由进入行业，如药品的专利主要预防新进入者对新药品的仿造，在专利保护期内不允许其他组织和个人袭用已有的创造和发明。

（8）政府政策及有关法律限制的壁垒

政府政策及有关法律是一种最有效的进入壁垒，如银行业、保险业、电信业、广播业，进入这些行业都要求有政府颁布的执照。国家对某些原材料进行严格控制也能形成重要的进入壁垒。另外，国家控制环境污染的法令，如水资源保护、森林资源保护、矿产资源保护等法令都有阻止新进入者进入相关行业的作用。

除了上述进入障碍外，行业内现有企业对潜在加入者的反应也是决定进入威胁大小的重要因素之一。行业原有企业会采用降价、增加广告费、扩大生产规模、促销或者诉讼等措施阻止新进入者，使新进入者处于进退两难的尴尬境地，或迫使新进入者由于惧怕原有企业的报复行动而放弃进入该行业。

3）供应商讨价还价的能力

5 种竞争力量模型的水平方向是对产业价值链的描述，反映的是产品或服务从获取原材料到最终的产品分配和销售的过程。

供应商产品价格及质量的高低，将对下游买方的盈利能力产生直接的影响。供应商讨价还价的能力表现在要求提高原材料或其他供应品的价格，减少紧俏资源的供应或降低供应品的质量等，从而谋取更多的利润。供应商讨价还价的能力主要取决于以下因素：

（1）供应商的集中度相对于买方的集中度大小

市场集中度是衡量某一市场竞争程度的重要标志，是通过市场参与者的数量和参与程度来反映竞争或垄断程度的基本概念。市场集中度可以分为卖方集中度和买方集中度。

行业集中度指数一般以某行业排名前 $n$ 位的企业的销售额（或生产量等数值）占行业总的销售额的比例来度量。行业集中度指数大，说明这一行业的集中度高，市场竞争趋向垄断竞争；反之，集中度低，市场竞争趋向完全竞争。

如果供应商集中程度较高，即本行业原材料的供应完全由少数几家公司控制，但是本行业集中程度较低，即少数几家公司供给行业中众多分散的企业，则供应商通常会在价格、质量和供应条件上对购买者施加较大的压力。

（2）供应商产品的可替代程度

如果存在合适的可替代品，即使供应商很强大，它们的竞争能力也会受到牵制。例如我国改革开放初期不会制造彩电，当时国外进口彩电价格较高，现在我国制造的彩电质量好，价格便宜，我国彩电企业竞争实力增强，国外彩电企业的竞争能力因而受到牵制。

（3）供应商产品的差异化程度

如果供应商的产品是高度差异化甚至是独一无二的，则企业很难找到其他的供应来源，或者转换成本很高，那么企业对供应商的依赖性就很大，供应商的议价能力就强。

（4）供应商的产品对本行业生产的重要性

如果供应商产品对本行业的产品质量、性能有重要的影响，就会提高供应商的讨价还价能力。

（5）供应商前向一体化的可能性

如果供应商向前发展进入买方所在的行业，自己进行产品的深加工或者产品销售，这时供应商就有能力不依赖于买方，从而在与买方的讨价还价中占据主导地位。

（6）供应商掌握的信息多少

如果供应商掌握着更多的市场供求信息及其他有用的买卖信息，相对于买方而言，它就拥有了更强的讨价还价能力。

4）购买者讨价还价的能力

购买者对本行业的竞争压力表现为要求产品价格更低廉、质量更好，提供更多的售后服务等。前面所探讨的供应商议价能力强的情形，实质上就是购买者讨价还价力量弱的情形。影响购买者讨价还价能力的因素主要有以下几种：

（1）购买者的集中度相对于供应商的集中度大小

如果购买者的集中度相对较高，表明购买者的购买量占据行业总购买量的比重与供应商的供应量占据总供应量的比重相对更高，这样购买者由于控制了较大的购买比重，在购买条件上就有较高的讨价还价能力。

（2）购买者从本行业购买产品的标准化程度

如果购买者购买的是标准化产品，就有更大的自由度来选择对自己更有利的供应商，他们就能够在讨价还价中持强硬态度。如果购买者购买的是差异化产品，在其他供应商处很难买到这种产品，供应商就会具有较高的讨价还价能力。例如，生产螺钉、螺母等标准化程度很高的机械零配件的企业很多,购买者选择的余地相当大,购买者的议价能力较强;对化妆品、酒等具有特色的消费品,取决于购买者的偏好和忠诚,购买者对这种产品选择余地较小,购买者的议价能力相对较弱。

(3) 转换成本

如果购买者改变供应商需要付出很高的转换成本,如更新设备或者失去供应商提供的相关服务,这样购买者的讨价还价能力就较低。相反,如果购买者的转换成本较低,就具有较高的讨价还价能力。

(4) 购买者形成后向一体化的可能性

如果购买者可以自己通过后向一体化战略的选择,进入供应商的产业,自己生产供应商生产的产品,这样购买者由于自己拥有供应品,因而在与供应商进行讨价还价时,就拥有了较高的议价能力。

(5) 购买者掌握的信息多少

如果购买者拥有更多的有关供应商的生产和供货信息,就可以在讨价还价时拥有较强的议价能力。

5) 替代品的威胁

替代品是指那些与本行业的产品具有同样功能或者说功能可以相互替代的产品。替代品往往是新技术与社会新需求的产物。对于现有的产业来说,替代品的威胁是不言而喻的,当企业产品存在替代品时,生产替代品的企业就与本行业企业形成相互竞争的局面。如果替代品的价格很低,质量很高,用户转换成本很低,这种替代品的威胁就会很大。替代品的存在限制了一个产品的潜在回报,因为替代品为本行业企业设定了价格上限。如果替代品在价格上很有吸引力,则本行业企业的盈利空间就很小。可以说,替代品与本行业的产品是一个淘汰与反淘汰的过程。正因为如此,本行业与生产替代品的其他行业进行对抗常常使本行业企业采取共同措施,集体行动。当然,如果替代品是一种顺应时代发展潮流的产品,并且具有强大实力,此时与替代品抗衡是不现实的。

如何判断替代品竞争力量的强弱呢?一是看替代品的盈利能力,如果替代品拥有更低的成本优势或者更高的差异化优势,具有更强的盈利能力,那么替代品就具有较强的替代能力;二是看生产替代品的企业所采取的经营战略,如果采取的是积极扩大生产规模、拓展市场的进攻型战略,那么替代品就会带来较高的威胁;三是看用户的转换成本,如果现有企业拥有很强的顾客吸引力和顾客忠诚度,那么顾客转移到替代品的转换成本就很高,替代品的替代能力就会受到影响。

波特的5种竞争力量模型,作为一种战略分析工具,对分析行业竞争状况具有很强的指导意义,但也有其局限性:

① 忽略了互补者。除了以上5种竞争力量外,还有第6种力量,即互补者。互补者是指能增加产品价值的其他产品生产企业,这些产品结合在一起能更好地满足顾客的需求。例如,顾客是否购买新能源汽车,受到交通道路、停车位、充电桩等影响,如果这些要素不完善,会影响顾客对新能源汽车的购买。通常互补品生产企业与本企业属于"同路人",在产品上互相支持。互补者,作为第6种力量也是影响行业竞争结构的重要因素,不可忽视。

② 行业的基本竞争结构分析过分强调了企业之间的竞争,忽略了合作,可能会陷入为竞争而竞争的"四面楚歌"的局面。在一个行业中,企业的供应商、购买者、替代品企业、

行业内现有企业、互补品企业、潜在加入者都是重要的市场力量，它们之间存在既竞争又合作的关系。价值网络理论认为它们都应被视作企业价值创造活动的参与者，而不仅仅是与企业进行直接对抗的竞争力量。

③ 该模型过于强调企业所在行业的吸引力和企业在行业中的相对竞争地位，认为这是企业成功的最关键因素，忽略了企业内部的资源、能力、核心能力对获得持续竞争优势的重要性。

2. 行业主要经济特性分析

因为不同行业的特征和结构存在很大的差别，所以行业分析往往要从整体上把握行业中最主要的经济特性。一般来说，概括某一行业的主要经济特性时所要考虑的因素基本上是一致的：

① 市场规模；
② 竞争范围（当地性、区域性、全国性、国际性或全球性）；
③ 市场增长速度及行业生命周期中目前所处的阶段；
④ 竞争厂商的数量及其相对规模——行业是被众多的小公司所细分还是被几家大公司所垄断；
⑤ 购买者的数量及其相对规模；
⑥ 纵向一体化的程度；
⑦ 到达购买者的分销渠道的种类；
⑧ 产品生产工艺革新及推出新产品的技术变革的速度；
⑨ 竞争对手的产品或服务是强差异化、弱差异化还是同质的；
⑩ 行业中的公司能否实现采购、制造、运输或营销等方面的规模经济；
⑪ 行业中的某些活动是否有学习和经验效应方面的特色，从而单位产品成本会随累积产量的增长而降低；
⑫ 生产能力利用率高低；
⑬ 必要的资源及进入和退出的障碍；
⑭ 行业的盈利处于平均水平之上还是平均水平之下。

3. 行业生命周期分析

行业生命周期分析是分析行业发展状况的一个常用的方法。通过行业生命周期分析，可以识别行业正处于生命周期的哪一个阶段。企业只有了解某行业目前所处的生命周期阶段，才能决定是应该进入、维持还是撤退。对于一项新的投资，只有把握了行业生命周期阶段，才能进行正确的决策。另外，一个企业可能跨越多个行业领域，只有对其所在的每个行业性质都有深入的了解后，才能确定恰当的业务组合，避免过高的风险，从而提高整体盈利水平。

行业的生命周期是指行业从出现到完全退出社会经济活动所经历的时间。行业的生命周期主要包括幼稚期、成长期、成熟期和衰退期4个阶段。

识别行业生命周期所处阶段的主要指标包括市场增长率、需求增长率、产品品种、竞争者数量、进入或退出壁垒、技术变革、用户购买行为等。下面分别介绍行业生命周期4个阶段的特征。

## （1）幼稚期

产品设计尚未定型，销售增长缓慢，产品开发和推销成本高，利润低甚至亏损，竞争较少，但风险很大。处于幼稚期的行业，一般只有少数几家企业，因为产量和技术方面的问题，使得产品成本高，售价也高，企业必须积极做好新产品的宣传工作，把销售力量直接投向最有可能的购买者，尽量缩短幼稚期的时间。幼稚期行业进入壁垒较低。

## （2）成长期

顾客认知迅速提高，销售和利润快速增加，需求高速增长，技术渐趋定型，行业竞争状况及用户特点已比较明朗，行业进入壁垒提高，产品品种和竞争者数量增多。

## （3）成熟期

重复购买成为顾客行为的重要特征，销售趋向饱和，利润不再增长，生产能力开始过剩，竞争激烈，买方市场形成，行业盈利能力下降，新产品和产品的新用途开发更为困难，这时的企业应着力改良产品和市场，以延长行业成熟期。成熟期行业进入壁垒很高。

行业生命周期演变图

## （4）衰退期

销售和利润大幅度下降，生产能力严重过剩，竞争激烈程度由于某些企业的退出而趋缓，企业可能面临一些难以预料的风险，必须认真研究采取什么决策及何时退出行业。

行业生命周期在运用上有一定的局限性，因为生命周期曲线是一条经过抽象化了的典型曲线，各行业按照实际销售量绘制出来的曲线远不是这样光滑规则，因此有时候要确定行业发展处于哪一阶段是困难的，识别不当，容易导致企业在战略上出现失误。而影响销售量变化的因素很多，且关系复杂，整个经济中的周期性变化与某个行业的演变也不易区分开来。再者，有的行业的演变是由集中到分散，有的行业是由分散到集中，无法用一个战略模式与之对应，因此应将行业生命周期分析法与其他方法结合起来使用，才不至于陷入分析的片面性。

行业生命周期不同阶段特点

行业生命周期分析方法

### 4. 行业关键成功因素分析

一个行业的关键成功因素（KSF）是指最能影响行业内的企业取得竞争优势的主要因素，如产品的属性、资源、竞争能力等。

回答下面3个问题有助于确认行业的关键成功因素。

① 顾客在行业内各个竞争产品之间选择的根据是什么？
② 行业内一个企业要想取得成功必须做什么？需要什么资源和竞争能力？
③ 行业内一个企业要想取得持久的竞争优势必须采取什么样的措施？

要回答第一个问题，需要详细深入地分析这个行业的顾客，并把他们看成是行业得以存在的理由和利润的来源，而不是把他们看成一种讨价还价的力量，更不能看成是对企业盈利能力的威胁。企业必须识别谁是企业的顾客，识别他们的需求，并找出在行业内各个竞争产品之间顾客选择的优先级顺序是什么？如果顾客最看重的是价格，那么其关键成功因素当然是低成本。

要回答第二个问题，需要对整个行业的竞争进行分析，企业的激烈程度如何？竞争的关键纬度（如产品档次、地区等）是什么？公司应如何获得竞争优势？

要回答第三个问题，需要对企业内部的资源及竞争能力进行分析，公司在研发、技术、生产制造、市场营销、管理、品牌等方面具有哪些优势？

例如，在啤酒行业，其关键成功因素是充分利用酿酒能力（以使制造成本保持在较低的水平上）、强大的批发分销商网络（以尽可能多地进入零售渠道）、上乘的广告（以吸引饮用人购买某一特定品牌的啤酒）。在服装生产行业，其关键成功因素是吸引人的设计和色彩组合（以创造购买者的兴趣）及低成本制造效率（以便定出吸引人的零售价格和获得很高的利润率）。在铝罐行业，由于空罐的装运成本很大，所以其中的一个关键成功因素就是将生产工厂置于最终用户的近处，从而使得工厂生产出来的产品可在经济的范围之内进行销售。

行业环境分析中的预测方法和技术

识别行业关键成功因素的框架图

## 3.3　战略群体分析

**1. 战略群体的内涵**

行业中不同企业之间存在差别，这些差别将使它们面对不同的机会和威胁。而战略群体架起了行业整体分析和行业中公司个体分析之间的桥梁。当行业中的竞争厂商很多时，战略群体分析方法则非常有效。

战略群体（strategic group）又称战略集团，是指在一个行业中实施相同或相似战略的一组或多组企业。企业战略的相同或相似之处主要是指这一组企业的战略及其竞争地位的决策变量比较接近，这些决策变量主要是指企业规模、产品技术选择、产品价格和质量水平、垂直化分工程度、分销渠道选择等。根据这些变量，将行业内的企业划分为一组或多组战略群体，每组企业会采取相似或相近的战略措施。

例如，在一些国家，制药行业可以分出创新药与仿制药两个战略群体，创新药战略群体的特点是大规模地进行研究和开发投资，集中开发新的专用药品，采取高风险和高收益的战略。这类企业向市场推出一种创新药可能需要花费上亿美元的研究与开发投资，以及10年的调查和临床测试时间，所以它们采用高风险的战略，同时又是一种高收益的战略。另一个战略群体是仿制药群体。这个群体的企业集中生产专利保护期已过的低成本仿制药，研究和开发投资较少，强调价格竞争。这类企业的风险较低，因为企业没有大规模投资于研究和开发，其收益也低，因为企业无法制定较高的价格。

**2. 绘制战略群体图的步骤**

绘制战略群体图可以用来确定一个企业属于哪一个战略群体，其操作过程如下。

① 辨析行业中将各个厂商区别开来的因素。典型的变量有：价格或质量水平（高、中、低）、地理覆盖范围（当地、区域、全国、全球）、垂直一体化程度（无、部分、全面）、产品线宽度（宽、窄）、对分销渠道的应用（一个、一些、全部）、服务程度（无附加服务、有限服务、全面服务）。

② 按上述差别化特征将各个厂商列于一张双变量图中。

③ 把大致落在相同战略空间内的厂商归为同一个战略群体。

④ 给每一战略群体画一个圆，使其半径与各个战略群体所占整个行业销售收入的份额成比例。

**3. 战略群体图的制作原则**

在行业的整个战略空间下绘制战略群体图必须遵循以下原则。

① 战略群体图坐标轴的两个变量不应具有高相关性。如产品线宽的企业往往采用多层次的分销渠道，而产品线窄的企业往往采用单一分销渠道，通过研究产品线的宽窄所得到信息和研究分销渠道的多寡所得到的信息一样，可见其中一个变量是多余的。

制药行业的战略群体图

② 变量应体现竞争对手竞争方式的巨大差异。具有巨大差异的特征变量作为坐标轴变量，且作为判断某个企业属于哪个战略群体的依据。

零售珠宝行业的战略群体图

③ 变量不必定量或具有连续性，它们可以是离散变量或定性变量。

④ 按照同一战略集团总销售额的比例来画圆的大小，以反映每个战略集团的相对规模。

**4. 战略群体分析的意义**

战略群体图作为一种诊断竞争、市场定位，以及同行业中公司盈利率的基本框架，对企业战略的制定有重要意义。

① 它有助于很好地了解不同战略群体的竞争状况及每一个战略群体内企业的战略与其他战略群体的区别。一个行业中如果出现两个或两个以上的战略群体，则可能出现战略群体之间的竞争，包括价格、广告、服务等。战略群体之间的竞争最终决定了行业竞争的激烈程度，进而影响着行业最终的获利潜力。

在战略群体内部同样存在竞争，主要是由各企业的优势不同造成的。如果一个战略群体的经济效益主要取决于产量规模，则规模大的企业会处于优势地位。另外，同一个战略群体内的企业，虽然常常采用相同的战略，但各企业的战略实施能力不同，即在管理能力、生产技术、研究和开发能力、销售能力等方面是有差别的，能力强者处于优势地位。

② 行业变化的驱动力量和竞争压力经常有利于某些战略群体而不利于其他战略群体。有些战略群体通常会比另外一些战略群体能够拥有更加有利的位置，处于不利地位的战略群体中的企业可能会尽力向条件更有利的群体移动，这种移动的难度取决于目标战略群体进入壁垒的高低程度。

转移壁垒是限制企业在某行业不同群体之间转移的因素。这些因素包括进入一个群体的进入壁垒和退出时的退出壁垒。例如，仿制药群体的企业缺乏创新药群体企业所需要的研究和开发技术，而掌握这种技术的成本很高。因此，当企业需要决定是否转移到其他战略群体之前，应该评估转移壁垒的高低。

转移壁垒也可以用于评估一个特定群体的企业受到其他群体企业进入威胁的大小。如果转移壁垒较低，其他群体企业的进入威胁较大，这在很大程度上就会影响企业的价格和利润；反之，进入的威胁较小，在这种受保护的战略群体中的企业就有机会提高价格，获得更多的利润。

③ 一般来说，战略群体图上群体之间的距离越接近，成员之间的竞争越激烈。同一个战略群体中的企业是直接的竞争对手，战略群体图上两个距离很远的战略群体内的企业几乎没有竞争可言。

## 3.4 竞争对手分析

企业在进行战略环境分析时要弄清楚竞争对手做过什么,正在做什么,将来要做什么。竞争对手分析就是在收集信息的基础上,确定企业竞争对手,并对其进行全面的分析与评估。

### 1. 识别竞争对手

竞争对手分析的始点是界定主要的竞争对手。这并不是说行业内的龙头企业才是自己的竞争对手,也不是说行业内其他所有企业都是自己的竞争对手,竞争对手分析的对象为对企业自身战略能产生重大影响的竞争对手。所界定的竞争对手不同,企业的主导战略就会有所不同。

根据所处的市场地位,竞争对手可以分为四类:① 市场领导者(leader),即市场占有率最大的一家或为数不多的前几家企业。这些企业在标准制定、产品开发、供应链整合和价格制定等方面处于主导甚至主宰地位,处于行业的第一方阵。例如,中车、阿尔斯通、西门子、川崎是世界高铁和轨道交通的引领者,苹果、华为、三星、小米是全球手机市场的引领者,迪士尼是娱乐和传媒行业的引领者。这些企业往往采用防御型竞争战略。② 市场挑战者(challenger),在市场地位上是仅次于市场领导者的若干企业。例如,中国商飞是航空业市场的挑战者,海思、联发科技和博通等是芯片业的挑战者,百事可乐是软饮料行业的挑战者,它向市场领导者可口可乐公司发起攻击,以获得更多的市场份额。市场挑战者往往采用进攻型竞争战略,试图用新的商业模式和新技术,不断蚕食领导者的市场份额或创造全新的市场,由此逐渐成为新的市场领导者。③ 追随者(follower),指在行业中居于并安于中间地位,采用追随战略的那些企业。这类企业数量众多,它们甘于做跟进者,通过观察、模仿、学习、借鉴和改进,致力于获得行业平均利润。④ 补缺者(nichers),指行业中的中小企业,它们专注于被大企业忽略的某些细分市场,成为拾遗补缺者。补缺者通过聚焦战略和专业化经营来获得利润和发展空间。

### 2. 竞争对手分析框架

竞争对手分析很重要,有些行业只有少数几个企业,且它们的能力相当,这些企业似乎更加热衷于竞争对手分析。例如,可口可乐与百事可乐公司都想了解对方的目的、战略、想法和能力。另外,在供应超出需求的行业,如零售业,竞争激烈,企业更加渴望了解竞争对手。

波特在《竞争战略》一书中提出了竞争对手分析模型,从企业的未来目标、现行战略、假设和能力4个方面分析竞争对手的行为和反应模式,如图3-4所示。

企业借助竞争对手分析可以了解以下几方面的信息。

(1) 竞争对手未来的目的

了解竞争对手未来的目标,并将本企业的目标和竞争对手的目标相比较;了解竞争对手未来将会把重点放在哪里;了解竞争对手对待风险的态度是怎样的。

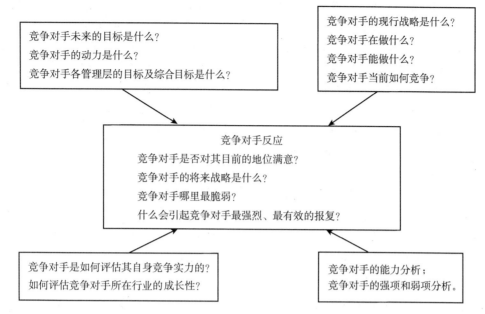

图 3-4 竞争对手分析模型

(2) 竞争对手的当前战略

列出竞争对手当前的战略，了解竞争对手正在做什么。分析企业目前应该怎样竞争，如果竞争结构发生变化，这个战略应怎样变化。

(3) 竞争对手的想法

了解竞争对手的想法，目的在于发现竞争对手的管理人员在环境的认识方面存在的偏见和盲点。他可能把自己看成行业内的知名企业、行业霸主、低成本生产厂商等，这将会指导他的行动方式和反击方式。竞争对手对于行业和行业内的其他企业也会有一个假设。

(4) 竞争对手的能力

竞争对手的优势、劣势，即它的实力决定它发起进攻或反击的能力，以及处理所处环境或发生事件的能力。在竞争对手分析时，应重点考察竞争对手的核心能力、增长能力、快速反应能力、适应变化的能力、持久力等。

这 4 个方面的信息，将帮助企业建立起针对每一个竞争对手的预期反应档案，有效的竞争对手分析有助于企业了解、诠释和预测竞争对手的行为和动机。

**3. 竞争情报**

20 世纪 80 年代初期诞生了以提高企业市场竞争能力为宗旨、以竞争对手分析为核心的专业化的竞争情报分析。竞争情报是战略管理的基础，无论是战略的制定，还是战略的实施和评价，都需要对企业的竞争环境、竞争对手和竞争战略进行基于信息的收集、研究和分析。奈斯比特曾说过，周围充满了信息，但缺少真正意义的情报。竞争情报已成为近年来信息科学研究的重要方面。

有效的竞争对手分析的关键，是收集相关的数据和信息，这些有效的数据和信息总称为竞争情报。具体地说，竞争情报是指通过合法途径收集的有关竞争对手的目的、战略、想法和能力的信息和数据。

● 战略管理

对于竞争情报工作而言,最重要的是如何获取竞争情报,即如何把原始信息变成情报的过程,这一过程称为竞争情报的周期。只有对竞争情报的周期有了清晰的认识,才能有针对性地实施竞争情报战略。竞争情报的周期分为5个不同的阶段,分别是情报规划、情报收集、情报处理、情报分析、情报扩散。情报规划主要是界定情报需要,确定情报方向;情报收集是情报工作的基础,是指通过公开渠道收集原始信息的过程;情报处理包括信息的格式转换、记录、集中、分类、组合和评级;情报分析是对原始信息进行综合、评价,使信息转化为情报的过程,在情报工作中居于核心地位;情报扩散是将情报产品以适宜的形式传递给最终情报用户,是情报发挥其价值的阶段。

企业收集竞争情报时应当遵循社会认可的伦理标准。既符合法律要求又符合伦理标准的途径包括以下两种:一是获取对公众披露的信息,如法庭记录、竞争对手的广告、年报、公众公司的财务报表等;二是参加交易会或展览,获取竞争对手的公司介绍,参观它们的展品,听取有关它们产品的讨论。而另外一些做法,如敲诈勒索、私闯禁地,窃听,窃取图纸、样品和文件等被广泛地认为是不道德甚至是不合法的。

**4. 竞争态势矩阵**

竞争态势矩阵分析方法是通过对行业内不同企业的关键成功因素进行评价比较,确认企业相对于主要竞争对手的竞争地位、面临的机会与风险大小,为企业制定竞争战略提供依据。竞争态势矩阵中的关键战略因素包括内部和外部两个方面的因素,其中以内部因素为主。在竞争态势矩阵中,竞争企业的评分和总加权评分值可以与被分析企业的相应指标比较,从而为企业提供重要的内部战略信息。建立竞争态势矩阵的步骤如下。

① 由企业战略决策者识别行业中的关键战略因素。一般而言,战略管理人员首先要对所在行业有深入了解,然后与专家组讨论确定5~10项最重要的关键战略要素。常见的关键战略要素有产品组合度、市场份额、规模经济性、设备的新旧与布局、价格优势、广告和促销效益、生产能力与效率、研究开发能力、财务状况及管理水平和企业形象等。

② 对每一个关键战略要素赋予权重,权重大小依据该要素对于在行业中成功经营的相对重要程度。权重值的确定可以通过比较行业中成功企业和失败企业之间的差异来获得启发。每一个要素权重值的变化范围从0(最不重要)到1(最重要)并且各个要素权重值之和为1。

③ 对本企业和主要竞争者在每个关键战略要素上所表现的力量、相对强弱进行评价。评价的分数通常为1、2、3、4。"1"表示最弱,"2"表示较弱,"3"表示较强,"4"表示最强。评价中各分值的确定应尽可能以客观资料为依据,以得到较为科学的评价结论。

④ 将各关键战略要素的评价值与相应的权重值相乘,得出本企业和主要竞争者在关键战略要素上相对竞争力强弱的加权评分值。

⑤ 最后对本企业和主要竞争者在每个战略要素上的加权评分值进行加总,从而得到综合加权评分值。这一数值揭示了各竞争者之间在总体力量上相对强弱的情况。

表3-2是一个竞争态势矩阵的实例。在表3-2中,财务状况被当作是最重要的关键要素,其权重为0.4,被分析企业在产品质量上很有优势,评分值为4,竞争者一的财务状况很差,评分值为1。竞争者二是总体竞争力最强的企业,总的加权分值为2.8。

表 3-2  竞争态势矩阵实例

| 关键因素 | 权重 | 被分析企业 | | 竞争者一 | | 竞争者二 | |
|---|---|---|---|---|---|---|---|
| | | 评分 | 加权分值 | 评分 | 加权分值 | 评分 | 加权分值 |
| 市场份额 | 0.20 | 2 | 0.4 | 2 | 0.40 | 2 | 0.4 |
| 价格竞争力 | 0.20 | 1 | 0.2 | 4 | 0.80 | 1 | 0.2 |
| 财务状况 | 0.40 | 2 | 0.8 | 1 | 0.40 | 4 | 1.6 |
| 产品质量 | 0.10 | 4 | 0.4 | 3 | 0.30 | 3 | 0.3 |
| 顾客忠诚度 | 0.10 | 3 | 0.3 | 3 | 0.30 | 3 | 0.3 |

通过竞争态势矩阵分析，企业可以发现自身与竞争对手的差距，可以向实力强的对手学习，还可以为企业确立改进的方向，尤其是在关键的成功要素上需要提高自己的实力。但是也要注意到，每个企业的总加权分值只是表明了相对竞争实力的大小，这些数值提供了一种分析的手段，供战略决策者制定战略时参考，并不能精确表示各竞争对手之间的相对强弱关系。例如，不能因为竞争态势矩阵中企业的分值为 3.2，而另一家企业的分值为 2.8，便认为第一家企业比第二家强 40%。

## 3.5  商业生态系统分析

互联网企业阿里巴巴，以淘宝、天猫等为平台收集数据，利用数据的优势进军金融服务领域，包括第三方支付、互联网基金、互联网银行、互联网保险、小额贷等，同时控制线下物流体系，打通商品信息流、资金流和物流，基于互联网和移动互联网，围绕消费者生活场景构建商业生态系统。阿里巴巴能够取得今天的业绩，部分源于其商业生态系统（business ecosystem）的成功。

与自然生态系统中的物种一样，商业生态系统中的每一家企业最终都要与整个商业生态系统共命运。因此，在制定企业战略时，不能只着眼于企业本身，还应从全局考虑，了解整个生态系统的健康状况，以及企业在系统中扮演的角色。基于生态系统的战略不仅使企业自身得利，而且将使所有系统成员共同受益，从而形成商业上的良性循环，使企业得以持续发展。

**1. 商业生态系统的提出**

人们对组织与环境之间关系的认识经历了一个较长的过程。传统组织理论将组织看成是一个高度结构化的、机械的、封闭的系统，很少甚至不考虑外界环境的变化与影响。随着市场环境和顾客需求的变化，人们对组织与环境之间关系的认识也在不断深化。

（1）开放系统理论：组织要认识环境的重要性

开放系统理论（open system theory）的主要观点是：组织要生存和发展下去，就必须与其所处的环境进行物质、能量和信息等各方面的交换。环境是一个值得时刻注意的关键要素，组织作为开放系统，与它所处的环境之间发生着持续的、动态的相互作用。

（2）权变理论：组织要适应环境

权变理论（contingency theory）认为，组织除了要对环境开放外，还必须考虑如何适应环境的问题。

（3）种群生态学：环境对组织的自然选择

种群生态学（population ecology）主要是将达尔文的自然选择学说移植到了组织分析中，认为组织像自然界中的生物一样，其生存依赖于它们获得充足资源的能力。由于面临其他组织的竞争及资源的稀缺性，只有"最适应环境"的组织才能够生存，这种观点强调竞争。

（4）组织生态学：组织与环境是合作关系

组织生态学（organizational ecology）认为组织与环境是合作关系。不仅环境会选择组织，组织也会主动构造自己的未来，尤其当组织联合起来时，环境就会变得可协商，而不是独立的、影响组织的外在力量。它强调："进化是相互适者生存，而不是最适应者生存。"

（5）合作竞争理论：合作与竞争共存

组织生态学强调组织与环境的合作，而合作竞争理论（co‐opetition theory）则强调合作与竞争的同时性。企业之间既不是单纯的竞争，也不是单纯的合作，而是合作与竞争共存。

（6）商业生态系统理论：共同进化

商业生态系统理论（business ecosystem theory）强调企业应与其所处环境"共同进化"，而不只是竞争或合作，也不只是单个企业的进化。它用商业生态系统来描述组织所处的环境。

### 2. 商业生态系统的内涵和特征

1993 年穆尔在《哈佛商业评论》上发表了文章"Predators and Prey：A New Ecology of Competition"。在这篇文章中，他首次提出了商业生态系统的概念。穆尔在其 1996 年出版的《竞争的衰亡》（*The Death of Competition*）一书中，详细阐述了商业生态系统理论，并将商业生态系统定义为：以组织和个体（商业世界中的有机体）的相互作用为基础的经济联合体，这种经济联合体生产出对消费者有价值的产品和服务。商业生态系统的主要成员包括核心企业、消费者、市场中介（包括代理商、销售渠道、销售互补产品及提供服务的人）、供应商、风险承担者和有力的成员（如政府部门、立法者和各种协会等），在一定程度上还包括竞争者。商业生态系统的结构如图 3-5 所示。

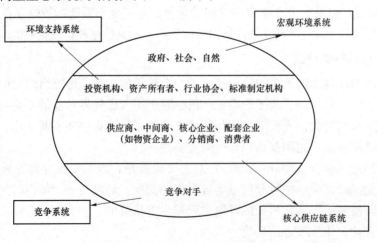

图 3-5　商业生态系统的结构

商业生态系统不是企业之间简单的结合，而是企业之间以互利的方式共同进化，它的核心是相互关系，即共同进化而非组织形式。类似于自然生态系统中的物种，商业生态系统中的企业与整个系统网络同呼吸共命运，任何企业都应与其所处环境即商业生态系统共同进化，而不仅仅是竞争或合作。

商业生态系统的演化大约经历 4 个阶段，即开拓、扩展、权威和重振或死亡。以 7 个维度来管理商业生态系统，即顾客、市场、产品或服务、经营过程、组织、利益相关者、社会价值和政府政策。企业战略要从商业生态系统的 7 个维度出发，根据生态系统演化不同阶段的主要任务与挑战进行抉择，以实现在商业生态系统中的战略定位和战略目标。

判断一个商业生态系统的健康状况有 3 个标准：一是生产率，一般以投资收益率来衡量；二是生命力，即系统抵抗各种干扰和破坏的能力，可以根据系统中企业数量的多寡来判定；三是缝隙市场的创造能力，即能否不断创造更多的细分市场。

### 3. 商业生态系统理论的启示

一家企业应当采取什么样的战略来促进系统的健康和稳定，同时又保障自己的生存与发展，这取决于这家企业在生态系统中的定位。企业一般在系统中担任 3 种角色。一是骨干型企业，这类企业在系统中占据中枢位置，为系统成员提供共享资产，找到行之有效的创造价值的方法，并与其他成员分享价值。骨干型企业创造的价值对整个系统至关重要。二是主宰型企业，这类企业往往在系统中拥有关键位置，不论是否控制系统中的资产，它们都力图最大限度地从中攫取价值。实物资产主宰型企业（如早期的 IBM）除了攫取价值，至少还创造价值；而价值主宰型企业（如安然公司）为系统创造的价值极其有限，却不断地从系统中攫取价值。主宰型企业最终将导致整个生态系统的崩溃，从而也断送了自己的命运。三是缝隙型企业，这类企业构成了系统的主体。为数众多的缝隙型企业采取的是高度专业化的战略，对其他企业有一种天然的依赖。只有依靠别的企业提供的资源，它们才能腾出精力，专注于狭窄的细分市场，以差异化求得一席之地。

企业之间的竞争已经升级到商业生态系统之间的竞争。企业在制定战略时，不能只着眼于自身，还应了解整个商业生态系统状况及企业在系统中扮演的角色。基于生态系统的战略不仅使企业自身得利，而且使所有系统成员共同受益，从而形成生态链上的良性循环。

### 4. 利益相关者分析

利益相关者是指那些对企业投资或经营有各种期望和要求，能够影响企业绩效或受企业绩效影响的团体或个人，包括员工、管理人员、股东、供应商、顾客和众多的社团等。企业所在的商业生态系统涉及供应商、客户、经销商、外包服务公司、关键技术提供商、互补和替代产品生产企业、竞争对手、媒体和监管机构等的利益相关者。爱德华·弗里曼在 1994 年提出了利益相关者理论。该理论认为，企业经营管理者是为综合和平衡各个利益相关者的利益要求而进行的管理活动。企业的发展离不开各个利益相关者的参与，利益相关者会影响企业的战略决策和行为。

对一家特定的企业而言，哪些是利益相关者呢？该如何界定和识别？这需要根据具体情况来确定。克拉克森引入了专用性投资的概念，认为利益相关者是指那些在企业经营活动中进行了一定的专用性投资，并承担了一定风险的个体和群体，其活动能影响或改变企业的目标，或者受到企业实现其目标过程的影响。

企业在确定利益相关者之后，关键是如何更好地满足利益相关者的诉求。理解不同利益相关者的预期特点对满足其诉求至关重要。例如，股东与机构投资者对企业的主要期望就是利润最大化；管理层的目标与所有者的目标不尽相同，他们除了想获得一份不错的报酬外，更看重职业生涯的声誉和职业经理人市场上的身价；关键客户则重点关注企业是否提供优惠购买条件，是否可以更早获取新产品信息，是否能与企业相关人员形成个人关系等；企业所在地政府主要看重企业发展为地方创造的就业机会和税收。企业不应该只注重特定利益相关者的短期利益要求，而应该综合考虑各个利益相关者长期利益要求与综合利益要求。

海尔的黑海生态战略

## 3.6 外部因素评价矩阵

外部因素评价矩阵（external factor evaluation matrix）是一种综合评价企业外部环境中机遇与威胁的方法，它可以帮助战略决策者归纳和评价经济、社会、技术、政治及竞争等方面的信息。当然，运用模型存在一定程度的主观性，不能过分扩大模型的作用。建立外部因素评价矩阵的步骤如下。

① 列出在外部环境中的关键战略因素，即找出企业所面临的主要机会和威胁。一般因素总数在10～20个之间，首先列出机会，然后列出威胁；要尽量具体，必要时可采用百分比、比率和对比数字。

② 赋予每个因素一定的权重，其范围为0（不重要）～1（非常重要），并且使所有因素的权重总和为1。权重的大小意味着该因素对企业经营的影响程度大小。

③ 按照企业现行战略对各关键因素的有效反应程度为各关键因素进行评分，范围为1～4分。"4"代表反应很好，"3"代表反应超过平均水平，"2"代表反应为平均水平，而"1"则代表反应很差。评分反映了企业战略的有效性，它应以企业本身为基准，而步骤②中的权重则是以产业为基准的。

④ 将每个因素的权重与相应的评分值相乘，得到各因素的加权分值。

⑤ 将所有因素的加权评分值加总，得到企业外部环境机会与威胁的综合加权评分值。

无论外部因素评价矩阵所包含的关键机会与威胁数量有多少，一个企业所能得到的综合加权评分值最高为4，最低为1，平均综合加权评分值为2.5。综合加权评分值为4，说明企业在整个产业中对现有机会与威胁做出了最出色的反应，而综合加权评分值为1，则说明企业的战略不能利用外部机会和避开外部威胁。

表3-3是一个外部因素评价矩阵的例子。"消费者更乐意购买可用生物降解材料包装的商品"是影响该产业的最重要因素，所以其权重为0.14，该企业采用了可以有效利用这一机会的战略，评分为4分，综合加权评分值为2.64，说明该企业在利用外部机会和回避外部威胁方面略高于平均水平。

表 3-3 外部因素评价矩阵示例

| 关键外部因素 | 权重 | 评分 | 加权分值 |
|---|---|---|---|
| 机会 | | | |
| ① 美加贸易协定正迅速实施 | 0.08 | 3 | 0.24 |
| ② 居民可支配收入增长了 | 0.11 | 1 | 0.11 |
| ③ 消费者更乐意购买可用生物降解材料包装的商品 | 0.14 | 4 | 0.56 |
| ④ 证券市场运行良好 | 0.06 | 2 | 0.12 |
| ⑤ 新的软件可缩短产品的生命周期 | 0.09 | 4 | 0.36 |
| 威胁 | | | |
| ① 欧共体征收新关税 | 0.12 | 4 | 0.48 |
| ② 日本对美国关闭很多市场 | 0.10 | 2 | 0.20 |
| ③ 政府对企业支持下降 | 0.13 | 2 | 0.26 |
| ④ 俄罗斯政局不稳 | 0.07 | 3 | 0.21 |
| ⑤ 失业率上升 | 0.10 | 1 | 0.10 |
| 综合加权评分值 | — | — | 2.64 |

应用外部因素评价矩阵时需要注意，透彻理解外部因素评价矩阵中所采用的因素、权重和评分十分重要，为了尽量避免主观性的影响，在确立这些数值时可以根据企业的历史数据和现实数据进行比较，从而提高定量化的科学性和客观性。

> **章末案例**

## 人工智能行业的现状与发展趋势

1956年，达特茅斯会议标志着人工智能（artificial intelligence，AI）学科的正式诞生。20世纪60年代以来，人工智能研究随着技术水平的发展，在瓶颈与突破中曲折前进。20世纪末，由于硬件能力不足、算法缺陷等原因，人工智能技术陷入发展低迷期。而进入21世纪以来，大数据、云计算等信息技术给人工智能发展带来了新机遇。现已诞生专家系统、机器学习、神经网络、计算机视觉、智能控制等多种关键技术，它们依附于产业信息化的快速发展，通过自动化生产、智能制造等形式助力工业制造企业转型升级，并为我国其他产业发展提供新的发展方向和动力。未来，人工智能技术的发展将进一步改变人们的生产生活方式。

### 1. 人工智能产业结构

我国的 AI 产业链由 3 部分构成，分别是基础层、技术层和应用层。

基础层构建了核心技术的地基，向技术层提供研究工具和安全保障。主要体现在云计算关键技术突破，规范化、标准化数据资源及数据中心构建，芯片研制，边缘计算技术和智能传感器国产化等方面，是目前我国的短板领域。

技术层在产业链中起承上启下作用，主要体现在底层算法理论、开发平台和细分技术应用研究等方面。国内对于底层算法和开发平台的研究在近些年逐渐深入，出现了一些深度学习平台，而技术应用研究则主要集中在计算机视觉、语音识别和自然语言处理3个发展较为成熟且占领市场份额较大的领域。

应用层是技术层与行业应用场景深度结合的领域，在技术赋能后产生了一系列软硬一体化产品和解决方案，具体表现在智慧医疗、无人驾驶和智能制造等"AI+"领域，也是目前相关企业布局较为集中的部分。

截至2021年底，基础层、技术层、应用层企业在我国AI产业链上的布局分别为23.8%、17.3%和58.9%。国内部分人工智能企业的产业布局如图3-6所示。

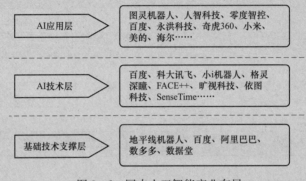

图3-6 国内人工智能产业布局

### 2. 我国人工智能行业规模

截止到2022年12月31日，我国人工智能产业专利申请总量为1 989 106个；人工智能产业规模继续扩大，2022年我国新一代人工智能产业规模达到5 080亿元，同比增长18%，预估2023年我国人工智能产业规模同比增速有望超过20%。

我国市场对AI的需求庞大，产业覆盖面广。近年来，新增AI相关企业注册量逐年上升，企查查发布的最新数据显示，我国现有AI相关企业超109万家，其中2022年新增42.08万家，新增量同比增长18.55%。这些与AI技术相关的企业，多集中在经济发展迅速且产业投融资市场活跃的京津冀、珠三角、长三角和川渝地区。此外，国家正积极探索AI技术与实体经济深度融合的可复制推广模式，在全国各地建立了11个人工智能创新应用先导区，并遴选公布了100个典型应用场景。

加快发展新一代人工智能产业，一方面加强基础层和技术层技术研发，提高智能基础设施水平；另一方面迅速创新应用场景，赋能我国工业、农业、教育、交通、医疗、金融、安防和其他公共服务等领域，迅速推动我国传统产业智能化改造升级，促使人工智能技术继续创新发展。

### 3. 人工智能技术发展

以深度学习为代表的AI技术，依赖于大量复杂的训练数据和有效算力对预测算法模型进行训练，并完成基础分类、回归和聚类等任务。

AI有以下三大核心要素。

（1）数据。人工智能是典型的数据驱动技术。近年来，电子信息技术的高速发展使得产生的数据量呈指数型增长,其中非结构化数据的比例逐步提升。利用数据挖掘技术找寻大数据背后的价值并指导生产生活成为关注的焦点。我国为加快对数据要素市场的培育,推动数据产业规范化、高质量发展,开展了一系列数据治理工作。我国拥有庞大的国内市场,产生了海量数据,具备发展人工智能的市场、产业和数据优势。

(2) 算法。数据样本量的不断丰富为算法框架产出优质模型提供了可能,并将其向全领域支持和超大规模的方向推进。随着国产深度学习开源框架的认知度和市场份额的不断提升,未来将有望进一步替代国外同类型产品。在模型规模方面,以Chat-GPT为代表的模型训练参数已达到千亿级,在更加智能的同时带来庞大的单次训练成本,而经过压缩的轻量化AI模型亦可部署在移动端、IoT设备和边缘设备上,以满足即时推理的需求,但大规模算法模型所具备的跨模态理解与生成能力更大程度地丰富了人们的数字生活。

ChatGPT之所以引起关注,在于它作为一个大型语言模型,有效结合了大数据、大算力、强算法。大模型是人工智能的基础设施和底座。目前我国人工智能技术的模型运用多是小模型,其赋能实体经济的效率提升、运用深度有限,大模型的开发和实践应用则是大势所趋。

(3) 算力。AI对于算力的需求在不断增大,伴随而来的是国家"东数西算"工程,以及对芯片超异构并行等技术的研究。前者旨在利用我国西部充足的可再生能源积极部署数据中心集群,通过云计算与大数据技术实现算力资源共享和满足东部城市数据运算的需求。后者旨在构建以CPU为运行调度主体,GPU、FPGA等多芯片协同工作的通用运行架构,协调对芯片运算性能和灵活性的极致需求,为用户场景覆盖率提升和实现大规模部署提供可能。

AI技术所带来的风险和挑战是多样的,除当前所面临的深度学习模型的脆弱性问题、黑箱所带来的高复杂性和不透明问题,以及训练数据集不平衡所带来的决策歧视问题等固有的技术风险外,该技术发展所带来的大数据杀熟、信息泄露等社会治理问题,对于法律体系、社会伦理秩序的挑战和冲击同样值得关注。同时,在技术赋能传统行业的过程中,缺乏对技术方的科技创新及应用能力的评级体系。

**4. 人工智能发展催生大量新兴行业**

人工智能的技术突破在多个领域催生了一批新兴的细分行业,主要包括深度学习/机器学习、自然语言处理、计算机视觉/图像识别、手势控制、虚拟私人助手、智能机器人、推荐引擎和协助过滤算法、情境感知计算、语音翻译、视频内容自动识别等,如图3-7所示。

当前,我国人工智能技术快速发展、数据和算力资源日益丰富、应用场景不断拓展,为开展人工智能场景创新奠定了坚实基础。

**5. 我国人工智能产业政策**

随着人工智能技术研究和应用的推进,国务院于2017年发布了《新一代人工智能发展规划》,将AI技术的发展上升至国家战略布局。此后相继颁布了一系列相关政策,并逐步探索出该技术发展的实现路径。

人工智能是赋能技术,要与我国丰富的应用场景结合才能发挥其最大作用。2022年,科技部等六部门联合印发了《关于加快场景创新以人工智能高水平应用促进经济高质量发

图 3-7　人工智能细分行业

展的指导意见》，随后科技部又公布了《关于支持建设新一代人工智能示范应用场景的通知》，旨在统筹推进人工智能场景创新，着力解决人工智能重大应用和产业化问题。

在 AI 产业促进方面，各地政府出台了多项发展战略和扶持性政策文件，主要体现在顶层设计、技术研发、人才培养、产业布局等方面，通过与实体经济的深度融合释放行业发展的新动力。以《北京市"新智造100"工程实施方案（2021—2025 年）》文件为例，为进一步推进首都制造业企业实现智能化转型升级，该政策通过奖励资金的方式，鼓励已在京制造业企业通过数字化、网络化、智能化的技改方式实现降本增效。

在 AI 产业治理方面，我国出台了相关"治理原则"和"伦理规范"的软法文件，并通过修改现有法律使 AI 技术在具体领域和应用场景的使用中受到约束。与此同时，上海市和深圳市于 2022 年底分别开始实施《上海市促进人工智能产业发展条例》和《深圳经济特区人工智能产业促进条例》两项地方性法规，这将有利于明确产业发展底线，引导AI 发展从创新到工程化，再到安全可信的全生命管理。

资料来源：
[1] 郭晓语，刘唯宾，钱雨. 我国人工智能产业及技术发展现状. 质量与认证，2023.
[2] 朱巍，陈慧慧，田思媛，等. 人工智能：从科学梦到新蓝海——人工智能产业发展分析及对策. 科技进步与对策，2016.
[3] 敖阳利. 人工智能：赋能实体经济，引领时代变革. 中国财经报，2023-03-25.
[4] 国研网. 人工智能行业年度分析报告，2023.

**思考题：**
1. 有哪些关键外部环境因素影响中国人工智能行业的发展？
2. 中国人工智能行业面临的机遇和挑战有哪些？
3. 中国人工智能行业的发展前景如何？为什么？
4. 查找相关资料，绘制并分析人工智能某个细分行业的战略群体图。

# 本章小结

企业是环境的产物，全面深入地分析企业所处的外部环境是制定战略方案的前提条件。外部环境分析包括宏观环境、行业环境、竞争环境和商业生态系统分析。本章提供了PESTEL、波特五力模型、战略群体、竞争对手分析、竞争态势矩阵、外部因素评价矩阵等多种外部环境分析的经典框架、方法和工具。

# 思考题

1. 简述企业外部环境的构成。
2. 简述PESTEL的主要分析内容。
3. 简述波特五力模型，五种竞争力量的关键影响因素有哪些？
4. 通过互联网或其他媒体搜索你感兴趣的行业，获得足够的资料，然后回答下列问题：
(1) 分析该行业的基本竞争结构，并找出该行业中最成功或最有实力的代表企业，分析这家企业的主要战略选择是什么？
(2) 该行业的主要经济特性是什么？
(3) 该行业处于生命周期的哪个阶段？
(4) 该行业的关键成功因素是什么？
(5) 影响未来战略选择的行业变化的驱动力量有哪些？
5. 企业竞争对手分析的内容有哪些？
6. 结合实例，用竞争态势矩阵分析一个企业与竞争对手的相对实力。
7. 什么是战略群体？如何绘制、分析行业的战略群体图？
8. 什么是商业生态系统？企业的利益相关者主要包括哪些？
9. 简述外部因素评价矩阵。

# 第4章

# 企业内部环境分析

**案例导入**

### 海康威视——公司竞争力是根本

海康威视成立于2001年,已经连续多年位列视频监控全球第一名和"全球安防50强"第一名。海康威视究竟有何"魔力",能长期牢牢占据安防龙头席位?

2001年美国遭受了9·11恐怖袭击,这激起了世界各国的安全意识,间接推动了安防行业的发展。那年成立的海康威视,包括陈宗年、胡扬忠在内的28人创业团队全部来自中国电子科技集团公司第五十二研究所,绝大多数是研发工程师。公司总裁胡扬忠在总结海康威视的发展时说道:"海康威视成立时正好赶上了安防行业快速发展的好时机,公司抓住了几个关键的机会,也没有犯下太多的错误。"海康威视及时抓住了市场机遇和技术变革带来的机会,踩对了"节点"。公司要活下来、活得好,必须保持变化、跟上步伐,不断培育企业的核心能力,提升动态能力,巩固"护城河"。

海康威视的发展大致可分为3个阶段:第一阶段是2001—2009年,称为数字化阶段。在这一阶段,海康威视不断创新技术,发布新产品,其推出的板卡、H.265算法等先进技术的应用,使得海康威视的国内市场占有率高达80%。第二阶段是2010—2014年,为网络高清化阶段。此时海康威视依旧保持强劲增长势头:2010年上市,2011年视频监控全球市场占有率跃居首位;2012年,海康威视启动了企业战略规划,提出了发展路径及发展目标,强调核心能力的建设及战略的执行与管控;2013年其销售额顺利突破百亿大关。第三阶段是2015年至今,称作智能化阶段。国内安防行业经过多年的发展,已经步入转型期和泛安防时代,从2015年开始,在行业增长趋缓的背景下,海康威视居安思危,大胆改革,在确保安防主营业务持续增长的前提下,积极探索创新业务。依托其在视频监控领域的技术积累和强大的研发实力,海康威视开始布局AI、大数据和智慧物流等新兴业务,搭建基础数据服务平台,构建智能生态系统,陆续成立了萤石网络、海康机器人、海康汽车电子、海康微影、海康指挥存储、海康消防、海康睿影、海康慧影8大子业务公司。海康威视已经从一家安防公司发展成为一家提供系统智能解决方案的高科技集团。

自2010年上市以来，公司年营业收入由36亿元增长至2022年的831.66亿元，增长了约23倍。亮眼成绩的背后，离不开拉动公司不断向前的"三驾马车"。海康威视一直秉持着"以市场为导向"和"以研发为核心"的双核驱动理念，公司不断完善人才培养体系，提升企业的核心竞争力。

**1. 技术研发，一马当先**

海康威视主要的安防监控产品属于电子类产品，其生命周期较短，一般在3~5年，而且下一代产品与上一代产品具有一段重叠期，实际有效生命周期更短，因此具有技术水平发展快、更新速度快的特点。这意味着如果要保持企业竞争力，必须不断投入科技研发，不断推陈出新，跟上更新换代的步伐。所以，人才与创新对安防行业来说至关重要。

脱胎于科研院所的海康威视始终坚持以研发为导向，将技术创新作为企业发展的原动力，高度重视研发投入，确保产品有完全的自主知识产权。2010—2019年，海康威视的研发费用从初始的2.44亿元增至54.84亿元，增长近22倍，增长幅度大于营收增长速度。2021年研发投入占全年营业收入10.13%，研发人员和技术服务人员约25 000人，约占公司总员工的50%。海康威视的专利和软件著作权的数量也是逐年攀升，2016—2019年，专利数从2 530件上升至4 119件，软件著作权从605份增至1 042份。除此之外，海康威视还建立了以杭州为中心，辐射北京、上海、重庆、新疆及加拿大、美国和英国的研发中心体系。如今，公司已经建立了技术平台、产品平台和解决方案平台三位一体的分层研发体系。

公司几乎每年坚持推出一代新产品来满足和引领市场的需求。同时，公司坚持研发要以市场为导向并将其"量化"为考核指标，其核心科研人员的收入直接与公司的经济效益挂钩。强大的研发实力是企业持续创新的基本保障，海康威视董事长陈宗年说："我们一直坚持守拙创新，耐得住寂寞、抓住最核心的技术，去参与全球竞争。"而事实证明，他们的确也是这么做的。

**2. 市场开拓，用户至上**

关注市场需求、满足顾客需要，一直是海康威视所秉持的坚定信念。总裁胡扬忠认为，净利润不是最重要的，重要的是如何更好地去服务好客户，为客户创造价值，在此基础上再去考虑业绩。为了洞察客户需求，海康威视不断地贴近客户。从2004年开始，海康威视大规模搭建销售营销体系，是行业里第一家自建销售网络的公司。安防行业项目产业链比较长，从厂家到总代、区域分销商，再到集成商、工程商、安装商，最后才到用户。海康威视选择自己做区域代理，在全国建立分销网络，设立分公司。如今公司已在国内设立了30多家分公司，200多个国内业务联络处，形成了安防行业覆盖最深、最广的营销体系。为了更快地响应客户需求，海康威视推动分公司向省级业务中心转型，拓展地市级办事处，并且开始行业细分、区域下沉，向各个细分行业提供系统解决方案，以更好地服务用户。同时公司布局境外战略，在全球有66家境外分支机构，为150多个国家和地区提供产品和服务。

贴近用户和市场，充分研究细分行业和使用场景，让海康威视在满足顾客现有需求的基础上，不断挖掘其潜在需求，开发全新市场。雾气浓重的早晨，监控设备是否还能发挥原本的功能？类似于摄像机之类的机器是否也可以监测火灾并自动报警？如何提升物流工作的效率？海康威视的很多新产品，便是在挖掘客户的这些潜在需求基础上创新研发而成的。

### 3. 人才培养，"一企两制"

董事长陈宗年说："最值钱的就是人才，除去现金和固定资产，剩下的就是人才了。""海康威视的发展，第一靠的是人才"，通过在人才上的投入，可以掌握自己的核心技术，继而建设难以复制的创新体系，这被陈宗年视为是公司多年沉淀下来最有价值的"资产"。

人才培养是海康威视的重中之重，公司秉持"以人为本、共同成长"的用人理念，构建长效的人才培养与激励体系，助力公司的长远可持续发展。

2012年8月，海康威视股东大会审议通过了为期10年的股权激励计划议案，从当年开始，公司以两年为单位，对员工实施股权激励，吸引和保留核心员工。数据显示，经过四期限制性股票激励计划，总计授予对象超过10 000人，占总员工的比例从7%增加至17%，授予对象包括高管、中层、基层管理人员及业务骨干，其中业务骨干为主要激励对象。

除了对员工实施股权激励之外，2016年海康威视还推出《核心员工跟投创新业务管理办法》，让广大核心员工成为创新业务（公司）股东，与公司创新业务共同承担风险、共享收益。海康威视探索出了以"一企两制"为特色的国有企业内部创业的新模式，通过合理的激励机制使国企员工从打工者转变为"合伙人"，这极大地激发了核心员工和业务骨干的创新积极性和主动性，并且很大程度上克服了大企业病、创新活力不足等弊端。

**资料来源：**
[1] 孟凯莉，郑春东. 海康威视：抢占安防行业"C位". 中国管理案例共享中心.
[2] 杨锋，曹旭晨，王莹. 海康机器人：海康威视布局智慧物流打造新增长. 中国管理案例共享中心.
[3] 廖琦菁. 海康威视胡扬忠公司竞争力是根本. 哈佛商业评论，2017.
[4] 郑刚. 创新者的逆袭：变革时代后发企业创新制胜之道. 清华管理评论，2020.
[5] 孙建奇. 海康威视砥砺前行20年. 经理人，第319期.

**思考题：**
海康威视的公司竞争力来源是什么？对其他企业有什么启示？

面对同样的外部环境，同一行业内的不同企业采取的战略和经营行为往往会有很大的差异，企业战略不仅取决于外部环境，而且与企业的内部环境有着非常密切的联系。企业战略的选择和制定不但要"知彼"，即客观地分析企业的外部环境，而且要"知己"，即对企业自身的内部资源和能力有清晰的认识。开篇案例中的海康威视，不仅及时抓住了市场机遇和技术变革带来的机会，而且不断培育企业的核心能力，巩固"护城河"，较好地实现了企业外部环境、内部条件和战略目标三者之间的动态平衡。

## 4.1　企业资源能力分析

**1. 资源基础理论**

20世纪80年代早期，鲁梅尔特（R. P. Rumelt）的研究表明：行业内企业间的利润差异大于行业间的利润差异。基于外部环境的战略定位受到质疑，人们逐渐从企业内部来探索竞争优势来源问题，产生了以资源为基础的企业观点。

以资源为基础的企业观点可追溯至1959年彭罗斯的经典著作《企业成长理论》，他认为一个企业能否获得高于平均收益水平的投资收益率，很大程度上取决于企业的资源状况。从20世纪80年代开始，以资源为基础的战略分析思维模式逐渐占主导地位，1984年伯格·沃纳菲尔特（Birger Wernerfelt）发表了"A Resource-Based View of the Firm"（《企业资源基础观》）一文，标志着竞争优势理论中企业资源学派的诞生。1991年巴尼（Jay Barney）发表"Firm Resources and Sustained Competitive Advantage"（《企业资源与可持续竞争优势》）一文，他认为企业是各种资源的集合体，企业拥有的资源各不相同，具有异质性，正是这种异质性导致了企业竞争力的差异。巴尼将企业资源基础观发展成为理论，被视为现代企业"资源基础理论"（resource-based view，RBV）之父。

资源基础理论的核心要点如下。

① 企业竞争优势来源于异质资源。企业是各种资源的集合体，企业在资源方面的差异决定了企业竞争力的差异。企业应致力于培育、获取能带来竞争优势的特殊资源，这为企业的长远发展指明了方向。巴尼认为作为竞争优势来源的资源应当具备以下条件：有价值的、稀缺性、不可模仿性、其他资源无法替代等。

② 竞争优势的持续性，源于资源的不可模仿性。巴尼认为，持续性不是一个时间概念，竞争优势的持续性并不意味着它将永远存在，它只是暗示由于企业拥有持续的竞争优势，不至于因为其他企业的复制而被淘汰出局。迈克尔·戴尔说过："没有任何竞争优势和成功是永久的。赢家是那些不断进步的人，在商业中唯一不变的就是变化。"如果一个企业的资源同时具有价值和稀缺性，但竞争对手可以模仿，那么这种资源只能给企业提供短暂的竞争优势。企业资源的难以模仿性，成为获得持续竞争优势的重要条件之一。研究发现，影响企业资源难以模仿的因素如表4-1所示。

表4-1　难以模仿的因素

| 来源 | 说明 |
| --- | --- |
| 特定的历史条件 | 受时间、空间因素的影响，部分企业能以较低的成本获取或开发资源，而其他企业难以做到。先发优势和路径依赖都能创造特定的历史条件 |
| 因果关系模糊 | 当竞争对手不能明确地辨别企业为何能获得竞争优势时，这种优势是难以模仿的 |
| 社会复杂性 | 如果企业用于获得竞争优势的资源和能力是与人际关系、信任、文化及其他社会资源联系在一起的，那么短期内对它加以模仿则较为困难 |
| 专利权 | 专利保护期内限制了其他企业的模仿 |

③ 获取与管理特殊资源的方法，主要包括组织学习、知识管理和建立外埠网络等。许多学者把企业的特殊资源指向了企业的知识和能力，而获取知识和能力的基本途径是学习。通过有组织的学习，不仅可以提高员工个人的知识和能力，而且可以促进员工的知识和能力向组织的知识和能力转化，产生更大的合力。企业管理知识的效率和速度将影响企业的竞争优势。企业可以通过建立战略联盟、知识联盟等外埠网络来学习其他企业的知识和技能，来自不同公司的员工在一起工作、学习还可激发员工的创造力，促进知识的创造和能力的培养。

**2. 企业资源分析**

罗伯特·格兰特把企业资源可以分为以下 3 类。

① 有形资源。主要是指看得见、可识别、能量化的物质资产和金融资产。物质资产包括企业的厂房、土地、设备等固定资产；金融资产包括现有资金和可融通的资金。

② 无形资源。主要是指难以评估和量化，通常在财务报表上并不反映的企业资源，包括企业的知识产权、技术诀窍、企业形象、品牌、专利权、商标权、专用知识、商誉和企业文化等。

随着市场竞争的日益激烈，企业培育持续竞争优势的重点逐渐从有形资源的获得转向无形资源的获得，因为无形资源更难以被竞争对手所了解、购买、模仿或替代。但是，由于无形资源的不可见性和隐蔽性，其价值常常容易被忽视。

③ 人力资源。主要是指员工的专业知识与技能、对企业的承诺等，是企业发展的重要力量。

企业更愿意把无形资源和人力资源作为竞争优势的基础。实际上，一种资源越不可见，在它之上建立起来的竞争优势就越具有持久性。资源在被整合或组合时，它的战略价值会增加。企业如果能让一系列资源一起产生效应，就会产生独特的有形资源、无形资源和人力资源的组合。

21 世纪，知识和数据逐渐成为推动经济社会发展的重要因素，人类社会已步入知识经济和数字经济时代。知识和数据资源成为企业最重要的战略资源之一，是企业绩效和长期竞争优势的决定性因素。

经济合作与发展组织（OECD）将知识分为显性知识和隐性知识。显性知识（explicit knowledge）是经过编码的，可用书面语言、图表、数学公式等表示和记录下来的，方便传播的知识。隐性知识（tacit knowledge）是非系统阐述的知识，非结构化、非编码化的沉默知识。显性知识只是"知识冰山"的一角，大部分知识是隐性知识，隐藏于人的实践中。隐性知识的获取依赖于自身的体验和体悟，依靠直觉和洞察力，而显性知识可以通过文件、形象和其他沟通过程来传授。企业的显性知识和隐性知识之间可以相互转化，动态循环。

数字经济时代，数据已成为与土地、劳动力、资本、技术并列的第五大生产要素，成为最重要的战略资源之一。知识和数据影响了企业识别、发现、把握乃至创造发展机会的能力，影响了企业利用、配置、整合和开发资源的能力。

战略管理者要全面、客观地分析企业资源的数量和水平，确定自己的优势和劣势。资源的分析重点包括资源的数量和质量、资源的分布、资源的价值性、资源的稀缺性、资源获取的难度、资源的不可替代性等。

### 3. 企业能力分析

企业能力是指企业所拥有的利用和整合企业资源的知识和技能。它是企业在利用和整合资源的过程中，通过实践、学习、积累而形成，通过企业内部的收集、传播和共享而增强的。资源的多少并不能代表其能力的大小，事实上，许多企业获得了丰富的资源，但并未掌握发挥这些资源价值的知识和技能。企业的能力不仅可以决定现有资源的利用水平，而且可以决定外部资源的整合水平。从这个角度来说，企业的能力优势比资源优势更为重要。

企业能力分为职能领域的能力和跨职能领域的综合能力两大类。职能领域的能力包括市场营销能力、财务管理与资本运作能力、人力资源开发与管理能力、组织能力、研发能力、制造和生产能力、管理信息系统开发和集成能力等。跨职能领域的综合能力则包括整合能力、动态能力、学习能力、创新能力、战略管理能力和领导力等。

通常，企业能力首先体现在职能领域。以国内企业为例，华为的研发能力强，海尔的制造能力强，小米的营销能力强。但是，企业应更加注重提升跨职能领域的综合能力，特别是整合能力和动态能力。

企业战略管理者要在初步判断外部机会和威胁及分析竞争对手的基础上，对企业能力的数量和水平进行全面、客观的分析，确定自己的优势和劣势。可以采取下列几种方法评价企业能力状况：

① 财务比率分析法。通过与竞争对手在企业的收益性、安全性、流动性、成长性和生产性5个方面的对比，判断企业能力的高低。

② 专家意见法。通过企业聘请的专家对企业内部和外部相关的利益团体的分析，判断企业能力的高低。

③ 问卷调查法。通过直接向企业内部和外部相关利益团体发放问卷进行调查，判断企业能力的高低。以上3种方法各有利弊、相互补充，在进行能力分析的过程中可以综合运用。

### 4. 企业资源、能力和竞争优势的关系

企业资源不会独自发生作用，必须经过协调、组织管理。能力是企业分配资源的效率，就像胶水把物品黏合在一起，能力通过有形资源、无形资源和人力资源的不断融合而产生。企业资源、能力和竞争优势的关系如图4-1所示。

巴尼提出了分析企业资源和能力的VRIO模型，即价值（value）、稀缺性（rarity）、难以模仿性（inimitability）和组织（organization）模型。VRIO模型是对企业内部资源与能力的优势和劣势进行分析的工具，如图4-2所示。

根据该模型，如果企业拥有一些具有价值的资源和能力，但这些资源和能力不是稀缺的，也无法被组织利用，那么组织还是处于竞争劣势的地位。企业拥有有价值且稀缺的资源，但竞争对手可以模仿，则企业可以保持一定时间的竞争优势；如果竞争对手学会了这种能力，则组织的暂时竞争优势就不复存在了。只有当企业的资源和能力同时具备有价值的、稀缺的、难以模仿的和可以被组织利用4个特征时，企业才拥有可以保持持续竞争优势的核心能力。

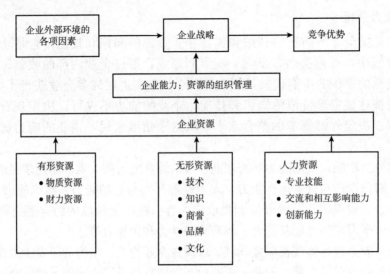

图 4-1 企业资源、能力和竞争优势的关系

| 某种资源和能力 | | | | |
|---|---|---|---|---|
| 有价值吗 | 稀缺吗 | 难以模仿吗 | 能够组织利用吗 | 竞争意义 |
| 否 | | | 否 | 竞争劣势 |
| 是 | 否 | | ↕ | 竞争均势 |
| 是 | 是 | 否 | | 暂时优势 |
| 是 | 是 | 是 | 是 | 持续优势 |

图 4-2 VRIO 模型

YKK：从不起眼的小配件成长为拉链行业的龙头

## 4.2 企业核心能力

短期内，企业产品的质量和性能决定了企业的竞争力，而长期起决定作用的是企业的核心能力。

1980 年，美国 GTE 公司和日本 NEC 公司的销售额分别是 99.8 亿美元和 38 亿美元，而到 1988 年却分别为 164.6 亿美元和 216.9 亿美元。这两家公司都以可比的业务组合开始，经营的效果却如此不同。普拉哈拉德和加里·哈默认为，主要原因是 NEC 公司是用核心能力来构筑公司的，而 GTE 公司却不是。据此，这两位学者于 1990 年在《哈佛商业评论》发表了"The Core Competence of the Corporation"（《公司核心能力》）一文，认为企业在技术和市场日益不确定的环境下，唯有"练好内功"才能应对外部变化。我国学者在引用核心能力这一概念时，一般把它译成"核心竞争力"。

### 1. 企业核心能力的概念

普拉哈拉德和加里·哈默认为核心能力（core competence）是"组织中的积累性学识，特别是关于如何协调不同生产技能和有机结合多种技术流派的学识"。它是对企业核心竞争优势至关重要的一种或多种能力，是其他对手很难达到或者无法具备的一种能力，可以给企业带来长期竞争优势和超额利润。

我国学者认为："核心能力是指企业内存在的一组技术和技能的集合体，这些技术和技能既包括硬技术，也包括软技术。"这一定义表明核心能力不仅仅局限于核心技能类的硬技术，也包括组织管理类的软技术。企业技术方面的核心能力体现为企业全体员工的知识和技能水平、企业的技术和科学知识、专有数据、创造性的才能等。企业管理方面的核心能力，包括企业的管理思想、管理理念、企业战略管理、企业各职能部门的管理特色、企业文化等。苹果公司通过强化研发能力，不断创新产品为消费者创造独特的价值，这说明创新是该公司的核心能力。另外，零售店优秀的客户服务和商业模式创新也是苹果公司的核心能力，它们是建立在一系列精心设计的培训和发展流程之上的。

核心能力不仅能使企业具备与众不同的竞争力，而且还可以反映企业的独特个性。核心能力像"皇冠上的一颗宝石"，使企业能较长时期内为自己的产品或服务增加独特的价值。

### 2. 企业核心能力的特点

核心能力之所以称为核心，是因为它能够保证企业的可持续发展与成功。核心能力具有以下特征。

（1）价值性

为了保证企业的长期成功，核心能力必须能够创造价值。在这里，有必要对两种价值创造观进行区分：一种是以企业为出发点的价值创造观，这种观点注重企业利润的提高或股东价值的提高；另一种是以顾客为导向的价值创造观，这种观点应该优先于前一种观点，同时也是前者得以实现的前提和保证。从一定意义上讲，顾客是企业某种资源和能力是不是核心能力的最终决定者。

（2）独特性

一种资源或能力要成为核心能力，必须是独特的、稀缺的，即没有被当前和潜在的竞争对手拥有而为某企业独有，如企业拥有得天独厚的地理位置或拥有独特的技术。独特性的形成往往与企业成长历史和企业创始人相关联，其他企业难以通过交易的方式从市场中获取，或者难以通过自身开发获取。独特性的核心能力，决定了企业间竞争力和竞争优势来源的差异性。例如，华为公司拥有强大的基础研发和应用技术开发能力，拉开了与竞争者的距离，形成了持续竞争优势。

（3）难以模仿性

这是相对于竞争对手而言的，表明企业的能力难以被对手模仿和复制。许多因素能够对核心能力的难以模仿性做出贡献，如路径的依赖性、因果关系的模糊性、各类资源聚集成族并相互补充所产生的高效率等。为了增强核心能力的难以复制性，企业要特别对那些潜移默化的、通过路径依赖而积累的资源和能力给予高度重视。

（4）难以替代性

这是相对于顾客而言的，表明拥有核心能力的企业的产品或服务在顾客心目中的地位没有替代品。

如果某种资源或能力带来的竞争优势可以被其他资源和能力所替代，则企业的竞争优势会面临被侵蚀的威胁，可保持性就会降低。如今，新技术替代老技术或新资源替代老资源的可能性越来越大，一个好的策略是不断提高技术创新能力，实现技术或资源上的自我替代，以避免战略性等价物出现在竞争对手一边。

（5）可延展性

企业核心能力不是局限于企业某一种产品或服务，而是能够应用于多种产品和服务领域，从而最大限度地实现范围经济效应。字节跳动依靠其在信息分法算法方面的核心能力，成功打造了一系列的产品矩阵，包括今日头条、抖音和西瓜视频等产品；大疆公司利用其在飞控系统和云台稳定系统上的核心能力，成功进入遥感测绘、能源巡检、影视传媒、农业服务、基建工程等多个领域；阿里巴巴拥有强大的数据管理能力，可以为客户提供商业定位、研发、市场营销等全方位的服务，可以为贸易、物流、金融、旅游等多个行业提供增值服务，在公司内部形成了基于大数据和云计算的全价值链创造能力。核心能力有助于企业开拓未来商机，使企业在未来的发展变化中衍生出不同的新产品或服务，成为进入新业务领域的基础。

**3. 企业核心能力、核心产品与最终产品之间的关系**

如果把企业比作一棵大树，核心能力就相当于树根，核心产品就相当于树干，树上的树叶、花、果就相当于最终产品。企业的核心能力、核心产品与最终产品的关系如图4-3所示。

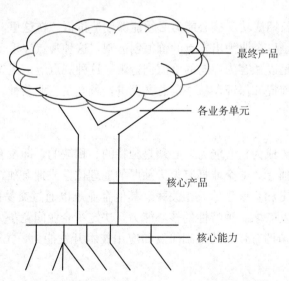

图4-3 企业的核心能力、核心产品与最终产品的关系

追求长期发展的企业，要努力培育自己的核心能力，并利用核心能力生产出独特的核心产品。核心产品是核心能力的有形体现，核心能力与核心产品有机联系，可用于多种终端产品。企业最终产品的市场份额，不能代表企业拥有核心能力，核心产品的份额才是核心能力的标志。

例如，可口可乐的配方就是可口可乐公司的核心能力之一，对该公司来说，如果发生火灾，把全世界的可口可乐公司都烧光了，但只要配方还在，该公司在 35 年之内还可以在全世界东山再起，这就是企业的核心能力；而树干，就相当于可口可乐的浓缩液，这是可口可乐的核心产品；把可口可乐浓缩液运到各地瓶装厂，最终制成的可口可乐产品就是最终产品。

图 4-4 揭示了企业核心能力与多元化战略的关系。从图中可以看出，一个企业不一定只有一种核心能力，企业领导人要很好地"协调"和"有机组合"不同的核心能力，使之形成不同的核心业务，从而使企业多元化经营取得成功，并具有持久的竞争力。

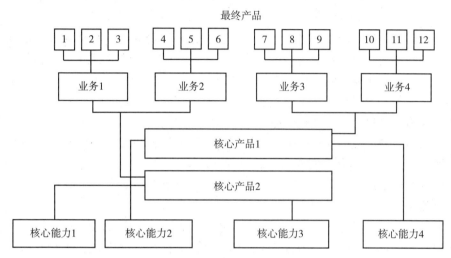

图 4-4 企业核心能力与多元化战略的关系

#### 4. 企业核心能力的培育

核心能力是企业竞争优势的根源。企业要从实际出发，找到适合自己的核心能力培育途径，不能照搬别人的做法。总体而言，企业培育核心能力的途径可分为内部开发和外部获取。

（1）内部开发

内部开发是指企业自主创建核心能力。企业在进行内部开发时，要先确定拟培育的潜在核心能力，然后通过合理配置企业资源，强化和完善企业的基础能力，使潜在的核心能力外显出来。

核心能力是一种有组织的集体行为，是通过协调不同的生产技能和有机结合多种技术流派来实现的。美国学者库布斯（Coombs）将核心能力定义为企业的技术能力，以及把技术能力有机结合的组织管理能力，企业可以在技术和组织管理两个维度上来培育核心能力。

（2）外部获取

内部开发是企业培育核心能力的基本途径。通过内部开发得到的核心能力由于与企业实际情况紧密关联且具有历史依存性，很难被竞争者模仿。但是，内部开发核心能力的周期往往较长，在如今快速变化的时代，漫长的自我积累过程可能导致企业还来不及足够强大就"被扼杀在摇篮中"。而通过外部获取核心能力，可以缩短企业培育核心能力的时间，并且可能比内部培育的方式更经济。

外部获取核心能力一般有并购和联合开发两种方式。通过并购，使被并购企业的资源能力通过主并方企业的整合，将其吸收并予以发展成为企业的核心能力。联合开发旨在通过战略联盟来获取核心能力，通过建立战略联盟，可以获得互补性资源、分担研发的成本与风险,取长补短,加速企业核心能力的培育,开发新产品、掌握新技术,获得新的增长点。

### 5. 动态能力

某种关键资源和能力,竞争对手最初可能复制不了,但随着时间的推移,其他企业可能会开发出越来越好的替代品。如果不能得到妥善管理,资源和能力会与其他资产一样贬值。技术、消费者偏好、分销渠道或者其他竞争要素的颠覆性变化,会破坏战略资源的价值,使资源和能力"从钻石变为废铁"。

企业要防止企业核心能力的刚性。企业过去的核心能力有可能退化为如今的普通能力,也有可能成为潜在的核心僵化阻力,这是早期核心能力所形成的组织惯性和阻碍企业应对环境变化的阻力。在变化频率和幅度不断加大的时代,核心能力容易变成"老核心能力",即老化并固化。例如,数码相机技术的成熟应用,让柯达公司过去的核心能力很快"老化"过时。资源和能力的老化会削弱企业的竞争力,需要对它们进行更新、修改甚至淘汰或替换。

企业如何提高与环境的动态匹配从而快速应对外部技术和市场的变化成为战略管理研究的核心问题。为此,1997 年,提斯(Teece)提出了动态能力(dynamic capabilities)理论,它拓展了资源基础学派的静态研究视角,以演化视角克服核心能力刚性缺陷,通过资源整合和重构进行战略革新,获取动态环境下的可持续竞争优势。

提斯将动态能力定义为企业整合、构建和重新配置内外部资源的能力,是一种能够根据环境变化对自身的资源和基础能力进行动态调整从而保持竞争优势的能力。

基于资产定位(position)、组织过程(process)和发展路径(path)3 个关键要素,提斯构建了动态能力的分析框架。资产定位是指企业当前拥有的技术/智力资产、互补性资产、客户基础、与上下游合作伙伴的关系等;组织过程是指企业目前活动和学习的范式或企业惯例;发展路径是指企业战略选择的可能性、路径依赖和收益增长的可能性等。企业的动态能力存在于组织过程中,其形成是由企业的资产定位和发展路径决定的。

动态能力有助于企业提高财务绩效、创新绩效和长期竞争优势。目前学者们主要从资源和能力视角探讨动态能力。资源视角传承了资源基础观的基本理念,主要关注企业如何通过有效管理稀缺、独特的价值资源来实现持续竞争优势的目的。资源视角下的动态能力主要由 3 个维度构成:一是快速识别有价值资源的能力;二是获取有价值资源的能力;三是组合、保护和重构资源以提升竞争优势的能力。只有通过不断识别、获取外部的稀

对话加里·哈默:寻找核心竞争力,要回答三个问题

缺资源,以及优化、整合内部资源,企业才能获得持续竞争优势。能力视角认为动态能力是一种能创造、扩展、改造常规能力的高级能力,主张将组织能力划分为不同的层次,有效处理日常事务的常规能力属于低阶能力,而能根据环境变化将常规能力进行动态调整、整合与更新的动态能力则属于高阶能力。

## 4.3 企业价值链

迈克尔·波特在 1985 年出版的《竞争优势》一书中提出了"价值链"的概念,他认为

企业的价值创造是通过一系列活动来形成的,考察这些活动本身及其相互之间的关系,可以揭示企业的优劣势,有助于形成企业的竞争战略。

1. **价值链的概念**

企业中互不相同但又相互联系的生产经营活动,构成了创造价值的一个动态过程,即价值链。波特将价值链描述成一个企业用来"进行设计、生产、营销、交货及维护其产品的各种活动的集合",这些活动可以用如图4-5所示的价值链表示出来。价值链列示了总价值,包括价值活动和利润。价值活动又可分为两大类:基本活动和辅助活动。

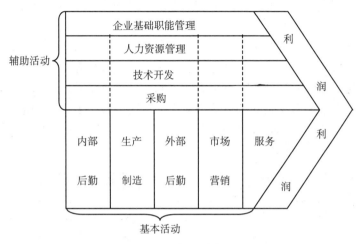

图4-5 企业价值链

企业的基本价值活动包括以下内容。

① 内部后勤。与资源接收、存储和分配相关的各种活动,如原材料搬运、仓储、库存控制、车辆调度和向供应商退货等。

② 生产制造。与将投入转化为最终产品相关的各种活动,如机械加工、包装、组装、设备维护、监测、印刷和设施管理等。

③ 外部后勤。与集中、仓储和将产品发送给买方相关联的各种活动,如产成品管理、订单处理和生产进度安排等。

④ 市场营销。与引导和实现产品销售相关联的各种活动,如广告、促销、销售队伍、保价、渠道选择、渠道管理和定价等。

⑤ 服务。与提供服务以增加或保持产品价值有关的各种活动,如安装、维修、培训、零部件供应和产品调整等。

企业的辅助价值活动包括以下内容。

① 企业基础职能管理。包括总体管理、企业计划、财务、法律、政治事务及质量管理等。

② 人力资源管理。与企业员工招聘、培训、开发和激励等相关联的活动。

③ 技术开发。包括旨在改进产品和生产过程的一系列活动。

④ 采购。是指购买用于价值链各种投入的活动。

一条基本价值链可以进行再分解,如作为基本价值活动的市场营销可以再分解为广告、销售队伍管理、渠道管理、促销等。

企业价值链中的每一个活动环节都需要不同资源和能力的运用与融合，同一产业链的不同企业，对所从事的活动环节会有不同的选择，从而表现出不同的资源和能力。以石油行业为例，这个产业里存在一系列将原油转化为最终消费品（如汽油）的环节，包括原油勘探、原油钻探、原油抽取、原油运输、原油购买、原油精炼、向分销商销售成品油、运输成品油及向最终客户销售成品油等。原油勘探环节需要大量的资金投入，因而需要企业拥有雄厚的财务资源、土地开发权（物质资源）、丰富的科技知识（人力资源）等。与勘探企业不同，汽油销售企业需要的资源投入包括用于加油站建设的财务资源与物质资源，也包括从事产品销售所需的人力资源与组织资源。

即使处于相同产业链环节的企业，也可能采取不同的经营方式，从而形成不同的资源和能力。例如，对两家从事石油成品油销售的企业来说，一家自建渠道来销售，而另一家通过经销商来销售，这两家企业的资源会有很大的不同。考察每个企业所从事的具体活动，可以促使我们从更微观的层面考虑企业的资源和能力，从这个意义上讲，价值链分析可以帮助企业更详细地理解基于资源的竞争优势来源。

**2. 价值链分析**

整个价值链的综合竞争力决定了企业的竞争力。当企业与其他企业竞争时，本质上是企业内部多项活动之间的竞争，而不仅仅是企业某一项活动之间的竞争。企业价值链分析是一种典型的成本收益分析，但该分析思路吸收了系统论的思想，企业不应该看单一活动的成本和收益，而要看整体活动的收益和成本。因为单一活动之间往往存在一定的相互促进或冲突关系，进而影响企业实际的利润水平。

戴尔计算机的价值链

价值链分析的基础是价值。企业的竞争优势主要反映在顾客价值的创造上。所谓顾客价值，是指顾客认知利益与顾客认知价格之差。顾客认知利益指的是顾客感觉到的收益总和；顾客认知价格是指顾客感觉到的支出总和。为顾客创造价值是企业的基本战略目标，所以要站在顾客价值的角度来评价企业的价值链，从而了解企业资源增值过程。

通过价值链分析，企业可以发现哪些环节是价值增值的关键环节，哪些环节是增加附加成本的环节。价值增值的关键环节，就是企业价值链的"战略环节"，这种战略环节既可以是生产环节、营销环节或研发环节，也可以是其他价值活动环节。保持企业的战略优势，关键是控制企业价值链的战略环节。耐克公司是经营运动鞋的跨国企业之一，但它自己不生产耐克鞋，而是抓住设计、营销两个关键环节，把生产制造外包给发展中国家的企业。

通过对不同企业的价值链进行比较分析，有助于企业识别自己的优势和劣势。虽然同一产业内的企业有相似的价值链，但竞争对手的价值链常常有所不同。例如，两家不同的航空公司虽然都在航空业开展竞争，但它们可能有完全不同的价值链，体现为登机手续操作、机组人员政策和飞机作业等方面的显著差异。竞争者价值链之间的差异是竞争优势的一个关键来源。

虽然价值活动是构筑竞争优势的基石，但是价值链并不是一些独立活动的集合，而是相互依存的活动所构成的一个系统。竞争优势来源于活动间的联系，例如，优秀的产品设计、严格的材料规格或严密的工艺检查也许会减少服务成本。尽管价值链内部的各种联系对竞争优势十分关键，但它们常常难以捉摸和被识别。对联系的管理是一项比管理各种价值活动本身更为复杂的任务。信息系统的最优化或协调配合对于从价值活动的联系中获取竞争优势至关重要。协同效应促使被分解的各项战略活动实现有机整合,促使企业成本降低,创新能力增强,竞争优势的模仿难度加大,从而使企业长期处于竞争优势。通常竞争对手可以模仿甚至照搬先进企业的某项活动或某种做法,但很难抄袭价值链各环节之间的微妙联系和精妙结构。

联系不仅存在于一个企业价值链内部,而且存在于企业的价值链与供应商、顾客的价值链之间。波特认为,单个企业的价值链是镶嵌在更大范围的价值系统中的,整个价值链系统包括提供投入品的供应商、分销渠道和购买者,如图4-6所示。供应商在创造和供应企业所购买的原材料、零部件时,其成本和质量会影响企业的成本和差异化的能力,而渠道的价值链会直接影响用户的满意程度,因此很多企业不仅从自身价值链角度寻找提高竞争优势的途径,而且扩展到上游供应商的价值链及下游渠道和顾客的价值链,通过价值链系统的构建,为企业价值增值提供更为广阔的前景。

数字经济时代,企业需要建立"数智价值链"

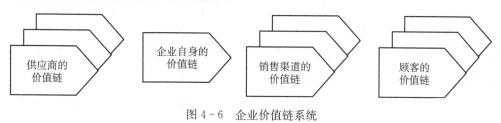

图4-6 企业价值链系统

## 4.4 内部因素评价矩阵

内部因素评价(internal factor evaluation,IFE)矩阵是对内部环境因素进行综合分析的方法,它评价了企业各职能领域的优势与劣势。在建立该矩阵时需要依靠直觉判断,对矩阵中各因素的透彻理解往往比实际数字更为重要。与外部因素评价矩阵和竞争态势矩阵相类似,内部因素评估矩阵可以按以下5个步骤来建立。

① 列出内部分析中的关键因素。采用10~20个内部因素,包括优势和劣势两方面,首先列出优势,然后列出劣势。

② 给每个因素赋予权重,其数值范围为0.0(不重要)~1.0(非常重要)。权重大小标志着各因素对企业在产业中竞争的影响程度,对企业绩效有较大影响的因素得到较大的权重,所有权重之和等于1.0。

③ 为各因素评分。1分代表重要劣势,2分代表次要劣势,3分代表次要优势,4分代表重要优势。评分以企业为基准,而权重则以产业为基准。

④ 用每个因素的权重乘以它的评分,得到每个因素的加权分值。

⑤ 将所有因素的加权分值相加,得到企业的总加权分值。

无论内部因素评估矩阵包含了多少因素,总加权分值的范围都是从最低的1.0到最高的4.0,平均分为2.5。总加权分值大大低于2.5的企业,内部状况处于劣势,而总加权分值大大高于 2.5 的企业，其内部状况则处于优势。

表 4-2 是一个内部因素评价矩阵的例子，企业的主要优势在于流动比率、盈利率和员工士气，其评分值为 4 分，企业的主要劣势是缺少一个战略管理系统、日益增加的研发支出和对经销商的激励不够有效，总加权分值为 2.80，高于 2.5 的平均水平，实力较强。

表 4-2 内部因素评价矩阵

| 关键内部因素 | 权重 | 评分 | 加权分值 |
| --- | --- | --- | --- |
| 优 势 | | | |
| ① 流动比率增长至 2.52 | 0.06 | 4 | 0.24 |
| ② 盈利率上升到 6.94 | 0.16 | 4 | 0.64 |
| ③ 员工士气高昂 | 0.18 | 4 | 0.72 |
| ④ 拥有新的计算机信息系统 | 0.08 | 3 | 0.24 |
| ⑤ 市场份额提高到 24% | 0.12 | 3 | 0.36 |
| 劣 势 | | | |
| ① 法律诉讼尚未了结 | 0.05 | 2 | 0.10 |
| ② 工厂设备利用率已下降到 74% | 0.15 | 2 | 0.30 |
| ③ 缺少一个战略管理系统 | 0.06 | 1 | 0.06 |
| ④ 研究开发支出增加了 31% | 0.08 | 1 | 0.08 |
| ⑤ 对经销商的激励不够有效 | 0.06 | 1 | 0.06 |
| 总 计 | 1.00 | | 2.80 |

## 4.5 SWOT 分析

SWOT 分析法是一种结合内外环境要素进行综合分析的战略选择方法。利用这种选择方法，需要把企业内部的优势（strengths）和劣势（weaknesses）、外部的机会（opportunities）和威胁（threats）匹配起来，这样才能更好地实现战略目标。决策准则是选择能够发挥企业优势、弥补劣势、抓住机遇、规避威胁的战略。

SWOT 分析法是战略设计学派的主要分析模型。战略设计学派认为，战略是对企业实力和机会的匹配，是领导者有意识的但非正式的构想过程，充分体现了组织内外环境对制定战略的重要性。

1. 如何开展 SWOT 分析

（1）分析环境因素

运用调查研究方法，分析企业的内部环境因素和外部环境因素。外部环境因素包括机遇和威胁，它们对公司发展有重要影响，属于客观因素，包括经济、政治法律、社会文化、技术、市场、竞争等不同范畴。内部环境因素包括优势和劣势，它们是企业在发展中自身存在的，属于主观因素，包括管理、组织、财务、人力资源等不同范畴，如表 4-3 所示。在调查分析这些因素时，不仅要考虑企业的历史和现状，而且要考虑企业的未来发展趋势。

表 4-3　环境分析的主要内容

| 资源优势 | 资源劣势 | 机　遇 | 威　胁 |
|---|---|---|---|
| • 雄厚的财务条件；<br>• 良好的品牌形象和商誉；<br>• 市场领导者；<br>• 规模经济和学习经验曲线效应显著；<br>• 成本优势；<br>• 拥有专用技术、技能和专利；<br>• 创新能力强；<br>• 营销能力强；<br>• 良好的客户服务；<br>• 产品质量高；<br>• 战略联盟或合资企业 | • 没有明确的战略方向；<br>• 生产设施陈旧过时；<br>• 财务状况恶化；<br>• 成本过高；<br>• 缺少某些关键技能或能力；<br>• 研究开发水平低；<br>• 内部经营问题；<br>• 产品线狭窄；<br>• 品牌或声誉不高；<br>• 营销能力弱；<br>• 利润水平低；<br>• 产品质量有待改善 | • 市场需求增长快速；<br>• 利用新技术的机会；<br>• 从对手处获得市场份额的机会；<br>• 向新的地理区域扩张；<br>• 通过战略联盟扩大市场份额；<br>• 拓展产品线；<br>• 服务于更多的客户群体；<br>• 向新产品转移技能 | • 替代品抢占市场份额；<br>• 市场增长缓慢；<br>• 汇率和贸易政策的不利变动；<br>• 新的政策法规增加了经营成本；<br>• 易受经济周期冲击；<br>• 客户或供应商的议价能力提高；<br>• 买方需求变化；<br>• 人口统计变化；<br>• 新加入竞争者的威胁 |

（2）构造 SWOT 矩阵

将调查得出的内部、外部环境因素根据轻重缓急或影响程度排序，便可构造 SWOT 矩阵。对企业发展有直接的、重要的、迫切的、久远的影响的因素优先排列出来，间接的、次要的、少许的、不急的、短暂的影响因素排列在后面，如表 4-4 所示。

表 4-4　SWOT 矩阵

| 外部因素 ＼ 内部因素 | 优势——S<br>1<br>2<br>3<br>4<br>5 | 劣势——W<br>1<br>2<br>3<br>4<br>5 |
|---|---|---|
| 机会——O<br>1<br>2<br>3<br>4<br>5 | SO 战略<br>依靠内部优势<br>利用外部机会<br>1<br>2<br>3 | WO 战略<br>利用外部机会<br>克服内部劣势<br>1<br>2<br>3 |
| 威胁——T<br>1<br>2<br>3<br>4<br>5 | ST 战略<br>依靠内部优势<br>回避外部威胁<br>1<br>2<br>3 | WT 战略<br>减少内部劣势<br>回避外部威胁<br>1<br>2<br>3 |

（3）制定可供选择的战略

运用系统分析的方法，匹配组合内、外部环境因素，制定企业战略，主要有 4 种战略组合：SO（优势/机会）战略、WO（劣势/机会）战略、ST（优势/威胁）战略、WT（劣势/威胁）战略。

SO 战略是一种发挥企业内部优势去抓住外部机会的战略。战略管理者一般希望自己的企业处于这种状况。企业在面对新机会时要尽可能将其优势发挥至最大。

WO 战略是一种充分利用外部机会来弥补内部劣势的战略。例如，市场对某种产品存在巨大需求（机会），但企业可能缺乏生产这种产品的技术（劣势）。一种可能的 WO 战略是通过与其他企业建立战略联盟得到此技术；另一种可能的 WO 战略是聘用所需人才或培训自己的人员，使他们具备这方面的技术。

ST 战略是一种利用本企业的优势回避或减轻外部威胁的影响的战略。例如，德州仪器公司曾经靠一个出色的法律顾问部门（优势）挽回了由于 9 家日本及韩国公司侵害本公司半导体芯片专利权（威胁）而造成的 7 亿美元的损失。

WT 战略是一种旨在减少内部劣势和回避外部威胁的防御性战略。企业应尽可能克服内部劣势，避免外部威胁。

### 2. SWOT 分析法举例

华为成立于 1988 年，以代理香港鸿年公司的 HAX 系统用户交换机起家。从 20 世纪 90 年代起，公司开始开发自己的产品，相继推出 BH03 小用户交换机、HJD48 用户交换机、JK1000 模拟交换机后，于 1993 年推出了 C&C08 局用交换机。

C&C08 局用交换机凭借其技术先进性和性能稳定性进行市场渗透，取得了巨大的成功，1994 年销售达 30 万线。公司形成了一支颇具实力的研发、销售和管理队伍。但是，公司产品还处于较低的层次，还没有真正的万门局，且 C&C08 价格偏高，存在不少质量问题。另外，当时的行业政策对民营企业也不利。

公司下一步该怎么走？为此，公司高层于 1994 年 12 月 27—31 日在广州百花山庄召开了为期 5 天的 1995 年度总裁办公会议，研讨公司的战略及管理问题。通过分析华为当时的内外环境，利用 SWOT 矩阵分析和制定了公司的战略，如表 4-5 所示。

想立于不败之地，企业需要"战略调色板"

表 4-5　SWOT 分析法举例

| 企业外部环境 ＼ 企业内部因素 | 优势（S）<br>1. 体制和机制优势；<br>2. 营销能力；<br>3. 产品开发能力；<br>4. 制造能力 | 劣势（W）<br>1. 上层关系；<br>2. 市场地位；<br>3. 财务资源 |
|---|---|---|
| 机会（O）<br>1. 通信市场容量增长；<br>2. 政策支持国货；<br>3. 主要竞争对手设备不稳 | SO 战略<br>1. 大力开拓市场（S1、S2、O1、O2）；<br>2. 开发新产品，提升技术水平（S3、O3）；<br>3. 快速交货（S4、O3） | WO 战略<br>1. 宣传民族企业形象（W1、O2）；<br>2. 抢占市场制高点（W2、O1）；<br>3. 负债经营 |
| 威胁（T）<br>1. 主要竞争对手降价；<br>2. 邮电部和电子部扶持对手 | ST 战略<br>采取灵活的价格策略 | WT 战略 |

## 章末案例

# 隆基绿能——没有一次成功是偶然的

隆基绿能，已成为全球最大的单晶硅片和组件制造商，这与公司正确的战略决策、执着的技术创新、坚定的执行能力及文化主导的组织凝聚力分不开。

### 1. 战略的起点是市场

一个正确的战略可能会成就一个公司的阶段性辉煌，而一个错误的战略也有可能让一家公司经历数年低谷。战略决定了企业的兴衰。隆基绿能的成就也离不开正确战略的选择。

隆基绿能将自己的战略转型总结为3个：确定转型光伏、坚持单晶硅、向产业链延伸。

隆基绿能成立于2000年，起初是一家半导体生产商，当时中国半导体行业处于全球产业链底端。转型的契机源于2004年德国修订《可再生能源法》，规定给予不同的太阳能发电形式为期20年0.457~0.624欧元/千瓦时的补贴，每年递减5%~6.5%，光伏上网电价下降比率增加到8%~9%，极大地刺激了德国光伏市场的发展。之后其他欧洲国家也跟随了这一政策，欧洲光伏市场被点燃。2005年，中国加入此列，全球光伏进入爆发性发展阶段。

2005年，时刻关注国内外市场动向的隆基绿能创始人李振国发现了这一机会，带领团队经过近6个月的市场调查，最终确定放弃部分半导体业务，全面转向光伏行业，并在接下来对市场的进一步了解中，确定了单晶路线，专注于单晶硅片的生产。

从当时的环境来看，这一战略转型极具挑战。尽管光伏行业的景气度已经被认可，但是由于当时多晶硅对技术、成本要求更低，扩产更快，成为当时光伏技术的主流，单晶路线，并不被业内看好。但是隆基绿能认为，随着光伏产品的发展，对光电转换效率要求会更高，单晶技术更符合市场的需求。事实证明，隆基绿能做对了。

首先，在全球清洁能源发展的推动下，光伏发电成本快速下降，产业化水平不断提高，随着光伏平价上网时代的到来，光伏行业步入爆发性增长阶段。2007—2021年全球新增光伏规模年复合增长率达到33.64%，成为增长最快的行业之一。其次，随着单晶技术的进步，单晶硅成本逐步下降，被市场接受。2013年，隆基绿能的单晶硅片全球出货量第一，并以一己之力推动单晶替代多晶。2015年起，单晶凭借全产业链的一系列技术升级实现降本增效，性价比大幅提高，逐渐缩小了与多晶之间的差距。2019年，单晶硅在光伏市场占有率达到65%，实现局势逆转，成为市场主流。2020年，单晶硅市场份额上升至97.6%。目前，我国已成为全球最大的单晶硅生产国。

在此期间，隆基绿能逐渐向产业链延伸。2014年，隆基绿能收购浙江乐叶光伏科技有限公司85%的股权，向太阳能光伏电池和组件的研发制造和销售拓展。2020年，隆基绿能超越"四连冠"晶科能源，成为全球光伏组件出货量冠军，并成为全球第一家组件年出货量超过20GW的企业。在最新的战略规划描述中，隆基绿能将光伏建筑一体化（BIPV）和氢能作为未来的重要方向。2021年，隆基绿能通过协议受让股份的方式持有森特股份24.28%的股份，成为第二大股东，在BIPV产品研发、市场开发、应用场景探索等方面建立了战略合作关系。

### 2. 技术创新的核心是产业化

隆基绿能董事长钟宝申认为,"如果光伏想真正解决全球环境问题、能源问题,就一定要支撑国民经济的发展,作为一种基础电力,核心就是要便宜,要让整个社会用得起,这才是本质"。因此,推动单晶路线技术的不断创新,提高电池转换效率,推动成本不断下降,成为隆基绿能多年的重点课题。为此,隆基绿能不惜重金投入,每年的研发费用处于行业第一,近5年的研发投入超过了100亿元,2021年隆基绿能研发投入43.94亿元,营收占比5.43%。截至2021年年底,隆基绿能已经累计获得1 387项授权专利,仅2021年隆基绿能就先后七次打破光伏电池转换效率的世界纪录。

### 3. 不领先不扩产

自2012年上市至2021年,隆基绿能营收年复合增长率达到53.52%。2021年隆基绿能实现了90.86亿元的归母净利润。对于近十年持续稳定的业绩增长,钟宝申表示:"业绩的稳定只是一个结果,重要的是把过程做对,隆基绿能在投资的时候,一直坚持一些原则,投资项目的选择是隆基绿能发展过程中能够保持高速增长的本质。""不领先不扩产"可以称为隆基绿能经营的第一大原则。

隆基绿能在光伏行业覆盖了多个环节的制造,从偏上游的单晶硅棒和单晶硅片,到偏下游的太阳能电池制造和组件的封装,都需要组建大型工厂,每一个工厂都投资不菲。为了保证投资的有效性,隆基绿能要保证所投工厂皆为领先产能。这领先的产能和产品保证了隆基绿能在市场的波动中受到的影响较小。

隆基绿能坚持稳健经营、聚焦主业的原则,一直保持着合理的负债结构(截至2021年资产负债率为51.31%),保证在行业困难的时候也有足够的资源投入到未来的发展中。

### 4. 文化凝聚组织向心力

从2000年成立迄今,隆基绿能用短短20余年时间发展成为全球行业龙头,境外分支机构已经遍布美、日、德等150多个国家和地区。快速地成长,带来了如何让组织管理跟上公司的发展及如何高效执行管理策略的问题。隆基绿能的解决之道是依靠文化的力量。钟宝申认为,领导力、好的工作文化、合理的工作流程和个人价值的发挥是其中的必要因素,他将隆基绿能的企业文化总结为宽松,其中包括对于"试错"的宽松态度,也包括简单的人际关系,在工作中表现为执行文化、结果导向文化。文化的基础是合理的薪酬和待遇。2022上半年,隆基绿能推行了员工股权激励计划,共有2 395人(其中股票期权2 369人,限制性股票26人)获得了股权激励。这是隆基绿能自2016年后进行的新的一次股权激励。2021年隆基绿能也启动了岗位、薪酬和绩效三体系的优化项目。

只用20多年,隆基绿能就成为全球光伏行业的明星企业。展望未来,隆基绿能将继续在战略、技术、经营等方面刷新自己,维持其先进性,实现基业长青,成为一家"百年老店"。

**资料来源:**
《哈佛商业评论》中文版,2022.8.26

**思考题:**
1. 隆基绿能成长为全球光伏单晶龙头企业的原因有哪些?

2. 隆基绿能的核心能力是什么？它是怎样培育企业的核心能力的？

3. 假设你是公司战略智囊团的成员，请搜集相关信息，运用SWOT分析隆基绿能的战略选择。

## 本 章 小 结

本章首先介绍了企业资源基础理论，然后重点探讨了核心能力、动态能力和企业价值链。如果把企业比作一棵大树，企业核心能力就相当于树根，企业应该重视核心能力的培育；动态能力是一种能够根据环境变化对自身的资源和能力进行动态调整从而保持竞争优势的能力，它克服了核心能力的刚性缺陷；通过价值链分析，企业可以发现价值增值的关键环节，有助于识别自己的优势和劣势。本章最后介绍了两种分析工具，即内部因素评价矩阵和SWOT分析法。内部因素评价矩阵对内部环境分析进行了总结，评价了企业各职能领域的优势与弱点；而SWOT分析法则是一种综合分析企业内外环境的方法，它将企业的优劣势和面临的机会、威胁相互匹配起来。

## 思 考 题

1. 企业资源基理论的主要内容是什么？
2. 什么是价值链？以你熟悉的某企业为例，分析该企业的价值链。
3. 什么是企业的核心能力？它有哪些主要特征？举例说明企业如何培育自身的核心能力。
4. 以某企业为例，建立并分析其内部因素评价矩阵。
5. 运用SWOT分析法分析某企业的战略选择。

# 第 5 章

# 企业总体战略

## 案例导入

### 维维股份的多元化与归核化

1994年,徐州维维食品饮料有限公司成立,以豆奶粉加工销售为主。维维股份在上市之前一直专注于豆奶粉加工行业,这种专业化战略也使得维维豆奶风靡全国,迅速成为豆奶粉行业的龙头企业,在后来的十几年中其豆奶产品的市场占有率与销量均占据行业榜首。在20世纪90年代,维维股份就已经拥有了120条豆奶粉生产线,年产量达到18万吨,市场占有率达到80%以上。表5-1列示了维维股份从专业化到多元化再到归核化的时间节点。

表 5-1 维维股份从专业化到多元化再到归核化的时间节点

| 年 份 | 所采用的公司层战略 |
| --- | --- |
| 1994—2000 年 | 专业化战略 |
| 2000—2013 年 | 多元化扩张战略 |
| 2013 年至今 | 归核化战略 |

**1. 多元化扩张时期**

(1) 多元化始于上市

1999年,公司经过改制更名为徐州维维食品股份有限公司(简称维维股份),并于次年在上交所上市。维维股份在2000年刚上市就开始了较大规模的多元化扩张,截止到2005年就已经新增了32家公司。维维股份在上市后的13年中,不断扩大自己的经营范围,13年来新增了83家公司。维维股份在多元化过程中所涉猎的行业包括乳制品、贸易、粮油、面粉、白酒、煤炭、房地产、运输等。在维维股份所有投资过的行业中,乳制品、粮油、白酒等属于相关多元化业务,而煤炭、房地产等则属于非相关多元化业务,与维维股份原有主营业务相比经营跨度较大。

(2) 进入乳制品行业

2000年上市以后，维维股份先进军了乳制品行业。根据Euromonitor数据库，中国乳制品销量在逐年增长，尤其是从2004年到2005年，同比增速达到38%。后面的增速虽然有所下降，但整体增速都大于零。可见乳制品市场规模是在不断扩大的。人们对于乳制品的需求量也同样是在不断增加的。随着国民对乳制品的需求增高，中国液态奶行业的市场规模不断扩大。维维股份意识到可以在豆奶的基础上丰富产品种类，横向进行多元化战略的实施。

于是维维股份进行了多家乳制品企业的收购。乳制品业务是维维股份在多元化经营中发展较好的业务之一，也是其迈入的第一个行业。2002年维维股份首次并购了牛奶企业，并且成立了"天山雪"公司，创建了自己的乳制品牌"天山雪"，推出了一系列新品抢占市场，如花生奶、核桃奶等。

但是，伊利和蒙牛在牛奶市场的地位坚不可摧。维维股份的乳制品行业整体市场份额占比不高，并且逐年下降，从2004年的1.15%下降到2012年的0.33%。

2008年，"三鹿事件"的负面效果导致消费者对国产乳制品失去信心，同样对豆奶的购买欲望降低，使得中国乳业受到重挫。维维乳业2010年净亏损达到1 876.91万元，维维豆奶的营业收入连年下降。

(3) 进入酒类行业

2006年，维维股份斥巨资投资了白酒行业，先后收购了江苏双沟酒业、湖北枝江酒业及贵州醇酒业等。2009年，维维股份正式将酒类业务归列为公司的主营业务之一，在此之后，酒类产品的营业收入超过豆奶粉，成为企业当年销售收入最大的产品。

根据Euromonitor数据统计，2010年的酒精饮料市场中前三名企业共同占有的市场份额是38.8%，2011年为40.6%，2012年为40.9%，2013年为43.8%。可见，酒精饮料行业的市场集中度是较高的，维维股份想要通过收购其他酒类企业进入酒类行业，并在整个酒精饮料市场分得一杯羹恐怕十分艰难。因此，维维股份在酒类行业的市场份额并不高，2010年仅占0.8106%，而且该比例逐年降低。

(4) 进入房地产行业

2006年，在刚刚收购白酒企业后，维维股份就踏入了房地产行业，在多地设置相关公司。2007年，维维股份与中粮合资成立房地产公司，但是经营不到一年，房地产项目就暂停开发。维维股份在2011年加大了对房地产行业的投入。

(5) 进入煤炭行业

维维股份进入到煤炭行业主要是在2009年之后，通过收购2家以煤炭经营为主的企业进入，并于2011年新设了乌海市维维洁净煤技术有限公司。根据Euromonitor数据统计，中国煤炭的使用量的年增长率在2003年之后就开始下降，由将近20%的年增长率降至5%。而维维股份进入煤炭行业是在2008年经济危机之后，当时国内经济增长缓慢，国外需求也减少，加上国内节能减排政策的实施，使得国内煤炭的消费总量在降低。在这样的大环境下，维维股份的煤炭业务同样未能给公司带来可观的收益。业务收入最高是2012年为118 578.03万元，但在2013年就降至48 492.8万元。由此可见，在煤炭行业消费总量降低之际，维维股份的煤炭行业发展也并不理想，没有竞争优势。

（6）进入茶类行业

茶类业务的扩张起源于2013年收购了湖南省怡清茶源茶业有限公司51%的股权及其全资子公司。茶类业务盈利能力的表现并不好，在2014年至2020年这7年间，有4年时间处于亏损状态，即净利润为负值，2015年亏损值高达1 589.88万元。

（7）进入其他行业

2008年，维维股份又开始金融领域的试水，先后持股3家银行。在2014年，维维股份收购南湖花园度假村，正式踏入旅游业。2015年后，维维股份设立多家粮食储运公司，正式进入储运行业。

### 2. 多元化扩张的负面影响

（1）主营业务业绩下滑

维维股份在鼎盛时期豆奶业务的市场占有率高达80%，但是随着企业自身多元化的发展及更多竞争者的加入，到2008年市场份额已经下降到39.31%。在维维股份大力进军其他行业的同时，香港品牌维他奶乘虚而入，快速占取内地豆奶市场，同行业的承德露露、养元饮品等竞争者一直坚持归核化战略经营，其市场占有率在不断增加。

尽管维维股份的豆奶粉依旧是行业内的龙头产品，但随着经营范围的扩大、副业的增多，耗费了公司较多的资源与精力，主业收入的占比逐年降低，其毛利率也在降低。

（2）偿债能力下降

维维股份20年来的流动比率直线下降，这期间，维维股份一直在进行多元化扩张，这说明公司在扩大负债规模的同时流动资金在减少，导致短期内可以快速变现的资产减少，无法保证可以偿还到期债务。从食品行业平均数据来看，流动比率维持在3是正常水平，而维维股份从2003年至今一直低于行业平均的流动比率，甚至在2010年以后，维维股份的流动比率低于行业的3倍左右，2016年开始连续四年流动比率低于1。2020年，维维股份的流动比率为1.07，均弱于同行业其他企业的偿债能力，这也是公司存在巨额有息负债所导致的。维维股份一直在用负债进行扩张，多元化的投资带来了更多的融资需求，再伴随着高利息，2010年开始资产负债率一直高于行业的两倍左右。

### 3. 归核化时期

（1）归核化总体过程

2013年，维维股份提出"大农业、大粮食、大食品"战略，开始进行归核化战略，分离其他非核心产业，聚焦主业，实现产业升级。

维维股份由原来的大约10个业务变为以豆奶粉、乳制品、粮油储运类和茶类为主的4个业务，收缩了一半。维维股份所收缩的主要是能源、房地产、医药、贸易等与其战略方向不太相符、带来的收入少在相应行业内市场份额低的非核心业务。维维股份在2010年之前就已经注销出售了自身全部医药业务板块，从2016年开始便陆续注销或出售了能源业务。维维股份对于能源（煤炭）、房地产和医药等非核心业务基本都是通过资产剥离和出售股权的方式进行战略收缩。

同时，维维股份将企业经营重心放在了农业及食品方面，更加有效地利用企业资源，遏制前期过度多元化带来的经营损失。在核心业务的扩张方面，维维股份主要是通过研究创新产品种类、兼并收购相关行业的公司等多种途径达到对核心业务的扩张。

(2) 退出非核心业务

维维股份虽然在2013年提出了归核化发展战略,但其归核化的落实并不彻底。尽管抽离了大多数效益很差的非相关多元化业务,但对于其中一些当时热门且高收益的关联度较弱的领域并没有完全舍弃,仍然在筹措资金进行大规模投资。

例如,维维股份对房地产业的经营,由于缺乏长远考虑,经过几进几出浪费了企业的许多资源,还成为其他业务的"拖油瓶"。维维股份在实施归核化战略时将房地产业务归为公司的非核心业务,但并没有很快从房地产行业中退出,而是在2016年底才将所持有股份全部转出,但房地产行业在2013年至2016年的盈利状况并不乐观。除2015年之外,房地产行业其他3年的销售净利率、净资产收益率和总资产收益率也均为负值。

同样,白酒业的发展也存在类似情况。酒类业务在归核化期间被维维股份划分为公司的核心业务,因而加大了对白酒产业的投入,进行了一些并购。维维股份没有对企业能力及白酒行业的发展做出正确判断,只注重短期利益,未制定长期规划。最终,白酒业务的盈利状况并不好,一直处于亏损状态且亏损值逐渐增大。维维股份于2020年将枝江酒业及其子公司出售,宣布不再拥有酒类制造业。

根据2014—2019年的公司年报,维维股份的研发支出全部进行了费用化处理。研发投入过少是十分严重的问题,究其原因主要是维维股份实施归核化战略后低价剥离部分效益很差的非相关多元化业务,转让收益较低,再加上筹集的资金大多都用于经济效益并不好的房地产业务及酒业的扩张,无多余资金进行核心业务的研发投入。

(3) 加强核心业务

食品业务中主要以豆奶粉业务为主,该业务是维维股份的核心业务,也是公司绩效的主要来源,所以在归核化战略实施的过程中,维维股份重点通过增强创新能力来实现产品系列的新突破。首先是在技术创新方面,维维股份在2013年5月份验收了公司的质检中心,该中心涵盖了重金属、三聚氰胺、微量元素和营养素等质检项目,提高了公司的检测能力和范围。同时公司所建立的现代化豆奶粉和豆浆粉生产基地也开始投入生产,公司还建立了无公害非转基因优质大豆基地,保障了原材料的安全稳定。产品包装方面,通过新上的全自动包装生产线,提高产品包装质量的同时降低了人工成本。产品创新方面,维维股份通过对消费群体的准确定位,重点推出了以学生为主要消费对象的儿童营养豆奶粉、学生系列、醇豆浆系列等产品,拓展了新的销售市场。

### 4. 归核化的效果

(1) 营运能力和偿债能力有所好转

营运能力:维维股份在退出拥有高存货量的能源、房地产等行业后,降低了公司整体的存货量,加速了公司的存货周转。

偿债能力:2020年公司的资产负债率下降了25%左右,这是维维股份卖出其他业务、回归主业、不再筹集资金横向扩大经营规模带来的。然而,维维股份筹措资金扩大主营业务规模,落实归核化战略,首选了利息率较小的短期借款作为主要筹资方式,且借款数额逐年增长,同时其增长幅度远大于流动资产,导致公司短期偿债能力较差,增大了财务风险。例如布局粮食产业需要大量资金投入,维维股份当时主要的资金来源方式就是短期借款，而初期建成的粮油基地需要较长时间才能带来与前期投入成正比的收益，因此造成了短期偿债能力较差的结果。

（2）大股东变更后业绩未明显好转

维维股份虽然从2013年就开始逐步进行归核化，但2017年至2019年，公司实现的扣除非经常性损益的净利润分别为-0.86亿元、-0.29亿元、-0.19亿元，连续三年亏损。2019年，维维股份开始筹划易主。当年9月，江苏徐州国资旗下的国有独资企业新盛集团耗资9.55亿元从维维集团手中收购了维维股份2.84亿股股权，持股比为17%，成为第一大股东。2021年7月，新盛集团又向维维集团收购维维股份的股权，耗资9.19亿元，获得了12.90%的股权。

新盛集团入主后，持续推进维维股份"瘦身健体"、回归主业，如转让枝江酒业股权等。2019年底，维维股份总资产83.63亿元，2022年底为49.90亿元，减少了33.73亿元，资产负债率也相应地由68.65%下降至37.46%。

新盛集团入主维维股份之后，虽然继续推进了归核化，但是维维股份营收和净利润都持续下滑。维维股份2022年实现营业收入42.22亿元，同比减少7.57%。归母净利润同比下滑57.33%，为9528.94万元；扣非后归母净利润为1.13亿元，同比下降48.36%。

2022年，维维股份固体冲调饮料、动植物蛋白饮料、粮食初加工产品营业收入分别为19.10亿元、4.37亿元、16.70亿元，同比变动11.83%、-10.89%、-21.90%，两大业务收入下降。固体冲调饮料是维维股份唯一营收增长的业务，但其成本增长更快，增幅达17.97%，毛利率减少了3.19%。董秘于航航表示，固体冲调饮料业务毛利率下滑是2022年原材料大豆、白糖和奶粉等价格上涨所致。

资料来源：

[1] 李鑫. 多元化企业归核化战略转型的绩效研究：以维维股份为例 [D]. 成都：西南交通大学，2021.

[2] 于萍. 食品企业多元化战略对财务风险的影响研究 [D]. 上海：上海师范大学，2022.

[3] 张馨予. 维维股份归核化战略财务绩效研究 [D]. 兰州：兰州财经大学，2021.

[4] 程雅. 直击股东大会 | 维维股份收购"维维"系列商标是去年净利下滑主因之一. 每日经济新闻. 2023-04-19.

[5] "营收连降三年、净利腰斩两年"，维维股份股民高喊"大股东退位". 蓝鲸财经. 2023-03-26.

讨论题：

1. 维维股份为什么会选择归核化战略？
2. 在维维股份归核化实施过程中存在哪些不足？

企业总体战略（corporate strategy）也称公司层战略，是企业最高管理层指导和控制企业一切行为的最高行动纲领。总体战略的对象是企业整体，总体战略所要解决的问题是确定企业的整个经营范围和企业资源在不同经营单位之间的分配。这些任务只能由企业的最高管理层来完成，并且这些决策的影响具有较长的时限。

总体战略是企业战略中最高层次的战略，它需要根据企业的目标，选择企业可以竞争的经营领域，合理配置企业经营所必需的资源，使各项经营业务相互支持、相互协调。

## 5.1 战略态势

根据各个企业经营态势的不同，可以将公司层战略分为3种：增长型战略、稳定型战略、紧缩型战略和混合型战略。有时候，3种战略可以同时用在一家企业的不同业务中，即为混合型战略。

**1. 增长型战略**

增长型战略（growth strategy）又称扩张型战略、发展型战略。增长型战略是企业最常用的战略类型，适合于企业的成长期。增长型战略可分为密集型战略、一体化战略及多元化战略，如图5-1所示。

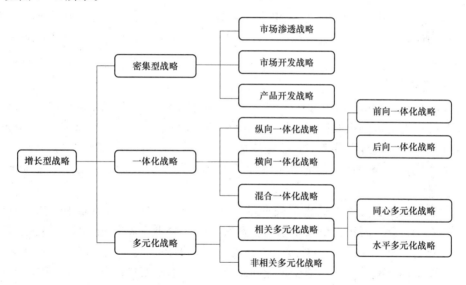

图5-1 增长型战略的分类

密集型战略使企业把经营目标聚焦到某一细分市场。密集型战略包括市场渗透战略、市场开发战略、产品开发战略。市场渗透战略是指实现市场逐步扩张的拓展战略，具体手段包括扩大生产规模、增加产品功能、拓宽销售渠道、降低生产成本等。市场开发战略是将现有产品和服务导入新市场的战略，它为现有产品发展新的顾客群或新的地域市场从而扩大产品销售量。当现有产品在目前市场进一步渗透的余地不大，而新市场的发展潜力较大或者新市场的竞争相对缓和时，企业就可以考虑采用市场开发战略。产品开发战略是指在现有市场上通过改良现有产品或开发新产品而扩大销售量的战略。

多元化战略要求企业在核心业务之外同时开拓其他业务。多元化战略能够分散单一业务的经营风险，但需要企业具备较多资源，同时会增加企业的管理压力，因此较少被小型企业采用。一体化战略的核心是在现有业务基础上，实施纵向或横向的业务延伸，从而扩大企的经营规模。纵向一体化和横向一体化是一体化战略的两种形式。其中，纵向一体化包括前向一体化和后向一体化两种。

安索夫提出的安索夫矩阵，即产品-市场组合（见图5-2），它以产品和市场作为两个基本维度。该矩阵中包含了3种密集型战略，并包含了多元化战略。

图5-2　产品-市场组合

### 2. 稳定型战略

稳定型战略（stability strategy），也称为防御型战略，是指企业基于自身所处的内外部环境，保持当前的经营范围和经营规模大致不变，实现小幅度的增长。处于成熟期的企业通常采用此战略。

### 3. 紧缩型战略

紧缩型战略（retrenchment strategy）是指企业缩小经营范围或经营规模，以维持企业生存，是一种以退为进的过渡性战略。采取紧缩型战略的企业一般处于衰退期。紧缩型战略是当企业面临不利的内外部环境时，收缩或撤离现有业务，特别是撤离主营业务以外的其他业务或对其降低投入。企业可以放弃某些业务的一些股权，从而获得更多资金来维持企业运行。

紧缩型战略的主要实现方式包括成本紧缩和资产紧缩两种。成本紧缩是指削减运营成本，如销售费用、管理费用、研发费用、工资费用等。降低工资费用的常用措施包括裁员、冻结招聘和降薪。例如，2020年新冠疫情暴发后，全聚德进行了裁员降薪。资产紧缩是指对不动产、设备进行撤资，从而减少企业的总资产。成本紧缩和资产紧缩之间的选择取决于企业面临的战略形势。战略形势越严峻，企业越倾向于采用资产紧缩而不是成本紧缩。

在影响企业使用紧缩型战略的因素中，外部环境因素的影响非常重要。当外部突然发生的政治、经济、自然灾害、技术变革等方面的危机对企业业务冲击较大时，企业很可能被迫采用紧缩型战略。例如，2021年7月的"双减"政策发布后，新东方公司收缩K12业务，关闭了部分线下的培训中心并进行了裁员。2020年暴发的新冠疫情，导致很多企业裁员、减产。随着智能手机的普及，数码相机需求减少，导致日本精密光学仪器领域的奥林巴斯于2019年把负责数码相机生产的中国子公司出售给一家深圳公司。

一些巨头企业在面对有利外部环境、采取增长型战略之后，突然遇到不利的外部环境，这时其采取紧缩型战略的必要性反而更大。例如，新冠疫情暴发初期，由于人们将更多生活与工作内容转移到线上，元公司、字母表等不少美国科技企业大举扩充员工规模，以满足线上业务增长需求。2019—2021年，亚马逊办公室员工和仓库员工总数增加了约80万名。2022—2023年，由于美联储激进加息，通胀居高不下，市场需求疲软，引发了美国大批科技企业的裁员潮。元公司 CEO 扎克伯格表示:"新冠疫情之初,电子商务激增带来了巨大的收入增长。许多人预测,这将是一种永久性的加速,所以我决定大幅增加投资。不幸的是,事情并没有像我预期的那样发展。"又如,随着跨国公司对科技项目咨询的需求激增,埃森哲获得了爆炸性增长,并进行了大量招聘,自 2020 年 8 月以来增加了约 23 万名员工。然而,由于美联储持续加息,削弱了企业 IT 服务支出,埃森哲 2023 年 3 月决定在未来 18 个月内裁员约 19 000 人,占其现有员工的 2.5%。

**4. 混合型战略**

混合型战略又称组合战略(combination strategy),是将其他 3 种战略协同使用的一种战略。此战略通常用于业务较多的较大企业。企业需要根据实际情况,对不同业务板块在不同的发展阶段实施有针对性的战略。

# 5.2 专业化战略

专业化战略是指企业集中所有资源和能力于自己所擅长的核心业务,通过专注于某一点带动企业的成长。核心业务是指在企业从事的所有经营领域中占据主导地位的业务,核心业务构成了企业的基本骨架。

专业化战略的优势是:企业可以集中各种资源优势于最熟悉的业务领域,从而开发出具有竞争力的产品;便于企业整合战略的运作,实现规模化生产,取得行业内的成本优势。

专业化战略和多元化战略位于多元化程度的两个极端。要完整地理解专业化战略,除了需要了解专业化战略本身之外,还需要了解从多元化战略向专业化战略转变的归核化战略。

**1. 专业化战略**

(1) 专业化战略的概念

无论是利格列(Wrigley)、鲁梅尔特(Rumelt)等学者所提出的多元化测量方法,还是基于赫芬达尔指数或熵指数的多元化测量方法,都是一个连续体,其一端是多元化战略,另一端则是单一业务型战略。在两个极端之间,还有主导业务型战略等过渡性战略。在欧美,快餐业的麦当劳、提供口腔护理产品的高露洁、提供高端汽车的宝马,都是比较典型的实施专业化战略的企业。而在中国的上市公司中,专业化程度最高的那些企业,除了部分券商和银行之外,主要就是一些面向企业级市场的中小企业,例如提供压铸机的伊之密、提供分析化学实验仪器的莱伯泰科、为企业提供数字化转型服务的荣联科技、为企业提供工业自动化解决方案的中控技术、提供自动化零部件一站式供应的怡合达、提供互联网营销服务的华扬联众等,都是典型的一直实施专业化战略的企业,多年来赫芬达尔指数在 0.2 左右,而熵指数则高于 1.5。

(2) 专业化战略的优势和弊端

实施专业化战略具有以下优势。

① 企业集中资源于一种产品或一个行业,有利于深入了解产品市场的需求,容易及时对行业变化做出反应,增强企业的核心能力,以及获得低成本优势或差异化优势。

② 企业定位清晰。实行专业化经营可以使企业更清楚"我们是谁,我们做什么"。

尽管专业化战略有上述优势，但很多企业仍不能坚持走专业化发展道路而转向多元化发展，因为企业担心专业化战略存在以下风险。

① 市场容量的限制。市场容量总是有限的，当市场趋于饱和或要与竞争对手争夺份额时，投资回报率就会降低。

② 商业周期的波动。当企业还未做到足够强大时，周期性商业波动如果对该项业务产生较大的不利影响，企业可能会出现财务危机。

③ 产业或产品的更替。产业或产品都存在生命周期，当产业或产品进入衰退期，而企业不能较快地通过技术创新扭转颓势时，企业会面临风险。

④ 产业政策调整。当企业受到产业政策限制时，可能会陷入困境。所有资源集中于一种产品或一个行业，不易分散风险。

此外，实施专业化战略还存在以下不利的方面。

① 企业业务集中于某一领域，可能失去一些其他市场机会。

② 这一战略的关键是要在一个细分市场寻找特殊目标，通过为特殊目标服务在市场上占据一席之地。由于市场竞争程度日趋激烈，对许多企业来说很难找到或创造出一个能长期运用专业化战略的核心产品。

③ 专业化容易形成较高的退出壁垒，当发生经营危机时企业因难以退出而可能陷入危机。

④ 由于经营领域较集中，一方面企业的某些技术或资源优势可能得不到充分的发挥，另一方面也容易钝化企业对市场变化的反应。

如何应对上述风险和弊端呢？一般来说，除了在适当的时候实施一体化战略和多元化战略外，首先应做好以下两点。

① 重新定义市场和目标客户群。市场容量的大小总与地域相关，当一个区域市场饱和时，可以开拓其他区域市场。当国内市场饱和时，可以开拓国外市场。当一个目标客户群饱和时，可以通过一定的产品和技术改进，渗透到其他客户群，以扩大市场容量。

② 培育核心能力。企业应对产业或产品更替的策略是寻求技术进步。综观成功的国际知名企业，它们基本遵循这样的发展路线：集中资源于某项业务形成核心能力—确立主导产品或核心产业—谋取市场竞争优势—资源整合并拓展核心能力—依托核心产业或核心产品衍生或拓展到关联产业或产品—最终形成以核心产业为支撑、以品牌优势为纽带、以核心产业或主导产品为中心的发展道路。

**2. 归核化战略**

（1）发达国家企业的归核化发展历程

从 1920 年起，多元化经营战略成为大多数欧美国家企业的主流战略，并且在之后的 50 年中不断延续并达到巅峰状态，但随后多数企业的多元化经营战略不仅没能带来经济收益甚至严重影响了企业的经营绩效。从 1980 年开始，一些实行多元化战略的企业逐渐剥离自身非核心业务回归原来的主要经营业务。一些企业逐渐形成了"反跨行业兼并""去多元化"的趋势。

美国通用电气公司于 1981 年提出了"数一数二"的战略原则，即通用电气公司在所销售产品的各个行业中都要求达到行业前一二名的位置，若某项业务与产品经过一系列调整与整顿后仍无法实现这一目标，就要通过关闭业务和剥离有关资产等方式退出这一市场，以避免竞争力不强的业务拖累核心业务的发展。通过实施这一大胆的业务尝试，通用电气公司的业务范围数量从 60 余项逐渐减少到 13 项，同时通过剥离资产，回收近 110 亿美元。通用电气公司这一战略创新的成功，促使了归核化概念的最终形成。1996 年，美国电话电报公司（AT&T）果断地把经营电信设备的朗讯公司和经营计算机业务的 NCR 公司分离出来，腾出资金和精力专门经营其核心的电话业务。为了应对市场竞争，百事可乐也将"必胜客"等快餐业务剥离出去，以便集中"优势兵力"与可口可乐开展竞争。1997 年亚洲金融危机宣告了韩国企业发展多元化战略的失败。2008 年次贷金融危机中雷曼兄弟等企业的倒闭也宣告了多元化战略存在加剧企业经营和财务风险的可能。

（2）归核化的概念

针对美国跨国企业回归主业的现象，英国学者马凯兹（Markides）套用原电影行业术语提出了归核化（refocusing）的概念。他将归核化定义为：企业将业务范围进行收缩，将企业资源集中于核心业务的战略行为。归核化通常含有回归主业的意图，但如果主业出现严重下滑，企业可能反而有必要出售原有的核心业务，而把某些核心业务确立为新的核心业务。例如，柯达于 1888 年成立以来，一直是相机和胶片市场的领导者，但随着数码摄影技术的发展，它难以跟上趋势，于 2012 年申请破产，并在随后的几年里出售了胶片等原先的核心业务。目前，柯达的核心业务不再包括胶卷和胶卷相机，而是商业印刷。

（3）归核化的动因

Aghion 和 Tirole 认为企业的资源是有限的，当企业资源无法承担多元化带来的资源压力时，企业会倾向于将投入到非核心业务的资源抽离出来，投入到核心业务。

（4）归核化的途径

归核化战略主要通过战略收缩和战略扩张两种路径来实现。其中，战略收缩是指企业通过资产剥离等方式将竞争力差的非核心业务退出业务组合结构。战略扩张是指企业通过并购、技术合作及组成战略联盟等途径不断强化核心业务竞争力。早期的归核化路径研究大多集中在公司的收缩上。Johnson 认为归核化是原本进行多元化经营的企业通过出售、分拆、剥离等方式来缩减经营业务范围，从而回归核心业务改善并提升企业绩效的过程。Germain 总结了归核化途径包括收缩和扩张。其中，收缩非核心业务的方式包括出售、分割和分股。扩张核心业务的途径包括兼并、收购和整合。

收缩和扩张之间的关系通常在于：通过资产剥离等收缩行动，企业能够回收资金，并且能够减少资源分配的分散程度，从而增大对主业的投入。例如，云南白药归核化后，回归中药及日化主业，通过加大投资力度，增强了企业研发能力、质量控制水平、生产能力，提高了核心产品的竞争力。

很多企业在收缩后扩张时，会选择对主营业务的产业链进行纵向一体化和横向一体化。例如，归核化后，洽洽食品对产业链加大投入，以期强化原有产业优势。2018 年，洽洽食品通过以子公司股权为资产交换对坚果派农业进行增资，转以联营的方式持有坚果派农业股权。在产业链中游，洽洽食品扩大了生产规模。2016 年洽洽食品对哈尔滨洽洽、长沙洽洽和新疆洽利农 3 个子公司进行增资，又于 2020 年新设立滁州洽洽食品有限责任公司，并对原有工业园项目进行投资扩建。维维股份确定了归核化的发展战略后，将其多元化期间发展的与主业相关程度不高的产业剥离，重新回归到主业，持续做好豆奶的同时，还加大了对粮食产业的投入，致力于打造粮食、食品全产业链的发展。2017—2019 年，TCL 科技逐步剥离非核心业务。2020年起,收购半导体光伏及材料产业的中环集团,实现了产业链的纵向扩张。

资产剥离的定义、动因和风险

# 5.3 一体化战略

**1. 一体化的概念和分类**

一体化的方式有纵向一体化和横向一体化。纵向一体化也被称作产业链整合。纵向一体化战略是指企业在现有经营业务的基础上,沿企业价值链或产业价值链,向上下游环节进行战略性扩张,最终扩大经营业务范围的行为。纵向一体化包含前向一体化与后向一体化两种,即企业业务向下游产业链或上游产业链纵向拓展。在实践中,纵向一体化常常被称作产业链整合。纵向一体化的分类如图5-3所示。

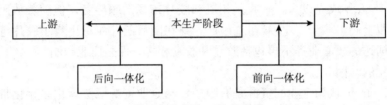

图5-3 纵向一体化分类

不同企业采取一体化的程度有所不同。例如,同样是服装业企业,拉夏贝尔的纵向一体化程度就远高于海澜之家,两者分别是重资产模式和轻资产模式的典型代表。不仅如此,不同企业一体化的具体方式也不同。例如,在医药CRO行业,药明康德的一体化以纵向一体化为主,而泰格医药的一体化以横向一体化为主。

**2. 纵向一体化**

(1) 纵向一体化的概念

经济学上沿产业链占据若干环节的业务布局称为纵向一体化。任何一件产品或服务的制造都要经历原材料制造和准备、进一步加工制成中间产品、中间产品加工成最终产品、最终产品通过批发和零售到达消费者手中这若干个阶段。当一个企业同时完成两个或两个以上阶段时,便形成纵向一体化。

纵向一体化战略就是企业向产业链的上游或下游延伸,扩展现有的经营业务到原材料供应或销售终端的一种发展战略。纵向一体化战略是专业化战略在业务上的延伸,是企业兼并为本企业提供投入物的企业或使用自己产品的企业,或通过内部自身扩展进入生产自己的投入物或使用自己产出物的业务领域。

(2) 纵向一体化的动因

纵向一体化的主要动因是能够降低交易成本。英国学者Coase最早提出交易费用理论(即交易成本理论)。Williamson从交易费用理论出发对企业进行纵向一体化的动因做出解释,将外部交易转为内部交易减少了中间环节,缩短了交易时间,提高了生产与销售的稳定性,从总体上降低了交易费用。同时,Williamson还认为资产专用性是企业实施纵向一体化的决定因素，因此进行产业链垂直整合，可以达到减少外部交易成本、规避外部市场风险的目的。Sergio 研究了西班牙 1985—1996 年的电力行业，发现煤电产业链中发电和配电之间的整合为整个产业节约了 6.5% 的成本，也就是说降低了交易成本。Mpoyi 和 Bullington 以 293 家跨国公司为样本，研究发现纵向一体化与企业生产成本呈负相关关系。

（3）纵向一体化对绩效的影响

纵向一体化在某些行业中会对企业绩效起到促进作用。Hastings 和 Gilbert 发现纵向一体化提高了美国汽油行业下游企业的零售价。Krickx 发现纵向一体化能促进财务绩效的提升。Forbes 和 Lederman 发现在美国航空业中，纵向一体化之后的航空公司的机场执行系统远优于之前，企业业绩也大幅提升。

（4）纵向一体化程度的测量

纵向一体化程度最常用的测量方法为 Adelman 提出的 VAS 方法（价值增值法）。与主辅分离法、投入产出法等相比，VAS 方法操作简单，数据易于获取，测算结果较为精确。

Adelman 指出，企业需要上游企业提供的原材料，可以实施后向一体化来满足需求，减少原料购买量；需要下游经销商分销商品时，可以实施前向一体化来实现销售，减少销售费用。在这一过程中企业内部完成了原料的供给、产品的生产、产品的销售这一系列步骤，每个步骤中的增加值与销售额的比值就是测算企业纵向一体化的指标。其具体计算公式为：

$$增加值/销售额 = [(销售额-采购额)/销售额] \times 100\%$$

### 3. 横向一体化

横向一体化指的是通过并购或合资的方式，使同行业企业联合起来，目的主要在于扩大企业的生产规模和市场规模。例如，比亚迪为了扩大规模，进行了一系列的横向并购，2003 年收购西安秦川汽车公司，2004 年收购北汽旗下的模具公司，2008 年收购半导体制造企业宁波中纬，2009 年收购美的旗下的三湘客车等。同时，比亚迪还进行了一系列合资，例如，2016 年与盐湖股份在青海成立新公司，2020 年与丰田成立比亚迪丰田电动车科技有限公司。又如，泰格医药通过多次并购，在临床 CRO 业务领域实施了横向一体化战略。

后向一体化

前向一体化

横向一体化和相关多元化之间存在一定的相似性，因此这两个概念之间存在一定的交集。如果把行业进行进一步细分，那么在行业内部向更多子行业扩展，则既可以称之为横向一体化，也可称之为相关多元化。例如，三全食品在速冻米面食品的基础上向烘焙食品、海鲜（鳗鱼）延伸，从而稳固了原有业务，丰富了三全食品产品结构，扩大了市场规模。

## 5.4 战略外包

### 1. 战略外包

#### 1）战略外包的概念和类型

纵向一体化的企业如果遇到以下情形：外部专业化厂商能够更好地、更便宜地从事自己的活动；自己从事的某些活动不是取得竞争优势的关键；降低技术变化和买方偏好变化带来的风险；精简经营活动，可以缩短生产周期，加快决策，降低协调成本。这时，企业就会考虑进行业务的纵向分解，选择业务外包战略，以集中于核心业务。

市场上存在许多专业化公司，它们能够完成企业本身价值链活动的某一部分，从而提高企业的差异化优势或降低其结构成本。所谓战略外包，是指企业经营范围的狭窄化，企业只关注于某些核心价值链活动，而依赖外部企业从事其他价值链活动。外包的业务可以是一个完整的职能，如制造职能，也可以是业务职能中的一项活动。例如，许多企业将养老基金的管理外包出去，而将其他人力资源职能保留在企业内部。

当今时代，越来越多的企业倾向于把"非核心的"或"非战略性的"活动外包出去。例如耐克自己不制造运动鞋，Gap 自己不生产牛仔服和时装，它们将生产通过合约外包给低成本的全球生产商。思科把路由器和交换机的制造分包给诸如 Flextronics 公司、Jabil 电路公司等合约制造商，自己专注于设计和销售。除了生产环节，其他的企业活动也可以外包出去。长期以来，微软一直将其客户技术支持的运营整个外包给独立的企业。Exult 公司曾赢得一份为期 10 年、价值 11 亿美元的合约，为美洲银行的 15 万员工处理人事事务。

有些专业化企业专门为其他企业提供生产外包、财务外包、人力资源服务外包、软件外包、医药研发外包（CRO）等。例如，人力资源服务外包企业经常提供的服务包括招聘流程外包、猎头招聘、劳务派遣、劳务外包等。软件外包让企业聚焦于自己的核心竞争力，将软件项目中的部分功能、业务、非核心技术外包给接包企业，减少自身在软件项目的成本投入，省去管理、研发成本的同时，也能得到更加专业的服务。目前，世界上最知名的软件外包服务企业为美国的埃森哲和印度的印孚瑟斯，国内则有中软国际、东软、软通动力、文思海辉等。

2) 战略外包的优势

战略外包可以从以下 3 个方面帮助企业。

（1）通过外包降低成本

专业企业往往可能以较低的成本完成一项活动，因为它们能够实现规模经济。另外，随着专业企业累积业务量的增长，它们往往还能够实现与学习效应相联系的成本节约。

此外，由于专业企业所在地的成本可能较低，这样也会导致专业企业可以更低的成本完成一项活动。

（2）通过外包加强差异化

企业可以通过将业务外包给品质卓著的专业企业而提高产品差异化。

（3）通过外包专注于核心业务

战略外包可以使企业的管理人员能够集中精力和企业资源去完成对于价值创造和竞争优势最为重要的活动，从而有利于培育长期竞争优势和独特竞争力。

3) 战略外包的风险

虽然外包非核心业务活动具有很大的收益，但也同时面临与之相联系的若干风险。

（1）可能丧失核心能力

20 世纪 70 年代，IBM 公司把 CPU 的研制业务委托给英特尔和 ADM 公司，操作系统业务委托给微软公司，自己只关注 PC 的配置完整性和整体功能的改进。进入 20 世纪 90 年代后，CPU 和操作系统逐渐成为 PC 的核心技术，两者的产品升级意味着 PC 的更新换代，而 IBM 公司由于在这方面的优势已不复存在，从而逐步丧失了在 PC 行业的主导地位。

（2）可能受到挟制

企业过分依赖外包供应商，外包供应商可能因此抬高价格。

（3）信息不灵

一家企业在外包某项活动时，很有可能失去重要的市场信息。例如，许多计算机硬件和软件企业把客户技术支持职能外包给专业企业，这可能也意味着接触客户的关键点和重要反馈来源的丧失，从而造成市场信息的阻隔。

（4）降低对整个系统的控制力

战略外包在提高企业对不确定性需求快速反应的同时，也可能降低对整个系统的控制力，导致产品整体性能降力。以克莱斯勒公司为例，它在减少新车生产时间和成本的同时，也在一定程度上降低了对生产流程的掌控，从而或多或少地损害了车辆的整体性能，如车辆的可靠性。

**2. 轻资产运营模式**

1）轻资产运营模式的概念

如果外包出去的是生产环节，保留研发和营销，则该企业可能正在采取轻资产运营模式。早在 2001 年，麦肯锡就向光明乳业提出了轻资产战略（asset-light strategy）。光明乳业接受了麦肯锡的建议，控股地方乳品企业，输出管理、技术和品牌，自己则专注于产品研发、销售、服务与品牌推广。尤其在 2002 年上市之后，更是在全国并购了大量地方乳品企业。在 IT 行业，苹果通过轻资产运营，将制造和零售分销业务外包，自身则集中于产品设计开发、市场推广和品牌建设，降低了自己的固定成本。在体育用品行业中，耐克最早运用轻资产运营模式，将生产外包，自身则加强研发和品牌建设，并获得了巨大收益。在国内品牌中，李宁也采用轻资产运营模式，将生产全部外包，在我国体育用品市场快速发展的阶段为企业带来了较为显著的成果（但在面临行业困境时遭受了严重打击）。

Wernerfelt 基于资源基础论，认为轻资产的特殊性是其他资源所不具备的，这种特殊性充分体现在高价值、不可替代、短期内难以模仿等方面，同样也为企业核心竞争力奠定了基础。Amit 和 Schoemaker 认为，轻资产的范围不限于无形资产，供应链管理、客户资源等同样具备轻资产特征，也应属于轻资产范畴。他们认为轻资产是一系列稀缺、不可模仿、难以交易的资源和能力，能够帮助企业建立竞争优势。Camarina 指出轻资产运营模式的特点在于保留自身具有竞争力的资源，与此同时将非核心的资源外包出去。孙黎和朱武祥认为轻、重资产的划分依据是资产对资金的占用情况。重资产对资金的占用较多，主要包括厂房、机器设备等；轻资产对资金的占用较少，主要包括品牌、专利、营销网络、企业文化、客户关系等。与重资产相比，轻资产的灵活性较高，能创造较高的投资回报。Surdu 认为轻资产运营模式是将非核心的资源外包出去，并且拓宽营销渠道，增加技术研发投入，从而增强核心竞争优势，提升企业盈利水平。

2）轻资产运营模式的特点

Thomas 认为轻资产运营模式主要表现为将非核心业务进行外包，从而降低生产成本，进而有更多资源用于核心业务，为企业创造更高的价值。魏炜、朱武祥指出，轻资产运营的企业有两个特点：一是资产流动性比率高，固定资产占比少，但存货的周转率较高；二是企业的资源更多地集中在高附加值环节，通常把附加值不高的生产制造环节外包出去。毕艳杰和陈佩研究发现采用轻资产运营的企业具有一些固有特征。首先，其流动资产占比高，企业现金留存量较大；其次，其流动负债的规模相对较大，由于固定资产有限，外源筹资受阻，往往先选择内源筹资；同时，其还具有高销售费用、高利润等特点。

总的来说，轻资产运营模式有以下特点。

① 把生产环节外包出去，重视研发和营销这两个高附加值的环节。

② 固定资产占比低，并且流动资产占比高。例如，海澜之家的流动资产占比在70%左右。

③ 现金储备高。流动资产中除了存货，主要就是货币资金金额数目大。因而，如果流动资产占比高，企业的自由现金流就会比较充足。

④ 往往研发投入和销售费用较高。例如，丽珠集团自实施轻资产运营模式以来，研发费用和销售费用都有所增加。丽珠集团设立了原料药事业部，并加大了新药研发的投入力度，形成了丰富的研发管线。

3）轻资产运营模式的风险

（1）产品质量风险

由于生产外包，自身生产环节薄弱，可能会导致产品质量风险。例如，在国内最早明确采用轻资产运营模式的光明乳业就遭遇过质量问题。为了避免因完全剥离生产而发生产品质量问题，安踏保留了部分生产。在安踏的智能工厂中，一条生产线能够生产全品类产品。海澜之家对供应商有一套考核机制，以把控产品质量。

几个行业的不同企业的固定资产占比的对比

（2）缺少债务融资所需的抵押物

由于固定资产较少，在向银行等传统金融机构融资时，会面临因抵押物较少而贷款额度较低的问题。例如，森马服饰长期选择股权融资。

（3）导致生产企业的存货周转速度减慢

对制造业来说，轻资产运营模式往往会导致存货周转速度减慢。这是因为生产与销售环节分离，会导致企业响应市场需求的能力下降。由于服装具有应季特性，因而服装业的此类例子很多。例如海澜之家、安踏、森马服饰、比音勒芬的存货周转率都较低。安踏2020年的存货周转率为3.00。如果存货规模较大，则会占用企业的资金，增加仓储和运输成本，给企业带来资金压力。除了服装业，其他一些制造业行业也存在这一现象。例如，云南白药在采用轻资产运营模式后，存货周转率开始下降。

与服装业等制造业行业不同，采取轻资产运营模式的房地产企业，其存货周转速度要比同行业其他企业更快。这使得这些房地产企业资金回笼速度较快，短期偿债能力较强。例如，万科、龙湖集团在实施轻资产运营模式后，存货周转速度都较快。

## 5.5 多元化战略

**1. 多元化的概念**

1930 年前后，西方国家的企业尝试开展多元化经营。1950—1970 年，世界 500 强企业中走多元化道路的美国企业由 30% 上升到 63%；在 20 世纪 80 年代末的韩国，这一比例高达 80%。随着多元化"浪潮"的袭来，学者们开始思考多元化战略的内涵。美国著名战略学家安索夫（Ansoff）在《哈佛商业评论》上发表《多元化战略》一文，首次提出企业多元化经营这一概念。他认为多元化经营是指开发出新产品，从而进入新市场。彭罗斯（Penrose）在《企业成长理论》中把多元化定义为：在保留原有业务的基础上，开发新产品。因此，垂直一体化的深化、跨行业数量增多都属于多元化经营。1962 年，高特（Gort）在《美国产业的多元化和一体化》一书中引入行业分类的标准来对多元化进行判定。他认为企业不能单纯地以产品的增加来定义其为多元化发展。如果企业新增产品与原有产品属于同行业产品，则不能称之为多元化；如果企业新增产品导致企业涉猎的产品行业增多，就可以称之为多元化。他认为企业多元化是企业经营的异质市场数目的增加。鲁梅尔特（Rumelt）将其他学者对于多元化的定义进行了梳理总结，并将其提升到了企业战略层面。他指出多元化是企业通过优化资源来增强自身竞争优势的一种战略行为，并不是单纯的拓展企业新业务、开发新产品或者进入到某一新领域。

**2. 多元化的分类**

安索夫以企业新老行业是否存在关联为标准，将企业多元化经营分类为以下几种。

发展中国家的多元化

① 横向多元化（horizontal diversification）。即企业在现有市场内开发、销售新产品。

② 纵向多元化（vertical diversification）。即企业通过所处产业链往上下游垂直纵深整合。

③ 同心多元化（concentric diversification）。也称为集中化多元化，是指企业利用原有的生产技术条件，制造与原产品用途不同的新产品。

④ 混合多元化（conglomerate diversification）。也称非相关多元化，是指企业开展与当前行业关联度较低的业务，即向与原产品、技术、市场无关的经营领域扩展。

鲁梅尔特首次将多元化分为相关多元化和非相关多元化。后来，多数研究学者运用鲁梅尔特的分类方法进行研究。

有些企业的相关多元化业务主要是其主营业务的上下游行业，即主要进行主营业务的纵向一体化和横向一体化。例如，比亚迪从上游电池行业出发，顺流而下进行多元化。比亚迪将上游动力电池的技术运用到下游电动汽车的制造中，并且利用电池产业积累的品牌知名度，迅速为汽车销售打开市场。潍柴动力以发动机、动力总成及其整车整机为主营业务。多元化经营之初，潍柴动力通过并购湘火炬，逐渐延伸了汽车产业链的上下游；再通过收购林德液压，补充延伸产业链中游。另外，从 2016 年起，潍柴动力收购凯傲与德马泰克，布局智能物流产业链，延伸产业链下游。由此，潍柴动力的主要业务从发动机扩大到动力总成、整车和汽车零部件、智能物流等。

### 3. 多元化的测量

测量多元化程度的常用方法包括赫芬达尔指数法和熵值法。除了这两种指数，还可以采用经营单元数量，即企业的经营中所包括的行业数量。经营单元数量的计算较为简便，但是不能反映各个业务板块在总体营收中所占的比例及为企业利润做出的贡献率。因此，两种指数法，特别是赫芬达尔指数法更为常用。其中，赫芬达尔指数法以企业年报中披露的主营业务相关数据为基础，通过计算企业各个业务板块收入占主营业务收入比例的平方和来作为衡量企业多元化程度的依据。

相关多元化和非相关多元化的测量可以根据上市公司行业分类标准来进行。例如，对于中国上市公司，可以根据证监会上市公司行业分类指引，把一个字母加两位数字的行业分类（如 C14，食品制造业）视为一个大类行业。若企业进入同一大类行业，则属于相关多元化经营，反之则属于非相关多元化经营。有些行业在非相关多元化业务中较为常见，如房地产、金融、零售、电信、酒店、汽车等。这些行业中很多属于服务业。

### 4. 多元化的动因

（1）建立内部资本市场

Stulz 认为多元化的企业通过建立更大的内部资本市场来更好地配置资源，这会减少投资不足问题。Stein 认为，企业可以通过多元化来形成内部资本市场，不同业务之间通过内部资本市场进行资源交换从而引导资金分配，提高利用效率。

Khanna、Palepu 指出新兴市场制度的不健全会导致企业倾向于转向寻找内部资本市场，这在一定程度上解释了为什么发展中国家存在大量多元化经营企业。苏冬蔚认为我国当时的外部资本市场资源配置并不高效，多元化经营产生的内部资本市场可以代替外部市场资源配置作用，降低企业内部的交易费用并降低经营风险。

内部资本市场的建立能够使集团成员之间实现内部资金借贷，从而满足各自对资金流的需求，达到增加融资速度、降低融资费用的目的；内部资产、股权转让可以使集团总部的资源再分配，从而提高资产利用效率，调整企业经营与产业结构，降低交易费用；借助多方共同出资的方式成立新的公司实现业务拓展，既减轻了一家公司单独出资的压力，也增加了新公司资源的利用效率；另外，子公司之间还能够利用关联方间的相互担保，提高授信额度，获取更多的外部融资。

（2）存在代理问题

Lev 的研究表明基于委托代理关系，管理层因追求薪酬、社会地位及职业发展前景等而选择企业多元化经营战略以便实现个人私利。Lev 发现，企业的管理层有选择多元化的倾向是因为稳定的经营现状可以彰显其作为经营者的价值，并且自身掌控的企业规模越大管理层就越有机会从企业中获得更多的私利。因此，与由管理层掌控的公司相比，由所有者控制的公司更容易选取多元化的发展战略。Amihud 和 Lev 引入了委托代理理论对多元化与企业绩效的关系进行了研究，他们认为企业的所有者与管理层之间的信息不对称会导致管理层往往为了短期的业绩而过度投资，随着多元化程度不断加深，绩效水平越来越差。Hoskisson 和 Hitt 认为，代理行为的存在使得企业更倾向于多元化经营，管理层为了自身的利益会推动企业进行多元化。Dennis，Dennis 和 Sarin 发现，相较于持有公司较高比例股票的高管，持有公司较低比例股票的高管更加倾向于实行多元化，因为多元化导致企业利益受损传到高管的损失不如高管通过多元化所获得的收益。而持股比例较高的高管，因为企业利益与自身利益更加密切，反而会谨慎地选择多元化经营。

（3）拥有较多剩余资源

资源剩余理论由 Penrose 提出，他在《企业成长理论》中提出企业有许多资源不能被现有业务利用，因此企业可以运用这些资源发展多元化业务。他认为剩余的公共资源（如在不同业务间能够共享的资金、技术等）是企业进行多元化经营所必要的条件，规模越大的企业，这种剩余资源就越多。Teece 对 Penrose 的理论进行了补充。Teece 认为，Penrose 的理论是建立在不允许将资源向外部转移的基础上，但实际上很少存在这种约束。他提出企业进行多元化经营需要满足以下条件：一方面企业拥有剩余资源，另一方面企业拥有的剩余资源很难向外部转移。如果该资源为专有程度较高的资产，企业自行使用比将其出售或出租能够获得更高的收益，企业就有理由利用该资源进行业务扩张，而不是将其出售或出租。

资金是一种剩余资源，但当企业大量融资后，可能增加企业非相关多元化的冲动。非相关多元化的一个常见诱因是上市。

对于非相关多元化业务，新业务难以共享企业的品牌、技术、人力等资源，因此企业在发展非相关业务时往往需要新投入大量的资源与精力。例如，京东的金融业务与其他业务的关联度不是特别高，因此需要投入更多的资金进行前期的投资。皇氏集团对非相关多元化业务的市场环境和业务内容均缺乏经验，积累的核心资源无法和非相关多元化业务共享，在发展非相关多元化业务时新投入了大量资源与精力。顺鑫农业在非相关多元化后，涉足的各产业之间关联度不高，其所需要的资源、技术和管理能力等均存在明显差异，公司不得不提供较多的资源来支持各个业务的发展。

（4）寻找新的利润增长点，以分散风险

Reed 和 Luffman 认为企业实施多元化是基于两个基本原因：一是外部有更好的机会；二是专注于原有业务难以实现增长的需求。Lewellen 首先开启了多元化与企业风险之间关系的相关研究。基于 Markowitz 于 1952 年提出的投资组合选择理论，Lewellen 认为企业在不同行业和产品领域内布局具有一定的保险效应，有助于其通过多元化业务之间收入的不完全相关性来减少总收入的剧烈波动，避免总收入下降的风险。这样一来，企业更容易从银行等外部金融机构获取资金。Lubatkin 和 Neil 认为，相关多元化能够降低企业的系统风险，而非相关多元化可能会增加企业的风险。

很多企业多元化的重要原因都是主营业务收入下降。例如，受制于宏观经济与政策调控等给重卡行业的周期性影响，市场需求不稳定，潍柴动力决定寻求新的利润增长点，进行多元化。由于互联网视频业务的竞争日益激烈，加之成功上市，暴风影音决定进行多元化扩张。由于空调市场已经饱和，并且竞争在不断加剧，格力电器决定进行多元化经营，寻找新的利润增长点。

**5. 非相关多元化的风险**

马凯兹（Markides）在研究 20 世纪 80 年代多元化企业衰退现象的过程中，提出了过度非相关多元化会引起效率降低、利润缩减的观点。他认为企业可以通过重新专注核心业务的方式减轻非相关多元化经营带来的负面作用。

非相关多元化往往会使核心业务的收入和盈利能力受到影响。例如，贵人鸟、沃森生物、洽洽食品、暴风集团、维维股份、皇氏集团等企业的核心业务的营业收入或毛利率都有所下降。

有些企业不仅进行非相关多元化，而且非相关多元化扩张速度较快，进而引发了严重的危机。例如，暴风集团从 2015 年确立多元化战略后两年内就购买并新设了几十家公司。暴风集团 2015 年的投资规模约为 4.50 亿元，2016 年的投资规模则上涨到 9.91 亿元，2017 年后开始下降，2017 年为 2.82 亿元，2018 年已经降至 1.89 亿元。

部分企业的主业以及低度和高度非相关多元化业务

如果非相关多元化扩张过快，会通过两个途径对企业绩效产生负面影响。一是占用大量资金，进而增加偿债风险；二是使资源过于分散，以至于无法集中资源发展核心业务。

非相关多元化可以大致分为低度非相关多元化和高度非相关多元化。

多元化投资中的融资方式

对于主营业务属于周期性行业的企业，当行业处于下降周期时，现金流可能不充足，如果进行非相关多元化，特别是投资多个资金密集型行业，会导致经营风险放大。例如，永泰能源在主营业务能源电力类产业处于衰退周期时，将大量资金用于在医疗、金融等新领域进行并购，最后由于资金链断裂引发债券违约。

## 5.6 平台战略

### 1. 平台与双边市场的概念

平台是一种为促成双方或多方参与者的交易，由多主体参与并遵守共同制度、规则所形成的现实或虚拟空间。目前，人们所理解的平台通常指的是基于互联网的平台。互联网平台企业的研究起源于双边市场。双边市场的研究始于 Baxter 对信用卡的定价结构研究，但当时并未提出双边市场这一概念。之后，对双边市场的学术研究扩展到了传统纸媒、电视媒体等，直至互联网平台企业。

Armstrong 认为双边市场的活动主要就是通过中间的平台来实现的。通过平台连接双边用户，平台起着枢纽作用。一个平台连接多个"边"，构成多边平台。多边平台是一种技术、产品或服务，主要通过支持两方或多方客户或参与者群体之间的直接交互来创造价值。例如，电商平台——阿里巴巴、淘宝、eBay，短期房屋租赁服务网站——爱彼迎，苹果的 iOS（连接应用开发者和用户），谷歌的安卓操作系统（连接设备制造商、应用开发者和用户），索尼游戏机和微软游戏机（连接游戏开发者和用户）。一个多边平台有两个关键特征：每一组（边）参与者在某种意义上都是多边平台的客户；多边平台使边与边之间能够直接交互。

传统的单边市场是供给和需求两方直接进行交易，没有第三方参与的交易场所。在单边市场中只有两个参与活动的主体，即提供产品的供给方和产品的需求方。而在双边市场中参与主体多了第三方的平台企业，平台企业在双边市场中的作用就是作为中介将交叉网络外部性内部化，以达成供需两边的用户交易，并作为企业提供一定的服务。

## 2. 双边市场的特征

学术界将双边市场的特征概括为3点：一是交叉网络外部性。平台的网络外部性可以划分为交叉网络外部性和直接网络外部性。直接网络外部性是指伴随着用户之间互动及交易数量的增加，用户将会受益更多。比如消费者享受5G服务的效用随着加入到该5G网络的消费者规模的增大而增加。交叉网络外部性即间接网络效应，是指平台一侧用户的数量将会影响另一侧用户的价值。在多边平台中，平台一侧的客户价值通常随着另一侧参与的客户数量的增加而增加。例如，拼多多商户数量的增加可以让平台提供更具性价比的商品和更丰富的商品种类来吸引消费者；而消费者的增多也让商家更容易销售商品，提高收入，吸引更多商家入驻。

双边市场的第二个特征是非中性定价，或者叫倾斜性定价，指的是网络平台对两侧用户收取的价格不是按照边际成本定价，而是在总价格一定的情况下采取双边合理分配的方法。由于不同类型客户对另一侧用户的吸引力的差异，导致平台往往对优势一侧客户采取倾斜性定价。Armstrong的研究表明，平台企业通常对一侧客户按成本定价，甚至给予一定的补贴，但对另一侧客户则收取高于成本的价格，借助优势客户的更强的交叉网络效应来吸引另一侧客户的参与。

双边市场的第三个特点是用户的多归属性。平台竞争中的用户归属性是指双边用户可选择在单个平台或多个平台中进行互动行为，其中双边用户在单个平台发生交互作用的称为用户单归属，而双边用户在两个及更多平台发生交互作用的称为用户多归属。当用户同时在多个平台上注册交易以最大化其效用时，就会出现多归属现象。

## 3. 实物交易平台

目前常见的基于双边市场的互联网平台可以分为实物交易平台和内容平台两类。实物交易平台和内容平台的不同之处在于：实物交易平台的上游端用户是实物生产者。表5-2比较了几个典型的实物交易平台的用户构成。

表5-2 实物交易平台的用户构成对比

| 实物交易平台 | 上游端用户 | 下游端用户 |
| --- | --- | --- |
| 美团外卖、拼多多、京东 | 商家 | 消费者 |
| 滴滴出行 | 司机（如私家车车主） | 乘客 |
| 爱彼迎 | 房东 | 房客 |
| 阿里健康 | 药品及医疗服务的供应方（药企、药店、医生、医院） | 消费者 |

（1）实物交易平台为商家提供的服务

实物交易平台对商家的主要价值在于：商家可以通过平台实现客流的增加，提升销售。实物交易平台为提高其对于商家和消费者的价值，通常致力于为上游端用户和下游端用户提供一些服务。

① 为商家提供商品优先展示服务。例如，美团和拼多多都为平台上的商家提供了投放广告的服务。在美团外卖平台上，商家可以投放广告，从而增加其在美团外卖界面的位置和好评度，甚至成为外卖平台推荐的卖家。在拼多多平台上，商家利用网络竞价系统对商品详情、店铺详情、链接等其他相关信息出现的前后顺序进行竞价。在线营销服务是拼多多目前

最主要的收入来源。

② 为商家提供采购信息化服务。例如，餐饮商家可以通过美团外卖的快驴进货平台采购食材。

③ 为商家提供产销信息化服务。例如，美团的餐厅管理系统（餐饮 ERP 系统）可以帮助商家提高其运营效率和管理水平，从而降低运营成本。

④ 为商家提供需求预测。例如，拼多多通过大数据分析预测某些商品的销量，把数据传送给有制造能力的商家，帮助其合理规划生产和库存，优化从厂家到消费者的整个供应链。

⑤ 为商家提供融资服务。例如，美团小贷可以帮助商家解决融资问题。

（2）实物交易平台为消费者提供的服务

实物交易平台可以为消费者提供一系列服务。

① 为消费者提供商品推荐。目前，推荐算法已成为包括实物交易平台在内的互联网平台所普遍采用的一项技术。例如，拼多多根据消费者的偏好，为其提供精准的商品推荐。

② 为消费者提供配送服务。例如，美团外卖不断优化配送网络服务，提升消费者体验。2004 年创立的美国外卖平台 GrubHub 不提供配送，而是由商家自行配送。这个模式节约了骑手这个大额支出，但是有两个缺点：只有可以自行配送的商家才能入驻，导致供应受限，并且用户无法实时了解配送状态。在采取统一配送模式的竞争者入局之后，GrubHub 的盈利能力大幅下降。

③ 为消费者提供商品预览服务。例如，贝壳找房结合摄影师的实地拍摄与技术人员的后期处理，能够为顾客在线展示房源内部情况。如果点击 VR 讲房按钮，还能收听经纪人的语音讲解，也可以通过 VR 带看功能和经纪人实时连线。这一技术的应用节约了客户的找房时间，也提高了经纪行业的工作效率。

（3）实物交易平台的自有产品及服务

以电商平台、外卖平台为代表的一些实物产品交易平台除了销售外部商家的产品外，也会直接向消费者提供一些服务，或者推出自有品牌的产品。例如，美团虽然作为平台型互联网企业，也会直接面向消费者提供收费式服务，比如美团单车、美团跑腿等。一些电商平台推出了自有品牌的产品。例如，2018 年，京东推出了自营品牌"京造"，主要面向一、二线城市和沿海发达地区的消费者。印度电商平台 Flipkart 除了销售外部商家的产品，还陆续推出了多个自有品牌，包括 Citron（家用电器）、Billion（智能手机）、Smartbuy（电子配件）等。

电商做自营品牌有两个主要优势：一是电商能够根据大量同类产品的销售、评论等数据来驱动产品开发。例如，Flipkart 于 2020 年推出自有的笔记本电脑 Falkon Aerbook 时，该公司负责自有品牌、电子产品和家具的高级副总裁 Adarsh Menon 表示："客户在我们的平台上留下了数百万的评论，让我们知道他们的痛点和他们想要的规格。通过这一点，我们已经能够开发第一个 MarQ by Flipkart 笔记本电脑，专门为印度客户设计。"二是电商自营品牌的利润率往往会有比较好的表现。

由于电商自身缺乏制造能力，因此其自有品牌通常会与制造商合作。例如，Flipkart 的自有品牌笔记本电脑 Falkon Aerbook 是与英特尔和微软合作的。2023 年，京东集团高级副总裁、京东自有品牌业务负责人王笑松在京东京造五周年暨京东自有品牌合作伙伴大会上表示:"双方通过你做工厂、我做市场的分工定位,实现能力互补与协同。"

#### 4. 内容平台

类似地,对于互联网视频平台、直播平台、知识付费平台、数字阅读平台等内容平台,也为内容消费者和内容创作者提供了一系列服务。

1) 内容平台为内容创作者提供的服务

(1) 为内容创作者提供培训

例如,虎牙对主播进行直播内容、服装等方面的培训,以促进内容质量的提升。

(2) 为内容创作者提供辅助创作工具

例如,抖音的剪映、快手的快影、B 站的必剪等都是专门为视频创作者提供的视频制作工具,并且其中提供了内容素材和基于 AI 的工具。① 内容素材。例如,抖音收购了一些音乐初创公司,以便为用户提供自有版权的音乐。② 基于 AI 的工具。例如,抖音在剪映中内置 AI 人脸识别工具,帮助创作者丰富作品内容,提高视频效果。爱奇艺自主搭建的 AI 辅助一体化智能制作解决方案,如拍戏宝、爱创媒资等高效制作工具,进一步提高了内容制作的效率,提升了原创内容的数量和质量。

2) 内容平台为内容消费者提供的服务

(1) 为内容消费者提供内容推荐

目前,推荐算法已成为包括内容平台在内的互联网平台所普遍采用的一项技术。

(2) 为内容消费者提供对创作者和其他内容消费者的激励服务

对于 UGC(用户生成内容)型互联网视频平台、直播平台、知识付费平台等 UGC 型内容平台来说,一个重要的设计考量是提供多种方式让内容消费者能激励内容创作者,以及激励其他内容消费者。这些激励方式能够促进内容创作和内容消费。表 5-3 对这些激励方式进行了分类。

表 5-3 内容平台中允许内容消费者激励创作者和其他内容消费者的方式

| 激励发起方和接收方 | 激励方式 |
| --- | --- |
| 允许内容消费者激励内容创作者 | 针对特定作品:点赞、分享、收藏<br>针对创作者:打赏 |
| 允许内容消费者激励其他内容消费者 | 评论、弹幕 |

① 允许内容消费者激励内容创作者。常见方式又分为两类:第一类方式是针对特定作品的,如用户给作品点赞、用户把作品分享给其他人、用户把作品收藏到收藏夹中;第二类方式是针对创作者的,如向创作者打赏或投币。在直播平台,虚拟礼物的分成通常是平台收入的主要来源。和视频平台相比,直播平台由于其中打赏行为的实时性和对于平台收入的重要性,会更重视提供不同的打赏礼物,以刺激用户消费。例如,斗鱼出台了"飞机""火箭""水晶"等虚拟礼物。为了进一步刺激用户消费,斗鱼还会通过对送出不同礼物在直播间的显示时间和显示方式进行区分、对大额消费者进行打榜公示、大额消费用户进入直播间采用特别提示等方式提升用户的消费体验,促使用户将更多资金投入直播消费活动。

② 允许内容消费者激励其他内容消费者。例如,通过发表评论、弹幕,用户得以参与内容的共同创作。

(3) 为内容消费者提供流畅的内容获取体验

典型例子来自直播平台和视频平台。例如，2017 年，虎牙在国内率先启用了 HTML5 直播技术，使用户不再需要安装插件，几乎不需要等待即能开始直播。

3) 内容平台的内容来源

不同类型的内容平台，其内容来源存在差异，具体来说，分为四类内容来源：用户生成内容、外购版权、自制内容和签约主播。表 5-4 对这四类内容来源做了比较。

表 5-4 内容平台的内容来源比较

| 内容平台类型 | 内容平台举例 | 用户生成内容 | 外购版权 | 自制内容 | 签约主播 |
| --- | --- | --- | --- | --- | --- |
| UGC 型视频平台 | 抖音、快手 | √ | | | |
| UGC 和非 UGC 混合型视频平台 | B 站 | √ | √ | √ | |
| 非 UGC 型视频平台 | 爱奇艺 | | √ | √ | |
| 直播平台 | 虎牙、斗鱼 | | | | √ |
| 数字阅读平台 | 阅文、掌阅 | | √ | | |
| 知识付费平台 | 知乎 | √ | | | |

# 5.7 数字化转型战略

**1. 数字化转型的内涵**

企业数字化转型可以被界定为利用大数据、云计算、人工智能等数字化技术来推动企业转变业务模式、组织架构、企业文化等数字化管理变革。数字化转型主要是关于制造业、零售业等传统产业的。目前，学术界普遍认可的数字化转型相关技术主要包括：物联网、大数据、云计算、移动技术、人工智能、社交、区块链。例如，Sebastian 等认为新一代数字技术主要包括"SMACIT"，即社交类（social）技术、移动（mobile）技术、分析（analytic）技术、云（cloud）技术和物联网（Internet of things）技术。Berman 认为，数字化转型是企业利用数字技术重塑客户价值主张，并转变商业模式。Ahmed 意识到数字化转型是指企业在生产、销售等业务流程中使用数字化产品、数字化终端、数字化系统等。

**2. 数字化转型的前因和后果**

诸多研究表明，数字化激励政策（如智慧城市试点）、数字化基础设施、创新激励政策（如创新补贴、知识产权案件"三审合一"改革）均会促进企业数字化转型。管理层短视主义、企业金融化则会显著抑制企业数字化转型水平。

数字化转型的一个常见驱动因素是需要提高信息处理效率。原先依赖人工处理的任务，改为通过信息技术来处理，有可能提高企业响应客户需求的速度。例如，由于传统服装定制过程需要裁缝的大量参与，因此酷特智能公司认为迫切需要加强数字化以提高效率。饼干制造商亿滋中国的苏州工厂通过数字化，大幅缩短了交货时间。

数字化转型对企业的影响，学术界已经做了大量实证研究。实证文献已发现数字化转型会改善全要素生产率、劳动投资效率、企业创新等。Nwankpa 等依据"资源基础论"的观点，研究发现数字化转型对创新和企业绩效有正向促进作用。麦肯锡全球研究院院长 Bughin 等发现数字化转型会改变企业的战略发展规划及商业模式，并且数字化程度越高，企业在营业收入、息税前利润方面表现得更好。Vial 认为数字化转型会改变价值创造路径，促进组织变革，从而提升企业的运营效率。Radu - Alexandru 认为数字化能够对企业的盈利和成长产生促进作用。数字化转型并不总是能够给企业带来积极的影响。例如，Hajli 等发现，数字化转型提高企业经营绩效仅对一部分企业成立，对部分企业没有影响，甚至还会降低一部分企业的绩效。Ekata 发现尼日利亚银行在推行数字化转型后绩效增长并不显著。

3. **数字化转型的途径**

数字化转型的两个重要途径是：把数字化确立为企业的主要战略；采用适当的资源编排方式获得数字化资源。

一部分重视数字化转型的企业会在企业战略层面高度强调数字化。例如，2012 年，海尔智家的企业发展战略调整为"网络化"，从而开始了数字化转型。2013 年，天虹股份开始推动数字化转型。2016 年，三一重工正式确立了"数字化"和"国际化"并行的战略。2017 年，招商银行提出打造金融科技银行。但是，也有很多企业，虽然在数字化转型方面进展显著，但并未把数字化确立为重要战略。

资源编排是对传统资源基础观的发展，它揭示了企业对资源动态化识别、获取、组合和利用的能力，进而创造价值形成企业竞争优势的中间过程。数字化转型的常用资源编排途径主要有从外部购买和二次开发两种。即便是 IT 企业或 IT 能力较强的传统行业企业，也会有一些技术是难以自行开发的，这时企业通常会选择外购。数字化转型解决方案的供应商，往往也会选择外购，以弥补自己解决方案中的短板。尽管已经帮助很多企业进行 C2M 模式的智能制造升级改造，酷特智能仍然在 2021 年与施耐德电气（中国）签约，在智能配电和安防治理方面进行合作，以进一步提升能效管理；同年，又与华为云就共同打造 C2M 产业互联网平台解决方案进行签约。

4. **数字化转型应用领域分类框架**

根据大量案例并参考价值链、供应链和利益相关者，作者构建了一个数字化转型应用领域分类框架，如图 5-4 所示。数字化转型应用领域可以分为后向应用、内部应用、前向应用和横向应用。

1) 前向应用

（1）电子商务

很多消费品制造企业自建了电商网站，甚至为此成立了电子商务公司。例如，2000 年，海尔集团成立电子商务公司。2010 年，光明乳业成立电子商务公司。2014 年，伊利和腾讯合作，腾讯为伊利提供线上支付渠道，并为伊利自有的商业运营平台提供后台技术支持。2014 年，美的集团成立电子商务公司，启动美的官方商城并于 2015 年正式投入使用。

并不是所有的大型消费品制造企业都很早就自建了电商平台。例如，娃哈哈面对的主要是三、四线城市的市场，但随着电商的逐渐下沉，这部分消费者明显有了更多的选择，因而娃哈哈的销量和营收从 2013 年开始下滑。尽管创始人宗庆后对电商的态度颇为反感，但娃哈哈最终还是于 2020 年成立了电子商务公司。

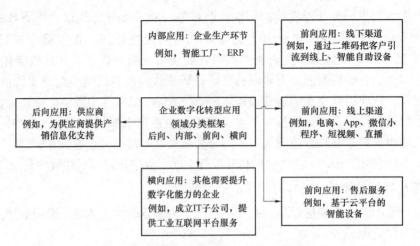

图 5-4　企业数字化转型应用领域分类框架

工业品制造业也有自建电商的案例。例如，2017 年，徐工机械成立徐工电商公司，负责徐工集团所有产品的跨境电商业务。

很多线下零售业企业也自建了电商平台。2009 年，苏宁为实现从线下到线上转型而成立了苏宁易购。从 2013 年开始，苏宁易购启用线上购物平台。2013 年，天虹股份成立电商事业部，随后于 2016 年将其更名为数字化运营中心。

与制造业企业的自建电商平台相比，线下零售业企业的自建电商平台的失败率较高。例如，2013 年，永辉超市成立了全国电子商务总部，并推出 PC 端生鲜电商平台"半边天"，但仅百日就宣告下线。2015 年，大润发推出面向全国各大品牌厂商在线入驻开店的"飞牛商城"服务，但由于亏损，于 2017 年 12 月开始全面清退第三方商家。

在消费品制造业中，由于天猫、京东等电商平台比较成熟，很多中国企业从创立之日起，就具有鲜明的数字化基因。例如，成立于 2012 年的坚果行业的三只松鼠，从一开始就定位为线上品牌。

（2）移动客户端

很多 B2C 企业推出了 App。例如，2010 年，招商银行第一代 App 上线。2010 年，光明乳业的随心订 App 上线。2015 年，三只松鼠推出 App。2015 年，天虹股份推出"虹领巾"App，落实天虹"到家"等业务。

微信于 2017 年推出了小程序。这是一种不需要下载安装即可使用的应用，因此被很多企业所采用。例如，2018 年，宜家中国与腾讯合作建立微信小程序。2020 年，在疫情背景下，五粮液上线了"云店"小程序，使消费者能够不需要专门下载 App 就找到最近的五粮液专卖店，进行在线购买，并享受无接触配送服务。2020 年，故宫博物院发布"数字故宫"小程序。2020 年，《读者》杂志的"读者+"小程序上线。

（3）门店数字化

很多 B2C 企业，在直营的门店中利用各种信息技术，提高消费者消费的便捷性。例如，2016 年，天虹股份推出智慧停车、手机自助付款等服务，提高门店消费的便捷性。与此同时，有些 B2C 企业采取措施在门店中把消费者引流到线上，尽管它们未必缺少线上流量。例如，2015 年，名创优品采取"扫码关注公众号+赠送购物袋"的方式进行线上引流。

2018年，三只松鼠开始开设线下体验店，并为线上引流。2020年，格力在数万家线下实体店中引入各种数字化设备，包括智能导购大屏、云货架、电子价签等，从而使消费者在线下体验产品的同时，还能够把消费者引流到线上的"董明珠的店"。

通过把消费者引流到线上，企业能够更好地积累消费者需求的数据，从而为消费者提供更好的产品和服务。

（4）新媒体平台

很多企业在微信公众号、视频号、抖音、小红书、B站、快手等新媒体平台上进行了营销布局。例如，2013年，招商银行推出微信公众号。2013年，人民日报开通微信公众号。2014年，故宫博物院开通官方微信公众号"微故宫"。

2020年，新冠疫情使得很多消费品牌开始进行直播。直播的常用平台包括淘宝等电商平台，以及抖音、快手等短视频网站。例如，2020年，宜家中国开始在淘宝进行直播。2020年，由于疫情导致格力关闭了大量的线下实体店，于是格力与抖音、快手合作，并利用董明珠的个人形象价值，在这两个平台上进行多次直播。

（5）智能化产品

一些实力较强的施工设备生产商会打造基于云平台和App的系统，以便进行设备运行状况的远程监测以及提供设备维修服务。例如，2018年，三一重工的"客户云"平台上线，实现设备购买者、设备操作者、代理商、维修商和研发人员的多方连接，从而实现了上下游的信息互联。2016年，中铁工服自主研发的"盾构云平台"上线，以解决施工企业和盾构机业主对盾构机数字化和智能化的需求。

在消费品行业，包括智能家居、智能交通等智能化产品也得到长足发展。智能家电是智能家居的重要组成部分，是将微处理器、传感器技术、网络通信技术引入家电设备后形成的家电产品。例如，2014年，美的集团推进M-SMART智慧家居战略，并成立了专门的研究机构，以发展智能化产品。2018年，比亚迪推出基于安卓系统的DiLink车载智能网联系统。

2）内部应用

在制造商中，MES（制造执行系统）、智能工厂是较为常见的数字化措施。在智能工厂中，生产自动化和5G能够起到重要作用。

生产环节的数字化

3）横向应用

一些企业在自身实现数字化的同时，把数字化能力共享给其他企业。这方面的典型代表就是一些制造业企业所建立的工业互联网平台。与此同时，一些C端企业则把数字化能力开放给合作伙伴或品牌方等互补者。

数字化能力的对外共享

4）后向应用

（1）对供应商进行数字化赋能

对于依赖代工的轻资产企业，与大量供应商之间的信息传递是非常重要的，因此这类企业往往为供应商提供管理系统，用于供应商的生产和采购数字化。例如，成立于2012年的三只松鼠，在2015年就将投入数千万元打造的云造系统投入使用。该系统对供应商进行数字化赋能。通过该系统，可以看到一个单品从研发入仓、线上线下各渠道的销售、消费者购买后订单的在途追踪（快递是不是延期等）、消费者购买后的评价反馈等数据。

该系统能让消费者买到20天内生产的产品。

（2）产品全生命周期追溯系统

提升产品全生命周期的透明度有助于提升消费者对产品质量的信任，同时也有助于提高产品质量管控。二维码作为产品的唯一身份标识，在此类系统中起到关键作用。例如，2009年，伊利引入了爱创TTS双向追溯系统，从而使消费者通过二维码即可追溯产品生产的全过程。2013年，东方雨虹以二维码为载体，打造了"产品唯一身份全供应链管理协同系统"，实现了对产品的全寿命实时追溯。在2022年投产的宜昌安琪酵母智慧工厂中，激光喷码机会在产品包装箱上喷上二维码。在销售终端，消费者扫描二维码，即可看到商品从原材料到生产、物流、销售的"全生命周期"。

## 章末案例

### 海澜之家的轻资产运营模式

海澜集团的前身是实际控制人周建平在1988年一手创立的第三毛纺厂，2000年在A股上市，两年后诞生了"海澜之家"品牌，正式进军男装市场。海澜之家的主营业务为服装产业。其服装产业的收入占总收入的比例超过95%。根据欧睿国际、前瞻产业研究院整理，自2014年以来，海澜之家在中国男装行业中的市场份额连续9年保持第一。

1. 客户细分

海澜之家最初将客户群体定位为男士白领，致力为20～45岁的中青年男士提供高时尚、高品质的服饰。为了满足不同细分市场的需求，海澜之家将其客户定位进一步细分，增加了25～30岁的女性顾客市场，秉承时尚而不张扬、简约而重细节的设计理念，为职场女性设计轻奢休闲服饰。

海澜之家依托既有的规模优势，通过多元化投资，并购孵化了大批量的子品牌。顺应国家二胎政策的施行，拓宽了婴幼儿市场空间。海澜之家响应市场变化，并购童装品牌男生女生、英氏。男生女生与国外知名研发机构合作，以产品设计为核心，融合国际特色与本土优势，逐步打开童装市场。英氏则走高端童装的路线，借助海澜之家渠道资源，深入挖掘婴幼儿市场潜力。

2. 轻资产运营模式

海澜之家采取轻资产运营模式，使公司固定资产占比始终控制在14%以下，为公司的快速扩张提供了充裕的现金流。2015—2019年，海澜之家的固定资产占总资产的比例都在10%～14%之间。2015—2019年，海澜之家的流动资产占总资产比例始终保持在70%以上。在轻资产运营模式下，企业充分利用供应链上的无息负债，无息负债占总流动负债的比重均在80%以上。由于其独特的赊销模式，无息负债大部分来自供应链上下游资金的占用，该部分资金的使用成本较低。

海澜之家除定制品牌圣凯诺外，其余品牌均将生产制造环节外包给上游供应商。总部负责品牌管理，将生产环节向其他外部公司外包，总库负责物流运送，将终端销售下放到各个连锁加盟商户身上。由于减少了生产和仓储的支出，使得企业的成本负担相对较少，创利空间较大，有充足的现金流支撑企业规模扩张，将更多的资金用于广告投入和研发支出上。考虑到外包企业质量控制的问题，海澜之家采取动态的合作对象管理，总部根据不同供应商提供的产品的质量进行优胜劣汰的选择。

### 3. 融资模式

轻资产的商业模式使海澜之家因为固定资产比率低而缺少抵押物,从而难以获得金融机构的贷款。自从 2000 年海澜之家上市以来,股权融资就成为支撑海澜之家发展的主要融资方式。同时,在经营过程中海澜之家还会向加盟商募集资金。在上市之前,海澜之家通过商业信用的方式为自己筹集日常经营和发展的大部分资金,这种筹资方式主要通过占用上下游供应商的资金和加盟商的保证金实现。

海澜之家的线下渠道采用直营、加盟和联营 3 种方式,其中以加盟为主。海澜之家在销售端通过加盟店的形式,降低了企业的库存与固定资产投资,使公司在短时间内实现门店数量的快速扩张。

海澜之家利用供应链上的主导地位,无偿占用供应商资金,具体表现为应付账款余额较高。在与供应商订货时,海澜之家先预付 30% 的货款,剩下的 70% 按月进行结算。在这种模式下,相当于供应商需要垫付剩余 70% 的账款,而海澜之家则减少了资金占用,降低了风险。下游采用现销模式,提高应收账款周转率,为海澜之家筹集了资金。

### 4. 研发投入占比偏低

在过去很长一段时间内,海澜之家都坚持在创新方面进行大量投入。海澜之家对新产品、新用料的研发较为重视。例如海澜之家与 AWI 合作推出了"海之唯"系列羊毛西服,主打"可以机洗"的材料新特性。

然而,近年来,海澜之家的研发投入占比逐渐走低。时至今日,海澜之家已经开始追随大多数线上服装品牌,逐步减少自主设计,向 ODM 供应商选款组货。正因如此,公司的研发投入开始减少。

由于创新能力下降,在海澜之家旗下各品牌的设计中,开始出现借鉴与仿造的现象,对于品牌形象的塑造很不利。2019 年 5 月,深圳设计师潮牌 Roaringwild 微信公众号发布文章称,海澜之家旗下品牌黑鲸 HLAJEANS 的 2019 年新款与 Roaringwild 的 2018 年旧款高度相似,并且通过服装款式、色彩对比,证实了该产品的确存在抄袭现象。这篇文章阅读量超过 10 万,引发了众多网友参与讨论。

与创新投入的逐渐下降相对应的是,海澜之家的广告宣传费用迅速攀升,2018 年,公司广告费用达到 6.27 亿元。这一数字是同年度七匹狼、九牧王等企业的 5~10 倍。

### 5. 营运能力较低

海澜之家在 2018 年第四季度的存货周转时间竟然达到了 249.28 天,2023 年第一季度存货周转率仍然达到 233.4 天,并且海澜之家不仅存货周转时间较长,其存货量也相对较大。海澜之家从 2015 年到 2023 年的存货金额,始终在 90 亿元上下,约占总资产的 1/3。

海澜之家多年来通过多种手段消化库存。一方面,海澜之家通过增加门店数量来消化库存;另一方面,海澜之家通过剪掉标签的方式来打折促销。大量以海澜之家为名的低价服装流入微商、闲鱼、QQ 群等特卖渠道。到 2021 年底,海澜之家的库存金额缩减至 81.20 亿元。

资料来源:
根据专业学位硕士论文、新闻报道等公开资料整理。

> 讨论题：
> 1. 海澜之家为什么采取轻资产运营模式？
> 2. 海澜之家的轻资产运营模式体现在哪些方面？
> 3. 海澜之家的轻资产运营模式有哪些积极影响和负面影响？

## 本章小结

本章介绍了企业总体战略，围绕战略态势、专业化战略、一体化战略、战略外包、多元化战略、平台战略和数字化转型战略进行论述。根据各个公司经营态势的不同，可以将公司层战略分为3种：稳定型战略、增长型战略和紧缩型战略。有时候，三种战略可以同时用在一家企业的不同业务中，即为混合型战略。增长型战略可分为密集型、一体化以及多元化战略。专业化战略是指集中公司所有资源和能力于自己所擅长的核心业务。专业化战略和多元化战略位于多元化程度的两个极端。归核化是将业务范围进行收缩，将企业资源集中于核心业务的战略行为。一体化战略是指企业在现有经营业务的基础上，沿企业价值链或产业价值链，向上下游环节进行战略性扩张，最终扩大经营业务范围的行为。战略外包是将价值链的某些环节外包给其他企业。轻资产运营模式是将非核心的资源外包出去。多元化战略是企业制定的多项业务组合战略，是企业为涉足不同行业环境中的多项业务制定的发展规划，包括进入何种领域，如何进入等。多元化类型主要有相关多元化和不相关多元化。互联网平台企业的研究起源于双边市场。平台企业在双边市场中的作用就是作为中介将交叉网络外部性内部化，以达成供需两边的用户交易，并作为企业提供一定的服务。企业数字化转型可以被界定为利用大数据、云计算、人工智能等数字化技术来推动企业组织转变业务模式、组织架构、企业文化等数字化管理变革。数字化转型主要是关于制造业、零售业等传统产业的。数字化转型应用领域可以划分为后向应用、内部应用、前向应用和横向应用。

## 思考题

1. 如何根据战略态势选择公司层战略？
2. 专业化战略、归核化战略、多元化有什么关联？
3. 一体化战略通常可划分为哪些主要类型？
4. 纵向一体化、战略外包和轻资产运营模式有什么关联？

5. 多元化战略有哪些类型?
6. 多元化战略有哪些动因和风险?
7. 实物交易平台和内容平台分别为上游用户和下游用户提供哪些能力?
8. 如何对数字化转型的应用领域进行分类?

# 第6章

# 企业经营单位战略

**案例导入**

## 春秋航空的成本领先战略

春秋航空是中国首家低成本航空公司。春秋航空股份有限公司是春秋国旅的子公司，是中国首家民营资本独资经营的低成本航空公司，同时也是首家由旅行社起家的廉价航空公司。春秋航空于2004年5月26日正式成立，总部设立在上海。2005年7月18日首航班机从上海飞至烟台。春秋航空统一配备空客A320飞机。

从消费者的角度来说，春秋航空对消费者而言最具吸引力的就是低价格，而对成本的控制是价格高低的决定性因素。

春秋航空在刚成立的时候就选择了成本领先战略，在保证运营安全和服务品质的基础上，尽可能降低成本，扩大利润空间。春秋航空制定了"两单""两高""两低""两控"的经营模式，通过控制直接运营成本，减少附加服务等措施控制成本。无论是燃油费、起降费、维修费等刚性成本，还是期间费用、人工费等可控成本，春秋航空对成本的把控、对成本领先战略的实施在行业内都是处于较高水平的。

1. 机型

单一机型：春秋航空统一购进空客A320飞机，不采购其他机型，并且所有飞机统一配备CFM发动机。这样不仅可以实现集中批量采购或租赁，简化采购流程，降低成本，还可以提升航空公司的议价能力，同时对飞机日常的维修成本也有所贡献。

因为春秋航空统一机型，便于管理，运营效率也更加高效，每个航班的时间间隔较短，航班班次较多，而且春秋航空的货运业务占比极低。此外，春秋航空在确保飞行员状态、飞机性能均不会影响安全运营的基础上，将清晨和深夜的时段也用于航班飞行，在早7点、晚10点都能看到春秋航空飞机的身影。另外，春秋航空延长每天的飞行时间，增加班次，提升飞机日利用率。飞机日利用率的提高使得公司进一步分摊单位固定成本，固定成本得以降低。

## 2. 客舱布局

单一舱位：春秋航空的飞机统一配备经济舱位，并不设头等舱和公务舱。没有较宽敞的公务舱占据位置，这让春秋航空每架飞机内部的座位数量比正常两舱布局的空客 A320 机型飞机的座位数量多出了 15%～20%，可以有效摊薄单位成本。春秋航空于 2015 年 9 月开始引进新型空客 A320 机型飞机，该飞机对客舱内部布局进行了新的调整，在保证单位空间不变的前提下，将座位数量增加了 6 个，由 180 座增加至 186 座，可以让春秋航空进一步摊薄单位成本。截至 2019 年 6 月末，春秋航空机队中已有 46 架新客舱布局的空客飞机。

## 3. 节油措施

春秋航空不提供餐食，没有免费托运行李额，并且春秋航空将辅助动力装置供电改为了地面电源，这些做法都在一定程度上降低了飞机的重量。飞机的耗油量与飞机的自重成正比，飞机自重降低，耗油量也就降低了。

餐食：春秋航空并不提供免费的飞机餐，而是有偿餐食。取消免费飞机餐改为收费订餐，一方面可以降低成本，增加收入；另一方面还避免了浪费，需要餐饮的旅客可以预订，不需要的就无须准备，避免了食物浪费，减少了工作人员的准备时间，也减轻了飞机重量，节省了油耗。

行李额度与大多数航空公司经济舱 20 kg 免费行李额、头等舱 30 kg 免费行李额不同，春秋航空降低了行李额度，甚至部分舱位取消了免费托运行李。春秋航空的目标客户多为中短途旅行者、差旅人士等对价格敏感的人群，降低行李额度对其影响并不大，实惠的票价才是重点，而且减少行李的重量和件数，不仅降低了油耗，还在一定程度上减少了人工成本。

节油机型：春秋航空引进了 A320NEO 飞机，该机型较上一代 A320CEO 飞机大约能节省 15% 的油耗。

节油监控系统：春秋航空成立了专项小组来讨论节油的可行措施，并设计了用来监控飞行员操作、飞行状况的系统，可以有效地对飞行进行改善，使油耗尽可能地降低。

节油奖：春秋航空特别设置了"节油奖"，燃油销售量直接决定奖励金额。因此，飞行员在保证客运服务安全的情况下，可以通过驾驶技术降低燃料消耗。

## 4. 自建销售系统

春秋航空建立了独特的销售与离港系统。除了春秋航空，国内其他航空公司均需通过中航信进行机票销售，中航信每年会向各航空公司收取巨额的销售费用。春秋航空通过研发，终于开发出了自己的销售系统，该系统更加贴合自身公司的经营情况，还为公司节省了一大笔销售费用。

## 5. 自助登记系统

春秋航空在离港系统方面购买了价值仅十几万元的自助登机机器，进一步节省了人工成本。

## 6. 办公设施成本和差旅成本

春秋航空没有自建总部办公楼，总部办公室仅设置在机场附近的小宾馆中；董事长的办公室不足 20 m²；出差除自家航线外，火车能到的地方绝不坐飞机；高管出差住宿、餐饮待遇与普通员工相同。这些成本节约，强化了公司的节俭文化。

### 7. 零部件仓储成本

春秋航空没有独立的航材备件、零部件仓库，而是与新加坡航空合作，在需要维修时从新加坡航空的上海仓库采购零部件，需要多少采购多少，最大限度地减少库存，节省仓储费用，降低其在飞机维护保养方面产生的成本和资金占用。

### 8. 与采用差异化战略的竞争对手的比较

成本领先战略并不适用于每家航空公司，航空公司因其行业特殊性，飞机动辄20～30年的折旧周期，这使得现有的航空公司，尤其是规模较大的航空公司很难在短时间内进行转型，因为仅仅是"两单"（单一机型、单一舱位），它们就很难做到。同时，作为民营企业，春秋航空挣脱了传统国有航空的束缚，可以根据自身想法对市场做出灵活反应，制定自认为适合公司的发展战略。

作为一家廉价航空公司，春秋航空的服务质量不可避免地存在一些短板。一方面，为了缩减成本，春秋航空将餐饮、托运等服务的费用从票价中剥离出来，以有偿服务的方式由消费者按照个人需求自主选择。春秋航空的服务质量受到上述措施的影响，飞机的舒适度、行李托运、舱位设置和餐食等服务质量明显低于四大航空公司。由于实施成本领先战略，春秋航空的行李托运重量限制明显低于全服务航空企业，部分航班无免费托运额度。飞行途中不提供免费餐食，乘客可按照个人需求付费购买饮品及餐食，但可选择的种类有限。对于运输服务，春秋航空没有较为舒适的头等舱和商务舱可供选择，并且座椅较小，座椅间的间距较小，相比于全服务航空公司舒适度较差。

另一方面，为了增加额外的收入，乘务员口头推销产品也大大影响了消费者的乘机体验，给消费者留下杂乱、嘈杂、不专业的印象。

针对近年来客户需求出现多层次化的情况，春秋航空不断提升基于差异化的多方位服务能力，将自身产品及出行服务进行适应市场需求的更新，研究主营运输业与航空附加服务业协同发展的新思路。从2019年开始，春秋航空深入改革了机票及服务产品的差异化定价模式，此举提高了部分高附加值组合产品的销量，提升了公司的收入水平。但就差异化程度而言，春秋航空与四大航空企业仍存在很大差距。

### 9. 2022年宏观环境对公司成本管理的影响

根据年报，2022年，春秋航空的成本管理面临诸多挑战。一方面，国际油价受国际政治局势影响进一步上涨，航油价格创历史新高，造成公司单位航油成本上升60.3%。另一方面，由于公司主要基地（上海）几乎停摆，大幅拖累了机队利用率，并且出行市场频繁波动，全年飞机日平均利用率小时同比下滑34.1%，成为抬升单位成本的主要不利因素。不过，春秋航空作为低成本航空公司的代表，通过严格的成本控制，受宏观环境的影响弱于全服务航空公司。

资料来源：
根据专业学位硕士论文、新闻报道等公开资料整理。

> 讨论题：
> 1. 春秋航空选择成本领先战略的动因有哪些？
> 2. 春秋航空是从哪些方面节约成本的？
> 3. 和四大航空企业相比，春秋航空在差异化方面有哪些差距？

在确定企业总体战略之后，企业明确了将从事的经营领域，接下来就需要考虑如何在各个经营领域中展开竞争，这是企业战略的第二个层次——经营单位战略（business strategy）的主要内容。企业经营单位战略上承企业总体战略，作为公司整体经营战略的展开，下接职能战略，作为职能层面战略的指导。经营单位战略也可称为竞争战略（competitive strategy），本质上是针对不同的竞争领域，提出相应的竞争战略来达成战略目标。

# 6.1 企业一般竞争战略

企业竞争的目的是更好地为顾客提供他们想要的东西，使企业能够赢得某种竞争优势，并战胜竞争对手。因此，竞争战略的核心是企业内部所采取的用来为顾客创造价值的行动。一个企业的竞争战略包括企业所采取的用来吸引顾客以满足其需求的策略和行动，也包括企业所采取的用来抵御市场压力、加强市场地位的策略和行动。

**1. 基本竞争战略的提出与分类**

基本竞争战略的测量

1980 年，美国哈佛商学院的迈克尔·波特在其《竞争战略》一书中指出：企业要想追求卓越，或者成为本行业中成本最低的生产者，或者使自己的产品或服务与众不同，企业可以在或宽或窄的市场上选择使用这两种战略。由此，波特总结出了 3 种一般竞争战略：成本领先战略、差异化战略和目标集中战略。目标集中战略又可以细分为目标集中的成本领先战略和目标集中的差异化战略，在成本领先战略和差异化战略之间又可以细分出一种中间战略，即最优成本战略，如图 6-1 所示。波特认为企业需要从这 3 种战略中选取 1 种作为企业一定发展时期内的主导

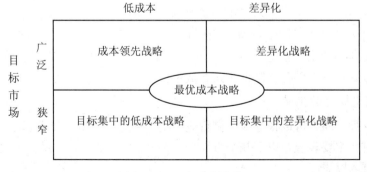

图 6-1 一般竞争战略

战略，以取得较好的绩效。自 Dess 和 Davis 首次通过大样本数据验证了波特提出的 3 种基本竞争战略类型的存在后，波特对竞争战略的基本分类成为被广泛接受与认可的分类方式。下面对成本领先战略、差异化战略、目标集中战略及最优成本战略逐一进行分析。

### 2. 成本领先战略

1) 成本领先战略的概念

所谓成本领先战略，是指企业通过在内部提高运营效率和加强成本控制，在研究开发、生产、销售、服务和广告等领域把成本降到最低限度，从而成为行业中的成本领先者的战略。

中国企业成本的控制案例分类

采用成本领先战略意味着企业可以通过其低成本地位来获得竞争优势，从而成为行业中的高水平盈利者。它与一般的削价竞争有本质区别，后者往往以牺牲企业利润为代价，有时甚至亏本经营，换句话说，尽管在爆发价格战时具有成本领先战略的企业更具有压价能力，但是采用这些策略的指导思想却并不一样。

蜜雪冰城、正新鸡排、华莱士的低成本领先战略的对比

以沃尔玛为代表的大型连锁零售商和以西南航空为代表的廉价航空公司就是采取成本领先战略的典型企业。

沃尔玛巨大的经营规模为其提供了规模经济，使其有能力对供应商施压，迫使其降价，从而把采购成本压到最低。沃尔玛的员工薪酬普遍偏低，为了节约成本，沃尔玛还曾解雇所有店内迎宾员。在沃尔玛，一部分商品是从供应商直接配送到卖场的，而不是经过沃尔玛的配送

日本家具品牌 NITORI 的低成本领先战略

中转。对于那些从供应商运送到沃尔玛配送中心的商品，沃尔玛会直接把它们卸货到即将开往指定卖场的沃尔玛运输车辆上，而不是卸货后放入沃尔玛的配送中心。通过为配送中心购置高端的自动化设施，使得向沃尔玛卖场送货的货车运输队能高效运转。通过在线系统直接向供应商实时传送能反映顾客需求的商品销售信息，沃尔玛和供应商建立起了广泛的信息共享，从而节约了成本。沃尔玛最大的供应商宝洁公司，就将其 ERP 系统与沃尔玛的信息系统整合起来了。通过各种措施，沃尔玛具有比克罗格、西夫韦等连锁超市高出 22% 的成本优势。

西南航空的飞机全部是波音 737，以便节约运营和维护成本。西南航空复飞只需 25 min，而竞争对手则需要 45 min，这使它的飞机每天可以多飞行数个小时，从而可以用更少的飞机安排较多的航班班次，使公司平均每架次的收益高于竞争对手。西南航空不提供指定座位的服务，不提供随机行李托运，也不提供头等舱和贵宾服务，由此降低了很多成本。公司快速友好的在线预订系统方便了网上订票，因而减少了对电话订票中心和柜台工作人员的需求量。公司使用的自动验票设备也减少了对终端检票人员的需求。西南航空大约 75% 的乘客可以直达目的地，这也帮助公司降低了运营成本。

2) 成本领先战略的优势

企业采用这种战略，可以很好地防御行业中的 5 种竞争力量，获得超过行业平均水平的利润。具体来讲，主要表现在以下几个方面。

(1) 形成进入障碍

企业的生产经营成本低，便为行业的潜在进入者设置了较高的进入障碍。那些生产技术

不熟悉、经营上缺乏经验的企业，或缺乏规模经济的企业都很难进入此行业。比如，家电行业通过规模经济形成的成本领先战略，使得许多潜在进入者望而却步。由于拥有上千个车站，旅客周转量达到数十亿，灰狗巴士具有很好的规模经济，从而保持了低成本和低票价。

（2）增强讨价还价能力

低成本能够为企业提供部分的利润率保护，并且由于具有庞大的采购规模或生产规模，能够防御来自强有力的买方和卖方的议价能力。

（3）降低替代品的威胁

企业的成本低，在与替代品竞争时，仍可以凭借其低成本的产品和服务吸引大量的顾客，降低或缓解替代品的威胁，使自己处于有利的竞争地位。

（4）保持领先的竞争地位

当企业与行业内的竞争对手进行价格战时，由于企业的成本低，可以在对手毫无利润的低价格的水平上保持盈利，从而扩大市场份额，保持绝对的竞争优势。

正是由于成本领先战略具有上述明显优势，因而在进行战略分析时都将成本领先作为竞争优势的重要基础。对成本优势的这种强调，反映了人们将价格作为企业之间竞争的主要工具的倾向，这是因为价格竞争能力最终取决于成本效率，同时也反映了一些企业在战略上的偏好。在20世纪的大部分年代，许多大公司主要通过成批生产和大规模分销来实现规模经济，进而谋求成本领先地位，而在20世纪90年代，一些大公司转移到通过重构、削减规模等来获得成本效率。

3）成本领先战略的适用条件

成本领先战略是一种重要的竞争战略，但是也有一定的适用范围，当具备下列条件时，采用成本领先战略会更有效力。

① 在行业中占据较大的市场份额，具有一定规模经济优势。当企业的产品具有较高的市场占有率时，企业会更容易实现大规模的生产，从而获得规模经济，降低成本。例如，地方商业银行和大型国有银行、全国性股份制银行相比，资产规模较小，资金成本难以获得明显优势，难以依靠低价形成竞争优势。类似地，中小型券商的资本金较小，因而在资金成本上不具备优势，在开展融资融券、股票质押等业务时难以形成价格优势。

② 目标客户对产品的价格较为敏感。一般来说，购买者对价格越敏感，就越倾向于将其决策置于价格最优这一点上，成本领先战略就越具有吸引力。例如，蔚来以豪华型新能源汽车为主，目标客户对价格不敏感。春秋航空的目标客户多为中短途旅行者、差旅人士等对价格敏感的人群。

③ 产品在市场中的差异性不大，即产品的标准化程度较高。例如，银行的小微企业普惠金融产品的种类很多，各银行的产品之间有很大的差异性，这不利于选择成本领先战略。

只有符合上述条件，采取成本领先战略才能具有较好的效果。如果不符合上述条件，差异化可能是更合适的竞争战略。

4）成本领先战略的实现途径

成本领先战略意味着整体的低成本，而不仅仅是低生产成本。要获得低成本优势，企业整个价值链上的累积成本必须低于竞争对手的累积成本。达到这一目的有以下两种途径。

（1）比竞争对手更有效地从事价值链活动，更好地管理推动价值链活动成本的各个因素企业通过有效地管理价值链上每一个环节的活动，可以节约许多资源和能力，降低成本。比如规模经济生产和分销，强化物流成本控制等。

沃尔玛拥有强大的向供应商议价的能力，能通过大批量的购买获得很大的价格折扣。沃尔玛曾经减少过所售产品的数量和种类，这减弱了它与供应商议价的能力，使它所售的部分产品价格有所上升。

20 世纪早期，数百家制造商可以生产汽车，但都是定制生产，价格较高。福特在 20 世纪 20 年代左右制造 T 型车的时候，产品设计与生产标准化程度甚高。老福特曾经说过一句著名的话："你想要你的 T 型车是什么颜色都行，只要颜色是黑色。"据说黑漆干得最快，当然通常也是最便宜的一种颜色。通过推出可以大批量生产的汽车，大部分美国消费者都能买得起汽车了。

（2）改造企业价值链，省略或跨越一些高成本的价值链活动

寻找革新的途径来改造业务中的各个过程，削减附加的"无用过程"，更经济地为顾客提供基本的东西，这样可以带来巨大的成本优势。通过改造价值链的结果来获得成本优势的主要方式有以下几种。

① 简化产品设计。

② 削减产品或服务的附加，只提供基本的无附加的产品或服务。宜家为了降低成本，生产可由消费者自行安装的模块式家具，并要求顾客自己运输所购买的产品。宜家在卖场内以类似于消费者家庭的场景中摆放不同的家具的组合，使得消费者能想象在家中一套家具看起来效果如何，这样便可以不再需要雇用销售顾问。

③ 转向更简单的、资本密集度低的，或更简便、更灵活的技术过程。纽柯钢铁公司通过使用电弧熔炉融化回收废钢材，减少了许多传统钢厂所使用的炼钢环节。与传统钢厂相比，纽柯钢铁使用相对便宜的电弧熔炉和持续锻造工艺，而不是使用昂贵的焦炉、碱性氧化高炉。纽柯钢铁成为世界上成本最低的钢材制造商之一，从传统钢材生产商手中夺取了巨大的市场份额，并获得很高的利润。

④ 寻找各种途径来避免使用高成本的原材料或零配件。

⑤ 使用"直接到达最终用户"的营销和销售策略。Dell 公司的成功在很大程度上就受益于它直接到达终端用户的销售策略。

⑥ 将各种设施重新布置在更靠近供应商和消费者的地方等，减少运输成本。通过把生产设施放在靠近矿泉水源的地方，瓶装水公司可以降低成本。通过使供应商的厂房与本公司的厂房相邻，能减少运输成本，并减少了库存成本，因为公司不再需要太多的原材料库存。

5）成本领先战略的风险

尽管成本领先可以给企业带来竞争优势，但采用这种战略也有一定的风险。

（1）技术的迅速变化可能使过去用于扩大生产规模的投资或大型设备失效

例如，晶体管的发明和投产使原来大规模生产电子管的企业蒙受重大的经济损失，一种新型工艺的出现可能导致原有工艺的失效。

（2）过于集中于成本的降低，降低了产品或服务的质量

成本领先企业往往依靠低价位来保持其竞争优势，以至于在差异化方面做得不足。一旦出现差异化的竞争者，其低价的竞争方式必然会导致获利空间大大缩小，影响持续的发展潜力。

(3) 容易受到对手的模仿

竞争对手可以通过有效模仿，或购买更加先进的生产设备，做到成本更低，以更低的成本为起点参与竞争，后来居上。此时，企业就会丧失原来的成本领先地位。

(4) 容易受外部环境的影响

比如通货膨胀率的提高，势必会提高企业的生产投入成本，减小企业的价格优势，从而不能与采用其他竞争战略的企业相竞争。相比于发达国家的企业，发展中国家的企业更具备成功实行成本领先战略的条件，因为这些国家的劳动力成本等比较低。不过，随着这些国家劳动力和原材料成本的上升，其中的很多企业也致力于提高自己的创新能力。

**3. 差异化战略**

如果购买者偏好的多样性太强，标准化的产品难以完全满足；或者购买者要求的多样性太强，具有相同能力的厂商难以完全满足，差异化战略就成为一个很有吸引力的竞争战略。

谭木匠的差异化竞争战略

1) 差异化战略的概念

差异化战略是指企业提供与众不同的产品和服务，满足顾客的特殊需求，形成竞争优势的战略。差异化战略往往能够创造出用户欢迎的与众不同的价值。例如，当发生重大事件时，很多美国观众就会收看福克斯新闻台和美国有线电视新闻台，因为它们能给突发事件更多的播出时间，并让记者快速赶赴现场。

差异化战略是企业通过树立品牌形象、提供特性服务及优势技术等手段，来强化产品特点，让消费者感觉其支付的费用尽管高于同类产品，但仍然是"物有所值"甚至"物超所值"的，企业也就有合理的利润空间，进一步加强在产品质量、新技术开发和附加值服务方面的投入，从而实现企业成长的良性循环。

对同一行业的竞争对手来说，产品的核心价值是基本相同的，所不同的是产品的性能和质量。在满足顾客基本需要的前提下，为顾客提供独特的产品和服务是差异化战略追求的目标。而实现这一目标的根本在于不断创新。只要认真分析一些来我国投资的大跨国公司的做法就会发现，通过创新活动来提高产品、市场、管理和组织的差异化水平，不断提升产品和服务的新价值创造能力，是这些成熟的大跨国公司广泛采用的市场竞争战略。因此，差异化战略是使企业获得高于同行业平均利润水平的一种有效的竞争战略。由价格战向差异化转变应是我国下一步产品转型升级的方向。差异化战略需要借助于高超的质量、非凡的服务、创新的设计、技术性专长或不同凡响的品牌形象，来培养顾客忠诚度，获得"溢价"。当一个企业向其客户提供某种独特的有价值的产品而不仅仅是低廉的价格时，他就把自己与竞争对手区别开来了。差异化可以使企业获得溢价，即使在周期性或季节性经济萧条时，也会有大量忠诚的客户。如果实现的溢价超出了为使产品独特而追加的成本，差异化就会带来更高的效益。

差异化战略是企业广泛采用的一种战略。事实上，每个企业都有自己的特点，一个企业将其产品或服务差异化的机会是很多的。当然，一个企业能否将其产品和服务差异化，还与产品的特性有密切的联系。例如，汽车和餐馆比一些高度标准化的产品（如小麦和水泥）等具有更大的差异化潜力。值得注意的是，虽然企业可以通过各种方法实现产品和服务的差异化，但这

钟薛高的高价雪糕

并不意味着所有的差异化都能为顾客创造价值。差异化的目的是增加竞争力和盈利,因此必须分析顾客需要何种差异化,以及这种差异化所创造的价值是否超过了它所增加的成本。

2) 差异化战略的优势

(1) 形成进入障碍

由于产品的特色,顾客对该产品或服务具有很高的忠诚度,从而使该产品或服务具有很高的进入障碍。潜在的进入者要与该企业竞争,就需要克服这种产品的独特性。

(2) 降低顾客敏感程度

由于顾客对企业产品和服务有某种程度的忠诚度,当这种产品价格发生变化时,顾客对价格的敏感程度不高,生产该产品的企业便可以运用产品差异战略,在行业的竞争中形成一个隔离地带,避免竞争的侵害。这就是很多名特产品售价虽高但仍然拥有稳定消费群体的重要原因。例如,哈雷戴维森摩托车公司持续提价,但客户数量仍不断提高。一瓶普通的矿泉水可能售价3元,而同样容量的一瓶依云矿泉水则通常售价十几元。

(3) 增强讨价还价能力

产品差异化战略可以让企业产生较高的边际收益,增强企业对供应者讨价还价的能力。同时,由于差异化产品和服务是其他竞争对手不能以同样价格提供的,而且顾客对价格的敏感程度又低,企业可以运用这一战略削弱购买者讨价还价的能力。

(4) 防止替代品威胁

采用差异化战略的企业在应对替代品竞争时比其他竞争对手处于更有利的地位,这同样是由于购买差异化产品的顾客对价格的敏感度较低,更注重品牌和形象,一般情况下不愿意接受替代品。

3) 差异化战略的适用条件

(1) 目标客户具有差异化需求,且价格敏感度不高

如果市场上的消费者具有多样化的需求,而且他们肯为差异化所带来的良好体验付出额外的代价,而不只是关注价格,则有利于差异化战略的实施。在有些市场环境中,差异化战略会更为有效:

① 该行业中顾客的产品需求偏好非常多元化。多元化的需求偏好给行业中的企业提供了更大的舞台,使它们更容易彼此之间形成差异。例如,顾客对菜肴、环境、价格和服务的多元化偏好,使得餐厅有很大空间做到差异化。类似地,出版业、手机制造业、鞋业、厨房用品业也具有这种特点。

② 该行业容易推出具有差异化特点的产品或服务。例如,连锁酒店可以在位置、房间大小、服务范围、酒店餐厅、床上用品、家具等方面进行差异化。化妆品制造商可以在产品形象、抗衰老配方、防紫外线、卖场中专属的零售柜台位置、包含抗氧化剂和天然成分、禁止动物试验等方面进行差异化。

③ 该行业技术变化速度快。技术变化速度快的行业,会迫使其中的企业进行快速的产品创新。视频游戏、手机、大屏幕电视等行业,企业都不断推出新产品,以使自己和对手区分开来。

(2) 具有较高的研发能力和营销能力

如果企业在研发和营销方面具有较高的能力,则有利于差异化战略的实施。

4) 差异化战略的实现途径

成功的差异化战略，关键在于用竞争对手无法模仿或抗衡的方式为购买者提供价值。差异化战略的实现有多种途径，通常包含以下途径。

① 产品设计。

② 创新。创新通常是技术复杂性产品差异化的源泉，许多人愿意付出高价购买创新的产品，比如制作考究的计算机和汽车等。

③ 质量和可靠性。

④ 优良的服务。对于像汽车和家用电器这类复杂的、可能定期发生故障的产品，售后服务和产品维修尤为重要。例如，海尔家电产品的售后服务遵循"真诚到永远"的理念，在消费者中形成了良好的口碑。

⑤ 定制化。定制化是实现产品差异化和服务差异化的一个重要途径。量身定制的西服相比货架上买来的现成服装，具有差异化优势。银行可以根据客户的投资到期期限来提供定制化的产品。银行和券商可以根据内部的客户评级体系，根据客户资产规模、业务种类、风险偏好等把客户分为不同组别，对不同组别的客户提供不同的服务。

⑥ 品牌形象。产品的品牌形象在心理上对顾客的吸引也是差异化的重要来源。即使有形的产品差异化比较少，广告也能给消费者带来产品有差异的印象。产品的盲测结果显示，即使是最忠诚的百事可乐或可口可乐饮用者，也很难将两者区分开来。

⑦ 广泛的选择空间和一站式购物。

⑧ 多功能。这个特点多见于消费电子行业。

⑨ 独特的口味。在食品和饮料行业中的乐啤露、激浪、红牛和李施德林都有独特的口味。

多个行业中实施成本领先战略的企业和实施差异化战略的企业的实现措施

不同的事业部和不同的产品，可以同时采用两种或两种以上的差异化战略，但要对市场进行细分，根据不同的细分市场选用不同的差异化战略。

5) 差异化战略的风险

(1) 可能丧失部分客户

顾客是否选择那些具有鲜明特性和独特功能的产品，不仅取决于产品与竞争对手产品的差异化程度，也取决于顾客的相对购买水平，并受经济环境的影响。如果获得成本领先地位的竞争对手提供的产品价格非常低，以至于两者之间的价格差能够抵消顾客认为通过差异化获得的价值，那么试图通过差异化取得竞争优势的企业将面临风险。此外，当经济环境恶化，人们的购买力水平下降，顾客将把注意力从产品的特色和包装转移到最一般的实用价值和功能上来，对一些基本的生活用品尤其如此，这也将极大地影响顾客对差异化的选择。这种风险非常重要。

(2) 顾客需要的产品差异的地位和作用逐渐下降，或者是顾客不再需要企业长期赖以生存的那些产品差别化的因素

当顾客变得理性和成熟时，就可能发生这种情况。例如，20 世纪 80 年代，折叠床在我国很流行，许多家庭对床的折叠功能特别重视，但是随着人们生活水平的提高，对折叠床的需求日益减小，即折叠功能的作用下降了。

（3）大量的模仿缩小了感觉得到的差异

竞争对手通过模仿或技术创新，推出类似的产品降低企业产品差别化的特色，或是推出更具竞争力的差别化产品，这是随着行业的成熟而发生的一种普遍现象。事实上，企业能否通过差异化取得竞争优势，在一定程度上取决于其技术和产品是否容易被模仿，企业的技术水平越高，形成产品差异化时需要的资源和能力越具有综合性，则被竞争对手模仿的可能性就越小。

（4）过度差异化

差异化虽然可以给企业带来一定的竞争优势，但这并不意味着差异化程度越大越好，因为过度的差异化容易使企业产品的价格相对于竞争对手来说太高，或者差别属性超出了消费者的需求。

**4. 目标集中战略**

1) 目标集中战略的概念

目标集中战略又称聚焦战略、集中化战略、利基战略，是指企业把经营战略的重点放在一个特定的目标市场上，为特定的地区或特定的购买者提供特殊的产品和服务，以建立企业的竞争优势及市场地位。细分市场的例子包括：年轻人、老人、专业油漆匠、中国西部等。有些企业追求的是广阔的市场，例如丰田就具有多样化的产品线；而保时捷则聚焦于特定的消费群体。实施目标集中战略的例子还有：谭木匠专注于木质梳子市场；戈雅食品聚焦于美国西班牙裔食品；好孩子童车专注于儿童市场。

很多小企业都专注于当地市场，例如小型酿酒厂、本地面包店。在酒店业，连锁酒店往往在交通发达的地点开设分店，然而很多独立酒店和度假酒店则通过选址于交通不那么方便的地方来获得成功。

这一战略的前提是企业能够以更高的效率、更好的效果为某一狭窄范围内的战略对象服务，从而超过在更广阔范围内的竞争对手。结果是：企业在服务于特定市场的过程中实现了低成本或差异化，或者二者兼得。目标集中战略与前面所讲的两种基本战略不同，低成本战略和差异化战略都是在整个行业范围内达到目的，但目标集中战略是利用企业的核心竞争力，在某一特定的细分市场上提供比竞争对手更好的高效率的服务。企业目标集中，意味着对于特定的目标市场企业，或者处于低成本地位，或者具有差异化优势，或者二者兼有。

例如，宝供物流是国内注册成立的第一家物流企业，在发展初期只是专门经营铁路运输的货运站。公司以"质量第一，客户至上，24小时服务"的服务宗旨，为客户提供"门对门"的服务，受到宝洁公司的青睐，开始为宝洁提供运输服务，在与宝洁的合作中得到发展壮大。宝供物流发展初期经营的以运输为核心业务的物流服务，走的就是业务集中化的道路，这为宝供物流赢得了市场和发展空间，也为以后业务的扩展和实力的壮大奠定了坚实的基础。

2) 目标集中战略的优势

目标集中战略可以为企业带来的竞争优势包括以下几方面。

① 目标集中战略便于集中使用整个企业的力量和资源，更好地服务于某一特定的目标市场。

② 战略目标集中明确，经济成果易于评价，战略过程较容易控制，从而带来管理上的便捷。根据中小型企业在规模、资源等方面固有的一些特点，以及目标集中战略的特性，相对而言，目标集中战略对中小型企业来说可能是最适宜的战略。

③ 聚焦企业对目标市场内顾客期望的满足，可以有效地抵御定位于多细分市场的企业的进攻。

④ 聚焦者的能力可以作为防御潜在加入者的壁垒。

⑤ 聚焦企业服务于小市场的能力是替代产品生产商所必须克服的一大障碍。

通过实施目标集中战略，企业能够划分并控制一定的产品势力范围。在此范围内其他竞争者不易与其竞争，所以市场占有率比较稳定。通过目标细分市场的战略优化，企业围绕一个特定的目标进行密集性的生产经营活动，可以更好地了解市场和顾客，能够比竞争对手提供更为有效的商品和服务，从而获得以整体市场为经营目标的企业所不具备的竞争优势。企业在选定的目标市场上，可以通过产品差别化战略确立自己的优势，也可以在专用产品或复杂产品上建立自己的成本优势，还可以防御行业中各种竞争力量，使企业在本行业中保持高于一般水平的收益。这种战略尤其有利于中小企业利用较小的市场空隙谋求生存和发展。采用目标集中战略，能够使企业或事业部专心为较窄范围的战略目标提供更好的服务，充分发挥自己的优势，取得比竞争对手更高的效率和效益。

例如，在旅游市场上，目标市场广泛的竞争对手对所有客户提供普通的产品或服务，没有满足特定顾客群体的与众不同的需求；而一些目标集中的竞争者，则会针对不同的细分市场顾客的独特需求，提供一些自驾游、"红色旅游"、探险之旅等新的旅游方式和线路。目标集中战略由于针对目标客户的成本需求或差异化需求提供相应的产品，因而与那些目标客户定位广泛的企业相比，具有更大的竞争优势。

3）目标集中战略的适用条件

目标集中战略在下列情况下能够取得最好的效果。

① 定位于多细分市场的竞争企业很难满足目标小市场的专业化或特殊需求，或者要满足这个市场的需求需要付出高昂的代价。

② 没有其他竞争企业在相同的目标细分市场上进行专业化经营。

③ 企业没有足够的资源和能力进入更多的细分市场。集中化战略往往适用于资源能力有限的中小企业，这些企业的实力和规模无法对全部目标客户群开展广泛竞争。整个行业中有许多的细分市场，聚焦企业可以选择与自己能力相符且有吸引力的市场。

④ 企业当前未采取面向广泛市场的战略。在企业试图把面向广泛市场调整为面向细分市场时，可能会导致现有其他细分市场的客户流失。在对已经成立相当长时间的企业进行战略规划时，这一条件是需要被考虑在内的。

此外，尽管一些中小型的银行、券商等金融机构在和大型金融机构的竞争中，可以采取目标集中战略，但它们作为金融机构，仍需要适当兼顾风险分散方面的考量。

4）目标集中战略的实现途径

一般而言，企业可以通过两种途径来实现目标集中战略，即以低成本为基础的目标集中战略和以差异化为基础的目标集中战略。例如，企业可能使用集中在老年消费者中的成本领先战略、集中在外籍游客消费群体的差异化战略。

以低成本为基础的目标集中战略是指企业要以比竞争对手低的成本为特定市场服务。这一战略取决于是否存在这样一个购买者细分市场，企业满足它们所付出的代价比满足整个市场其他部分所付出的代价要小。

以差异化为基础的目标集中战略是指企业能够为某一市场的购买者提供更能满足自身要求的产品或服务。这一战略取决于是否存在这样一个购买者细分市场，它们想要得到或需要特殊的产品属性。虽然薯片行业被控制在少数几个大企业手中，但帕比薯片仍然成功打入该市场。帕比薯片的目标客户群是有健康意识、追求低脂肪小吃的高收入购买者。该公司把薯片的脂肪含量减半，又能保持薯片的口味。斯蒂尔集团是小型机械链锯制造商和营销商，它拥有链锯和户外动力工具方面的上千项专利。该公司的链锯、叶鼓风机、绿篱机的定价都高于竞争对手。

这两种目标集中战略都有赖于目标市场与行业中其他细分市场之间的差异性。目标细分市场必须有特定需求的消费群体或者服务于目标市场而与行业其他细分市场相区别的产品。上述的差异性意味着以广泛的市场为目标的竞争者在该细分市场中缺乏竞争性。因此，目标集中战略的经营者可赢得独有的竞争优势。

5）目标集中战略的风险

① 由于企业在实施目标集中战略时将其所有的或者绝大部分的资源和力量都投入到某种产品或服务或某一特定的细分市场中，所以当顾客偏好发生改变、技术出现创新或是有新的强势替代品出现时，原有的这部分市场对产品或服务的需求就会下降，很可能给企业带来沉重的打击。

② 竞争者进入企业选定的目标市场，通过模仿或是采取更加集中的战略手段使得原目标市场的结构对于消费者来说吸引力下降，企业的市场份额逐渐被蚕食。

③ 过于狭小的竞争领域，难以为企业提供广阔的发展空间。

**5. 最优成本战略**

1）最优成本战略的概念

最优成本战略是把强调低成本与强调差异化结合起来的一种竞争战略，关注的是以较低的成本生产较高质量的产品，给予顾客更多的价值。其目标是提供一种在质量、性能及特点等方面能满足或超过顾客期望的产品或服务，而在价格上又低于顾客的期望值，从而为顾客创造超值的价值和感受。

2）最优成本战略的优势

最优成本战略要求企业同时关注产品成本及差异化两个方面，竞争优势来自在关键的产品属性上接近对手，而以较低的价格击败对手。在质量、性能及特点上不输于竞争对手，同时在成本上又具有能与对手抗衡的竞争力，这样企业才能获得自己的竞争优势。最优成本战略不仅可以利用成本领先方面的竞争优势，还可以利用产品的差异化来增强综合竞争实力，因而最优成本战略对于那些追求综合竞争力的企业来说，具有很强的吸引力。当标准化的产品属性无法满足顾客市场多样化的需求时，当许多买主是价格和价值敏感的顾客时，最优成本战略可以通过在差异化和低成本之间建立平衡来满足顾客的需求，与低成本厂商在产品性能上开展竞争，与差异化厂商在价格上开展竞争。

丰田汽车公司就是成功运用最优成本战略的典范。丰田公司是公认的低成本制造商，然而丰田的雷克萨斯高级轿车在豪华车这一细分市场，既有性能良好、高档舒适的差异化优势，又有成本领先优势，它在性能和豪华性方面不输给奔驰、宝马、奥迪等的高端车型。雷克萨斯的分销渠道独立于丰田其他车型的分销渠道。潜在顾客去雷克萨斯4S店参观或试驾，会受到热情周到的接待和耐心解答，这是竞争对手所难以做到的。丰田在雷克萨斯上发扬了其低成本生产能力。雷克萨斯与丰田其他车系共享一些技术平台，从而具有规模经济。因此，在与高档豪华车竞争时，它可以依靠较低的价格获胜；在与低档汽车竞争时，它可以依靠较高的产品性能获胜。

最优成本战略介于上述3种战略之间，是一种复合战略，综合了上述3种战略的优势，采取了一种折中的方法。与上述3种战略不同，最优成本战略的目的不在于追求产品的成本最低，也不在于追求产品的差异化最大，而在于以同等的价格为顾客提供更高的价值，或者以较低的价格为顾客提供同等的价值。换言之，该战略的核心思想是注重产品的性价比，给顾客一种物超所值的感觉。

3）最优成本战略的适用条件及要求

最优成本战略成功的基础是有能力比对手成本更低地提供有吸引力的性能和特征，当竞争对手的标准化的产品特征和属性无法满足多样化的买方需求时，当许多买主是价格和价值敏感的买主时，企业就适宜选择最优成本战略。最优成本战略还要求企业拥有平衡成本和差异化的核心能力，关键是首先要奠定某一种竞争优势（低成本或差异化）基础，然后在适当的时机建立另一种竞争优势。

4）最优成本战略实施的途径

因为差异化往往要支付更多的成本，所以低成本与差异化经常是相互矛盾的。为了在最优成本战略中对成本与差异化进行整合，企业必须通过以下途径保持机动灵活性。

① 柔性制造技术的开发与应用，可以使多品种、小批量与生产的规模经济性很好地统一起来。

② 产品设计开发中零部件的标准化、通用化的发展及成组技术的应用，使得多品种的生产能做到低成本、高质量。

③ 准时制生产方式（JIT）的提出及应用，使生产过程中的存货大幅减少。

④ 一些现代化管理方法、技术（如价值工程）和现代化产品设计技术（如CAD）等的广泛应用，使企业有可能做到既保证和改善产品性能质量，又大幅降低有关的成本与费用。

⑤ 对企业生产经营影响最大的是计算机、信息技术的迅猛发展和应用，它使以往人类做不到甚至想不到的事情成为现实，且成本费用较为低廉。

5）最优成本战略的风险

由于成本领先和差异化需要企业在文化、管理、组织等方面的特殊支持，这使得既追求成本领先又追求差异化优势的企业容易被困在中间，受到低成本战略和差异化战略企业的两面夹击，所以波特认为这种"夹在中间"的战略是注定要失败的。如果企业无法在其选定的竞争范围内确立自己的领导地位，或者成为成本领导者，或者成为差异者，那么它就有可能被困在中间，使企业无法成功应对5种竞争力量，也就无法获得超额利润。

## 6.2 蓝海战略

### 1. 蓝海战略的概念

金伟灿和勒妮·莫博涅于 2005 年在《蓝海战略》一书中提出了蓝海战略（blue ocean strategy）。该战略认为市场是由"红海"和"蓝海"两种海洋组成的。红海代表的是人们已知的熟悉的市场，在这里市场的界限和规则都是人们所熟知的，但由于市场上的竞争者越来越多，市场空间越来越小，企业获取利润的难度增加，获取利润的机会也在不断减少。未知的、尚未发掘的市场空间称为"蓝海"。市场中最佳的竞争方式不在于消耗和互相争斗，而是重建和拓展市场边界，通过价值创新进入蓝海市场，从而避开竞争激烈的红海市场。然而，企业很难长期独占蓝海市场，因为对手必然会全力跟进，"蓝海"可能逐渐变成"红海"，这时企业又应当通过价值创新来继续开辟新的蓝海市场。

### 2. 战略布局图与四步动作框架

战略布局图（价值曲线图）是蓝海战略的分析工具。它对不同企业在产品、服务等元素的重视程度进行分析和展现，并且能够直观地显示客户选择不同企业产品可以获得的收益。它以一个横轴和连续点曲线图的方式展示，将该行业的所有竞争元素分布在图形的横轴上，连续点曲线则由各个元素表现的相对强弱值点连接而成，从曲线上可以看出企业的价值曲线。

太阳马戏团的蓝海战略

为了重新构建买方价值元素，创造一条与众不同的企业价值曲线，蓝海战略开发了四步动作框架，如图 6-2 所示。作为蓝海战略分析的一个框架工具，四步动作框架包含 4 个动作，即剔除、减少、增加、创造。4 个具体问题是：哪些被行业认为理所当然的元素需要剔除？哪些元素的含量应该被减少到行业标准以下？哪些元素的含量应该被增加到行业标准以上？行业中哪些从未有过的元素需要被创造？在这 4 个动作中，最核心的是剔除、创造两个动作。

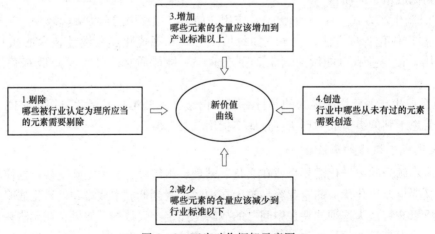

图 6-2 四步动作框架示意图

作为一个例子，图 6-3 展示了泉州银行零售业务的原有价值曲线和通过四步动作所得到的新的价值曲线。

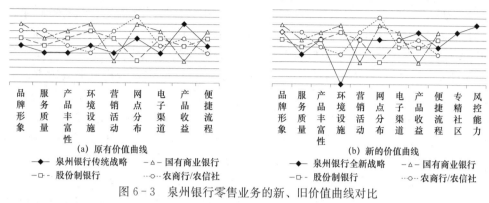

图6-3　泉州银行零售业务的新、旧价值曲线对比

**3. 蓝海市场的特点**

蓝海市场通常同时具有3个特点：市场规模较大、增速较快、竞争暂时还不激烈。换言之，如果一家企业较早进入某个规模较大且增速较快的市场，则这个市场对该企业来说就暂时是一个蓝海市场。这时，如果该企业具有较强的研发实力和充足的现金，将能够较快地增加在该市场中的市场份额。然而，随着更多竞争对手进入该市场，尤其是资金充裕、技术实力强的对手的入局，将会使"蓝海"逐渐变为"红海"。例如，化妆品行业的男士美妆业务、快递服务行业中下沉市场、餐饮业中的团餐业务、银行业的住房租赁业务、玩具业中的潮流玩具、手机行业中的非洲市场等。例如，根据天猫2019年3月发布的《颜值经济报告》显示，男士彩妆超越其他品类，同比增速最快，达到了89%。此外，一家企业进入蓝海的意愿也取决于其当前所占市场的红海程度。如果企业当前市场是典型的红海，例如存在强大的竞争对手和激烈的价格战，以至于盈利能力下降，则该企业进入蓝海的倾向会更强。

例如，目前我国增速较快且规模较大的市场的是相互之间存在交集的3个行业，即养老产业、体育产业、大健康产业。

① 养老产业：据测算，"十四五"时期我国将进入中度老龄化社会——60岁及以上老年人口总量将突破3亿，占比将超过20%。

② 体育产业：全民健身活动状况调查结果显示，2020年全国经常参加体育锻炼的人数比例为37.2%，比2014年经常参加体育锻炼人数比例33.9%又提高了3.3个百分点。2015—2019年，全国体育产业总规模从1.71万亿元跃升至2.95万亿元，年均增长率达14.6%。

蓝海战略四步动作框架举例

③ 大健康产业：普华永道报告数据显示，2020年中国大健康市场规模已达到13万亿元，且在过去8年中高速发展，市场规模年复合增长率高达13%。

# 6.3　动态竞争战略

**1. 动态竞争的概念**

在很多行业，主要竞争者之间经常出现一家公司推出新产品、提高产能、降价或推出新的 App，而其他公司迅速跟进，采用相似行动的现象。在电信、银行等行业，这类情况十分常见。例如，2018 年，土耳其电信行业的 Turkcell 宣布与爱立信签署谅解备忘录，合作在土耳其开发和部署 5G 技术。作为对 Turkcell 与爱立信合作的回应，沃达丰土耳其公司于 2018 年 11 月宣布与华为签署了类似的协议，以开发和部署 5G 网络。2018 年，克罗地亚电信行业的 Hrvatski Telekom 推出了一项新的移动计划，以固定月费提供无限数据、通话和短信服务。作为回应，A1 Croatia 仅在几个月后便推出了类似的移动计划，以比 Hrvatski Telekom 计划略低的月费提供无限数据、通话和短信服务。2019 年，塞内加尔电信业的 Sonatel 降低了数据和语音服务的价格。随即，Expresso 也降低了其数据和语音服务的价格，以与 Sonatel 的价格相匹配。2018 年，卢森堡银行业的 BGL BNP Paribas 宣布将推出一款新的移动银行应用程序，让客户可以通过智能手机访问他们的账户并执行交易。2018 年，BGL BNP Paribas 宣布将推出一款新的移动银行应用程序，让客户可以通过智能手机访问他们的账户并执行交易。

动态竞争战略的提出源于 1996 年乔治·S. 戴伊和戴维·J. 雷布斯坦因的著作《动态竞争战略》。

一般认为，动态竞争是指在特定行业内，企业采取的一系列竞争行动引起的竞争对手的一系列反应，这些反应又会影响到原先行动的企业，这是一种竞争互动的过程。随后该反击行为又会导致先采取竞争行为的企业的反击，形成不断循环的竞争行动。

企业间的动态竞争有两个特点：一是暂时性，即企业具备的竞争优势都是暂时的，而非长期可保持的。二是双向性，即战略的绩效取决于竞争对手的反应。企业制定的抢先战略有可能被竞争对手的反击行动所击败。

采取进攻行为的企业也可以称之为采取了进攻型战略。进攻型战略是指企业在市场上主动发起对竞争对手的竞争战略。一般情况下行业新进入者和有意改变企业自身地位的企业可能发起该项战略。尤其当市场份额较低时，企业具有扩大市场份额的需求，此时如果有良好的外部环境机会，企业应该采用进攻型战略。相反，防御型战略是企业维持现有状态的战略。当企业的竞争优势或市场上的地位处于强势时，通常会采取防御型战略来维持竞争优势及市场地位。

从动态竞争战略的视角出发，竞争对手的定义是：两家企业，在相同的市场中，服务的顾客相似，提供的产品或服务也相似，那么这两家企业就明显直接互认为是竞争对手。换言之，竞争对手的基本判定条件为竞争对手之间的市场共同性（market commonality）和资源相似性（resource similarity）。其中，市场共同性指的是企业所在的市场和竞争对手所在的市场之间重叠的程度。资源相似性是基于资源基础论提出的，指的是企业在拥有的资源类型与数量方面与竞争对手类似。

**2. 动态竞争战略实施的主要步骤**

动态竞争战略实施的主要步骤如下。

（1）识别竞争对手

通过对比识别具有市场共同性和资源相似性的企业，属于真正的竞争者。

（2）分析竞争对手反攻击行动

通过陈明哲、史密斯等人提出的 AMC 动态竞争关系研究框架（见图 6-4），判断竞争者会采取何种竞争性行动。

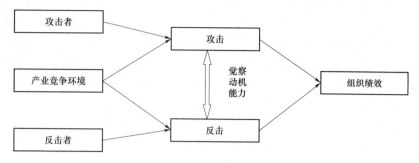

图 6-4　AMC 动态竞争关系研究框架

（3）预测企业间竞争行动和反应，制定攻击行动

竞争行动分为内部活动和市场行动，通过可能性、速度、类型、程度、范围、场所等维度组合来描绘"竞争-回应"的可能形式。

（4）评估动态竞争优势

由于动态竞争优势都是暂时的，所以需要通过竞争性优势的模仿速度和模仿成本两个维度来评估动态竞争优势。

**3. 影响反击可能性和强度的因素**

在受到进攻后，反击的可能性和强度会受到一系列因素的影响。

① 市场共同性和资源相似性会影响反击的可能性和强度。通常来说市场共同性高，进攻者不容易主动发起进攻，因为通常防御者做出反应的可能性比较大。从资源相似性的角度来看，如果资源相似性较低，进攻者通常会发起进攻，对手能做出的反击回应比较少。

② 市场竞争越激烈，反击强度就越大。2015—2019 年，售价在 10 万～15 万元之间的 A 级 SUV 汽车无论是市场增长率、集中度还是进入壁垒都发生了较大的变化。在 2018 年之前，市场处于高速增长、集中度较低且进入壁垒较高的阶段，在这一阶段，企业反击挑战的速度较慢，更倾向于选择简单的竞争行动组合和可预测的竞争行动模式，并且企业执行可持续行动的动机较弱。但是到了 2018 年之后，市场急转而下出现大幅下滑，市场集中度有所提升，市场进入壁垒逐步下降使得竞争车型数量大幅增加，这些都导致竞争和淘汰的加剧。在此阶段，企业对市场的敏感度均有所提高，倾向于快速响应市场的竞争行为，且采取更加复杂的竞争行为组合和不可预测的竞争行为模式，执行可持续行动的动机较强。

③ 复杂的、战略性的进攻行为较难获得对等的反击。一项进攻行为越复杂，对其做出反应的难度越大，那么这项进攻行为受到报复的可能性将越小。对回应的行为所需资源越多，回应的可能性越低。与战术行动相比，因为战略行动需要采取实质性的努力，所以采取战略行动会减少对手的反击次数，并延迟对手的反击时机。降价行为因其操作简便、所需资源较少，所以是进攻行为中最易引起对手回应的行为，并且对手的回应也是最直接且最有针对性的。例如，老款车型降价属于容易被察觉和反击的行为。

A 级 SUV 市场竞争环境变化示意图

④ 被进攻市场或经营领域对于被进攻者越重要时，引起的报复行为就越多。

⑤ 被进攻者的反击能力也会影响其反击的速度。例如，2019年，三星宣布计划推出其首款可折叠智能手机 Galaxy Fold。作为回应，华为宣布了自己的可折叠手机 Mate X，并于同年晚些时候推出。不过，苹果直到2023年仍未推出任何可折叠设备。华为之所以比苹果反应快，是因为在三星宣布之前，华为已经在可折叠屏幕技术上研究了好几年。

百事可乐与可口可乐的"百年商战"（动态竞争、成本领先与差异化）

> **章末案例**
>
> ## 蔚来的差异化战略
>
> 2014年，李斌、李想、刘强东等深谙用户思维的企业家联合腾讯、顺为资本、高瓴资本等顶尖互联网企业共同创立了蔚来汽车有限公司，英文名：NIO Inc.。2018年9月，蔚来成功在美国纽交所上市。截至2021年1月，蔚来汽车有限公司的量产车型有ES8、ES6、EC6、ET7共4款。截至2023年3月，第一代ES6已交付127 437台，在中国高端纯电中型SUV的细分市场上排名第一。在蔚来的经营发展理念中，用户得到的价值不仅来自高质量的车型，还来自蔚来提供的换电、维修、系统升级、用户社区等方面的高质量服务。
>
> **市场定位**：蔚来汽车将品牌定位于中高端市场，与传统国产整车的新能源品牌定位形成差异，在车辆性能与驾乘舒适性以及形象定位方面没有国产品牌企及。蔚来汽车瞄准的是传统燃油车豪华品牌"BBA"（宝马、奔驰、奥迪）的市场，将同样重视人文、科技层面创新的苹果列为远期竞争对手。蔚来通过推出概念车型EVE和跑车EP9，以及参加FE国际汽联电动方程式锦标赛的方式，塑造其品牌科技、高端的自主品牌形象。
>
> **产品差异化**：蔚来依照金字塔结构，自上而下的（从高端到中端）进行产品线的布局。蔚来虽是新创公司，却已在美国圣何塞、德国慕尼黑、英国牛津、中国上海、合肥、北京等地设立了研发、设计、量产和运营机构，聚集了世界范围内的软件开发、汽车制造、服务体验等行业的顶尖人才，确保其在汽车品质、用户服务方面与世界水平接轨。2016—2021年，基本每年推出一款新产品，具有较快的产品开发速度。蔚来汽车现已拥有超过4 000项专利，其中换电领域超过1 200项。
>
> 在2023年上海车展上，蔚来重点展示了ES6车型的智能化功能，车辆配备了激光雷达、毫米波雷达、环视摄像头等33个智能硬件，算力高达1016 TOPS。蔚来总裁秦力洪指出，智能化表现将会是车与车之间最大的差异点，以前大家最关注汽车的续航里程，现在大家更关心车辆的智能化水平。智能涉及的领域非常广，还有很大的拓展空间，在未来会成为汽车行业竞争的制高点之一。
>
> **价格策略**：过去我国新能源汽车消费呈现两极分化，大多以A00级及限购市场为主，中国缺乏符合改善性需求的国产新能源汽车品牌。在自主新能源品牌创立之前，比亚迪是我国唯一推出20万元以上起售价车型的中国汽车品牌，而蔚来定位于中高端新能源汽车市场。2020年数据显示，蔚来汽车的平均售价为42.63万元，在全球豪华品牌中，名列前位。

除国家新能源补贴退坡以外，蔚来未采取过短期降价行为。蔚来的定价不受特斯拉降价的影响，直接将价格对标同型号 BBA 车型，扭转了消费者心目中对自主品牌的低端廉价的刻板印象。

渠道差异化和服务差异化：蔚来采用线上与线下相结合的方式，通过线下体验店 NIO House（蔚来服务中心）与线上社区 NIO App 实现用户定制的 B2C 营销模式，同时辅以完备的能源服务体系 NIO Power，以及一站式售后服务 NIO Service，形成覆盖全国的用户服务体系。

蔚来的线上社区（NIO App）：采用产销一体的订单制直销模式，根据用户的需求，提供多达 22 万种搭配方案，为用户个性化定制产品。用户可以通过 NIO App 直接下订单，同时与服务人员进行及时的沟通，并完成一键式售后服务。

NIO House：蔚来为了提升其品牌的影响力，吸引潜在客户体验服务、了解蔚来品牌，在核心城市的中心地段布局了 NIO House，其具备产品品牌展示、会议工作室、书吧、儿童乐园、咖啡厅、剧场、休息区七大核心功能。NIO House 的功能不仅仅是完成产品宣传和销售，还兼具了连接用户与线下社区的功能。

NIO Space：为了方便非核心城市客户体验品牌及产品，从 2019 年起，蔚来开始陆续设立规模小、功能类似的 NIO Space，进一步完善其品牌的辐射。NIO Space 的分布数量更多，更高效地承载更多商圈及向二、三线地市州城市以及城市周边区域下沉。蔚来现有 31 个蔚来服务中心，203 个蔚来空间，覆盖了我国 121 个核心城市。

蔚来全球首创的能源服务体系（NIO Power）：该系统拥有超过 300 项专利，致力于加电比加油更方便。蔚来推出独创的换电模式及 BaaS（battery as a service，基于换电的车电分离服务）电租方案，为用户带来更多便利的选择。蔚来广泛布局充换电设施网络，利用其电源管理团队研发的 ATHENA 人工智能系统，在为用户给出合理的加电解决方案的同时不断优化充换电网络布局。截至 2020 年 4 月，蔚来能源服务体系已为用户提供了超过 33 万次的一键加电服务，解决用户里程焦虑及电池性能衰减的担忧。截至 2023 年 4 月，蔚来已经在全国布局了 1 323 座换电站。

蔚来的一站式售后服务（NIO service）：第一任蔚来车主购车后可享有免费质保、免费车联网服务和免费道路救援三项终身免费权益，解决了用车的一切后顾之忧。蔚来致力于为用户提供一站式的综合服务，涵盖维修保养、上门取送车、代步车、保险理赔、事故处理、道路救援、洗车代驾、上牌等综合服务。

较高的研发费用和销售费用：蔚来公布其 2020 年全年投入到研发方面的费用达 24.90 亿元。同时，蔚来有巨大的销售费用。为了树立品牌的高端定位、宣传其品牌影响力，以及为用户全心全意的服务，蔚来运营成本过大，现金流长期为负数。自上市 3 年以来，蔚来一直未能扭亏为盈，虽然 2020 年度的亏损有所减少，但仍未达到盈亏平衡，在账面资金周转困难时仍需要筹集资金。

代工生产：蔚来首款量产车型在投入量产前，因受到发改委和工信部收紧对新能源汽车生产企业生产资质审批的影响，没有获得电动汽车的生产准入资质，在综合权衡生产资质和制造成本的情况下，蔚来选择了代工生产（OEM）的方式。

资料来源：
根据专业学位硕士论文、新闻报道等公开资料整理。

讨论题：
1. 蔚来为什么选择差异化战略？
2. 蔚来的差异化体现在哪些方面？
3. 蔚来的差异化战略在其 STP 和营销组合 4P 中有哪些体现？

## 本章小结

业务层战略（即经营单位战略）是企业第二个层次的战略，主要解决如何在特定的行业或市场中参与竞争，改善自身的竞争地位，赢得竞争优势的问题。从产品与市场战略的特征看，业务层战略可划分为 4 种一般竞争战略类型，即成本领先战略、差异化战略、目标集中战略和最优成本战略。蓝海战略认为市场中最佳的竞争方式不是消耗和互相争斗，而是重建和拓展市场边界，通过价值创新进入蓝海市场，从而避开竞争激烈的红海市场。蓝海战略的核心分析工具是战略布局图和四步动作框架，即通过包含剔除、创造、减少、增加 4 个动作的四步动作框架，在战略布局图中创建一条与众不同的企业价值曲线。蓝海市场通常为市场规模大、增速快并且竞争暂时还不激烈的市场。动态竞争是一个市场上所有企业为了竞争所采取的所有攻击和反击。不会遭到反击的攻击更容易成功。

## 思考题

1. 试查找一个成本领先战略的典型案例，并进行简要评价。
2. 试查找一个差异化战略的典型案例，并进行简要评价。
3. 试查找一个目标集中战略的典型案例，并进行简要评价。
4. 试查找一个最优成本战略的典型案例，并进行简要评价。
5. 5 种经营单位战略（成本领先、差异化、目标集中成本领先、目标集中差异化、最优成本战略）之间有何差异？
6. 你认为采取单一的竞争优势（低成本或差异化）好，还是将两者结合更好？
7. 在某个市场集中度较高，且存在多个市场份额接近的主要竞争者的行业（如我国的乳品、空调、外卖、电信运营商、智能手机、电商平台、快递等行业）的动态竞争中，如何降低竞争对手进行反击的可能性和反击强度？
8. 在蓝海战略中，如何通过四步动作框架，为一家公司创建一条与众不同的价值曲线？

# 第 7 章

# 企业战略方案的评价与选择

企业提出可供选择的战略方案后,需要进一步对这些战略方案进行评价与选择。企业战略方案的评价与选择是指对已经形成或正在设计的战略方案运用某些方法进行比较、分析、衡量和推断,对方案的可行性做出评价和判断,并做出最后的选择,从而为战略实施提供切实可行的战略方案。

## 7.1 企业战略方案评价的原则与过程

### 1. 企业战略方案评价的原则

(1) 目标原则

一般来说,企业战略目标建立在对企业内外环境条件分析的基础之上,因而具有一定的客观性。目标原则要求战略方案与企业战略目标相一致,从方案是否能够满足目标的要求进行评价,无法达成战略目标的战略方案就淘汰。

(2) 可行性原则

可行性原则是解决战略方案"行不行"的问题,即在实践中是否可行,主要从战略方案的时机是否成熟、经营的大方向是否正确、是否抓住了企业的主要矛盾、是否具有战胜竞争对手的实力和比较优势等方面评价战略方案的可行性。

(3) 风险原则

根据战略方案的效益高低和风险程度进行评价。一方面,要考虑哪个方案能够在同样的约束条件下,以最低代价、最短时间实现既定目标,给本企业和社会带来最大效益;另一方面,则要考虑各战略方案可能给本企业和社会带来的不良后果,实施该方案所需承受的风险大小。通过比较分析,从中选择最佳方案。

(4) 适应性原则

从战略方案敏感度大小的角度，考虑本企业一旦实施这一战略方案，能否适应环境变化和意外事件的干扰。如果这个方案的敏感度太高，毫无伸缩性和灵活性，则可能使企业无法承受反常情况的影响，可能导致企业战略的失败或企业的衰败，这种方案显然是不可取的。

(5) 公共关系原则

所谓公共关系原则，是指在战略方案的评价中应特别注意方案是否有利于建立本企业的良好形象和声誉，是否有利于满足社会公众的要求，维护社会公众的利益，从而与社会公众建立良好的关系。

2. 企业战略方案评价的过程

企业战略方案评价的目的在于确定各个战略方案的有效性，主要分析提出的若干战略方案对企业的未来经营将会带来什么影响，比较各方案的优缺点、风险及效果。这是一个分析判断的过程，通常可分为以下 10 个阶段。

① 分析各战略方案是否与国际国内环境及宏观微观环境的未来发展趋势相适应。

② 分析企业目前的经营状况及其发展趋势。主要分析企业经营和效益情况、企业产品的竞争力、产品结构与市场地位（可从产品的性能、质量、价格、服务、产品开发能力、产品生命周期、产品技术含量、产品获利能力等方面进行分析）。

③ 企业保持现有的战略能否实现企业战略目标，差距何在。

④ 与企业战略目标相比，各种战略方案的有效性如何、存在何种差距，研究可缩小差距的其他战略方案。

⑤ 各种战略方案对企业资源的要求。分析现有企业资源能否满足各战略方案的需要，即分析企业资源现状、资源结构和资金利用情况（可从人员结构、资金结构、技术装备结构、劳动生产率、资金周转率、资金利润率、设备利用率等方面进行分析）。

⑥ 各种战略方案对企业组织与管理等方面的要求。分析企业目前的组织效能与管理现状（即对企业管理体制、管理方式、经营机制、领导体制、决策方式、职能部门设置与工作方式、总公司与分公司及子公司的关系等方面进行分析），企业现有组织与管理现状能否满足各战略方案的要求，从组织与管理上应做哪些调整才能保证战略的实施。

⑦ 各种战略方案的内部一致性分析，即分析每个战略方案对企业内部的研究开发、生产经营、市场营销、人力资源、财务等方面的要求是否协调一致，有无相互矛盾。

⑧ 在每种战略方案中各战略阶段划分是否恰当，企业在各阶段中承受能力如何。

⑨ 比较各种战略方案的优缺点、风险及效果，提出战略性的防范措施。

⑩ 预估在企业战略实施中将会遇到的困难和阻力，以及克服困难的可能性。

## 7.2　企业战略方案评价的方法

企业战略方案的选择正确与否与方案选择的方法息息相关，一般采取定性分析和定量分析的办法。

定性分析方法有很多，如专家评议法、类比法等。定性分析方法一般按照以下程序进行。

① 企业决策者在股东会上向会议报告方案策划、设计、评估及背景情况和过程，阐明讨论和选择方案对本企业发展的意义等。

② 组织股东代表研究和讨论方案，在充分发表意见的基础上，收集、归类、分析和整理会议的意见和建议，并通报方案制订部门，同时报告决策层。

③ 由方案制订部门向股东代表介绍方案制订的过程，说明制订方案的指导思想和达成的目标及采纳的建议，回答代表们的询问。

④ 企业决策者依据方案预选的根据、影响方案选择的因素，做出原则性选择判断，继而对方案涉及的不同利益集团进行说服。

⑤ 方案制订部门进一步筛选来自股东和员工方面的建议，对方案进行补充和修改，使之更加完善和具有可操作性。

⑥ 修改后的方案再次提交股东会讨论，有的可以无记名投票的方式决定方案取舍，有的也可以根据会议讨论意见，由企业领导层最终做出裁决。

企业战略评价与选择的定量方法也有很多，主要包括波士顿矩阵分析、IE 矩阵分析、SWOT 战略四边形分析、QSPM 分析、产品组合管理分析、行业生命周期分析、大战略集合模型分析等。各种定量的战略分析工具之间存在一定的相互关系。例如，外部因素评价矩阵（EFE 矩阵）和内部因素评价矩阵（IFE 矩阵）可以为战略选择提供基础，其中得到的每个外部因素和内部因素的权重将会用于后续的 QSPM 分析中，而其中的加权分数则会用于 IE 矩阵或 SWOT 战略四边形分析中。

**1. 波士顿矩阵分析**

1）基本原理与图示

波士顿矩阵分析又称 BCG 矩阵法、四象限分析法和市场增长-市场占有率矩阵法，是由美国波士顿咨询集团于 1960 年首创的一种投资组合分析方法。它通过将企业生产经营的全部产品、业务组合或经营单位作为一个整体进行分析，解决企业相关经营业务或单位之间现金流量的平衡问题，是制定公司层面战略的一种有效工具。该方法在多元化企业制定每种业务的发展战略时较为常用，但不会被用于业务层的竞争战略的制定。

（1）波士顿矩阵分析的前提

① 企业由两个以上的经营单位组成，并且经营单位之间是相互独立的，在一个企业范围内的这些经营单位合称为企业的经营组合。

② 企业的相对竞争地位（以相对市场占有率表示）和业务增长率（以市场增长率表示）决定了企业经营单位应采取何种战略。

③ 企业的相对竞争地位越强，其获利率越高，该经营单位能够为企业产生的现金流越大，市场增长率越高，则表明企业获取更多市场份额的机会越大，企业获取利润和现金投入的需求也就越大。

（2）矩阵构图

波士顿矩阵图（见图 7-1）是以两个参数为坐标构成的四象限平面图，这两个参数决定了整个经营组合中每个经营单位应选择何种战略。

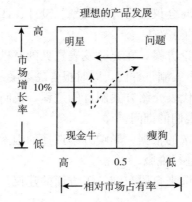

图7-1 波士顿矩阵

横轴代表经营单位在同行业中的竞争地位,这是一个相对量,用经营单位相对于主要竞争对手的相对市场占有率表示。相对市场占有率的分界线因企业而异,通常在5%~15%之间。例如,对于某企业,以0.5为分界线,据此划分为高、低两个区域。经营单位的相对市场占有率计算公式如下:

相对市场占有率=(经营单位年销售量(额)/主要竞争对手年销售量(额))×100%

或

相对市场占有率=(经营单位绝对市场占有率/主要竞争对手绝对市场占有率)×100%

纵轴代表业务增长率,用经营单位年市场增长率来表示。市场增长率的分界线因企业而异,通常在5%~20%之间。例如,对于某企业,用10%平均增长率作为增长高、低的分界线。经营单位年市场增长率的计算公式如下:

市场增长率=[(当年市场需求-上年市场需求)/上年市场需求]×100%

在绘制此图时,可以采用气泡图的形式,每个气泡代表一个业务。气泡大小可以取决于市场增长率和市场占有率之外的某个其他指标,如该业务的利润。

2)矩阵区域分析与战略选择

根据有关经营单位的相对市场占有率和市场增长率标准,波士顿矩阵将一个企业的所有经营单位定位在4个区域之中。不同类型的经营单位的特点及应采取的战略如表7-1所示。

表7-1 不同类型的经营单位的特点及应采取的战略

| 类型 | 特点 | 战略选择 |
| --- | --- | --- |
| 明星产品(stars) | 市场增长率高,相对市场占有率高 | 加大投资以增强其竞争力,扩大市场占有率 |
| 问题产品(question) | 市场增长率高,相对市场占有率低 | 采取选择性投资战略,判断该产品分别有多大概率会转变为明星产品和瘦狗产品,进而采取相应的策略 |
| 现金牛产品(cash cow) | 市场增长率低,相对市场占有率高 | 产品已进入成熟期,能为其他业务提供大量现金流,企业无须增大投资,可采取维持策略 |
| 瘦狗产品(dogs) | 市场增长率低,相对市场占有率低 | 产品无法为企业带来大量现金流,可采取撤退策略 |

不同企业的市场增长率和相对市场占有率的分界线是不同的,如表7-2所示。一家企业的现金牛产品的市场增长率和相对市场占有率,在另一家企业里可能只能相当于瘦狗产品。

表7-2 不同企业的四类产品划分标准存在差异

| 类　型 | 金风科技（2017—2019） | 苏宁易购（2019） |
| --- | --- | --- |
| 明星产品 | 风电服务（增长率48%,相对市场占有率31%） | 拼购（增长率27%,相对市场占有率6%）<br>零售云店（增长率34%,相对市场占有率8%）<br>小店（增长率27%,相对市场占有率9%） |
| 问题产品 | 无业务 | 商城（增长率26%,相对市场占有率2%）<br>平台直播带货（增长率34%,相对市场占有率3%） |
| 现金牛产品 | 风机及零部件销售（增长率22%,相对市场占有率28%） | 红孩子母婴店（增长率8%,相对市场占有率8%） |
| 瘦狗产品 | 风电投资开发（增长率15%,相对市场占有率7%） | 极物店（增长率3%,相对市场占有率1%） |

3）波士顿矩阵的运用

（1）分析步骤

波士顿咨询公司建议在战略评价中运用该矩阵时应采取以下步骤。

① 将企业划分为各种不同的业务部门或经营单位（矩阵中的圆圈代表部门或单位）。

② 确定每个经营单位的市场增长率。

③ 确定该经营单位的相对规模。

④ 确定该经营单位的相对市场占有率。

⑤ 绘制该企业的整体经营组合图。

⑥ 根据每个经营单位在企业整体经营组合中的地位选择其适宜的战略。

（2）波士顿矩阵的启示

波士顿矩阵分析的目的是帮助企业确定自己的总体战略。在总体战略的选择上,波士顿矩阵有几点重要的贡献。

① 波士顿矩阵是最早的组合分析方法之一,被广泛运用于产业环境与企业内部条件的综合分析、多样化的组合分析中,是大企业总体战略选择的理论依据。

② 波士顿矩阵指出了每个经营单位在竞争中的地位,为优化企业资源配置提供指导,从而使企业可以有选择地运用有限的资金。每个经营单位也可以从矩阵中了解自己在企业中的位置和可能的战略发展方向。

③ 波士顿矩阵将企业不同的经营业务综合到一个矩阵中,具有简单明了的效果。在其他战略没有发生变化的前提下,企业可以通过波士顿矩阵判断自己各经营业务的机会和威胁、优势和劣势,判断当前面临的主要战略问题和企业未来在竞争中的地位。比较理想的投资组合是企业有较多的明星和现金牛业务、少量的问题业务和极少数的瘦狗业务。

（3）波士顿矩阵的局限性

企业在把波士顿矩阵作为分析工具时,应该注意到它的局限性。

① 在实践中,企业要确定各业务或经营单位的市场增长率和相对市场占有率往往是比较困难的,有时数据可能会与现实不符。

② 波士顿矩阵把企业的业务划分为 4 种类型，有些过于简单。

③ 市场增长率和相对市场占有率两个单一指标分别代表产业的吸引力和企业的竞争地位，并不能全面反映这两方面的状况。企业要对自己一系列经营业务进行战略评价，仅仅依靠这两个指标往往是不够的，还需要行业的技术等其他方面的指标。

④ 企业在进行业务组合的选择时，没有考虑各经营业务之间的相关性，可能造成业务之间难以有效匹配。

### 2. IE 矩阵

IE 矩阵也叫内部-外部矩阵（internal-external matrix）。IE 矩阵根据 IFE 和 EFE 两个工具，即内部因素、外部因素这两个维度的加权分数所在的区间，选择相应的发展战略。通过使用 3 个等级（低、中、高）划分企业内、外部环境，可以得到 9 个区域。

IE 矩阵的 9 个区域可根据 3 种发展战略划分为 3 个部分：分数坐标位于左上部分（即Ⅰ、Ⅱ、Ⅳ区域）的，应采用增长型战略；在对角线（即Ⅲ、Ⅴ、Ⅶ区域）部分的，应采用稳定型战略；在右下部分（即Ⅵ、Ⅷ、Ⅸ区域）的，应采用收缩型战略，如表 7-3 所示。

表 7-3 某公司 IE 矩阵分析

| | | EFE 加权总评分 | | |
| --- | --- | --- | --- | --- |
| | | 高（3.0~3.99） | 中（2.0~2.99） | 低（1.0~1.99） |
| IFE 加权总评分 | 强（3.0~3.99） | Ⅰ | Ⅱ | Ⅲ |
| | 中（2.0~2.99） | Ⅳ | Ⅴ | Ⅵ |
| | 弱（1.0~1.99） | Ⅶ | Ⅷ | Ⅸ |

举例来说，如果当前分析的企业的 EFE 和 IFE 的分数为 3.55 和 2.89，则定位于Ⅱ区域，即表明企业有外部机会且有内部优势，所以应该选择增长型战略。又如，如果 EFE 和 IFE 的分数为 2.87 和 2.28，则定位于Ⅴ区域，应采用稳定型战略。

### 3. SWOT 战略四边形

通过运用 EFE 矩阵和 IFE 矩阵对企业的外部关键因素和内部关键因素进行量化评分，可以获得 S、W、O、T（即优势、劣势、机会、威胁）分别对应的加权分数，进而可以得到该企业的 SWOT 战略四边形，如图 7-2 所示。

由图 7-2 可以看出，该公司的 SWOT 战略四边形重心落在坐标轴的第一象限，即优势（S）和机会（O）所构成区域内，表明该公司有较为明显的内部优势，并且有较为好的外部机会。因此该公司的最优战略选择为 SO 增长型战略。

### 4. QSPM 分析

QSPM，即定量战略计划矩阵（quantitaive strategic planning matrix），是企业在进行战略选择时的重要分析工具。通过该工具，能比较客观地从一组备选战略方案中选出最优战略。

不同企业、分析层面的备选战略，其差异较大。QSPM 可以分析不同的公司层战略、不同的业务层战略，甚至不同的国际化战略等。

QSPM 分析的具体流程如下。

① 将从外部因素评价（EFE）矩阵和内部因素评价（IFE）矩阵中得到的影响该企业的

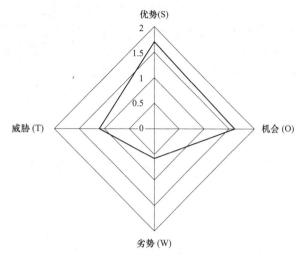

图 7-2　一家企业的 SWOT 战略四边形

关键外部因素（机会和威胁）与内部因素（优势和劣势）在 QSPM 中列出。通常情况下定量战略计划矩阵中至少应该包括 10 个外部因素和 10 个内部因素。

② 将各因素对应的 EFE 矩阵和 IFE 矩阵中的权重填入权重列，分别给每个外部因素和内部因素赋予权重。需要注意的是，这里给每个关键因素赋予与 EFE 矩阵和 IFE 矩阵中相同的权重。这些权重比例通常需要通过问卷得出。各权重的总和应为 2。

在利用定量战略计划矩阵（QSPM）对备选战略进行量化选择时，通常应当邀请 10～30 名专家，组成专家团。无论是权重设置还是吸引力评分，均应通过问卷方式让各专家根据各自的经验独立打分，然后对分数汇总，取平均值。在专家团中，应主要包括内部中高层管理人员，同时最好还包括企业外部的行业专家（例如长期研究该行业的大学教授、招标专家库成员等）。所邀请的内部管理人员最好是熟悉当前所分析业务的人员。

③ 在 QSPM 中填入几种可行性较高的备选战略，各备选战略之间应尽量互不相容。如果某一战略通过定性分析即被排除，则不必纳入备选战略。

④ 邀请专家参与问卷调查，将各关键因素相对于每个备选战略的吸引力分数（attractiveness scores，AS）进行打分，分值越高，表示吸引力越大，即 1＝没有吸引力，2＝有一定吸引力，3＝有相当吸引力，4＝很有吸引力。进而，根据各专家所给出的各因素相对于各备选战略的吸引力分值，计算出平均值。

⑤ 将各因素的权重和吸引力分数相乘，得到每个备选战略对于每个因素的吸引力总分（total attractiveness scores，TAS），即吸引力总分（TAS）＝权重×备选战略吸引力分值（AS）。吸引力总分越高，则说明该备选战略的吸引力越大。

⑥ 将每个备选战略列的各因素吸引力总分（TAS）加总得到各备选战略的吸引力总分和（STAS）。总分越高，反映战略吸引力越高。吸引力总分和最高的备选战略即为首选战略。

常见的关键因素及其与 QSPM 中的三种基本竞争战略的对应关系探讨

例如，由 QSPM 分析可得，差异化战略得分为 5.91 分，集中化战略为 4.17 分，成本领先战略为 3.46 分，可见，在企业管理者和行业专家的认知中，当前最适合该企业的竞争战略类型为差异化战略。又如，通过计算，3 种备选方案的吸引力总分和分别为：密集型战略 6.43 分、一体化战略 5.79 分、相关多元化战略 6.07 分。说明在 3 种战略中密集型战略有着更强劲的吸引力，因此该企业应该重点考虑采用密集型战略。

际华投资岳阳公司养老业务竞争战略选择（QSPM 分析）

大战略集合模型

# 7.3 影响战略方案选择的行为因素

企业战略的选择通常还会受到多种行为因素的影响，这些因素在不同的企业和不同的环境中所起的作用是不同的，但了解这些因素对企业战略管理者选择合适的战略方案十分重要。实证研究表明，影响上市公司各类决策的因素可以分为微观、中观和宏观三类。其中，微观因素包括管理者特征、股东特征等。中观因素包括地区特征、行业特征等。宏观因素包括制度完善程度、环境不确定性、宏观经济增长等。其中，管理者对企业具有重要影响，而管理者的决策又受到以下多种因素的影响。

### 1. 现行战略的继承性

企业战略的评价分析往往是从对过去战略的回顾、审查现行战略的有效性开始的，它对最后做出战略选择往往有相当大的影响。由于在实施现行战略中已投入了相当可观的时间、精力和资源，人们对之都承担了相应的责任，而制定战略的决策者又多半是现行战略的制定者，因而企业做出的战略选择接近于现行战略或只是对现行战略做局部改变是不足为奇的，因为这种沿袭现行战略的倾向已渗透到企业组织之中。这种对现行战略的继承性或惯性作用有其优点，即便于战略的实施。但如果在现行战略有重大缺陷濒于失败时，若仍沿袭既有战略，则将是很危险的。应当对此倾向有所警惕，必要时做出相应的人事调整以克服这种惯性。

### 2. 利益相关者的压力

任何企业战略决策都会受到企业内部和外部多种利益相关者的影响。从企业外部来说，企业债权人希望企业能按时还本付息；政府和其他社会团体则希望企业更好地承担社会责任，遵守国家和政府的法规；股东则希望企业给予更多的回报。从企业内部来说，同样有来自不同利益团体和关系团体的压力，从而使企业新的战略至少不损害它们的利益。例如工会希望企业不断提高工人的收入，改善工人的福利，保证员工的就业机会。各种内外压力最终会以多种形式反映到企业高层管理者身上，也会使他们的个人利益产生差异。其中相当一部分人可能会将个人利益或他所代表的小团体的利益放在第一位。

为了使高层管理者在战略决策中克服或减少这些压力的影响，从而做出最佳的战略决策，下列指导原则能提供一定的帮助。

① 淡化个人和小集团的意识，培养和增强整体观念。

② 学会和做到协调多种利益相关者的利益关系，同时保证能够代表和反映企业内外不同利益相关者的观点。尤其是要考虑那些新进入企业的人的意见，因为这些人较少受企业原

有文化和思维方式的影响，会从完全不同的角度看待企业。

③ 企业的战略制定者应能对企业内部的各种利益关系进行有效的管理，在决策前要允许不同的意见和建议都有机会表达出来，但应在关键时刻行使自己的权力，其作用是维护企业的整体和长远利益。

④ 企业战略管理者，尤其是主要负责人要注意自己的行为和语言对他人的影响。相当多的企业管理者是看领导的脸色行事，一旦他们错误地理解了领导的意图，那么整个决策过程就会向相反的方向进行。

⑤ 企业决策在多数情况下不可能使企业内外的所有利益相关者都感到满意，因此决策者要明确哪种利益和要求对企业是更重要的，如果这些团体的要求得不到满足将会产生什么样的反应，以及有多大的可能会产生这种反应，企业对这样的反应应该做出什么样的准备。如果企业高度依赖于一种或几种利益相关者，那么企业战略选择的余地就越小。

### 3. 企业领导人的价值观及对待风险的态度

企业领导人的价值观及对待风险的态度对战略选择影响极大。甘冒风险、对风险持乐观态度的决策者有较大的战略选择余地，最后会选择风险较大、收益也较大的战略方案；相反，不愿冒风险，对风险持畏惧、反对态度的决策者，其战略选择余地较小，风险型方案就会受到排斥，最后会选择较为稳妥的收益适中或较小的战略方案。因此企业领导人的价值观不同，对待风险的态度不同，最后选定的战略也往往不同。

### 4. 企业内部的人事和权力因素

很多实例说明，企业的战略选择更多的是由权力来决定的，而非由理性分析决定。在大多数组织中，权力主要掌握在最高负责人手中，在战略选择中常常是他们说了算，在他们权欲很大时尤其如此。在许多企业中，当企业主要领导人倾向于选择某种战略时，其他决策者就会同意这种选择。还有另一种权力来源，称之为联盟。在大型组织中，下属单位和个人往往因利益关系而结成联盟，以加强他们在主要战略问题上的决策地位。在企业中最有力的联盟对战略选择起决定性作用。在决策的各个阶段都有相应的政治行为在施加影响，不同的联盟有其不同的利益和目标，不应简单地把它看成坏事。政治行为在组织决策中是不可避免的，应将其纳入战略管理之中，个人、下属和联盟之间的正式和非正式谈判及讨价还价，是组织协调的必要。这样在选择未来战略中就能强化向心力，选择出更加切合实际的战略。因此，战略的选择往往是一个协商的过程，是企业内部各方面人事关系及权力平衡的结果，而并不只是一个系统分析的过程。

### 5. 时间因素

时间因素主要从几个方面影响战略的选择：第一，有些战略决策必须在某个时限前做出，在时间紧迫、来不及进行全面评价分析的情况下，决策者往往着重考虑采用这种战略方案产生的后果，而较少考虑接受这种战略方案获得的效益，这时不得已而往往选择防御性战略；第二，战略选择也有一个时机问题，一个很好的战略如果出台时机不当也会给企业带来麻烦，甚至是灾难性后果；第三，不同战略产生效果所需的时间是不同的，如果经理人员关心的是最近两三年内企业的经营问题，他们大概不会选择5年以后才产生效果的经营战略，即战略所需的时间长度同管理部门考虑的前景时间是关联的，企业管理者着眼于长远前景，则他们就会选择较长时间跨度的战略。

**6. 竞争对手的反应**

企业高层领导者在做出战略选择时要全面考虑竞争对手会对不同的战略做出哪些不同的反应。如果选择的是一种进攻型战略，对竞争对手形成挑战的态度，则很可能会引起竞争对手的强烈反击。企业领导者必须考虑这种反应，估计竞争对手的反击能量，以及对战略能否取得成功的可能影响。

## 本章小结

本章首先介绍了企业战略方案评价的原则和过程；其次，阐述了企业战略方案评价的方法。企业战略方案评价与选择的定量方法包括波士顿矩阵分析、IE 矩阵分析、SWOT 战略四边形分析、QSPM 分析等。波士顿矩阵分析通过将企业生产经营的全部产品、业务组合或经营单位作为一个整体进行分析，解决企业相关经营业务或单位之间现金流量的平衡问题，是制定公司层面战略的一种有效工具。根据有关经营单位的相对市场占有率和市场增长率标准，波士顿矩阵将一个企业的所有经营单位定位在 4 个区域中，并提出了 4 个不同的经营单位类型及其相应战略。在评价各经营单位时除了要考虑相对市场占有率和市场增长率外，还要考虑其他相关因素，这些因素综合反映出企业实力和行业吸引力。根据 EFE 矩阵和 IFE 矩阵，可以得到 IE 矩阵和 SWOT 战略四边形，进而对发展战略进行选择。QSPM 分析用于从一组备选战略方案中选出最优战略。QSPM 分析可以用在不同层面的战略选择中，可以是业务层的各种基本竞争战略、公司层的各种战略，也可以是其他层面的备选战略。最后，本章论述了影响企业战略选择的行为因素，主要包括现行战略的继承性、利益相关者的压力、企业领导人的价值观及对待风险的态度、企业内部的人事和权力因素、时间因素及竞争对手的反应等。

## 思 考 题

1. 企业战略方案评价的重要原则有哪些？
2. 波士顿矩阵分析的作用主要是什么？
3. EFE 矩阵和 IFE 矩阵与 IE 矩阵和 SWOT 战略四边形有什么关系？
4. EFE 矩阵和 IFE 矩阵与 QSPM 有什么关系？
5. IE 矩阵和 SWOT 战略四边形的作用主要是什么？
6. IE 矩阵和 SWOT 战略四边形有什么区别？
7. QSPM 分析有哪些流程？
8. 你认为存在哪些影响企业战略选择的行为因素？

# 第 8 章

# 企业战略实施与控制

"老鼠开会"的启示

**案例导入**

## 腾讯可持续社会价值创新战略的实施

腾讯于 1998 年 11 月成立于中国深圳,于 2004 年 6 月在香港联合交易所上市。自成立以来,践行企业社会责任就是腾讯整体发展战略的重要内容。为更好践行企业社会责任战略,腾讯于 2021 年将其战略升级为推动可持续社会价值创新,并通过不断优化组织架构设计、创新管治架构、迭代企业文化,推动其履责实践。

**1. 战略升级:将可持续发展目标融入企业战略**

2002 年,腾讯为广东清远一所山区小学捐献了十几台计算机,并由此开启它在公益领域捐助的行动。发展至今,通过多次战略升级,腾讯将可持续社会价值创新战略融入公司核心战略中。腾讯战略升级的大事件如下。

2018 年,腾讯启动"930 变革",提出"扎根消费互联网、拥抱产业互联网"战略。

2019 年,腾讯提出"用户为本,科技向善"的全新使命愿景,将企业社会责任提升到更高的战略层面。

2021 年,腾讯再次宣布战略升级,它立足国家战略需要、融合联合国可持续发展目标,将"推动可持续社会价值创新"纳入公司核心战略,进一步形成腾讯可持续社会价值创新战略。该战略的内容为:针对新发展格局下的重大议题,以科技向善为使命,通过科技创新、产品创新、模式创新,探索高质量、可持续的实现路径,共享社会价值、增进社会福祉,并以此为组织发展的首要目标。

目前,"推动可持续社会价值创新"战略与"扎根消费互联网,拥抱产业互联网"一起成为腾讯发展的底座,牵引公司所有核心业务,全面落实科技向善使命。在这个成长过程中,C(用户)、B(产业)、S(社会)三位一体的思考也逐步成熟(见图 8-1)。

正如图 8-1 所示,在制定"可持续社会价值创新"战略的过程中,腾讯始终坚持"用户为本,科技向善"的愿景和使命,并将其作为社会价值模型的战略核心和精神内核;

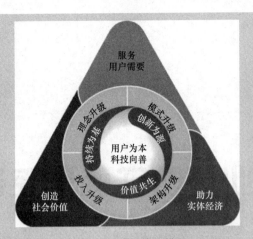

图 8-1 腾讯战略模型
资料来源：2021腾讯可持续社会价值报告。

以"理念升级、模式升级、架构升级、投入升级"为支撑点和发力点；以"服务用户需要、助力实体经济、创造社会价值"为方向指引，全面落实"可持续社会价值创新"战略。

### 2. 组织结构升级

企业战略的落实离不开组织的支持，腾讯通过升级组织结构为其"可持续社会价值创新"战略的落实提供支持。自2002年开启其在公益领域捐助的行动后，腾讯不断升级其组织结构，主要体现如下。

2007年，腾讯公益慈善基金会注册成立，成为中国互联网行业第一家在民政部注册的全国性非公募基金会。

2008年，四川汶川地震，腾讯联合壹基金等公益组织依托腾讯网、QQ等平台开通网络捐赠通道，这成为腾讯公益网络捐赠平台的前身。

2010年，腾讯成立企业社会责任部，专门负责在集团层面制定和实施腾讯企业社会责任战略。另外，在事业群层面，腾讯设置社会责任联络员，并鼓励组建专门团队负责结合业务践行社会责任。

2021年，腾讯设立"可持续社会价值事业部"（简称SSV）。一方面，SSV将传统公益方式升级为公益捐赠与可持续创造并重，通过核心能力、人才与资源的投入，发挥数字技术和平台优势，践行可持续社会价值创新；另一方面，SSV联动公司各产品、各业务，形成相互支撑、分兵合力、牢牢扎根的社会价值创新格局。

现阶段，腾讯形成了以"可持续社会价值事业部"为主导、"公益平台＋向善实验室"为两翼的可持续社会价值创新支持型组织结构（见图8-2）。该组织架构下，各个部门的主要责任如下。

（1）公益平台部

2008年，腾讯公益平台部成立，公益平台部负责腾讯公益平台的架构及产品设计、开发、运营及服务，连接内外部用户及公益机构；负责腾讯基金会日常运营管理，推动基金会与公司内外伙伴的协同与联动。

截至2020年12月31日，腾讯公益平台累计支持国内超95 000个公益慈善项目进行

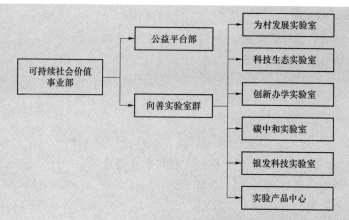

图 8-2 腾讯可持续社会价值创新战略下的组织结构

公开募捐，累计筹款总额超过 115.5 亿元人民币，在民政部认定的 20 家同类平台中排名第一。2020 年，在公共健康安全、扶贫和抗洪等重大公共事件的背景下，腾讯公益平台全年筹款达 38.49 亿元，比 2019 年增长 37.3%；捐款人次达到 1.18 亿，比 2019 年增长 20%。

（2）向善实验室群

2021 年，"可持续社会价值事业部"成立了使命驱动型的"向善实验室群"。向善实验室群涉及基础科学、教育创新、乡村振兴、碳中和、FEW（食物、能源与水）、公众应急、养老科技、数字文化、数字生态等领域，通过产品创新、模式创新和科技创新，逐步寻找满足这些领域社会需求的方法。

"向善实验室群"以开放方式运转，作为大项目"发动机"，灵活组建跨界跨部门团队，激发各方所长进行共创。对于科技创新、教育创新、乡村发展和碳中和等领域的项目开展内部孵化，待项目成熟后分拆出来成立工作室运作。

**3. 管理升级：全新的 ESG（环境、社会和治理）管治架构**

为了强化公司的 ESG 风险管控及把握发展机会，腾讯建立了全新的 ESG 管治架构（见图 8-3）。由董事会授权企业管治委员会监督公司的 ESG 事务，并由新成立的 ESG 工作组支持企业管治委员会履行监督职责。由负责 ESG 关键议题的高管组成 ESG 指导团队，在其指导下，ESG 工作组同企业管治委员会鉴别并落实公司的 ESG 事务。

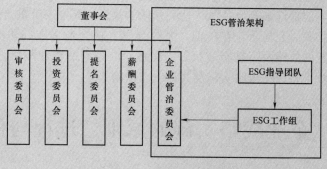

图 8-3 ESG 管治架构

#### 4. 企业文化不断迭代

企业文化是企业的灵魂，渗透在企业的一切经营管理活动之中。作为一家成立23年的互联网企业，腾讯的企业文化也在不断迭代升级。2019年，腾讯正式发布文化3.0，以"用户为本，科技向善"为使命愿景，以"正直、进取、协作、创造"为新的价值观。这显示出腾讯秉承始终根植用户价值的初心，用技术来守护生命和情感，用科技放大人性的善意，主动承担更大的社会责任。

在过去23年的发展中，腾讯内部也形成了独特的志愿者文化，员工结合自己的工作、特长、技能、生活，扎根志愿服务，并组成内部最大的虚拟组织——腾讯志愿者协会。第四次组织架构升级后，腾讯志愿者协会与SSV积极共创，在内部联合发起微爱员工公益项目创新大赛，并面向全员推出员工配捐平台，从志愿服务到可持续社会价值创新，一起为解决数字化和人与社会的和谐共处摸索探路。

在腾讯看来，企业文化应该落实在每一个腾讯人的实际行动中。从2007年开始，腾讯内部就发起了"瑞雪行动"，从文明搭乘电梯、不在公司通行班车占座开始，延展到餐厅、健身、会议、午休、办公等场景，由此沉淀出对腾讯人言行举止影响广泛的"瑞雪文化"。2021年，腾讯发布升级版的"瑞雪文化"，提出共建更加文明健康、平等尊重的腾讯职场文化，共同守护"腾讯style"。

资料来源：
[1] 腾讯可持续社会价值事业部.腾讯可持续社会价值报告（2021）.
[2] 腾讯可持续社会价值事业部.腾讯社会责任报告（2020）.
[3] 腾讯控股有限公司.2021年环境、社会及管治报告.

思考题：
1. 腾讯可持续社会价值创新战略的目标是什么？
2. 在实施可持续社会价值创新战略的过程中，腾讯主要做了哪些保障工作？
3. 如何评价腾讯可持续社会价值创新战略的实施？

企业战略形成之后，需要进一步实施战略，并且在战略实施过程中进行战略评价和控制。目前，尽管越来越多的企业开始重视战略管理，希望通过制定正确的战略来增强核心能力、提高竞争优势，但是许多企业并没有达到预期的效果，其中一个重要的原因就是没有有效地实施战略。据相关研究显示，在美国，大约有70%的企业失败并非由于低劣的企业战略，而是因为所制定的战略没有被有效执行。经过精心策划的企业战略，只有不到10%得到了有效执行。本章主要介绍战略实施及其评价与控制。

## 8.1 企业战略实施的原则、过程与任务

战略实施是企业战略管理的关键环节，是指企业按照战略目标组织企业活动，利用并协

调企业内外部资源，以实现企业战略目标的过程。有效的战略实施不仅可以保证一个合适的战略成功，而且还可以挽救一个不合适的战略或者减少它对企业造成的损害。

成功的战略制定并不能保证成功的战略实施，实施战略要比制定战略更为复杂。只有当企业制定了战略且又能有效地实施这一战略时，企业才能最终实现预期的战略目标。战略制定与战略实施有着根本的区别：① 战略制定是在行动之前的一种谋划，而战略实施是将战略谋划变为战略行为；② 战略制定是一种分析思维的过程，而战略实施是一个实际行动的过程；③ 战略制定需要有好的直觉与分析技能，而战略实施需要有特殊的激励和领导技能；④ 战略制定只需对几个人进行协调，而战略实施却需要对全体管理人员与员工进行协调。

### 1. 企业战略实施的基本原则

（1）适度的合理性原则

在战略实施中，战略的某些内容或特征有可能改变，但只要不妨碍总体目标的实现，就是合理的。受限于信息、环境及认知能力等因素，企业对未来的预测不可能很准确，所制定的企业战略也不可能是最优的，而且企业内外部环境不断演化导致企业很难完全按照原先制定的战略行事。因此，只要基本上达到了战略预定的目标，就应当认为企业战略的制定及实施是成功的。

（2）统一领导、统一指挥的原则

对企业战略了解最深刻的应当是企业高层领导人员，一般来说，他们要比企业中层和基层管理人员及一般员工掌握的信息更多，对企业战略的各个方面要求及相互关系了解的更全面，对战略意图体会最深，因此战略的实施应当在企业高层领导人员统一领导、统一指挥下进行，只有这样其资源的分配、组织结构的调整、企业文化的建设、信息的沟通及控制、激励制度的建立等各方面才能相互协调、平衡，才能使企业为实现战略目标而卓有成效地运转。

同时，要实现统一指挥的原则，要求企业每个部门能接受一个上级的命令。在战略实施中，如果能在小范围、低层次解决的问题就不要放到更大范围、更高层次去解决，这样做所付出的代价最小，因为越是在高层次的环节上去解决问题，其涉及的面越大，交叉的关系也越复杂，当然其代价也就越大。

（3）权变原则

企业战略的制定是基于一定环境条件下假设的，如果企业内外环境发生重大变化，企业就需要对原定的战略进行重大调整，这就是战略实施的权变问题。

权变的观念应当贯穿于战略管理的全过程，从战略的制定到战略实施；权变的观念要求识别战略实施中的关键变量，并对它做出灵敏度分析，当这些关键变量的变化超出一定的范围时，原定的战略就需要调整，并准备相应的替代方案，即企业应对可能发生的变化及其对企业造成的后果，以及应变替代方案，都要有足够的了解和准备，以提高企业的应变能力。战略制定人员应当把深思熟虑能力与预见能力、突发事件应对能力结合起来，这样才能满足企业对战略权变性的要求。

### 2. 企业战略实施的基本过程

（1）实施过程的动态性特征

战略实施是一个动态决策过程，可以用"流动的河水"来比喻企业战略实施的过程[①]。

---

① 蓝海林．企业战略管理："静态模式"与"动态模式"．南开管理评论，2007（5）：31-35．

如图 8-4 所示，在已经确定河水基本流向和宽窄的河床中，当遇到一块大石头（A 点）时，很难决定 A 点之后河水流动的具体路径。与此类似，在动态环境下，企业战略管理者只能事先制定企业的战略意图、宗旨、定位和相对比较宽泛的目标，至于战略实施过程中的一些应变和博弈性的决策，例如，A 点之后河水流动的具体路径，需要战略管理者在实施过程中结合"当时和当地"（A 点）的具体情况动态地做出决策。随着经营和竞争环境的动态性和复杂性加剧，战略实施的复杂性和重要性不断提升。

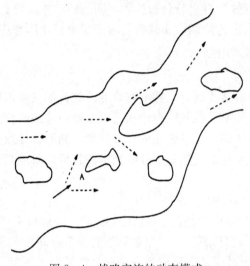

图 8-4　战略实施的动态模式

战略计划的概念与步骤

（2）基本过程

企业战略实施作为整个企业战略管理过程的重要环节，几乎涉及企业的所有职能活动。因此，企业战略实施要求企业各层管理人员积极参与，并根据各自所处的管理层次，围绕企业战略所制定的项目、预算、程序等有步骤地开展工作。企业战略实施的基本过程主要包括编制战略计划、调整组织结构、资源配置、战略控制。

① 编制战略计划。通过制订战略计划，将战略目标分解为几个战略阶段去实施。

② 调整组织结构。根据企业情况动态调整组织结构以满足战略实施的要求。

③ 资源配置。首先，合理配置人力资源，聘用与调配合适的人员到其能胜任的岗位上，使他们很好地完成战略实施所要求的工作；其次，合理配置其他资源，指挥、协调、分配好财力和物力等资源，保证将企业资源集中到实现企业战略目标的关键环节中去。

④ 战略控制。对战略实施过程进行评价与考核，并在必要时采取校正措施，以确保战略计划的顺利实现或战略的及时调整。

**3. 企业战略实施的主要任务**

在实施战略过程中，企业要识别出关键任务。以下 8 项任务是企业高层领导者必须关注的基础性工作，如图 8-5 所示。

① 建立一个有效的与战略相适应的组织结构。

② 合理预算，保证将足够的资源投入到对战略实施至关重要的价值链活动中去。

③ 建立支持战略实施的政策和程序。

④ 不断提高价值链各个环节的运作水平。
⑤ 建立企业信息交流和运营系统，使企业经理人员能在日常管理工作中承担其在战略实施中的角色。
⑥ 建立与战略目标及实施战略相关联的业绩考核与薪酬激励体系。
⑦ 创建一种支撑企业战略管理的工作环境和企业文化。
⑧ 发挥领导作用，不断提高实施战略的水平。

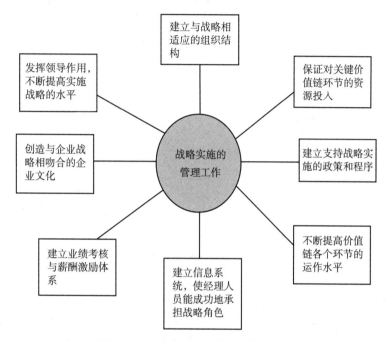

图 8-5　企业战略实施的 8 项管理任务

战略实施者的行动应当集中于使企业价值链的各项活动与战略要求相适应，这就需要企业建立起一系列的匹配关系。诸如，企业的资源和能力必须很好地与战略的需求相匹配，企业财务资源的配置必须能够提供给各部门有效地实施其战略的预算资金，企业的政策、薪酬体系、信息系统和运营活动也需要围绕战略有效实施而进行调整。与此同时，企业需要创建和培育一种支持战略的工作环境和企业文化。

在实践中，麦肯锡公司提出了 7S 模型，如图 8-6 所示。7S 模型强调在战略实施过程中要考虑企业整个系统的状况，既要考虑企业战略、结构和制度 3 个硬因素，又要考虑作风、人员、技能和共同的价值观 4 个软因素，只有这 7 个因素相互协调，企业战略才能获得成功。

① 战略（strategy）。企业战略是企业在对其所处的内外部环境分析后所制定的有关企业未来发展的谋划，是企业制订一系列规划和计划的基础。随着经济全球化及全球竞争的加剧，企业战略成为企业获胜的关键因素。

② 结构（structure）。合理的组织结构设计能够帮助企业将目标任务分解到各个职位，明确责任分工，并通过部门对各个职位进行管理，进而为企业实施战略提供组织保障。因此，企业需要尽可能地保证组织结构与其战略相协调。

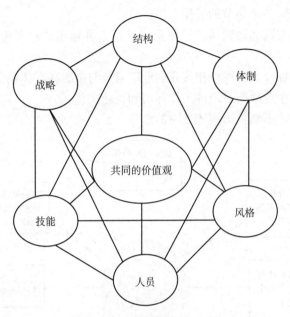

图 8-6　麦肯锡的"7S模型"

③ 体制（systems）。与企业发展相匹配的制度体系有助于战略行动的落实，反之则会阻碍企业战略目标的实现。因此，企业应该保持其制度体系与企业战略思想的一致性，进而为企业发展提供高效的系统运行模式。

④ 风格（style）。企业的管理风格可以分为集权型和分权型。在集权型管理风格下，企业表现为等级森严的气氛，但企业更容易形成和坚守反映其历史积淀的价值观；在分权型管理风格下，上下级关系相对轻松，企业员工对工作有更多的自主决策权。

⑤ 人员（staff）。企业员工的知识、经验、能力与意愿是企业落实战略行动、实施战略的关键。因此，企业应该为其战略实施配备相应的员工队伍。

⑥ 技能（skills）。战略行动的落实要求企业员工具备相应的技能，并且企业战略实施的动态过程要求企业员工不断更新技能。因此，企业应该关注员工的成长，帮助员工不断提高工作技能。

⑦ 共同的价值观（shared values）。共同的价值观有助于统一企业全体成员的思想，激发工作热情，共同为企业战略目标的实现而努力。

## 8.2　企业战略实施的支持系统

建立战略实施的计划系统和职能支持系统是企业在相对静态的环境下提高战略实施效果的主要措施，但是在相对动态的环境下，战略管理者更需要设计和建立一种旨在保障战略实施过程中决策正确和行为恰当的机制，它主要由以下4个方面的内容所构成：合理的公司治理、有效的战略领导、匹配的组织结构、良好的企业文化。本节主要介绍公司治理与组织结构。

1. **企业战略实施与公司治理**

麦肯锡公司对投资于新兴市场的个人和机构投资者进行了一系列的调查，发现其中80%的投资者均愿意为治理结构良好的企业付出较高的溢价。其他一些研究也表明，公司业绩和治理水平之间存在正相关关系。

1) 公司治理的概念

公司治理的现代理论文献起源于伯利和米恩斯的开创性研究。他们认为，公司的管理者常常追求个人利益的最大化，而非股东利益的最大化。伯利和米恩斯关注的企业契约性质和委托代理问题，推动了代理理论（agency theory）的萌芽和发展。所有权和经营权分离所造成的代理问题，是导致企业战略管理过程中出现战略失误和行为不恰当的重要原因。

英文中的治理（governance），原意是控制、引导和操纵，主要用于与国家公共事务相关的管理活动和政治活动中。但是20世纪90年代以来，这一概念被广泛应用于社会经济领域。治理在企业理论中的应用便是公司治理，英文为"corporate governance"，国内将其翻译成法人治理结构、公司治理结构和企业治理机制等。对治理结构的定义，国内外有很多学者从不同的角度提出了不同的看法，目前理论界还没有一个统一的认识。

20世纪80年代，美国公司董事协会对治理结构所做的界定是：公司治理结构是确保企业长期战略目标和计划得以确立，确保整个管理机构能够按部就班地实现这些目标和计划的制度安排。1997年9月，美国发表了《公司治理结构声明》，强调："公司治理结构不是抽象的目标，而是在股东、董事会成员和管理团队最有效地追求公司的运行目标的过程中为公司追求它的目标提供的一套结构或称制度安排。"

吴敬琏认为："公司没有意识和意志，它只能经由一个组织系统，即公司治理结构支配的管理人员才能对公司进行治理。所谓公司治理结构，是指由所有者、董事会和高级执行人员及高级经理人员组成的一种组织结构。在这种结构中，上述三者之间形成一定的制衡关系。通过这一结构，所有者将自己的资产交由公司董事会托管；公司董事会是公司的最高决策机构，拥有对经理人员的聘用、奖惩及解雇权；高级经理人员受雇于董事会，组成在董事领导下的执行机构，在董事会的授权范围内经营企业。"

钱颖一教授认为："公司治理结构是一套制度安排，用来支配若干在企业中有重大利害关系的团体，包括投资者、经理、工人之间的关系，并从这种制度中实现各自的经济利益。公司治理结构应包括：如何配置和行使控制权；如何监督和评价董事会、经理人员和职工，如何设计和实施激励机制。"

综上所述，公司治理是指存在于企业的相关利益团体，尤其是股东和高层管理团队之间的一种结构关系及由此决定的制度安排，这种结构关系和制度安排将主要用于控制代理成本，决定和控制一个企业的战略和绩效。合理的公司治理将促使企业高层管理者愿意做出最有利于企业长期发展的战略决策。

2) 公司治理与战略的关系

公司治理的重要目的之一是提高企业的竞争力，力保企业长期存续和发展。公司治理机制作为协调企业责、权、利的根本机制，决定了企业内部权利结构的特征，并进一步影响管理制度的制定和企业的经营决策。在各种决策的背后，无不闪现着治理的身影。公司治理机制调整了企业利益相关者的关系，在各方协调的基础上，按照治理机制规定的程序，决定企业的战略和各项决策,建立企业的管理制度。良好的治理机制,本身就是企业竞争力的一部分。

公司治理在许多方面与战略的制定和实施有关。董事会应当确保企业的愿景和使命体现在战略中,并且对战略实施加以监管。

当管理层不是企业所有者时,其背离组织目标的风险将会增大。股东们如何对高层管理者的行为问责?如何保证企业按使命来运营?如果股东们发现高层管理者制定的战略与使命不一致或不能为公司创造价值,或许更糟糕的是,如果高层管理者有不道德或违法行为,他们向谁求助?公司治理可以帮助股东们避免这些问题。

3) 公司内部治理机制的主要内容

公司治理可以分为外部治理和内部治理,公司治理体系如图8-7所示。考虑到企业战略管理者可以发挥作用的范围,下面主要介绍公司内部治理机制对战略实施过程决策的影响。

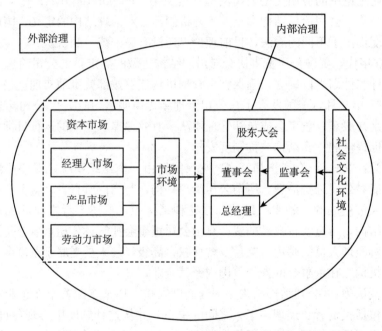

图8-7 公司治理体系

(1) 股权结构

股东代表大会是企业的最高权力机构,行使对企业战略选择和经营绩效有重大影响的若干职权,包括:决定企业的经营方针和投资计划;选举和更换董事、监事,决定有关董事、监事的报酬事项;审议批准董事会、监事会或者监事的报告;审议批准企业的年度财务预算方案、决算方案;审议批准企业的利润分配方案和弥补亏损方案;对企业增加或者减少注册资本做出决议;对发行企业债券做出决议;对企业合并、分立、解散、清算或者变更企业形式做出决议;修改企业章程以及企业章程规定的其他职权。股东权益机制是企业最根本、最上层的治理机制,也是企业最根本的制度,它决定着其他治理机制的设计,也从根本上制约着管理制度中的各个方面,包括职权的安排、财力和物力的去向以及企业的战略。

股权结构是指企业股权类型和比例配置的结构。研究表明，股权结构过于集中或分散，都不是合理的公司治理安排。合理的公司治理安排必须让股东对企业给予足够的关心，同时制衡各利益团体的利益，股东也能对管理者的战略决策给予足够的监督和参与。越来越多的企业希望引入机构投资者，这样可以在保证股权适度集中的同时，能有效地利用专业投资机构的知识和能力。

（2）董事会

董事会由股东大会选举产生，是代表股东大会行使权利的公司经营决策和管理机构。董事会的主要职责是：负责召开股东大会；执行股东大会决议并向股东大会报告工作；决定公司的生产经营计划和投资方案；决定公司内部管理机构的设置；批准公司的基本管理制度；听取总经理的工作报告并做出决议；制定公司年度财务预算、决算方案和利润分配方案、弥补亏损方案；对公司增加或减少注册资本、分立、合并、终止和清算等重大事项提出方案；聘任或解聘公司总经理、副总经理、财务部门负责人，并决定其奖惩。

图8-8解释了董事会、企业战略和绩效之间的关系。

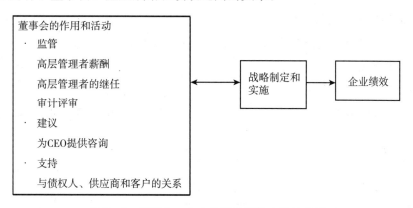

图8-8 董事会、企业战略和绩效之间的关系

在公司治理的架构中，董事会是至关重要的决策团队。董事会成员必须有足够的时间去思考、判断和权衡各种因素对企业未来发展的影响，因此董事会的首要职责是做出正确和有效的战略决策；其次是要将合适的人安置到企业高层管理者的位置上，并且通过合适的激励和监督去保证他们能够并意愿提出正确的计划与方案；最后还需要具备相应的信息和知识去判断企业高层管理者所提出的计划和方案是否正确。

（3）高层管理者的激励机制

管理者报酬是一种试图通过工资、奖金，以及股票奖励和期权之类的长期激励性报酬使管理者和所有者利益一致的公司治理机制。它在理论上是通过将管理者财富和普通股东财富相联系来解决或避免潜在的代理问题。

首先，董事会要确定企业高层管理者的工资和办公条件等方面的待遇。这种待遇主要与其占据的"位置"有关，包括位置的价值和相应的工作及生活待遇。其次，董事会要考虑给予企业高层管理者一定的奖金，这种激励与企业短期（一般是年度）绩效的超预期增长挂钩。当然，这种激励不应该成为管理者收入的主要部分，因为这样容易导致管理者在战略决策中的短期行为。最后，董事会还应考虑给予企业高层管理者一些长期激励，如股权激励、期权激励等，目的是让高层管理者在决策过程中多考虑企业和股东的长期利益。

有效的高层管理者报酬特别是长期激励报酬是比较复杂的。第一，高层管理者制定的战略决策通常是复杂而且非常规的，所以不能直接监管管理者以判断他们决策的质量。这便促使将高层管理者的报酬与可测量的结果联系起来，例如公司的财务表现。第二，管理者的决策对公司财务状况的影响要在一定时期后才能表现出来，从而很难评估现有决策对公司未来业绩的影响。第三，高层管理者的决策及行动与公司的实际表现之间的关系还受到许多不确定因素的影响，不可预见的经济、社会或法律的变动使评估决策效果的难度加大。

综上所述，良好的公司治理具有四方面的作用：一是能够坚持以全体投资人和企业的整体利益为导向，能有效运用企业的全部资产，保障企业正常运作；二是通过董事会对企业战略体系进行咨询与审定，促进企业决策科学化；三是通过建立有效的经营层监督与激励机制，使经营者守法经营并充分发挥经营才能，提高企业经营管理水平，增强企业竞争力；四是保证企业运作公正、透明，增强投资者的信任，从而使企业在资本市场上更有竞争力，降低融资成本。

董事长只做三件事

**2. 企业战略实施与组织结构**

企业组织结构是企业内部各部门之间关系的骨架或模型，通常根据信息沟通、权责分工和工作流程等来确定。

1）企业组织结构的类型

企业组织结构的基本类型有 4 种：直线型结构、职能型结构、事业部结构、矩阵结构。

（1）直线型结构

直线型结构是最早、最简单的一种组织结构形式，如图 8-9 所示。

图 8-9 直线型结构

直线型结构是指组织中各项职务按垂直系统直线排列，各级主管人员对所属下级拥有直接的一切职权，不设专门的职能机构。

直线型结构的优点是：结构比较简单，权力集中，责任分明，命令统一，联系简捷。其缺点是在组织规模较大的情况下，所有的管理职能都由一人承担，往往由于个人的知识及能力有限而感到难以应付，可能会发生较多失误。

直线型结构适用于那些没有必要按职能实行专业化管理的小型组织或者是现场的作业管理。

（2）职能型结构

职能型结构又称 U 型结构或一元结构，是最古老、使用最广泛的组织结构。它起源于 20 世纪初法约尔在其经营的煤矿公司担任总经理时所建立的组织结构形式，所以又称"法约尔模型"。它按业务职能，如生产、营销、财务、研发、人事等设置管理部门，而每一个部门均由企业最高领导者直接进行管理，如图 8-10 所示。我国的国有企业广泛采用这一结构形式。

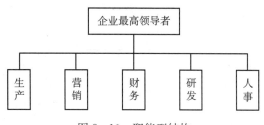

图 8-10 职能型结构

职能型结构的特点是集权且有明确分工。各个职能部门只负责某一方面的职能工作，也就是说各级管理机构和人员实行高度的专业化分工，各自履行一定的管理职能。只有最高领导者才能纵观企业全局，也就是说企业的生产经营权高度集中于最高领导者。

职能型结构的优点主要体现在：总经理管理所有业务；简化控制机制；明确的责任分工，有助于促进劳动的专业化分工，提高企业对各方面专门人才的利用效率；在高级和中级管理层有专门人员负责；组织可以获得规模经济和学习效应。其缺点主要体现在：高级管理人员负荷过重，容易忽略战略问题；难以处理多元化业务；各职能部门间的协调比较困难，使企业在适应外部环境方面缺乏灵活性；适应性差，在一个迅速变化的环境中十分不利。

职能型结构适用于中小型、产品品种比较单一、生产技术发展变化较慢、外部环境变化比较稳定的企业。当企业规模、内部条件的复杂程度和外部环境的不确定性超出了职能型结构所允许的限度时，则不应采用这种结构形式，但在组织的某些局部仍可部分运用这种结构形式。

（3）事业部结构

事业部结构又称 M 型结构或多部门结构。随着企业的发展，市场、地理位置的多样化，企业要按照市场区域、产品建立分权的经营单元。这些分权的经营单元，在符合企业整体政策、目标的前提下开展业务活动，设有相应的职能部门，从而可以满足不同地区、不同顾客的不同需求，灵活地适应快速变化的环境。

事业部结构又称为分权组织结构或部门化结构。事业部是指分权型组织结构中的一个管理层次，该层次主要根据地理区域、产品或服务、用户、工艺 4 个方面的因素归并组织而成。每个事业部作为企业内部的一个独立经营部门，是单独核算、自负盈亏的利润中心，自行开展营销、生产制造、研究开发、财务管理、计划组织等职能活动，如图 8-11 所示。各事业部考虑的是在一个特定的产品市场上如何增强产品的竞争地位，创造或维护可持续的竞争优势。

事业部结构的主要特点是按企业的产出将业务活动组合起来，成立专业化的生产经营部门，即事业部，每个事业部都有自己的产品或服务的生产经营全过程，为企业贡献利润。在纵向关系上，按照"集中政策，分散经营"的原则，处理企业高层领导与事业部之间的关系。实行事业部结构，企业最高领导者要摆脱日常的行政事务，集中力量研究和制定企业发展战略和经营方针，最大限度地把管理权限下放到各事业部，充分发挥它们的积极性和主动性，使各事业部能依据企业的战略、政策和制度自主经营。

事业部结构的优点有：重点强调业务领域，通过授权使管理者具有更大的主动性，也有利于提高员工士气；便于企业核定、评价各部门的经营成果，协调各部门的利益关系；增加或减少事业部较容易，便于在组织内部形成竞争环境；高级管理人员可以更多地关注战略问

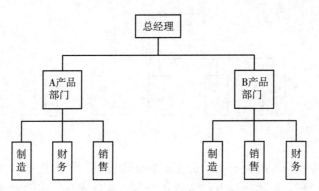

图 8-11 事业部结构

题；鼓励综合管理的发展，有利于培养、锻炼管理人员各方面的能力，提高工作效率。其缺点有：由于各事业部利益的独立性，容易产生本位主义，忽视长远的整体利益，影响各部门间的协调；在总部与事业部内部都要设置职能机构，可能造成机构重叠，管理人员增多，增加管理费用；难以把握集权与分权的"度"。

（4）矩阵结构

矩阵结构又称为规划-目标结构，是一种最为复杂的组织结构，因为它同时依赖于纵向和横向的权利关系与沟通，它把按职能划分的部门和按产品（或工程项目或服务项目）划分的小组结合起来，组成一个矩阵，如图 8-12 所示。参加项目小组的成员受双重领导：一方面受项目小组领导，另一方面受原职能部门的领导。

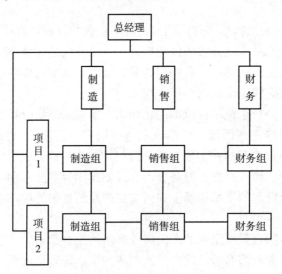

图 8-12 矩阵结构

矩阵结构的优点有：综合了职能型结构的稳定性和项目组织的灵活性；促进了各职能部门之间的沟通和协调；使企业管理中的纵向和横向联系很好地结合起来，是平衡组织内部相互关系的一种方法；有利于加速新产品开发（把各种专业人员集中起来完成某项任务）。其缺点有：由于设置了更多的管理职位，会导致很高的管理费用，加重了企业的复杂化；它违反了一个重要的传统管理观念——"统一指挥"，可能经常发生权力之争。

在组织结构类型的选择中，任何组织结构都有其自身的优点和缺点，并不存在完美的组织结构。对特定战略或特定类型的企业来说，也不存在一种最理想的组织结构。对某一企业适用的组织结构不一定适用于另一家类似的企业。例如，生产消费品的企业倾向于按产品设置组织结构，小企业倾向于按职能设置组织结构，中型企业一般实行事业部的组织结构，大型企业采用战略事业部或矩阵结构。随着企业的不断成长，企业的组织结构将经历由简单到复杂的发展过程。

2）企业战略与组织结构的关系

（1）基本原则

企业战略与组织结构关系的基本原则是组织结构要服从于企业战略，也就是说，企业战略决定着组织结构类型的变化。这一原则表明企业不能从现有的组织结构的角度去考虑经营与发展战略，而应根据外部环境的变化去制定相应的战略，然后根据新制定的战略来调整企业原有的组织结构。只有这样，企业的战略实施才能得到组织上的保证，真正获得经济效益。

在探索企业战略与组织结构的关系方面，美国学者钱德勒做出了重要贡献。他对美国70家大公司（特别是通用汽车公司、杜邦公司、新泽西标准石油公司和西尔斯·罗布克公司）的发展历史进行了研究，发现各家公司在处理战略与组织结构的关系上有一个共同的特点，即在企业选择了一种新的战略之后，由于管理人员在现行结构中拥有既得利益，或不了解经营管理问题以外的情况，或对改进企业组织结构的必要性缺乏认识，使得现行组织结构未能立即适应新的战略而发生变化，直到行政管理出现了问题，企业效益下滑，企业才将改变组织结构问题纳入议事日程，组织结构改变以后，才保证了战略的实施，企业的获利能力才大幅度提高。由此钱德勒提出了"结构跟随战略"的原则，即企业组织结构要服从于战略，组织结构是为战略服务的，如图8-13所示。企业组织结构一定要适应实施企业战略的需要，它是企业战略贯彻实施的组织保证。只有企业战略与组织结构相匹配，才能成功地实施企业战略。

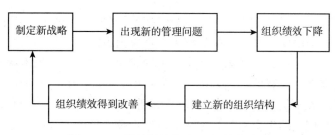

图8-13 钱德勒的战略-组织结构关系

（2）与发展战略相适应的组织结构

为了更清楚地阐述战略与结构的关系，钱德勒描绘了美国工业企业不同的历史发展阶段所产生的战略，以及伴随这些战略实施而形成的组织结构。

① 生产规模扩大战略。在工业发展的初期，企业的外部环境比较平稳，企业只要扩大生产规模，提高生产效率，便可获得高额利润。在这种情况下，企业常常制定出数量扩大战略，在一个地区内扩大企业的产品或服务的数量。此时，组织结构也相应比较简单，往往只需要设立一个办公机构去执行单一的生产或销产职能。

② 区域扩张战略。随着工业化程度的进一步发展，当一个地区的生产或销售已经不能满足企业发展的速度与需求时，企业便要求将产品或服务扩散到其他地区去生产或销售，于是出现了区域扩张战略。与此相适应，组织结构的形式是总部与部门共同管理各个地区的经营单位，这些经营单位虽然分处不同的地区，但它们执行的职能是相同的。

③ 纵向一体化战略。在工业增长阶段的后期，企业所承受的竞争压力加强。为了减少竞争的强度，企业希望自己拥有一部分原材料的生产能力或者拥有分销产品的渠道，从而形成一体化战略。这样组织结构也做了相应的变化，出现了中心办公机构与多部门的结构。不过，这些部门的产品仍具有生产经营过程上的内在联系，相互之间在加工或销售上有很强的依赖性。

④ 多元化战略。工业进入成熟期后，企业为了避免投资或经营的风险、继续保持高额利润，往往开发出与企业原有产品毫无关系的新产品系列，甚至兼并生产这类新产品系列的企业。这时，组织结构形成了总公司本部与事业部结合的格局，各事业部之间基本不存在工艺性等方面一体化的联系。

（3）战略的先导性与组织结构的滞后性

从美国工业企业历史发展的 4 个阶段可以看出，战略与结构关系的基本原则是受工业经济发展制约的，不同的发展阶段应有不同的经营与发展战略，组织结构也相应做出反应。但是，最先对经济发展做出反应的是战略，而不是组织结构，即存在战略的先导性与组织结构的滞后性。

① 战略先导性。战略先导性是指企业战略的变化要快于组织结构的变化。这是因为，企业一旦意识到外部环境和内部条件的变化提供了新的机会和需求，首先就是在战略上做出反应，以此谋求企业新的发展。例如，经济的繁荣与萧条、技术革新的发展都会刺激企业发展或减少现有企业的产品或服务。而当企业自我积累了大量的资源后，企业也会据此提出新的发展战略。当然，一个新的战略往往需要一个新的组织结构进行支持，至少在一定程度上调整原有的组织结构。如果组织结构不做出相应的变化，新战略也不会使企业获得更大的效益。

② 组织结构滞后性。组织结构的变化常常慢于战略的变化速度，特别是在经济快速发展时期。组织内部结构的职责在变革的过程中常常含糊不清。钱德勒通过研究指出，造成这种现象有两种原因：一是新、旧结构交替有一定的时间过程。新的战略制定出来以后，原有的结构还有一定的惯性，原有的管理人员仍然在运用旧的职权和沟通渠道去管理新、旧两种经营活动。二是管理人员的抵制。当管理人员感到组织结构的变化会威胁到他们个人的地位、权力，特别是心理上的安全感时，往往会运用行政管理的方式去抵制变革。

从战略的前导性与组织结构的滞后性可以看出，经济发展时企业不可错过时机，要制定出与发展相适应的经营战略与发展战略。战略制定出来以后，要正确认识组织结构有一定的反应滞后性，不可操之过急。但是，组织结构的滞后性不是不可触犯的，企业可以经过努力来缩短滞后的时间，使结构早些变革。

3）组织结构演变的新趋势

互联网正在改变企业的组织形式，组织结构变革的特征如下。

（1）去中心化

调整组织结构是改变员工被管理惯性和被组织情景制约的首要手段，通过去中心化让员工位于组织中"合伙人"或"管理者"的位置,从组织结构、岗位设置上赋予其"主人翁"的地位。小米是去中心化组织的典型,除创始人雷军在合伙人层级担当总负责人之外,每一项业务都由对应的合伙人独立负责,雷军并不指导合伙人的决策。这样的好处是:决策从熟悉具体业务的下级产生,使下级责任者获得足够的权力并承担起应有的责任,共同推动组织目标的实现。

(2) 去层级化

精简组织层级是拉近员工与组织创始人距离、改善员工心理体验的必要手段。事实上,去层级化的结果就是扁平化组织。

以海尔为代表的传统制造型企业自2013年起开始了"刮骨疗伤"式的去层级改革,提出"外去中间商、内去隔热墙",后者指的就是未与市场直接接触的中层管理人员。相对于具有后发优势的互联网企业,海尔的这一做法无疑具有一定的颠覆性,甚至会带来阵痛。但长痛不如短痛,激发员工的创造力和责任心是每一家优秀企业的使命。

## 8.3 企业战略实施的评价与控制

在企业战略实施过程中,由于企业外部环境和内部条件的动态变化,战略实施的结果经常可能会偏离预定的战略目标,因此需要及时采取相应的措施。一个完整的战略管理过程包括战略实施的评价与控制环节,以保证实际的成果符合预先制定的目标要求或使战略在环境发生重大变化时得到及时调整。

**1. 企业战略实施评价与控制的内涵及作用**

(1) 企业战略实施评价与控制的内涵

企业战略实施的评价与控制主要是指在企业经营战略实施过程中,检查企业为达到战略目标所进行的各项活动的进展情况,评价战略实施的绩效,把它与预定的战略目标与绩效标准相比较,发现差距,分析产生偏差的原因,并通过反馈机制,对战略实施、战略方案或目标等进行修正。战略评价是战略控制的基础,通过对战略实施的结果进行评价,才能发现问题,从而对战略管理过程进行控制。

(2) 企业战略控制系统

在战略实施的评价与控制系统中有3个基本的系统,即战略评价与控制系统、业务评价与控制系统和作业评价与控制系统。战略评价与控制系统是以企业高层领导为主体,它关注的是与外部环境有关的因素和企业内部绩效。业务评价与控制系统针对企业的主要下属单位,包括战略业务单位和职能部门两个层次,它们关注的是企业下属单位在实现构成企业战略的各部分策略及中期计划目标的工作绩效,检查是否达到了企业战略为它们规定的目标。业务评价与控制系统由企业总经理和下属单位的负责人进行。作业评价与控制系统是对具体负责作业的工作人员(包括员工及班组)日常活动的控制,关注的是规定的职责及完成作业性目标任务的绩效,作业评价与控制由各基层主管人员进行。

战略控制系统和业务控制系统的差别

(3) 企业战略实施评价与控制的作用

企业战略实施的评价与控制在战略管理中主要有以下4方面的作用。

① 企业战略实施评价与控制是战略管理的重要环节，它保证战略的有效实施。战略决策决定哪些事该做，哪些事不该做，而战略实施控制的好坏将直接影响企业战略决策实施的效果与效率。因此，战略实施评价与控制虽然处于战略决策的执行地位，但对战略管理是十分重要的，是必不可少的。

② 企业战略实施的评价、控制能力和效率高低是战略决策的重要制约因素，它决定企业战略行为能力的大小。企业战略实施控制能力强、控制效率高，企业高层管理者就可以做出较为大胆的、风险较大的战略决策，否则只能做出较为稳妥的战略决策。

③ 企业战略实施评价与控制可以为战略决策提供重要的反馈，帮助决策者明确哪些内容是符合实际和正确的，哪些是不正确与不符合实际的，这对于提高战略决策的适应性水平具有重要作用。

④ 企业战略实施评价与控制具有激励作用，能够调动全体员工的工作积极性，使员工的个人目标与组织的战略目标相协调，考核的结果可以作为企业人事决策的依据和奖惩的依据。

**2. 企业战略实施评价与控制的过程**

企业战略实施评价与控制的一个重要目标就是使企业实际的效益尽量符合战略计划。为了达到这个目标，战略实施评价与控制过程可以按以下 3 个步骤来进行。

**(1) 确定评价标准**

评价标准用来确定战略措施或计划是否达到战略目标。一般来说，企业的战略目标是整个企业的评价标准。此外，在较低的组织层次上，个人制定的目标或生产作业计划都应是评价标准。评价标准与战略一样，也应当是可定量的。

选择什么样的评价标准体系主要取决于企业所确定的战略目标及其战略。大多数企业通常根据下列因素确定定量的评价标准：股息支付、每股平均收益、雇员的跳槽、旷工、迟到和不满、销售增长率、市场占有率、净利润额或增长率、销售利润率、投资收益率、股票价格。在上述 9 个定量标准中，最常用的评价标准是投资收益率，即以税前净收益除以投资总额得到的比率。因为投资收益率是一个全面衡量企业绩效的单一指标，它可以反映公司或事业部对企业永久性资产的运用情况，并可以在不同企业之间做横向比较。但是，这个指标也有一定的局限性，它通常用来度量短期绩效。另外，这个指标对采取的折旧政策很敏感。例如，具有较多折旧资产的老企业与新企业相比，有较低的投资基数，这样前者计算出来的投资收益率可能会高于后者。因此，使用这一指标时也需要考虑多种因素。

通常采用的其他评价指标有每股收益和股东权益收益率，但是它们都有这样或那样的局限性。霍福尔提出了一种测定企业绩效的指标，即附加价值率，其计算公式为

$$附加价值率 = (税前净收益 / 附加价值) \times 100\%$$

附加价值是销售收入与原材料和所购部件的总成本之差，即

$$附加价值 = 销售收入 - 原料及所购部件的总成本$$

霍福尔的研究表明，对多数行业来说，在市场进化中的成熟或饱和阶段，附加值率倾向于稳定在 12%～18%。因此，他认为附加价值率与其他标准相比，是一种较好的企业绩效评价尺度和标准，可用此指标对不同行业中的企业进行比较。但是，应用附加价值率作为评

价标准的难点是难以计算出准确的附加价值,传统的财务报表中并不反映这个数字。尽管如此,一些权威人士还是建议,使用附加价值率和投资收益率,以及每股收益和主权资本收益率,能更好地反映企业全面的实际工作绩效。

(2) 绩效监控与偏差评估

通过一定的测量方式、手段和方法,监测企业的实际绩效,并将企业的实际绩效与评价标准对比,进行偏差分析、评估。

(3) 设计纠正措施

从战略实施的过程、战略方案及战略目标各个环节寻找产生差距的原因,并设计相关的纠正措施。

企业的实际绩效与评价标准发生偏差的原因很多,主要有:战略目标不现实;为实现战略目标而选择的战略错误;用于实施战略的组织结构错误;主管人员或作业人员不称职或玩忽职守;缺乏激励;企业内部缺乏信息沟通;环境压力等。

战略控制过程的输出结果影响战略管理的其他阶段。例如,如果某一战略经营单位或事业部的利润低于预期水平,那么就需要重新检查该单位或事业部的战略目标和战略;如果工作成绩欠佳可能是由于主管人员的不称职或玩忽职守,那么就必须撤换这些主管人员。整个企业的战
略管理过程实际上是一个反馈系统,它必须依据控制系统和组织环境的信息经常加以调整。

战略控制过程的特征

**3. 企业战略控制的种类与方法**

1) 企业战略控制的种类

从控制的时间来看,企业的战略控制可以分为以下3类。

(1) 事前控制

在战略实施之前,要设计好正确有效的战略计划,该计划得到企业高层领导人的批准后才能执行,其中重大的经营活动还应该得到企业领导人的批准,所批准的内容往往也就成为考核经营活动绩效的控制标准。这种控制多用于重大问题的控制,如任命重要的人员、重大合同的签订、购置重大设备等。

由于事前控制是在战略行动成果尚未实现之前,通过预测发现战略行动的结果可能会偏离既定的标准,因此管理者必须对预测因素进行分析与研究。

(2) 事后控制

这种控制方式发生在企业的经营活动之后,把战略活动的结果与控制标准相比较。这种控制方式的重点是要明确战略控制的程序和标准,把日常的控制工作交给职能部门去做,即在战略计划部分实施之后,将实施结果与原计划标准相比较,由企业职能部门及各事业部定期地将战略实施结果向高层领导汇报,由领导者决定是否有必要采取纠正措施。

事后控制的方法

(3) 随时控制

随时控制即过程控制,企业高层领导者要控制企业战略实施中的关键性过程或全过程,随时采取控制措施,纠正实施中产生的偏差,引导企业沿着战略的方向经营,这种控制方式主要是对关键性的战略措施进行随时控制。

上述3种控制方式所起的作用不同,不同企业在不同阶段应该根据自己的情况选择不同

的控制方式。

2）企业战略控制的方法

下面介绍3种常用的控制方法。

（1）预算评价和控制

预算就是用数字编制未来某一个时期的计划。预算评价和控制就是通过数字化的财务报表、人力资源统计、研究和发展开支、销售增长幅度、资源配置等来约束经营活动，使企业或各战略经营单位的决策者在从事其经营活动时受到有效约束而不能任意行动。

（2）审计评价和控制

战略评价和控制中的审计（战略审计）是指系统地对企业战略实施过程中的全部管理人员的工作成效进行评价、审核与监督。战略审计的重点在于战略管理的成效而不是评价战略管理工作的目的或其他，它是按照企业的战略目标来衡量战略实施的成果。从事战略审计的人员（由内部审计人员和外部审计人员组成的专家审核团体）不仅要弄清企业财务账目的准确性和合法性，而且还要对企业文化、政策、组织结构、职权范围、市场地位和竞争对手等企业内外部环境做比较全面的、客观的了解和评价。不仅如此，审计人员还要对战略管理本身及战略管理过程有明确的了解，这样才能保证战略审计可信、真实和有效。

战略审计改变了长期以来决策者只受上级部门审查、监督，只对上级负责的现象，专门机构的评价和审查使得决策者对国家、对社会负责。战略审计改变了那种"窥探"或"小报告"的评价方式，代之以公开的商议和评价，迫使决策者提高管理水平，按照经济规律办事。战略审计的实施还能促进主管部门或高层决策者公正地评价下级人员的工作，从而使管理更有效。

（3）目标管理

目标管理由美国管理学家彼得·德鲁克在20世纪50年代最先提出来，在以后的几十年里，目标管理得到了迅速的推广和广泛的应用。目标管理通过集体参与共同设置目标，对组织的每一个战略经营单位所负责实现的目标加以明确的规定和说明，并据此评价每个战略经营单位的工作绩效或贡献。

目标管理中的目标由集体参与共同设置，而传统管理中的目标由决策部门制定并分派到执行者头上，执行者处于被动地位，从而在接受任务时可能产生抵制和反感情绪。目标管理使战略经营单位进行自我评价和控制成为可能。

**4. 平衡计分卡与战略地图**

战略的成功实施需要企业能够衡量战略目标，而衡量战略目标的前提是企业能够将战略可视化表示出来。下面介绍如何使用平衡计分卡从4个层面衡量战略目标，以及如何使用战略地图将平衡计分卡4个层面目标之间的因果关系描述出来。

1）平衡计分卡

平衡计分卡（balanced scorecard，BSC）是以平衡为目的，寻求企业短期目标与长期目标之间、财务绩效与非财务绩效之间、企业内部成长与外部满足顾客需求之间的平衡状态，是全面衡量企业战略管理绩效、进行战略控制

平衡计分卡的来源

的重要工具和方法。

平衡计分卡将企业的愿景与使命和企业战略转换成企业的具体衡量指标。它代表了企业外部环境与企业内部管理两种指标之间的平衡状态，一边是有关股东和顾客的外界指标，另一边是有关企业流程、创新能力、学习与成长的内部指标；它代表了过去与未来两种指标之间的平衡状态，一边是衡量企业过去努力成果的指标，另一边是驱动企业未来绩效的指标；它代表了客观与主观两种指标之间的平衡状态，一边是客观的、容易量化的成果指标，另一边是主观的、带有判断色彩的绩效驱动的指标。平衡计分卡提供的将战略转化为企业绩效管理的框架如图8-14所示。

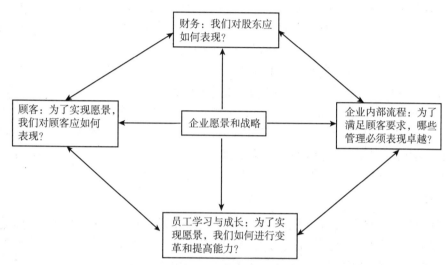

图 8-14 平衡计分卡提供的将战略转化为企业绩效管理的框架

平衡计分卡从财务、顾客、企业内部流程、员工学习与成长4个方面对企业战略目标进行分解，提出具体的业绩目标，进而对企业进行综合考察和评价，帮助企业有效开展绩效评价和战略实施控制。一般情况下，平衡计分卡的指标体系包括4个维度。

（1）财务维度的指标

财务指标定位于战略的短期收益，反映即期满足股东、实现股东价值最大化的目标。长期以来，企业的目标几乎都是纯财务绩效指标，因此其使用最为广泛。典型的财务绩效指标包括：收入增长指标、成本减少或生产率提高指标、资产利用或投资战略指标。当然，也可以根据企业的具体要求，设置更加具体的指标，如经济增加值、净资产收益率、权益报酬率、资产负债率、投资报酬率、销售利润率、应收账款周转率、存货周转率、成本降低率、营业净利和现金净流量增加值等，解决的是"企业如何满足股东利益要求"的问题。财务指标能表明企业所做出的努力是否对企业的经济效益产生了积极的作用，它是其他3个维度的出发点和归宿。

（2）顾客维度的指标

只有那些真正关心顾客，为顾客创造价值的企业才能在竞争中立于不败之地。因此，顾客指标是非常重要的非财务性指标。顾客维度的指标主要包括以下5个方面：市场占有率、顾客延续率、顾客争取率、顾客满意度、销售

顾客维度的具体指标

利润率。上述 5 个方面的指标基本上适用于任何企业，但对不同性质的企业还要根据具体情况加以修正。

（3）企业内部流程维度的指标

内部经营过程是企业改善其经营业绩的重点。企业内部流程指标体现企业的运营效率及效果，解决"我们怎样组织生产以满足顾客要求"的问题。根据企业内部管理过程的阶段划分，其指标包括创新、运营和售后服务 3 个方面。

企业内部流程维度的具体指标

（4）员工学习与成长维度的指标

学习与创新是企业发展的最根本动力，它是平衡计分卡的基点。员工学习与成长维度包括 3 个方面：企业员工的能力，企业信息系统的能力，企业的激励、授权与协作度。不同性质的企业还要根据具体情况加以修正。

员工学习与成长维度的具体指标

一般来说，设计平衡计分卡的指标体系时，以 25～30 个指标为宜，其中财务维度包括 3～4 个指标，顾客维度包括 5～8 个指标，企业内部流程维度包括 5～10 个指标，员工学习与成长维度包括 3～6 个维度。在设计平衡计分卡的指标体系时，一定要突出重点、抓住关键，指标要具体而不空泛、量化而不模糊、精简而不庞杂、准确而不偏颇，这样才能确保平衡计分卡的 4 个维度充分体现企业发展战略的意图和总体要求。

平衡计分卡的评价标

2）战略地图

战略地图描述了企业如何从平衡计分卡的 4 个层面战略要素实现价值创造。具体而言，战略地图在平衡计分卡的"四层面模型"基础上补充了细节说明，将 4 个层面要素之间的因果关系可视化表示出来（见图 8-15）。企业管理者能够通过战略地图建立内部沟通的统一语言，并推动平衡计分卡 4 个层面要素的协调一致。

成功实施平衡计分卡的关键要素

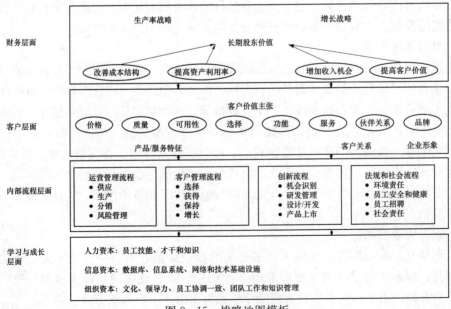

图 8-15 战略地图模板

如图 8-15 所示，在战略地图中，财务层面的目标包括提升生产率和增加销售收入两个方面，客户层面体现为产品/服务特征、客户关系、企业形象 3 个方面，内部流程层面包括运营管理流程、客户管理流程、创新流程、法规和社会流程 4 类内部价值创造流程，学习与成长层面包括人力资本、信息资本、组织资本 3 类无形资产。

战略地图描述了企业是怎么通过学习与成长层面的战略要素驱动企业内部流程目标的实现，内部流程层面的要素又是怎么驱动客户层面和财务层面目标的实现。如果企业的战略地图缺少了某一项战略要素，都将导致战略实施受阻，诸如创新目标缺失、员工技能目标模糊、内部流程与客户价值主张之间缺少联系等。因此，企业应该通过战略地图对其战略要素进行排查，力求各个战略要素到位及协调一致，推动战略顺利执行。

## 本章小结

战略实施是企业战略管理的关键环节。在战略实施过程中要贯彻 3 个基本原则：适度的合理性原则，统一领导、统一指挥的原则，权变原则。在这 3 个原则的指导下，企业高层领导者必须花精力去完成 8 项战略实施的基础性工作。首先要制定企业战略计划，将战略目标分解为几个战略阶段去实施，然后根据企业情况调整组织结构以满足战略实施的要求；其次要分配企业资源，并在战略实施过程中进行评价与考核，以确保战略计划的顺利实现。在现代公司中，由于所有权和经营权普遍分离，公司治理已成为战略管理过程中一个越来越重要的部分，它决定和控制公司的战略方向和业绩。组织结构是战略实施的重要保障，企业的组织结构要服从于企业战略。要使企业战略不断适应变化的内外环境，除了使战略决策具有应变性外，还必须加强对战略实施的评价与控制。本章最后介绍了企业战略实施评价与控制过程的 3 个步骤、企业战略控制方法，以及衡量企业战略管理绩效的平衡计分卡和描述企业战略的战略地图。

## 思 考 题

1. 简述企业战略实施的主要任务。
2. 简述企业战略实施的过程。
3. 什么是公司治理？简述它是如何影响公司的战略决策和绩效的。
4. 简述企业战略与组织结构的关系。
5. 简述企业战略实施评价和控制的步骤。
6. 战略评价和控制常用的方法有哪些？
7. 以某企业为例，运用平衡计分卡评价企业的战略绩效。

# 第9章

# 企业增长的战略方式

> **案例导入**
>
> ## 开放式创新战略助力华为成长
>
> 1987年,华为公司(以下简称"华为")在广东省深圳市成立,为一家香港公司代理交换机业务。发展至今,华为成为全球领先的ICT(信息与通信)基础设施和智能终端提供商。作为一家后发企业,华为在技术与管理方面都滞后于国际竞争对手,但华为重视研究与创新,坚持走开放创新的道路,积极与学术界、产业界共同探索前沿科技及推动创新升级,最终成长为行业领先者。
>
> 华为的开放式创新战略主要体现在以下3个方面。
>
> 第一,通过在全球范围内建立研发中心,整合全球研发资源。华为在欧洲成立了18个欧洲研发中心,这些研发中心主要探索5G、硬件工程、物联网与车联网、先进制造与测试等前沿技术领域。通过海外研发中心联合当地高校,华为不断在前沿技术上取得突破。例如,考虑到石墨烯技术可能引发下一场工业革命,华为欧洲研究中心与曼彻斯特大学合作研发石墨烯。2016年12月,针对业界束手无策的电池问题,华为发布了业界首个耐高温长寿命的石墨烯助力的锂离子电池技术,这项技术的重大突破可将电池寿命延长两倍,耐热程度提高10℃,5分钟可充入48%电量,将华为手机的通话时长延长至10小时。截止到2017年4月,华为在全球建立了15个研究院/所、36个联合创新中心。
>
> 第二,构建产学研生态,形成与全球学术界长期合作的联合创新模式。华为设立创新研究计划(Huawei Innovation Research Plan,HIRP),用以融合全球领先的技术与智力资源。通过HIRP,华为每年定期向全球公开发布研究资助方向,将通信领域前沿技术需求、难题和想法传递给学术界,由学术界伙伴根据其研究方向选择研究课题。华为资助和支持学术界伙伴开展相应研究,双方构建开放的产学研生态,共同推动技术创新和产业发展。截至目前,HIRP已覆盖全球20多个国家,300多所全球顶尖高校、科研院所和机构,在全球范围内资助超过1 200个创新研究项目。

第三，华为坚持开放、合作、共赢的原则，聚焦通信基础设施，积极开展与产业链上下游合作伙伴密切合作，推进生态系统的构筑。自2012年以来，华为与众多合作伙伴在多领域形成战略合作，助力客户商业成功；积极参与ICT开源社区并做出贡献，促进产业开放和融合创新；支持开发者，繁荣生态圈，促进商业变现。开放生态系统的塑造为华为带来的收获已经开始显现，在占领标准就是占领行业发展趋势的通信行业，截止到2022年12月31日，华为已加入了近800个标准组织/产业联盟/开源社区，担任了450多个重要职位，在IEEE-SA、BBF、ETSI、WFA、WWRF等行业权威组织担任董事会员，在200多个标准组织中，累计提交标准提案超过68 000篇，雄踞业界前列，市场销售额更是持续领先。

资料来源：
[1] 罗彪, 夏李慧. 从"抄"到"超"：华为创新发展之路 [J]. 中国管理案例共享中心.
[2] 华为公司官网.

**思考题：**
1. 华为实施开放式创新战略的目标是什么？
2. 华为开放式创新战略取得成功的关键是什么？
3. 在从后发企业转型为领先企业的过程中，如何评价开放式创新战略的作用？

在企业决定实施增长型战略之后，战略管理者还需要决定发展的方式，即新建还是并购、自我发展还是战略联盟、守旧还是创新，增长方式的选择将决定战略实施的效果。

乔治·斯蒂伯格认为："一个企业通过并购其竞争对手成为巨型企业，是现代经济史上的一个突出现象。没有一个美国大公司不是通过某种程度、某种方式的并购而成长起来的，几乎没有一家大公司主要是靠内部扩张成长起来的。"的确，近年来并购已经成为企业高度重视的强化竞争优势的重要手段。如果一旦决定采取合作的方式，企业战略管理者就必须决定应该按照什么方式和比例开展合作，这些问题的回答涉及战略管理领域中另一个非常重要的内容，即战略联盟。在不确定性环境中，企业面临技术更迭快、产品生命周期缩短、竞争加剧等挑战，经久不衰的企业普遍展现出强大的创新能力，而企业家的一个重要职能就是管理企业的创新活动。本章将围绕并购、战略联盟及创新战略，探讨企业实现增长的主要方式。

## 9.1 企业并购战略

吉利"蛇吞象"
收购沃尔沃

并购从19世纪末开始被企业界采用，它已成为企业快速成长的重要途径。但是，企业并购是一把双刃剑，有35%~50%的并购最终以失败告终，并没有实现并购的最初战略目标。因此，如何实施有效的并购战略是摆在中国企业面前的重要课题之一。

1. 企业并购的基本概念

并购（merger and acquisition，M&A）是企业兼并与收购的统称，是企业通过各种产权交易获得其他企业的产权，以控制另外一家企业的经营权为目的的一种企业资产重组行为。通过并购，企业能获得规模的扩大和业务的发展。

并购的主要形式有兼并、合并、收购等。兼并有吸收合并的意思，是一个企业通过现金购买或者以本企业的股票调换其他企业的股票，取得其他企业的全部或部分资产或控制权，从而控制、影响被兼并的企业，以增强企业竞争优势，实现企业经营目标的行为。企业兼并除了具备所有权和经营权的同时有偿转移、企业资产实物形态随交易的确定而整体流动等基本特征外，被兼并企业放弃法人资格并转让产权，兼并企业接受产权、义务和责任，并保持企业原有名称而成为存续企业，是兼并的重要特征。

合并（consolidation）有广义和狭义之分。广义的合并是指参与企业通过所有权和经营权的同时有偿转移，实现资产、要素、经营合并的企业产权交易形式，是各种类型企业结合的总称，包括吸收合并（兼并）和新设合并等。狭义的合并专指新设合并，指参与企业通过所有权和经营权的同时有偿转移，全部放弃法人资格，不再独立存在，实现资产、要素、经营的合并，由一个新成立的、取得法人资格的企业集中统一经营的企业产权交易形式。2018年，美的集团以发行A股方式换取吸收合并小天鹅，小天鹅注销法人资格，美的集团续存，属于吸收合并；2021年，四川交投集团和四川铁路集团签署合并协议，合并后的新公司名称为"蜀道投资集团有限责任公司"，则属于新设合并。

收购是指一家企业的股票或资产被购买者拥有的过程。收购一家企业，有时可以通过购买该企业的股权来进行，有时可以通过购买该企业的资产来实现。因此，收购活动可以分为两类，即股权收购和资产收购。股权收购是一家企业通过一定方式购买另一家企业的股权，当其获取的股权达到一定比例后，取得该企业控制权的一种市场交易行为，其收购对象一般是股票在证券交易所挂牌交易的上市企业。资产收购是指一家企业通过购买另一家企业的全部或主要资产，使对方停止营业或解散，从而在事实上取得该企业的控制权的市场交易行为。

并购事实上是企业控制权转移的过程。在并购过程中，某一权利主体通过出让其所拥有的全部或部分对企业的控制权从而获得相应的收益，另一权利主体则通过付出一定代价而获取这部分控制权。因此，企业并购的过程实质上是企业权利主体不断变换的过程。

2. 企业并购的类型

按企业并购所涉及的产业部门、产品特征可将并购分为以下3类：横向并购、纵向并购和混合并购。

(1) 横向并购

横向并购（horizontal merger）是指处于相同行业、生产同类产品或生产工艺相近的企业之间的并购，即竞争对手之间的相互并购。横向并购的主要目的是获得更大的市场力量，在更大范围内和更高层次上实现专业分工与协作，迅速扩大生产规模，实现规模经济效益。2019年，中船工业和中船重工通过强强联合为中国船舶集团，成为全球最大的造船集团，这属于横向并购。但是，横向并购有可能形成行业垄断，获取垄断利润，因此，各国政府为了保持市场的有序竞争，避免垄断的产生，总是通过制定有关反托拉斯法规来限制横向合并。例如，2021年，中国市场监管总局根据《中华人民共和国反垄断法》对43起未依法申报违法实施经营者集中案件立案调查，对涉案企业分别处以50万元罚款。

(2) 纵向并购

纵向并购（vertical merger）是指处于同类产品不同阶段上的企业之间的并购，即供应商和客户之间的并购，是实现纵向一体化战略的手段。纵向并购可分为两种，即前向并购和后向并购。前向并购是指企业兼并或收购其客户，后向并购是指企业并购其供应商。当企业发现对其上游要素供给和下游产品销售进行控制可以节省交易费用时，就会实施纵向并购。

(3) 混合并购

混合并购（conglomerate merger）是指处于不同行业部门的企业之间的并购，即并购双方既非竞争对手，又没有供应链关系。混合并购又可以分为3类：拓宽生产线的产品扩张型并购（product‑extension）、在不重叠的地理区域内进行的地域市场扩张型并购（geographic market‑extension）、既不是产品扩张又不是地域扩张的纯粹混合型并购（pure conglomerate）。混合并购实质上是实现企业的非相关多元化战略的手段。

**3. 企业并购的动因**

自19世纪末以来的100多年里，西方企业已经经历了5次大规模的并购浪潮，其中并购活动最活跃的为美国，并购对世界经济尤其是美国经济的发展做出了巨大贡献。学者们对企业并购战略的动因，从多个角度进行了解释，主要有以下几个理论流派：效率理论、价值低估理论、规模经济理论、市场势力理论、多元化经济理论和代理理论等。根据并购理论，企业实施并购战略的原因多种多样，主要包括以下5种。

联想并购摩托罗拉移动业务

(1) 增强市场力量

当一家企业有能力比竞争对手以更高的价格出售产品和服务，或者其经营活动的成本比竞争对手更低时，该企业便拥有了市场力量。许多企业可能拥有核心竞争力，但由于规模不够而无法充分利用其资源和能力，市场力量通常来自企业的规模及其所拥有的能够在市场上竞争的资源和能力。另外，市场份额也会影响到企业的市场力量。因此，大多数的并购交易都是通过收购竞争对手、供应商、分销商或者与该行业高度相关的业务来达到获取更强市场力量的目的的。

(2) 进入新行业或新地区

企业在进入一个新行业或者进入新的地区市场时，会遇到各种各样的壁垒，包括资金、技术、销售渠道、顾客等，还需要克服文化差异、政策限制等一系列经营问题，如果采取并购的方式进入市场，不仅可以加快进入的速度，避免贻误时机，还可以减缓竞争，同时可以降低进入的风险。一个行业的市场进入壁垒越高，新进入者采用并购战略进入的可能性就越大。

(3) 学习和发展新的能力

通过并购，企业可以获得以前不曾拥有的能力，如技术能力、运营能力等，因此并购拥有不同于自身的技术和能力的企业，可以使并购企业了解新知识，保持灵活性。并购活动并购的不仅是企业的资产，而且获得了被并购企业的人力资源、管理资源、技术资源、销售资源等，这些都有助于企业整体竞争力的根本提高，对企业发展战略的实现有很大的帮助。一般情况下，为了获得新能力，企业寻求的并购对象应与自身既有独特性又有互补性。通过企业自身的力量在内部开发新产品并将其推向市场往往需要消耗大量的资源，包括时间成本，因为新产品通常很难在短期内为企业带来投资回报。而且大多数企业管理者关心的是如何从资本投入中获得丰厚的回报率，以便开发和商业化新产品。据推测，几乎有88%的新产品最终未能给企业带来效益，其中一个原因是，约有60%的创新产品在其专利保护期之后4年内便被竞争者仿造。所以，很多企业经营者通常将新产品开发和技术创新视为一项高风险的活动。与企业自己开发新产品相比，企业并购是推出新产品的一条捷径，例如，药品公司在进行并购时，不仅仅是为了生产药品的生产线，而且还要考虑被并购企业是否有开发相关药品的能力。

（4）实现规模经济和协同效应

企业实施并购很大程度上是为了获得规模经济效应，获取能给企业带来竞争优势的资源和能力。并购对企业效率最明显的作用表现为规模经济效益的取得。

企业规模经济效益表现在以下几个方面：一是节约管理费用；二是节约销售费用；三是提高技术开发能力；四是提高财务效益；五是优化人力资源。

并购后的协同效应来源于范围经济，主要体现在生产协同、经营协同、财务协同、人力资源协同等方面。例如，新兴行业中的资金短缺企业，可以通过合并战略，与成熟行业中的资金富余企业进行优势互补。另外，可以相互弥补产生的亏损，从而实现避税的效果。例如有两家企业，一家企业利润多、征税高，另一家企业亏损、不交税，如果两家企业合并，盈亏相抵，就可以不交税或少交税。此外，还可以发挥资源协同作用，包括企业的物质资源、人才资源、技术资源、营销资源等。尤其是一些专有技术或专利，企业通过并购，可以获得对专有技术拥有企业的控制权，从而获得该项技术或专利。

（5）多元化经营

企业在现有市场上开发新产品具有一定的优势，而在开发与现有业务完全不同的新产品及进入一个新的市场时会遇到重重障碍。因此，很多多元化经营战略是通过并购来实现的，尤其是非相关多元化经营战略。

**4. 有效的并购战略**

一般来说，合理的并购动机和有效地实施并购战略能提升企业能力与战略竞争性，帮助企业赢得超额利润，但并购战略不是没有风险的。研究表明，大约20%的并购是成功的，60%的并购结果不够理想，20%的并购可以说是完全失败的。在企业实施并购战略的过程中，有许多问题需要解决，其中选择和评估目标企业、确定并购定价和并购后的整合是3个重要的问题。

1）选择和评估目标企业

在并购一家企业之前，必须对其进行全面分析，以确定其是否与企业整体发展战略相吻合，了解目标企业价值，审查其经营业绩及企业面对的机遇和威胁，从而决定是否对其进行并购。在对目标企业的分析中，重点是产业、法律、经营和财务等的分析。

（1）产业分析

产业分析主要包括产业总体状况、产业内结构状况和产业内战略集团状况。

① 产业总体状况。产业总体状况包括产业所处的生命周期阶段及其在国民经济中的地位、国家对产业的政策等。

② 产业内结构状况。产业内结构状况是指产业内存在的5种基本竞争力量：行业内现有竞争者、潜在加入者、替代品生产者、供应商和购买者，它们的力量对比情况构成了行业的竞争程度和行业内企业的盈利能力。

③ 产业内战略集团状况。产业内的竞争者可以按照不同的战略地位划分为不同的战略集团，一个产业中各战略集团所处的地位及各战略集团之间的相互关系对产业内竞争有很大的影响。

通过以上对目标企业所处产业状况的分析，可以判断对目标企业的并购是否与企业的总体发展战略相吻合，并购后是否可以通过对目标企业的经营而获得整体优势。

(2) 法律分析

对目标企业的法律分析主要包括以下几个方面。

① 审查公司的组织、章程。应注意审查对收购、兼并、资产出售方面的认可，以及合并中应经过百分之几以上投票认可才能进行的规定，企业章程和组织中有无特别的投票权和限制，董事会会议记录等。

② 审查财产清册。审查企业对财产的所有权及投保状况，对租赁资产应看其契约条件是否有利。

③ 审查对外书面合约。应对目标企业使用外界商标、专利权或授权他人使用的约定，以及租赁、代理、借贷、技术授权等重要契约进行审查，注意目标企业控制权转移后这些契约是否继续有效。

④ 审查诉讼案件。对企业过去的诉讼案件进行审查，看其是否对企业的经营有重大影响。

(3) 经营分析

对目标企业的经营分析主要包括对运营状况、管理状况和重要资源等的分析。

① 运营状况。通过对目标企业近几年的经营状况的了解，分析其利润、销售额、市场占有率等指标的变化趋势，对今后的运营状况进行预测。

② 管理状况。分析目标企业的管理风格、管理制度、管理能力、营销能力，分析其是否与本企业的管理相吻合。

③ 重要资源。分析目标企业人才、技术、设备、无形资产等重要资源的利用状况，为合并后的合理利用做好准备。

研究显示，当目标企业与并购方的资产具有互补性时，并购成功率较大，因为整合两家具有互补性资产的企业会产生协同效应。实际上，并购方通常仍保持其核心业务并且使其与被并购方的互补性资产和能力相互影响。并购方通常在并购前通过建立合作关系来筛选目标企业。

(4) 财务分析

财务分析可以确定目标企业提供的财务报表是否真实，这一工作可以委托会计师事务所进行，审查的重点包括资产、负债和税款。审查时应注意各项资产是否为目标企业所拥有、资产的计价是否合理、应收账款的可收回性、有无提取足额的坏账准备、存货的损耗情况、无形资产价值的评估是否合理等；对债务的审查主要集中在查明有无漏列的负债；另外，还应审查以前各期税款是否足额及时缴纳。

在初步确定目标企业后，并购方应对被并购方的状况做尽职调查（due diligence），即企业对并购对象进行充分评估。有效的尽职调查涉及各方面的上千个项目，包括并购的财务问题、审查并购战略的战略协调性、并购企业有效整合被收购企业的能力等。尽管企业本身有可能组建自己内部的尽职调查小组，但尽职调查通常由专业机构来执行，像投资银行、会计师事务所、律师事务所及从事企业并购咨询的咨询公司等。

不能完成有效的尽职调查过程往往导致实施并购的企业支付高额的并购费，企业应根据尽职调查的结果进行报价，而不是卷入"报价战争"。

2) 确定并购定价

在并购实施过程中，并购企业与被并购企业最关心、最敏感、最棘手的问题莫过于并购定价问题。并购定价的基础是目标企业的价值估算。由于企业是市场经济中的一种特殊商品，其价值是由多种要素决定的，因此，目标企业的价值估算是一个十分复杂的问题。目前，目标企业价值评估的方法主要有成本法、相对估价法、净现值法和经济附加值法等。

成本法的评估思路是从企业重建的角度，估算在评估时点企业已投入的成本之和，或是再造一个与被评估企业完全相同的企业所需要的投资，把这个投资额作为目标企业的评估价值。常用的计价标准有3种，即清算价值、净资产价值和重置价值。

相对估价法是指在市场上找一个或几个与目标企业相同或相似的参照物企业，分析、比较目标企业和参照物企业的相关财务指标，在此基础上，修正、调整参照物企业的价值，最后确定目标企业的价值。其理论依据是：任何一个精明的投资者在购置一项资产时，他所愿意支付的价格不会超过市场上具有相同性能替代品的市场价格。

净现值法是预计目标企业未来的自由现金流量，再以某一折现率将其折现，作为目标企业的价值。如果并购企业的目的是对其继续经营，那么对目标企业价值估算应采用净现值法，因为企业价值取决于它未来的盈利能力，只有在企业具备这种能力时，它的价值才会被市场认同。因此，净现值法作为企业价值评估的首选方法，在评估实践中也得到了大量的应用，并且已经日趋完善和成熟。

经济附加值法是为了克服会计收益指标和现金流量指标的缺陷而提出来的。经济附加值是企业资本收益与资本成本之间的差额，即企业税后营业净利润与全部投入资本成本之间的差额。它不仅考虑了企业的生产成本，更考虑了资本成本，强调了股权资本的时间价值。只有当企业创造的价值覆盖所有的债务和股权资本成本的前提下，目标企业才能真正为投资方创造价值。

3) 并购后的整合

并购方取得被并购企业的控制权只是实现了并购目标的第一步。企业并购后的首要任务就是并购整合，以实现并购的协同效应。并购后的整合是指并购双方为了调整企业的组成要素使其融为一体，而对企业的盈利能力和成长能力进行保护、转移、扩散和积累，最终实现预定并购目标的过程。成功进行并购整合是非常重要的。并购后的整合阶段是一个复杂的组织过程，困难和挑战重重。在这个过程中，通常会因为文化冲突或者组织策略而导致风险因素甚至敌对因素产生。

并购后的整合涉及企业的许多方面，具体包括战略整合、业务整合、制度整合、人力资源整合和企业文化整合。

(1) 战略整合

只有并购双方企业的战略相互配合、互相融合，两者才能发挥出战略协同的效应。因此，合并后，必须对被并购企业的战略进行整合，根据整个企业的战略，规划目标企业在整个战略实现过程中的地位和作用，然后对目标企业的战略进行调整，使整个企业的各业务单位之间形成一个相互关联、互相配合的战略体系，使被并购企业发挥比以前更大的效应，促进整个企业的发展。

(2) 业务整合

在对被并购企业进行战略整合的基础上，继续对其业务进行整合，根据其在整个业务领域中的地位，重新设置其经营业务，或增加新业务，或剥离旧业务。通过整个企业的分工合作，发挥规模效应和协作优势。相应地，对其资产也应重新配置，以适应业务整合后生产经营的需要。

(3) 制度整合

假设被并购企业的管理制度与并购企业的要求不符合，则并购企业可以将自身一些优良的管理制度引入被并购企业之中，如存货控制、生产排程、销售分析等。通过这种制度的输出，对被并购企业的原有资源进行整合，使其发挥出更好的效益。

(4) 人力资源整合

人力资源是企业最重要的资源，是企业竞争力最重要的来源。企业并购后，员工将会在心理上经历几个变化：角色模糊感增强、信任水平下降、自我保护意识增强。这些心理上的变化会导致企业与员工和员工与员工之间的不信任、抵制变化、消极怠工甚至离职等行为，最终使人才流失，企业运营效率下降。管理者需要采取相应的人力资源管理方法和措施来消除员工的心理紧张、压力和不信任感，解除他们的后顾之忧，激发员工的工作积极性，将员工引导到企业的战略目标中来。有研究表明，并购失败的一个重要原因是关键管理人员的离职。所以，在进行人力资源整合时，要综合评价并购双方的关键管理人员和技术人员，对关键人才加以挽留和激励。

思科的收购经验

(5) 企业文化整合

企业文化是企业经营中最基本、最核心的部分，企业文化影响企业运作的一切方面，因此企业文化整合尤其应受到重视。文化整合的成败很大程度上决定了企业并购活动的成败。在对被并购企业的文化整合过程中，应深入分析目标企业文化形成的历史背景，判断其优缺点，分析双方文化融合的可行性，在此基础上，进行兼收并蓄，形成一种优秀的、有利于战略实施的企业文化，并很好地在被并购企业中推行，使双方真正实现融合。

成功实施并购战略的五项基本原则

## 9.2 企业战略联盟

随着市场竞争的不断加剧和资源稀缺性的日益严重，越来越多的企业开始从对立型竞争转向合作型竞争。战略联盟是企业合作战略的基本形式，

通过生态合作实现数字包容：来自腾讯的经验

它能有效地帮助企业获取稀缺资源、降低运营成本、减少风险。

**1. 战略联盟的概念及特点**

1）战略联盟的概念

战略联盟（strategic alliance）是指两个或两个以上的企业在保持自己法人地位的前提下将各自的一部分资源、能力和核心专长进行某种形式的整合，通过一定的方式组成网络联合体，以实现各自的战略目标。战略联盟的概念首先由美国 DEC 公司总裁简·霍普罗德和管理学家罗杰·内格尔提出，随即得到实业界和理论界的普遍赞同。自 20 世纪 80 年代以来，这种组织形式在国际经济舞台上大量出现，成为现代企业提升竞争力的重要形式。

2）战略联盟的特点

战略联盟是现代企业组织制度的一种创新。随着经济的发展，企业作为组织社会资源的最基本单位，其边界越来越模糊。目前，网络式组织已成为企业组织发展的一种趋势，而战略联盟正好具备网络组织的特点。

（1）合作与竞争并存

传统的企业竞争是以消灭或削弱竞争对手为目标的对抗性竞争，战略联盟的出现改变了这种竞争方式。企业之间除了对抗性竞争，还必须从共赢的角度出发形成合作联盟，为竞争而合作，靠合作来竞争。

（2）边界模糊

战略联盟这一组织形式并不像传统企业那样具有明确的层级和边界，而是企业之间以一定的契约或资产联结起来对资源进行优化配置。战略联盟一般是由具有共同利益关系的企业组成的战略共同体，可以是供应者、生产者、分销商之间形成的联盟，也可以是竞争者之间形成的联盟。

（3）关系松散

战略联盟主要是用契约形式联结起来的，因此合作方之间的关系十分松散。如果机会来临，联盟中的成员便联合起来；一旦目标实现，联盟中的成员便各奔前程。在时间上，战略联盟的存在期限一般较短。在联盟形成之时，一般有存续时间的协议，或者规定一个固定的时期，或者规定在一个任务完成之后解散。可见，战略联盟本身是一个动态、开放的体系，是一种松散的企业间组织形式。

（4）地位的平等性和优势的互补性

战略联盟各方是在资源共享、优势互补、彼此信任和相互独立的基础上，通过合作协议而结成的一种平等关系，联盟成员均为独立的法人实体。企业实施战略联盟的目的在于价值链上的核心专长互补，以实现"双赢"的目标。

（5）运作高效

由于战略联盟在组建时，合作各方都把自己最核心的资源加入进来，联盟的各个方面的水平都是一流的。在目前分工日益深化的情况下，战略联盟的实力是单个企业很难达到的。在这种情况下，联盟可以高效运作，完成一些难度较大的复杂工作。

**2. 战略联盟的分类**

按照不同的划分标准，战略联盟可以划分为不同的类型。

1) 按产权划分

以联盟合作成员在联盟协议中是否涉及股权合作为标准,可以将战略联盟分为股权式战略联盟和契约式战略联盟。

(1) 股权式战略联盟

股权式战略联盟是企业间以股权为纽带建立的战略联盟。企业在合作契约中增加了对联盟组织或联盟伙伴进行股权投资的内容,但一般不包括各成员的核心业务,具体又可分为合资型战略联盟和相互持股型战略联盟。合资型战略联盟是指两家或两家以上的企业分别拿出部分资产来共同成立一家独立的企业。相互持股型战略联盟是指联盟成员为巩固良好的合作关系,长期相互持有少量股份。这种方式不涉及设备和人员等要素的合并。

(2) 契约式战略联盟

在契约式战略联盟中,各成员签订长期合作契约,通过契约规范成员行为,实现合作。成员企业之间不以股权为纽带,而是依据更为灵活、松散的契约来进行合作管理,即不交叉持股或建立独立的企业。最常见的形式包括技术协议、研究开发合作协议、生产营销协议、产业协调协议等。

2) 按合作内容划分

从联盟的内容看,企业在研发、生产、供应和销售各个价值链环节上都可以形成战略联盟。美国 NRC 组织根据企业合作内容的不同对战略联盟进行了详细分类,如表 9-1 所示。

表 9-1 按合作内容划分的战略联盟类型

| 阶 段 | 联 盟 内 容 |
| --- | --- |
| 研究开发阶段的战略联盟 | 许可证协议;交换许可证合同;技术交换;技术人员交流计划;共同研究开发;以获取技术为目的的投资 |
| 生产制造阶段的战略联盟 | OEM(委托定制)供给;辅助制造合同;零部件标准协定;产品的组装及检验协定 |
| 销售阶段的战略联盟 | 销售代理协定 |
| 全面性的战略联盟 | 产品规格的调整;联合承担风险 |

3. 战略联盟的理论基础

(1) 交易成本理论

交易成本理论是解释各种经济活动组织边界的重要理论。罗纳德·科斯在 1937 年发表的《企业的性质》一文中开创性地提出了交易成本的基本概念,认为市场运行中存在"交易成本"。他指出,企业和市场的边界受到内部组织成本和市场交易成本的相对大小的影响。战略联盟的建立就是为了寻求一种节约交易成本的制度安排,企业之间通过联盟合作可稳定交易关系,进而减少交易成本,纠正市场缺陷,防止"市场失效",同时它又可抑制"内部化"倾向,降低管理费用,从而避免"组织失效",因此战略联盟是介于市场与企业之间的一种交易方式,如图 9-1 所示。

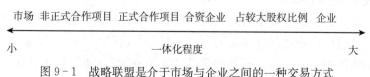

图 9-1 战略联盟是介于市场与企业之间的一种交易方式

(2) 资源基础理论

资源基础理论认为企业必须拥有提高企业业绩、创造竞争优势的特定资产、技术或资源。资源不仅指有形资产，而且还包括无形资产，它们共同构成企业的能力。学者们研究了资源和持续竞争优势之间的关系，发现产生竞争优势的资源有以下特征：有价值、稀缺性、难以模仿性和难以替代性。基于资源的战略联盟理论认为，战略联盟形成的原因在于企业之间基于资源的相互依赖性，企业形成战略联盟的目的是获得互补的资源和能力。战略联盟使企业可支配的资源从企业内部扩展到企业外部，在更大范围内促进资源的合理配置，创造协同效应，从而提高企业的竞争优势。

(3) 博弈论

博弈论（game theory）又称对策论，是交互式决策（interactive decision making）或在交互条件下的"最优理性决策"。在解释战略联盟形成方面，博弈论中的"非零和博弈"理论与"合作博弈"理论给企业经营者提供了重要的启示。博弈思想注重战略制定的互动性和系统性。在日趋激烈的竞争中，企业要随时警惕环境的变化，正确判断何时与对手合作、何时与对手竞争，这样才能在不断变化的环境中掌握先机、把握主动，不断提高竞争能力。在对战略联盟形成后的管理方面，博弈论提供了战略联盟中各成员之间相互依赖的决策理论基础。博弈论还被广泛用于分析企业之间的合作效果。

(4) 竞合理论

1995年，在深刻认识竞争对抗性本身固有的缺陷和透彻洞察当今经营环境复杂性的基础上，布兰登伯格和奈勒波夫提出了竞合理论。该理论的核心逻辑是共存共生和共荣共赢。它有效克服了传统企业战略过分关注竞争的弊端，强调合作的重要性。布兰登伯格和奈勒波夫在《哈佛商业评论》上发表了《正确的举措：运用博弈论构筑战略》一文，提出了依据博弈论理念进行竞合分析的五大要素：参与者（participators）、附加值（added values）、规则（rules）、策略（tactics）和范围（scope），简称PARTS。改变商业博弈五要素中的任何一个要素，都会形成多个不同的博弈，通过分析和比较各种博弈的结果，可以确定适合商业环境的竞合战略，最终实现共同发展的战略目标。

**4. 战略联盟的动因**

(1) 增强自身的实力

在激烈的市场竞争中，企业为了提高竞争力，通过跟与自己有共同利益的经营单位建立战略联盟，彼此之间可以通过加强合作而发挥整体优势。甚至竞争对手之间都可以通过彼此的合作，加强各自的实力，联合占领市场，对付共同的竞争对手或潜在的竞争者。

(2) 开拓市场

企业之间通过战略联盟的方式，可以有效避开地区间和国家间的各种贸易保护主义，共享营销网络，达到扩大市场占有率、开拓市场的目的。

(3) 迅速获取新的技术

技术创新是企业保持持久竞争力的关键，但是企业往往由于能力所限，不能吸收所有技术创新的成果，这时可以通过战略联盟的方式，与合作伙伴共享技术资源。自20世纪80年代以来，迫于竞争的压力，许多企业开始缔结"知识联盟"。通过技术知识的相互学习和共同研发，既能缩短获取新技术的时间，又能为新技术的商业推广及成为行业标准提供支持。

（4）进入国外市场

随着经济发展的日益全球化，企业必须面对整个世界市场进行竞争。而国别的差异会给跨国经营带来很大的困难。通过与进入国的企业建立战略联盟，可以获取互补性资源，降低经营风险，大大拓展企业的发展空间。例如，航空联盟有助于航空公司降低成本，并获得其他的国际航线。

（5）降低风险

市场竞争格局的变化无常，会给企业经营带来很大风险。企业之间缔结战略联盟，可以与合作伙伴共同分担投资成本、开发费用，能够快速抓住时机进入目标市场，获取收益。同时，企业之间缔结跨国联盟还可以降低政治风险，因为当地企业能把握并影响当地政府的政策。另外，合资企业本身还可以获得政府政策的支持。

**5. 有效战略联盟应遵守的原则**

大量的实证调查研究表明，战略联盟要想获得成功，一般应遵循以下原则。

广州汽车厂和法国标致汽车战略合作的失败

（1）选择并确定合适的联盟伙伴

由于战略联盟中合作方之间的关系较为松散，因此必须选择真正有合作诚意并适合本企业的伙伴。同时，合作伙伴在资源和能力上的互补性也应予以考虑。此外，文化上相容相似的企业比存在较大文化差异的企业更适合成为合作伙伴。

（2）明确战略目标，明确各方的责任、义务和权利

企业在合作之前，首先要明确战略联盟的意图，并据此来寻找合适的联盟伙伴。企业高层管理人员要弄清楚通过战略联盟来解决什么问题，是当前的还是长远的，是战术层面的还是战略层面的，是规避风险还是把握机会，是解燃眉之急还是长远之需，可以"扬"哪些比较优势，"避"哪些比较劣势等。战略联盟是一种网络式的组织结构，不同于传统的层级结构，在联盟中应明确双方的责、权、利，以防止由于组织不合理而影响其正常的运作。

（3）建立良好的伙伴关系，拥有融洽、信任、平等的合作关系

研究指出，信任可以成为有价值的、稀缺的、难以模仿的、难以替代的企业能力。企业需要知道如何发挥信任在战略联盟中的应用，尤其在采用机会最大化来管理联盟时，信任是影响、控制合作伙伴行为的最有效方法。

（4）有效防范战略联盟风险

战略联盟的风险之一是合作伙伴的机会主义行为。通常，当正式合同无法约束合作双方或者建立战略联盟时错误估计了合作伙伴的可信任程度时，机会主义行为就可能出现。有时候机会主义企业希望尽可能多地获得合作伙伴的隐性知识。因此，充分了解合作伙伴想要从战略联盟中得到什么，有助于企业减少遭受合作伙伴机会主义行为的可能性。战略联盟的风险之二是合作企业失实地描述自身能力，尤其当它宣称能够提供隐性资产时。对当地情况非常了解就是合作企业经常错误传递的一种隐性资产。针对这一风险的防范措施是：要求合作企业提供它所拥有的，并在战略联盟中可分享的资源和产能（即使是无形的）的有力证据。战略联盟的风险之三是合作企业没有将其承诺的资源和能力（如最尖端的技术）在战略联盟中与合作伙伴分享。无论战略联盟的哪一方，只要不能提供联盟所必需的资源和能力，都会大大降低战略联盟成功的可能性。当企业形成国际化战略联盟时，通常会遇到这样的风险，而且不同的文化和语言也会导致曲解合同条款和对信任的期望程度。战略联盟的风险之四是

一家企业对联盟进行专项投资而合作伙伴却没有跟进。

(5) 有效管理战略联盟

战略联盟组建后的协调管理和运作的有效性是它相对于单一企业更难处理的一个问题。美国学者米德·科夫勒认为,战略联盟失败的重要原因之一就是管理有问题。海瑞根也认为,战略联盟之所以失败,主要是因为管理者未能使战略联盟有效地运作,而不是协议规定上的问题。及时的沟通、协调甚至谅解、宽容、妥协都是战略联盟有效运作的重要条件。战略联盟各方由于相对独立,彼此之间的组织结构、企业文化和管理模式等都存在很大的不同,因此加强各方之间的沟通和协调非常重要。

(6) 保持竞合关系

美国密歇根大学普莱德教授的研究表明,过于草率地把核心技术和独特技能转让给合作伙伴,结果将使自己的能力下降,战略联盟双方应保持既合作又竞争的双重关系。

## 9.3 创新战略

创新是驱动社会进步、经济发展的重要动力,是企业竞争力的重要来源。在以 VUCA 为主要特征的商业环境中,创新的重要性逐步上升到企业的战略层面。

1. 创新的概念

熊彼特在其 1912 年出版的《经济发展理论》(*The Theory of Economic Development*)一书中,从经济学角度首次提出创新理论,将创新看作一种新的生产函数,认为创新包含 5 个层面的内涵:引进新产品;采纳新的生产方法;开发新的市场;拥有新的物料渠道;采纳新的组织形式。

2. 创新的类型

下面从技术创新、管理创新和商业模式创新 3 个维度来介绍企业创新的类型。

1) 技术创新

所谓技术创新,是指将新设备、新方法、新材料应用于商业或生产实践。技术创新可以分为产品创新和工艺创新,其中产品创新是指企业产品或服务的创新,工艺创新是指在产品的生产流程、服务的提供方式及营销模式上的创新。工艺创新不仅有助于提高企业的生产效率和生产能力,而且能够为企业生产新产品提供相应的工艺基础。

技术创新的基本过程包括:产生新设想、研究、开发、试生产、生产制造、进入市场。技术创新的过程有 5 个代表性模型。

第一代技术推动型创新过程模型(20 世纪 50 年代—60 年代中期)。该模型认为技术创新源自科学发现,技术创新经历了从科学发现到技术发展再到生产销售的过程(见图 9-2)。

图 9-2　第一代技术推动型创新过程模型

第二代市场拉动型创新过程模型（20世纪60年代—70年代）。随着市场在创新活动中的作用逐渐提升，强调需求的市场拉动型创新过程模型成为企业的重要选择。该模型认为，市场需求引导企业围绕某个新想法开展研发活动，进而驱动企业的创新活动（见图9-3）。

图9-3　第二代市场拉动型创新过程模型

第三代技术与市场交互型创新过程模型（20世纪70年代后期—80年代中期）。20世纪70年代出现的两次石油危机，使得简单的技术推动型创新过程模型和市场拉动型创新过程模型都无法帮助企业摆脱困境，企业开始探索如何减少资源浪费和实现有效创新。在该背景下，技术与市场的交互模型被提出，该模型强调某个新想法的产生是市场需求与科学技术交互作用的结果（见图9-4）。

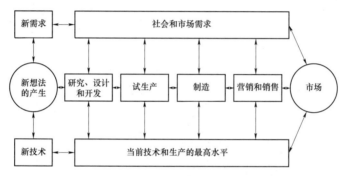

图9-4　第三代技术与市场交互型创新过程模型

第四代集成（并行）创新过程模型（20世纪80年代早期—90年代早期）。为了进一步提高创新的成功率和新产品开发速度，企业开始通过集成与并行开发的方式加强各职能活动的协调性，进而加快新产品上市时间（见图9-5）。

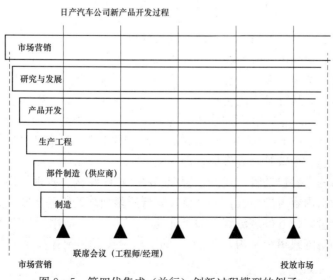

图9-5　第四代集成（并行）创新过程模型的例子

第五代系统集成与网络化创新过程模型（自 20 世纪 90 年代以来）。随着竞争的加剧，企业开始寻求更广泛的创新资源、更低的创新成本及更快的创新速度，这促使企业通过采纳系统集成与网络化创新过程模型来进一步整合企业内外部组织与创新资源。

2）管理创新

管理创新是指企业立足于组织目标，自主开发或从外部引进一种新的管理实践、程序、组织结构和管理技巧的过程。从上述概念来看，企业管理创新包含以下 3 层含义。

(1) 管理创新服务于组织目标

不同行业与不同发展阶段的企业通常设定不同的组织目标，组织目标的实现要求企业采纳相应的管理思想与工具。如图 9-6 所示，自 20 世纪 80 年代以来，中国企业的组织目标围绕企业竞争焦点经历了从生产导向向营销与绩效导向的转变，企业管理的特征也呈现出从单一生产型管理到生产经营型管理，再到资本运营型管理的演变。

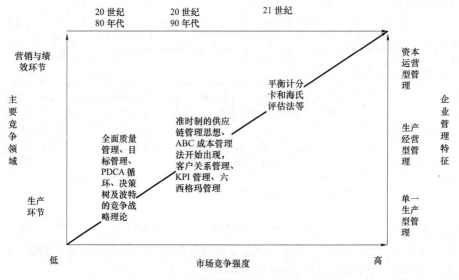

图 9-6 中国企业管理思想的演化关系

(2) 管理创新包含自主开发和从外部引进两种行为

自主开发是指企业提出一种全新的管理实践、程序、组织结构和管理技巧。该类管理创新行为下产生的管理知识来源于企业自身管理经验，诸如海尔提出"人单合一"的管理模式。相较于自主开发，从外部引进是指企业通过管理咨询公司、专家等或个体从外部引进一种新的实践、程序、组织结构和管理技巧，这是企业更为常用的管理创新行为，如华为公司通过 The Hay Group、Corporate Resources Group、IBM 等国际知名管理咨询公司引进人力资源管理、研发管理、绩效管理等最佳管理实践。

(3) 管理创新的内容包括管理实践、管理程序、组织结构、管理技巧 4 个维度的创新

企业的管理创新内容可能涉及：一个旨在降低质量缺陷的管理实践（如全面质量管理），一个有助于提高产量的任务处理流程（如单元化生产），一个适用于处理多产品、多市场的复杂组织结构（如矩阵式组织结构），一个有助于改善投资和预算决策的技巧（如现金流折现法）。

Birkinshaw 等从企业进化的角度将企业管理创新的过程分为 4 个相互关联的阶段。

① 学习动机产生阶段。该阶段，环境变动给企业的绩效提升带来了一系列发展问题或发展机遇，企业为解决其所面临的问题或者抓住发展机遇开始寻找创新型的解决方案。为了寻找最佳解决方案，企业开始关注已有管理实践存在的不足，部分企业倾向于通过管理咨询公司等外部机构搜寻解决方案，另有部分企业选择通过内部试错寻找解决方案。

② 新管理知识产生阶段。在产生学习动机后，企业在对问题解决方案的搜寻活动中、在试错活动中、在反复考察外部机构建议的活动中逐渐形成新的管理知识。

③ 新管理知识执行阶段。执行阶段是指从企业在其系统内试运行某个新管理知识直至该管理知识得到完全推广的过程。该阶段，企业将上一阶段所形成的新管理知识付诸到企业实际活动中，具体包括企业内外部变革推动者及内部员工的所有行动。

④ 理论化和标签化阶段。该阶段，企业主要开展两类活动：一类是企业通过理论化活动建立新管理知识与发展问题或机遇之间的逻辑关系，帮助管理创新的采纳者识别该知识的适用条件；另一类是企业通过标签化活动为其理论化后的管理知识选择一个恰当的名字，帮助管理创新的采纳者更好地接收该知识。

管理创新有助于企业改善绩效，提升竞争力，具体作用体现为：管理创新有助于企业更新组织结构和运作程序，进而推动企业实施技术性产品创新和工艺创新；管理创新有助于改变企业的行动方式，进而改善企业的生产力和产品质量。

3）商业模式创新

商业模式创新是指企业为顾客提供新的价值、改变价值提供的方式，具体而言，企业可以围绕商业模式的要素实施创新。根据 Osterwalder、Pigneur 和 Tucci 的研究结果，商业模式描述了企业能够为其客户提供何种价值及如何实现该价值。Innosight 公司的联合创始人 Mark W. Johnson、哈佛商学院教授 Clayton M. Christensen 和 SAP 公司的联席首席执行官 Henning Kagermann 指出商业模式由相互关联的四大要素构成（见图 9-7）：客户价值主张、盈利模式、关键资源和关键流程。其中，客户价值主张明确为客户提供何种价值，盈利模式明确公司获取的价值，关键资源和关键流程明确如何实现客户价值和公司价值。近年来，围绕商业模式的创新层出不穷，诸如电子商务、团购、共享出行等都是成功的商业模式创新。

### 3. 创新战略

创新战略是企业战略的组成部分，其服务于企业总体战略。因此，创新战略应该与企业的总体战略相一致。

（1）封闭式创新战略与开放式创新战略

从创新的方式来看，可以将创新战略分为封闭式创新战略和开放式创新战略。

封闭式创新战略是指企业通过利用内部创新资源开展创新活动。鉴于创新是企业竞争力的重要来源，许多企业通过实施封闭式创新战略来保护其核心技术。企业边界模糊化、知识扩散加快、人才流动频繁、内部创新效率降低、新产品生命周期缩短等成为当代企业面临的常态问题，这使得封闭式创新战略已无法满足企业的创新需求。

Chesbrough 提出了开放式创新战略。该战略强调企业同时利用内外部创新资源开展创新活动。开放式创新战略要求企业协同内外部参与者共同致力于创新活动。在开放式创新战略指导下，企业不仅关注内部创新资源，而且还关注供应商、客户、投资方、高校与研究院所等外部创新资源对企业创新活动的影响。

● 战略管理

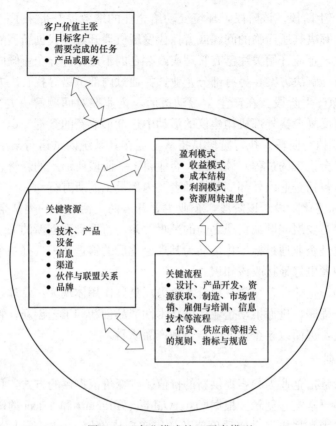

图 9-7　商业模式的四要素模型

(2) 渐进式创新战略与突破式创新战略

从创新的程度来看，可以将创新战略分为渐进式创新战略和突破式创新战略。

当企业实施渐进式创新战略时，企业执行渐进性的创新，创新活动主要表现为不断完善企业的产品、技术、管理等。大型企业由于受到路径依赖的影响，其组织结构、规章制度、企业文化、激励机制等更适应已有发展路径，因此大型企业偏向于在已有知识基础上实施渐进式创新战略。企业实施渐进式创新战略，其目的通常是维持与加强企业在现有市场的地位。

当企业实施突破式创新战略时，企业执行突破性的创新，创新活动主要表现为开发新的产品、新工艺和新管理知识等。中小型企业受到路径依赖的影响较小，通常在组织结构、规章制度、激励机制等方面更具灵活性，因此中小型企业更容易实施突破式创新战略。企业实施突破式创新战略时，通常希望能够通过开发新产品、新工艺、新管理知识等获取先发优势，赶超市场上的既有领先者。

章末案例

## 外部合作助力宁德时代快速增长

宁德时代新能源科技有限公司（CATL）于 2011 年在福建宁德成立，其前身是日资全资控股企业新能源科技有限公司（Amperex Technology Limited，ATL）的动力电池部门。2018年,宁德时代在深圳证券交易所上市(股票代码:300750),主要从事动力电池及储能电池的研发、生产及销售。宁德时代仅用了6年时间便超过松下、三星SDI等国际动力电池巨头,成为全球动力电池出销量冠军。通过战略联盟联合外部力量,宁德时代快速成长为全球领先的新能源创新科技公司。

1. 初试合作研发模式,提高行业认可度

2012年,多数动力电池企业因刚成立而难以与整车企业建立长期、稳定的合作关系,致使电池企业在与整车企业谈判过程中常处于被动地位。为了获得快速成长的机会,宁德时代决定与宝马集团合作研发动力电池,通过借助宝马集团的技术力量及严苛的产品要求倒逼宁德时代快速提升自身的技术实力。

宁德时代市场总监杨琦回忆起这段经历时坦言:"最开始宝马提供了700多页的全德文的规格书,要一条一条地做到非常不容易,但是我们还是做到了。"为了顺利完成合作,双方成立了100多人的电池联合开发团队,涵盖了电芯、系统架构、机械设计、测试验证、质量管理等所有电池包的关键技术领域。按照规格书一条一条地试错、实验,走完动力电池研发、设计、开发、认证、测试的全流程,宁德时代最终如期研发出了符合要求的质量高、稳定性强、安全性高的磷酸铁锂动力电池。宁德时代的技术团队也在这次"魔鬼训练"中被锤炼出来,技术水平得到质的飞跃。

2014年初,华晨宝马的首款纯电动车"之诺1E"正式投入市场,其动力电池系统由华晨宝马和宁德时代共同开发。在这次合作后,宁德时代获得了"伯乐"宝马的认可,成为宝马集团在大中华地区唯一一家电池供应商,并由此成为国内首家成功进入国际车企供应链体系的动力电池企业。

2. 借助战略联盟,快速拓展市场

凭借着过硬的技术及宝马的品牌背书,宁德时代于2013年下半年与宇通客车签署了为期两年的排他性战略协议。宇通客车是国内客车行业第一家上市公司,在新能源客车领域极具竞争力,它当时持有21个混合动力客车推荐车型,29个纯电动客车推荐车型,是所有车企中持有推荐车型数量最多的企业。

宇通客车凭借宁德时代提供的优质电池,快速抢占新能源客车的市场份额。2016年,宇通新能源客车市占率达23%,在行业中居绝对领先地位。宁德时代也借助宇通客车获得了快速成长,在新能源客车领域暂时稳住了脚跟。2014年,宁德时代对宇通客车的销售金额为5.13亿元,占宁德时代当年总营收的59.14%;2015年,销售金额达到26.29亿元,占总营收的46.10%。

在拓展市场的同时,在技术发展上,宁德时代采用了磷酸铁锂和三元锂电"两条腿走路"的战略:一方面,继续巩固磷酸铁锂电池业务,以此稳固对安全性要求高的储能及客车市场;另一方面,大力研发安全稳定的三元锂电,以开发对能量密度要求较高的乘用车市场。在生产线建设上,宁德时代通过连续融资拓展生产线,抓住国内新能源汽车车用动力电池的爆发式增长机会。

3. 协同供应链伙伴,实现指数型成长

首先,为稳定原材料供应、降低原材料成本,宁德时代一方面布局上游材料板块,通过与原材料厂商战略合作或自主控制核心技术的方式,稳定核心材料的供应;另一方面,宁德时代充分发挥自身体量优势，利用大额订单及多个供应商竞价的方式来增加自身议价能力。通过这种方式，宁德时代形成了"1＋多"供应商选择模式，"1"是指宁德时代选择各材料供应商中的龙头企业作为核心供应商，以形成"龙头＋龙头"合作模式，提高各自的市场竞争力；"多"是指宁德时代选择2~3家供应商为辅助，以保证供应链的稳定性，同时达到压制采购价格和监督供货质量的目的。

在正极材料供应方面，2016年，宁德时代与世界最大的钴资源供应商嘉能可达成4年2万吨供货协议，锁定核心钴资源。2018年3月，宁德时代参股北美锂业（43.59％股权），布局碳酸锂原料供应。2018年4月，宁德时代参股北美镍业（25.38％股权），保障镍资源供应。此外，宁德时代还收购了以废旧电池回收业务见长的广东邦普，布局电池回收板块，形成了"电芯＋模组＋电池包＋回收"的产业链闭环，并且通过与德国BASF合作推进回收业务的发展。宁德时代还以自主研发的技术和专利与上游供应商合作，建立互利的合作关系，用技术为自己赢得供应链上的话语权。

其次，为了减少对大客户企业的过度依赖，宁德时代采取多样化的合作策略，与下游企业建立更广泛的合作，积累客户基础。在与东风汽车、国能电动汽车、拜腾汽车、江铃汽车、吉利旗下极氪汽车、蔚来等汽车企业合作时，宁德时代通过签署差异化的战略合作协议明确合作双方的工作重点；在与上汽集团、东风汽车、广汽集团等主流车企合作时，宁德时代通过建立合资企业的方式研发、生产和销售新能源汽车动力电池产品；在与长安汽车、拜腾汽车合作时，采用股权融资、投资的形式。

再次，宁德时代还积极探索境外市场，通过股权投资、战略联盟的方式进入国际企业供应链体系。2017年2月，宁德时代投资3 000万欧元参股芬兰维美德汽车有限公司（Valmet Automotive Oy），双方将共同致力于电动汽车领域的技术合作，这标志着宁德时代已成功进军欧洲市场。2018年4月，捷豹路虎与宁德时代签署战略合作意向书，双方将积极探索未来汽车电池技术领域的深度合作，共同研究与开发汽车动力电池技术。2018年5月，宁德时代先后与戴姆勒集团、日产汽车、雷诺汽车及本田汽车这4家国际顶级车企签订了合作协议。2020年，宁德时代与Honda Motor Co., Ltd.（本田技研工业株式会社）签订长期战略合作协议；2021年，宁德时代与特斯拉签订供货框架协议，约定公司在2022—2025年期间向特斯拉供应产品；2022年，宁德时代与福特开展全球战略合作，涵盖北美、欧洲及中国的动力电池供应；与本田加强全方位战略合作，覆盖动力电池共同开发、稳定供给、回收等领域；与宝马达成圆柱电池供应框架协议，继续深化双方长期伙伴关系；与日本大发、越南Vinfast等公司达成合作协议，共同助力日本、越南等东南亚地区电动化转型；与美国储能技术平台和解决方案供应商FlexGen达成合作协议，进一步深化双向合作伙伴关系；与英国新能源投资商Gresham House储能基金公司达成合作协议，共同推动公用事业规模储能的应用落地。目前，宁德时代已经实现德国（大众、宝马、奔驰）、美国（福特、通用）、日本（本田、日产）、韩国（起亚）、法国（雷诺）等国家的全面渗透，在境外车企配套方面远超国内其他竞争对手。

最后，面对不断更迭的新兴技术，宁德时代通过跨行业的战略合作探索智能制造领域。2021年7月15日，宁德时代智能制造部和腾讯云达成战略合作协议，双方将在人工智能领域、成果转化和培养人才方面进行合作，并建设宁德时代与腾讯云AI联合创新基地，由腾讯云提供数据中心、AI算法平台及私有云方面的技术，共同攻克新能源质检这一世界级难题，促进宁德时代动力电池技术的提升，推动新能源行业的发展。2022年，宁德时代与中国移动通信集团有限公司（下简称"中国移动"）签署战略合作框架协议，双方将在零碳数据中心建设、分布式储能与电网智能协同、备储一体化智能锂电池及运营管控平台开发、虚拟电厂建设运营、新一代通信业务、工业互联网智能应用、跨国业务连接、泛行业生态融合等领域开展合作。

面对动态变化的内外部环境，宁德时代通过与国内外企业建立广泛的合作网络（见图9-8），有效改善了其技术水平、行业地位、客户基础，并最终实现高速增长。

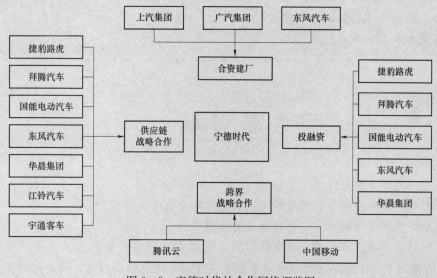

图9-8 宁德时代的合作网络概览图

资料来源：

[1] 贾迎亚. 宁德时代：战略联盟打通"独角兽"成长之路. 中国管理案例共享中心.

[2] 同花顺金融财经中心. 宁德时代与腾讯云达成战略合作联合攻关新能源质检世界级难题. http://stock.10jqka.com.cn/20210715/c631025799.shtml.

**思考题：**

1. 宁德时代实现增长的方式是什么？
2. 宁德时代在哪些领域实施了战略联盟？
3. 如何评价宁德时代战略联盟的成效？

## 本章小结

本章探讨了企业实现外部增长的3种主要方式，即并购战略、战略联盟和创新战略。首先介绍了企业并购的基本概念和类型、并购动因及并购战略实施中应注意的目标企业选择、并购定价和并购后整合的问题。其次介绍了战略联盟是两个或两个以上的企业为了一定的目的、通过一定方式组成的网络式的联合体，其实质是一种企业组织制度的创新，它与传统的组织有许多不同的特点，并进一步分析了战略联盟的动因和类型，以及成功实施战略联盟应遵守的原则。最后，本章介绍了创新的内涵、主要类型及主要的创新战略。

## 思考题

1. 企业并购的动因是什么？
2. 什么是并购后整合？并购后整合在企业并购中有什么意义？
3. 请运用多种分类标准描述战略联盟的类型划分。
4. 寻找一家中国上市公司，研究该公司通过并购或战略联盟的方式来推进公司增长型战略实施的全过程，了解并购或战略联盟在企业发展中所发挥的作用，探讨成功实施并购战略或战略联盟的关键点。
5. 什么是创新？如何区分封闭式创新战略与开放式创新战略、渐进式创新战略与突破式创新战略？

# 第10章

# 企业国际化经营战略

**案例导入**

## 中国高铁国际化的过程——从国内到出口

作为中国制造"大国重器"的代表之一,中国高铁凭借在技术、质量、速度和安全上的竞争优势,以及良好的乘车体验,在世界上获得了很高的声誉。近年来,中国高铁"走出去"的步伐不断加快,足迹遍及亚洲、欧洲、北美洲和非洲,成为"一带一路"建设和国际产能合作的一张靓丽名片。

**1. 天道酬勤,厚积薄发:通过国内市场积累市场经验**

相较发达国家高铁事业的发展,中国高铁起步晚了近40年。在新中国成立之初,中国铁路总里程仅2.18万km,其中一半处于瘫痪状态。"中国高铁发展到现在,是几代中国铁路人共同追梦的结果"。中国铁路设计集团有限公司副总经理、总工程师孙树礼谈到中国高铁发展历程,如数家珍。2003年,秦沈客运专线全段投入运营,这是我国高铁建设的"试验田";2005年,京津城际铁路动工,这是我国第一条高标准、设计时速为350 km的高铁;2011年,京沪高铁开通运营,这是当时世界上一次建成线路里程最长的高铁;2022年,我国首条跨海高铁——新建福厦铁路全线铺轨贯通。同年,世界最长海底高铁隧道——甬舟铁路金塘海底隧道开工建设,世界最长高速铁路跨海大桥——南通至宁波高速铁路杭州湾跨海铁路大桥正式开工建设。通过稳扎稳打地布局国内高铁市场,中国高铁逐渐积累了宝贵的市场经验,为高铁后期走向国际市场奠定了市场基础。

**2. 从"引进来"到"走出去":坚持开放合作与自主创新并行的技术发展路径**

2003年,中国高铁确立"市场换技术"基本思路,通过与外国企业合作发展中国高铁技术。2004年,我国尝试通过技术引进发展高铁,但由于核心技术主要被德国的西门子、法国的阿尔斯通、日本的川崎重工及法国的庞巴迪四大高铁设备制造商垄断,这些企业十分注重技术的保护工作,最终我国的技术人员只能从"照葫芦画瓢"开始技术积累。直到2007年,"和谐号"动车组正式上线运营,2008年,开通了第一条时速最高达到 350 km 的京津高速铁路，我国开始正式进入高铁时代，并很快跻身于世界第四个系统掌握时速 300 km 高铁技术的国家。

中国高铁技术之所以能够迅速进步，是因为在技术引进之前，就已经通过长期的自主开发积累了技术基础，这促进了中国企业在技术引进中实现消化、吸收、再创新，以及凭借自己已经掌握的核心技术进行新一轮的自主开发。2008 年，科技部与铁道部共同签署了"两部联合行动计划"，科技部通过整合全国的科技资源支撑本土高铁技术能力升级。这促使中国高铁在较短的时间内实现了从逆向工程能力向正向设计能力的跃升，高铁集成技术达到世界领先水平。当时，高铁装备企业正向设计了 CRH380 系列动车组，这意味着高铁企业形成了正向设计能力。正向设计能力又进一步倒逼了本土产业链的升级，促使国内形成了以 3 家整车企业为龙头、以一批关键系统供应商为骨干、以数以千计的多级配套企业为支撑的高铁装备制造产业链。

针对中国高铁在运营层面和技术层面出现的新问题，中国铁路总公司（以下简称"铁总"）于 2013 年启动了中国标准动车组研发项目。一是针对关键设备和系统尚未完全自主化的问题，铁总要求中国标准动车组由国内企业自主设计和制造，形成自主知识产权。二是针对车型不统一造成运营成本高的问题，铁总要求不同厂家生产的动车组可重联运营或相互救援，推动了高铁技术、知识产权和标准的整合。三是随着中国标准动车组的研制成功，中国高铁标准有了较强的兼容性，更大程度地满足了中国高铁"走出去"的需要。中国高铁由此形成了先进、完备的技术和标准体系。

同时，中国市场具有地域面积广大、地形地貌丰富、气候复杂多样等特点，在这种环境下，高铁建设团队通过自主创新掌握了在不同地形建造高铁的经验。基于中国特殊的地理环境，中国高铁逐步建成了：世界上运营列车试验速度最高的高铁，世界上第一条穿越高寒季节性冻土地区的高铁，世界上运营里程最长、跨越温带亚热带、多种地形地质和众多水系的高铁，世界上第一条热带环岛高铁。同时利用制度与人口优势，中国高铁有效降低了建设成本。2019 年 7 月 8 日，世界银行发布《中国的高速铁路发展》，报告显示：中国高铁建设成本约为其他国家建设成本的 2/3。

中国高铁的生产和运营实践经过我国市场的检验后，也获得了全球市场的信任，使中国高铁很快就打开了海外市场。

3. "一带一路"建设引领中国高铁国际化：来自母国的利好政策

"道路通，百业兴。"加快设施联通建设是共建"一带一路"的关键领域和核心内容。

印度尼西亚雅万高铁作为首个中国高铁全方位整体"走出去"项目，将中国高铁推向了世界舞台。"雅万高铁采用的是我们中国标准，它的线路建设、工程监理等都是我们参与的。"中国铁道科学研究院首席工程师赵红卫说。除了基础设施建设，该项目还带动印度尼西亚施工装备、建筑材料等产业的发展，并增加了当地人员的就业机会。2022 年 11 月 16 日，一列高速铁路综合检测车对雅万高铁德卡鲁尔车站至 4 号梁场间线路进行了全面检测，各项指标参数表现良好。这标志着中国和印度尼西亚合作建设的雅万高铁首次试验运行取得了圆满成功。项目建成后，雅加达和万隆之间的旅行时间将由现在的 3 个多小时缩短至 40 分钟。

巴基斯坦拉合尔轨道交通橙线是中巴经济走廊首个正式启动的交通基础设施项目，目前中方企业已雇用当地员工1 860余人，促进了当地就业；莫喀高铁是中俄两国合作的重大战略项目，目前双方已就中方为项目提供投融资支持和项目使用中国技术、装备达成基本共识；匈塞铁路作为中国与中东欧国家的旗舰项目，目前施工的各项准备工作正在有序进行。此外，中欧班列也已经初步探索形成了多国协作的国际班列运行机制。截至2018年底，中欧班列已经连通亚欧大陆16个国家的108个城市。

在《中国的高速铁路发展》报告中提到，长期全面的规划和设计标准化是中国高铁成功的关键要素。中国高铁集政策支持、经济发展、人口红利等多种优势条件于一体，打破了企业与政府二分法，依靠自主创新，走具有中国特色的高铁发展道路，逐步走向世界。

资料来源：
[1] 何艳. 首次出口国外！雅万高铁高速动车组正式发运. 央视新闻，2022-08-22.
[2] 贺俊，吕铁，黄阳华. 技术赶超的激励结构与能力积累：中国高铁经验及其政策启示. 管理世界，2018，34（10）：191-207.
[3] 刘珊. 中国高铁：从"四纵四横"迈向"八纵八横". 央视网，2022-09-19.
[4] 张玉珂，李娜，刘鑫，等. 为什么中国高铁能领跑世界. 人民网，2019-09-16.
[5] 祝嫣然. 中国高铁全产业链走出国门，背后的机遇、风险有哪些. 第一财经，2020-12-02.

思考题：
1. 结合案例，分析中国高铁国际化的关键成功因素有哪些。
2. 中国高铁国际化历程对中国企业走出去的启发有哪些？

21世纪，任何一个企业都必须着眼于全球市场而不是国内市场来思考企业经营战略。互联网缩小了地理距离，世界经济正加速全球化。为了提高国际竞争力，越来越多的企业制定了能在国际市场上获得成功的经营战略。

# 10.1　国际化经营战略的实施动因

国际化经营战略是企业在本国市场以外的市场生产或销售产品或服务的战略，它促使企业跨越国界从事经营活动。企业通过国际化经营战略将其业务扩展到更多地方的原因有很多。雷蒙德·弗农阐述了企业实施国际化经营战略的典型原理。他认为一个企业通常先在本国市场上推出新产品，特别是那些发达国家，如德国、法国、日本、瑞典、加拿大和美国等。接着，其他国家对这项产品的需求随之产生，于是企业开始将本地生产的产品出口。当国外市场上的需求增长到一定程度时，该企业就会开始国外运营。弗农认为企业实施国际化经营战略的动机之一是延长产品的生命周期。

实施国际化经营战略的另外一个原因是获得潜在的稀缺资源。某些行业中的企业在生产产品的过程中，原材料的供应，尤其是矿产和能源的供应至关重要。例如，矿产和能源公司会尽可能在全球范围内经营，以获取更多的资源，然后再将这些资源卖给有需求的制造商。

中国企业的国际化动因要从提高国际竞争力的角度来认识。具体来说，企业实施国际经营战略的动机主要有以下 4 个方面。

**1. 扩大市场规模**

通过进入国际市场，企业能够有效扩大潜在市场的规模。例如，大量外国医药企业对中国进行直接投资，是因为我国庞大的市场。

如果本国市场的增长有限，则企业开展国际化经营是一个很有吸引力的选择。例如，当美国的软饮料市场相对饱和时，百事可乐公司和可口可乐公司纷纷进入国际市场寻求市场增长空间。百事可乐公司多年前就进入了苏联市场，随后可口可乐公司进入我国市场。

国际市场的规模大小也影响企业是否愿意在这个市场进行研发投资，从而在该市场中创建竞争优势。较大的市场通常意味着较高的潜在投资回报和较低的投资风险。

**2. 快速得到投资回报**

对于数额巨大的投资（如建立生产基地、购买基本设备和进行研发）来说，市场规模很重要，因此大多数研发密集型行业都实行了国际化经营。例如，研制新飞机需要大量投资，为了补偿这些巨额投资，飞机制造企业必须拥有国际市场。对于波音公司和空中客车公司而言，国际销售量至关重要。

另外，技术发展速度在加快，产品生命周期日益缩短，投资必须快速收回。由于各个国家的专利保护法不同，新产品被仿制的可能性增加。竞争对手通过反向工程技术，能够分解产品，用相似的技术生产仿制产品。竞争对手的快速模仿，使得尽快收回投资成本的需求更加迫切。对于医药企业来说，通过国际化扩张获得更大的市场具有强烈的吸引力，因为这使企业有更多的机会快速收回大额资本投资和大规模研发费用。

**3. 充分实现规模经济效应和学习曲线效应**

规模经济是指由于经济活动规模扩大导致单位活动的成本下降所带来的效益。公司进入国际市场后，可以通过扩大产品市场来获得规模经济，尤其是在制造运营中。与跨国经营相联系的营销或分销方面的规模经济也可以使公司获得低成本的竞争优势。

汽车行业的规模经济效应

在有些行业，部件生产或者产品组装活动的学习曲线效应非常显著，以至于企业可以设立一家或者两家大型工厂为全世界市场提供产品。利用学习曲线效应获得低成本竞争优势的关键是：将生产集中在少数几个地区，以尽可能快的速度提高一家工厂的总产量和工厂的经验。

同时，通过不同国家企业之间的资源与知识共享，企业也可以在国际市场中发挥其核心能力。资源和知识共享产生的协同效应将有助于企业以较低的成本提供更高质量的产品和服务。另外，在国际化市场中经营，企业必须适应更多样化的环境，在适应中获得更多的机会和压力去学习与创新。企业在一国获得的经验、知识或能力可以转移和应用到另一个国家，从而带动整个企业的适应、学习和创新。发展中国家的企业进入发达国家市场，往往以学习为主要目标和动因，通过在当地经营获取知识和能力，并转移回母公司，能够提高企业整体的国际化经营能力。

**4. 区位优势**

由于世界经济发展的不平衡，每个国家或地区都有自己的比较优势。跨国公司把工厂设到境外可以利用不同国家或地区的比较优势，而一个只在本国发展的竞争者就没有这样的机会。

企业通过实施国际化经营战略能够在世界范围内配置资源,建立企业内部的水平分工与垂直分工体系,既有可能获得分工带来的好处,也能保证原料来源的稳定性。三星公司在美国硅谷安置了大型的研发设备,并将研究结果反馈给总部,从而成为存储芯片技术的领先者。对那些以自然资源为基础(如石油和天然气、矿产、橡胶和伐木)的行业,通过国际化经营,能在其他国家获得稀缺的自然资源。

另外,国际化经营战略有助于企业降低经营成本。在劳动力、原材料或技术成本较低的国家生产经营,企业能够提高成本竞争力。例如,土耳其是欧洲工资率最低的国家之一,而工人生产率却以3.6%的速度增长(欧盟的平均增长率为2.8%),因此很多企业都把工厂迁移到土耳其。

## 10.2 国际市场进入方式与选择

当企业确定了拟进入的目标国际市场之后,就要考虑以什么方式进入。不同的国际市场进入方式将影响公司成本的高低、竞争力的大小、利润的多少及风险的状态。从经营管理的角度分析,国际市场的进入方式可以分为出口、许可协议、战略联盟、收购和新建全资子公司。不同的进入方式各有优缺点,它们所需要的企业资源投入、控制的程度、灵活性和风险性等都不同,选择最合适的进入方式对企业在这些市场上的经营业绩至关重要。

**1. 国际市场的进入方式**

根据企业的发展目标、资源条件和对国际市场的了解程度,企业可以选择不同的国际市场进入模式,包括出口、许可协议、战略联盟、收购和新建全资子公司等(见表10-1)。

表10-1 国际市场进入方式

| 进入方式 | 特 点 |
| --- | --- |
| 出口 | 高成本,低控制 |
| 许可协议 | 低成本,低风险,几乎无控制,低回报 |
| 战略联盟 | 成本分担,资源共享,共同承担风险,整合中的问题(如两种企业文化) |
| 收购 | 快速进入新市场,高风险,谈判复杂,本地运作合并中的问题 |
| 新建全资子公司 | 复杂,成本高,时间长,高风险,最大控制权,高于平均水平的潜在回报率 |

(1)出口

作为最早的国际化经营方式,出口贸易在不同国家和地区已经有了相当长的历史。与其他国际化经营模式相比,出口具有操作方便、决策相对简单、风险低和灵活性高等特点,尽管随着经济的全球化和国际分工的加深,国际市场进入方式越来越多,但出口仍然是一种非常重要的国际市场进入方式。

出口的缺点是运输成本高,某些货物需缴纳进口关税。此外,出口商对其产品在进口国的营销和分销控制较少,同时必须支付给分销商一定费用或允许分销商通过提价来补偿其成本并获取利润。因此,出口商很难通过出口来营销有竞争力的产品或向不同的国际市场提供定制化的产品。由于相邻地域间较低的运输成本和较多的相似性,企业通常向其相邻国家出口。

在采用出口方式时,由于跨国经营企业对国外市场介入程度最小,因此很多企业以出口作为国际扩张的起点,尤其是小企业。但由于小企业缺乏汇率管理的专业知识,其如果想降低总成本、保持竞争力,就必须了解这些市场并掌握外汇知识。

出口模式具体包括两种:直接出口和间接出口。在直接出口模式下,企业参与在国外市场销售产品的必要活动,可以决定是否打开其在国外市场的销售网络及控制市场营销组合决策;在间接出口模式下,企业并不直接参与国外市场上的营销活动,而是通过中间商来进行,因此企业在许多方面并没有更多的选择。

无论企业采用哪种出口模式,企业管理人员必须认识到出口贸易远比在国内市场做生意来得复杂和困难。这是因为:第一,由于出口市场不同的地理环境和文化,当地消费者对产品和服务的需求可能与本国市场不同;第二,国际市场的分销渠道比国内市场的渠道更复杂,涉及更多的中间环节,增加了各种风险;第三,由于出口市场的信息获取更加困难,信息交流也会因为文化或其他原因而容易受到阻碍,所以国际市场的分销渠道成本更高。

(2) 许可协议

许可协议是指允许外国企业在其所在国或一系列国家生产和销售企业的产品。许可者通常对每件生产和销售的产品收取一定的特许权使用费,被许可者承担风险并投资设备进行生产、营销和分销产品或服务。由此可见,许可协议是成本最低的国际扩张方式。

许可协议也是扩展创新的一种方法。通过对研究成果和专利的许可授权,企业可以在未来多年内获取回报。当然许可协议也有它的缺点。例如,企业对产品在其他国家制造和销售的控制权很小。此外,许可协议的潜在回报最小,毕竟许可者和被许可者是共同分享回报的,而且过了许可期后,被许可企业可能学到了关键技术,自己生产、销售相似的产品。

虽然对制造商来说许可协议很有用,但在通常情况下,对那些在全球扩张的服务型和零售型企业来说,特许经营更为合适。麦当劳、7-11和希尔顿这些企业都是通过特许权进入国外市场的。实施特许权的一方承担特许权授予方在当地所面临的大部分成本和风险,特许权授予方必须投入的成本包括寻找特许权代理人并对其加以培训、支持和监控。特许经营最大的问题是质量控制。

(3) 战略联盟

近年来,战略联盟成为国际扩张的主要方式。战略联盟让企业之间共担风险、共享资源。此外,战略联盟能促进企业核心能力的发展。通常,新兴经济体的企业希望通过国际战略联盟来获得高端技术,非新兴经济体的企业同样能受益于这种联盟——通过与当地企业合作进入新的市场而不需要缴纳关税。通用汽车与上汽集团成立合资企业,生产别克和凯迪拉克汽车在中国市场上销售,这个战略联盟对双方企业来说都是非常成功的。

战略联盟包括资产型联盟和非资产型联盟。资产型联盟是企业将资本、管理、技术转移到目标国家,与当地企业建立控股或者参股的企业,即所谓的国际合资。研究显示,以资产为基础的战略联盟,其中一个企业有更多的控制权,相对来说结果要更好一些。非资产型联盟则是以合同为纽带的合作形式。在国际航空业,存在很多非资产型联盟。例如,Star联盟是一个包括联合航空、汉莎航空、新西洋航空的联盟,联盟中的成员在销售、运营支持和后勤服务方面为其他成员提供便利。

战略联盟为合作双方带来了知识和资源。事实上,战略联盟的一个重要目的就是获取创新能力，其中最主要的是技术。然而要将技术支持转移到联盟中，通常要求合作双方要相互信任。协调好各方的预期有助于战略联盟取得更好的效果。

当然并不是所有的战略联盟都很成功，事实上很多都失败了。失败的根源是合作伙伴之间的矛盾和冲突。国际战略联盟尤其难以管理，许多因素都可能引起合作关系的恶化。合作双方的相互信任非常重要，它至少受到以下4个方面的影响：合作伙伴最初的关系、达成交易的谈判过程、合作双方的互动和外部事件。信任也受到合资企业所在国文化的影响。研究显示，在面对更多不确定性条件时，在合作伙伴之间需要共享知识时，以及在那些战略灵活性很重要的情景下，比如在中小企业中，战略联盟更受欢迎。而在需要较低的灵活性和通过交易来维持规模经济的情况下，收购的方式更可取。

（4）收购

随着自由贸易在全球市场的扩展，跨国收购的数量也在猛增。最近几年，跨国收购占世界收购总量的45%。

收购为进入新的国际市场提供了捷径。但国际收购比国内收购的风险更大，成本更高。收购的国际谈判可能相当复杂。另外，将新企业融入收购企业要比国内的收购情况复杂得多，收购企业不仅要处理不同的企业文化，还要处理潜在的不同的社会文化和习俗，这加大了收购双方整合的难度。所以，尽管通过跨国收购能快速进入国际市场，但是也要付出相当大的代价，并冒多重风险。据估计，只有20%的跨国收购取得成功，而国内收购的成功率为40%。

在历史悠久的英国汽车企业罗孚集团破产时，中国上汽集团收购了其资产，这次收购给上汽集团带来了进入欧洲市场的契机，并通过贴罗孚的标签建立了自有品牌。但这次收购起初遭到了英国政府的强烈反对，上汽集团在清除了规制障碍后才获得批准。

（5）新建全资子公司

新建全资子公司即绿地投资，是指通过建立一个全新的企业进入国际市场。这是一个复杂且成本很高的过程，但是它能最大限度地控制企业的运营，并且很有可能获得超额利润，尤其是当企业拥有许多无形资产且能通过新建企业来扩大其影响时。但是在新的国家建立新企业的成本和风险很高。研究认为，当国家风险较高时，出于风险管理的目的，企业更愿意以合资企业的方式进入，而不是进行绿地投资。但是，如果之前它们在该国积累了国际化经验，就会倾向于采用新建全资子公司的方式。

研究表明，在服务业中，"全资子公司和驻外员工"特别受偏爱，这些行业与"终端客户密切接触"，并且要求"高水平的专业技能、专业化知识和定制化服务"。另有研究认为，绿地投资在资本密集型企业更明显。

**2. 影响国际市场进入方式的因素**

（1）国际市场进入方式的动态演化

企业选择哪种方式进入国际市场受许多因素的影响。一般来说，出口、许可协议和战略联盟是较好的早期国际市场开发战略，而收购和新建全资子公司一般出现在国际多元化战略的后期阶段，如果在公司有足够的资源，特别是有某种核心竞争力时，这两种方式成功的机会更大。

最初通常是以出口的方式进入市场，因为无须在国外进行专业能力的投入，只需在分销上投资。许可协议促进了进入国外市场的产品的改进。战略联盟的流行是因为可以与目标市场上有经验的合作伙伴互相配合，同时通过成本的分担降低风险。所以这3种方式是较好的早期国际市场发展模式。如果要在国际市场取得更有利的地位，就需要收购和新建全资子公司。很多日本汽车制造商，如本田、日产和丰田，就是通过建立全资子公司和合资企业在美国站稳了脚跟。丰田通过新建全资子公司将其强大而无形的生产制造能力带到了美国。

由此可见，要进入国际市场，企业必须选择最适合本企业的进入模式。在有些情况下，可以依次使用这些国际市场进入方式，从开始的出口到最终新建全资子公司。另外，企业可能在不同的市场中采用不同的进入方式。企业对国际市场进入方式的选择，是行业竞争状况、当地条件、政府法规和本企业独特的资源、能力和核心竞争力等多因素共同作用的结果。

(2) 国际市场进入方式的影响因素

影响国际市场进入方式的因素大体上可以分为外部因素和内部因素两种，如图10-1所示。

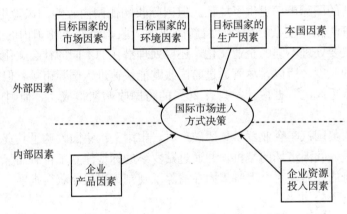

图10-1 国际市场进入方式的影响因素

外部因素包括目标国家的市场因素、目标国家的环境因素、目标国家的生产因素和本国因素。

① 目标国家的市场因素。主要包括：目标国市场规模的大小、目标国市场的竞争结构。

② 目标国家的环境因素。主要包括：目标国家政府对外国企业的有关政策和法规，地理位置，经济状态，外部经济关系，本国与目标国家在社会、文化等方面的差异，政治风险。

③ 目标国家的生产因素。主要包括：生产要素投入（原料、劳动力、能源等）、市场基础设施（交通、通信、港口设施等）的质量和成本。

④ 本国因素。具体包括：国内市场规模、本国的竞争态势、本国的生产成本、本国政府对出口和向海外投资的政策。

内部因素包括企业产品因素和企业资源投入因素。

企业产品因素具体包括：产品的独特性、产品所要求的服务、产品的生产技术密集度、产品适应性。

企业资源投入因素主要包括：资源丰裕度、投入愿望。

综合上述分析，选择国际市场进入方式的依据在于企业要考虑如何发挥优势和克服劣势，优、劣势主要体现在国家和企业两个层面。如果企业资源不足，可以选择成本较低的进入方式，如出口。如果目标市场的风险很大，企业则可以选择战略联盟的方式来降低风险。如果企业进入国际市场是为了学习和创新，则可以选择战略联盟或跨国并购。由于我国企业仍然处于国际化的早期阶段，而我国与其他国家在制度和文化上的差异较大，因此我国企业在选择国际市场进入方式时应该将适应和学习作为重要因素加以考虑。

### 3. 企业跨国经营的进程

不同企业进行跨国经营的发展阶段各不相同。有的企业在创立时，便将自己的目标市场定位在国外，进行跨国经营。但大多数企业的跨国经营是一个不断发展、循序渐进的过程。

（1）国内发展阶段

在这一阶段，企业的主要目标是在国内市场发展，扩大市场份额，形成企业自己的竞争优势。企业的国际性业务主要以进口为主，以从国外引进技术和设备来提高自己为主，出口只是企业换取外汇、寻求外汇平衡的手段，在企业中处于从属地位。在这一阶段，企业要形成自己的品牌和管理模式，形成进入国际市场的竞争优势。

（2）出口阶段

当企业的经营业务在价格、质量、国内市场占有率或资金实力等方面形成优势之后，企业的出口业务便迅速增加。随着国外市场份额占企业营业收入比例的不断增加，出口便成了企业经营发展过程中的重要组成部分，开拓国际市场逐渐成为企业的长期经营目标。在这一阶段，企业的跨国经营活动以熟悉国际市场、培养外向型人才、积累从事跨国经营活动的经验为主。

（3）国外设立分厂或分部阶段

随着企业出口业务的发展和国际市场重要性的提高，企业出口部门的地位和作用也迅速提升，企业开始在国外设立专门从事销售或生产活动的子公司，直接开展国际市场的经营活动。在这一阶段，可以说企业真正进入跨国经营阶段。该阶段需要熟悉国外法律法规、外籍员工行为习惯和管理经验，积累在国外管理企业的经验，以及防止国内管理和国外管理的脱节等。

（4）本地化阶段

由于各个国家在语言、法律法规、员工行为习惯、市场竞争、资源供应等方面存在差异，实施统一的国际化经营战略或管理模式往往会脱离实际。为了开拓市场，有效管理，母公司在人事、市场开拓、原材料采购、员工报酬、财务管理等方面逐渐赋予国外子公司更多的权力，开始实施本地化战略，让国外子公司独立自主地开展经营业务，以使其快速成长。

（5）跨国经营阶段

随着国外子公司、分部的发展，对企业资源在全球范围内配置的要求逐渐增加，母公司开始把各国的子公司作为总公司有机整体中的一部分，开始通盘考虑。在这一阶段，通过建立全球性的结算中心、发展战略中心、市场营销中心，总公司在资金、人力资源和市场推广、发展战略上，出现整体优化的趋势，并逐渐开始进行全球范围内的业务管理和经营。

## 10.3　国际化经营战略的类型

国际化经营战略可分为两个层次：业务层国际化经营战略和公司层国际化经营战略。无论是在一个国家市场还是全球市场，业务层国际化经营战略主要决定在已进入的市场中，采取什么竞争战略，包括目标市场选择、市场定位、商业模式和相适应的管理模式。业务层国际化经营战略包括：成本领先战略、差异化战略、目标集中战略、最优成本战略。公司层国际化战略主要决定企业如何在多个国家，甚至全球范围内实现营销、生产、采购、研发和投融资活动的配置与管理，从而提高全球经营效率。公司层国际化经营战略包括：国际本土化战略、全球化战略和跨国战略（国际本土化和全球化的结合）。但是要取得竞争优势，这些战略就必须取得基于难以模仿的资源和能力之上的核心竞争力。企业希望通过实施业务层国际化和公司层国际化来创造价值。

### 1. 多国竞争与全球竞争

行业之间的国际竞争方式存在差别。一个极端是多国竞争，不同国家的购买者有不同的期望、喜好。一个国家的竞争与另一个国家的竞争是相互独立的，由于多国竞争中每一个国家的市场是自我封闭的，所以企业在一个国家的声誉、顾客群和竞争地位对它在另一个国家的竞争不会产生太大的影响。因此，企业在某一个国家的强大力量及这种力量所产生的竞争优势只限于这个国家，而不会转移到其他国家。在多国竞争的情况下，是没有"国际市场"可言的，只是一系列自我封闭的国家市场而已。多国竞争特色明显的行业有：啤酒、人寿保险、服装、金属制造、食品（如咖啡、罐装食品、冷冻食品）及多种类型的零售。

另一个极端是全球竞争，国家之间的价格和竞争环境有很强的联系，以至于可以形成一个真正的国际市场，主要竞争对手在很多国家开展直接竞争。对于一个全球性行业来说，企业在一个国家的竞争地位将影响它在其他国家的竞争地位。企业在本土拥有的竞争优势同企业来自其他国家的竞争优势有紧密的联系，如在工资率低的国家建立生产工厂、拥有一种能够在国家之间进行转移的品牌声誉等。在许多行业中存在全球竞争，如汽车、电视、轮胎、通信设备、复印机、手表及商用飞机等。

一个行业可能拥有一些竞争全球化的细分市场，同时还拥有多国竞争的细分市场。例如，在旅馆和汽车旅馆行业，中低档细分市场是多国竞争的，因为在这个细分市场上只为国内的旅游者服务。然而，在商业和豪华细分市场上，竞争的全球化程度要高得多。

### 2. 业务层国际化经营战略

每种业务在它的本国市场有自己的竞争战略。但是，业务层国际化战略有其独特的地方，其运作的本国市场是其竞争优势的主要来源。企业在本国市场获取的资源和能力不断促使其追求海外市场的扩张。

（1）国际成本领先战略

当进入需求很大的国家时，企业最有可能采用国际成本领先战略。该战略一般以取得规模经济效应为主要目标。

宜家家居（IKEA）通过采用国际成本领先战略向全球扩展，并创造了一种独特的经营方式。宜家家居提出的战略是提供简单、耐用、质量良好且价格为大多数人所接受的产品，它关注年轻购买群体，生产销售具有简洁的现代设计风格并可拆卸的家具。宜家采用了许多新型的经营方式，如在低劳动力成本地区生产、利用过剩的制造能力、采取平板包装、可拆卸的工具包及把安装成本转移给顾客等，建立起优于当地企业的成本优势，并通过全球采购、全球分销整合，克服全球化的成本障碍。

(2) 国际差异化战略

那些拥有高级要素和特殊要素国家的企业有可能采用该战略。例如，德国拥有很多世界级的化学公司，因为该国具备很多有利于化学工业发展的条件，科研院所和一些高校的化学研究水平非常高，并能提供全球最好的化学教育。另外，德国对业余教育也很重视，有运行良好的学徒教育体系。因此，德国的很多化学公司采用差异化战略来生产一些特殊的化学制品。差异化的产品和服务可以通过改变其物理特性来实现，也可以通过改变产品在消费者心目中的形象来实现。例如，当美国卷烟市场衰退时，国际市场对美国烟草商来说变得很重要，此时烟草公司主要通过广告建立品牌来实现差异化。

西方发达国家的企业在国际竞争战略方面更多的是实施差异化战略，这主要由它们所在国家的特定优势和企业所建立的特定优势所决定。企业能否把差异化的独特能力从国内转移到国际市场是国际差异化战略成功与否的关键。星巴克把美式咖啡文化分解为可以体验的元素：温馨的视觉、随心所欲的听觉、咖啡香味的嗅觉等。通过咖啡这一载体，把独特的格调传递给顾客，并通过一系列事件来塑造良好口碑，而不是大量广告，而且星巴克极力推广"消费教育"来保持其独特性。

(3) 国际目标集中战略

当企业聚焦于个别细分市场时（特定购买群体、产品、区域），其采取的就是国际目标集中战略。具体而言，企业可以通过聚焦成本领先或差异化为细分市场的顾客创造价值。

通过聚焦于特定细分市场，企业能够实现"专而强"，进而获得高于行业平均水平的收益。我国每年评选制造业单项冠军企业，这些企业通常聚焦于某个业务领域达10年以上且市场占有率全球领先，如哈尔滨乐普实业有限公司聚焦分离膜外壳、浙江中环赛特光伏科技有限公司聚焦光伏组件接线盒、中天科技海缆股份有限公司聚焦海底光电缆系统等。

(4) 国际最优成本战略

最优成本战略不仅可以在国内市场上成功运用，也可以在国际市场上运用。随着柔性制造方法、信息网络和全面质量管理系统等技术的广泛应用，企业有条件在国际市场上实现这种整合战略。例如，企业通过全球布局开展生产制造、研发和采购等活动，可以发挥规模经济的优势而实现成本降低或费用分摊；通过营销的交叉补贴，发挥各国市场的协同作用而强化差异化。因此，企业实施国际最优成本战略也越来越流行。

在实施国际最优成本战略的过程中，西方跨国企业更多的是采取差异-成本整合路径，而发展中国家企业更多的是采用成本-差异整合路径。西方跨国企业在发挥本国差异化优势的同时，正积极利用经济全球化趋势，迅速、深入地进入发展中国家，利用当地的要素成本和市场规模优势，克服自己在成本方面的劣势，应对发展中国家企业实施低成本竞争的压力。

**3. 公司层国际化战略**

企业在进行国际化战略定位时，有两个维度至关重要：一是降低成本的压力；二是因地制宜的压力。相应地，公司会有两种不同的国际化思维，它来自对全球整合和地方适应能力的不同态度，由此形成了3种不同的公司层面的国际化经营战略，分别为：国际本土化战略、全球化战略和跨国战略，如图10-2所示。

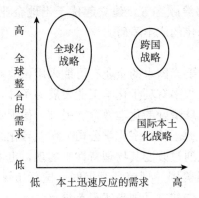

图10-2　公司层面的国际经营战略

(1) 国际本土化战略

国际本土化战略的假设是每个国家或区域的市场是不同的，它关注国家之间的差异，通过差异化的产品或服务，对消费者偏好、行业特性和政府法规方面的国别差异做出相应的反应。该战略将业务决策权分配到各个国家的战略业务单位，这些战略业务单位向本地市场提供本土化的产品。由于该战略为满足本地消费者的特殊需求创造了条件，所以能够对每个市场的需求特性做出最准确的反应。但由于不同国家的业务单元在不同市场上采取了不同的战略，对于整个企业来说，国际本土化增加了不确定性。而且，该战略不利于实现规模效应和降低成本。欧洲跨国公司实施国际本土化战略的较多，如荷兰的壳牌公司、飞利浦公司等，这些公司被称为"多国的联邦"。在这类公司中，每一个海外子公司独立负责其产品开发、制造和市场营销等，其运作过程与母公司保持独立。母子关系主要体现于母公司对子公司高级管理人员的选择、使用大额资金的批准等方面。

国际本土化战略的优势在于顾客满意度高，地方适应能力强，政治、贸易和汇率风险小，适合国家差异较大的情况。

(2) 全球化战略

和国际本土化战略相反，全球化战略的假设是：全球市场是相同的，忽略国家之间的差异，重视在全球化经营过程中可能产生的规模经济和范围经济效益。因此，全球化战略倾向于为不同国家市场提供标准化的产品和服务，即在不同国家市场销售标准化产品并由总部确定竞争战略。全球化战略注重规模效应，但可能对本地市场反应迟钝，而且由于需要跨越国界协调战略和业务决策，因此难以管理。该战略需要资源共享及强调跨国协调合作，而这又需要中央集权和总部控制。许多日本公司成功地使用了这种以本国为基地的全球战略，如松下和日本电气公司（NEC）等将其研发和制造集中在日本，而海外子公司主要从事销售。

(3) 跨国战略

跨国战略寻求全球化的效率与本土化的敏捷反应相统一。显然，由于这两方面目标的冲突，实现真正的跨国战略很困难，因为一方面需要全球协调、密切合作，另一方面需要本土化的弹性。

福特国际化战略的启示

实施国际本土化战略的企业可以通过提高地方适应能力而获得差异化的优势,实施全球化战略的企业则可以通过提高全球效率而获得低成本的优势,实施跨国战略的企业则试图通过整合国际本土化战略和全球化战略来同时获得差异化和低成本两方面的优势。3 种不同的公司层国际化战略的优、劣势分析见表 10-2。

表 10-2  不同的公司层国际化经营战略的优势与劣势

| 战略类型 | 优势 | 劣势 |
| --- | --- | --- |
| 国际本土化战略 | 具有通过因地制宜实现产品和营销定制化、本土化的能力 | 无法实现区位经济性,无法开发和利用经验曲线效应,难以向外国市场转移独特竞争能力 |
| 全球化战略 | 具有充分开发和利用规模经济性、区位经济性和经验曲线效应的能力 | 缺乏因地制宜性 |
| 跨国战略 | 具有充分开发和利用经验曲线效应和区位经济性的能力,具有实现产品和营销定制化的能力,有利于组织内部知识的学习、共享、转移和核心能力的迁移 | 由组织问题带来的实施困难 |

## 10.4  国家竞争优势理论

迈克尔·波特提出的钻石模型（diamond model）用于分析一个国家某种产业为什么会在国际上有较强的竞争力。为了调查国家如何在产业竞争中展现优势,以及竞争优势对企业战略和国家经济的启示,波特主持了一项长达 4 年、涵盖 10 个重要贸易国家的研究,并将在该过程中的主要研究发现写成专著——《国家竞争优势》,提出了解释国家产业或企业获得竞争优势的"钻石模型"理论。该理论认为如果要寻找一个国家在某种产业的国际竞争中成功的原因,就必须从 4 个因素入手,即要素条件,需求条件,相关及支持产业,企业的战略、结构和竞争。这 4 个因素具有双向作用,形成钻石体系,如图 10-3 所示。当企业获得钻石体系中任何一项因素的优势时,就会创造或者提升其他因素的优势。下面逐一介绍"钻

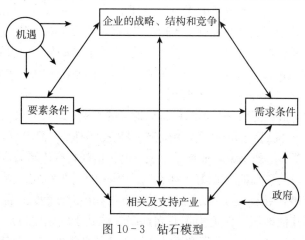

图 10-3  钻石模型

石模型"理论的各要素。

### 1. 要素条件

要素可以分为基本要素和高级要素。自然资源、地理位置、非技术劳动力、气候等属于基本要素，基本要素的开发不需要投资或投资少。基于基本要素所形成的竞争优势易逝。高级要素需要经过不断的、大量的投资才能形成，如数字基础设施、工程师、科学家、高级学科的研究机构等，这些要素的重要性在不断提高。高级要素的建立常常需要一定数量和质量的基本要素为基础。丹麦有两个专门研究和治疗糖尿病的医院，它们使丹麦成为世界上最主要的胰岛素出口国。荷兰有在鲜花的培植、包装和运输方面的先进研究机构，荷兰也由此成为世界最大的鲜花出口国。

一国企业在要素方面的真正竞争优势，是经过不断努力、创新和提升取得的，而不是天然取得的。事实上，丰富的要素禀赋只能使企业简单地去利用这种优势，而不去想办法提高这些要素的使用效率。相反，要素的劣势却迫使企业想办法充分提升自己要素的质量，要素的质量比要素的数量更重要。例如，日本常常强调"自己是没有资源的岛国"，其创造的准时生产制却最有效地利用了昂贵的空间。当然，将要素劣势转化为优势需要一定的条件。一是资源劣势必须被企业所认知，这样它们才会想办法去改变这种劣势。例如，瑞士在第二次世界大战之后劳动力短缺，迫使其寻求高附加值及更大发展空间的市场领域。二是企业必须具备合适的技能和来自国内市场竞争的创新压力，另外，企业应该具有追求产业持续发展的目标，否则企业就可能安于劣势，而不会将这种劣势变成刺激创新的动因。例如，美国家用电器公司面临相对较高的劳动力成本，它们没有提升其资源优势的目标，而是接受了劳动力成本的劣势，所以它们宁愿把这种产品及其生产过程原封不动地转移给劳动密集型的发展中国家。但是与之相反，日本竞争者却用生产自动化减少了劳动力，并通过生产线的改进减少了零配件，提高了产品的品质。

### 2. 需求条件

需求条件主要是指企业国内市场的构成及性质。一般来说，国内需求大有利于企业建立国际竞争优势，但是比需求规模更加重要的是国内购买者的需求质量。如果国内购买者是世界上最老练的和苛刻的产品与服务的购买者，那么该国的企业就能获得竞争优势。因为老练、苛刻的购买者迫使企业达到更高的标准，并刺激企业不断改进、创新。

当地的特殊环境能引发特别的需要。例如，日本民众要面对湿热的夏天和较高的能源成本，日本企业对此特殊情况做出了反应，它们创造了由节能的旋转式压缩机发动的简洁、安静的空调。需要结构紧凑产品的日本市场迫使许多企业创新并生产出轻、薄、短、小的产品，这些产品要求已被国际市场认可和接受。

有时一个国家的价值观能引发并预测在其他地区的需求。瑞典对残疾人的长期关注使其有关残疾人特种需要的产业获得了巨大的竞争优势，丹麦的环保主义使生产水污染控制器的企业和风车产业获得了成功。一般来说，如果一个国家的价值观具有传播力，也就是说这个国家在出口产品的同时也出口其价值观和偏好，那么这个国家的企业就能预测全球变动的方向。例如，美国企业在快餐和信用卡上的成功不仅反映了美国国内对便利性产品的需要，而且也把这些偏好扩散到了世界其他地区，使美国企业在这些领域处于领先地位。一个国家可以通过媒体、培训外国人、政治影响、本国公民和企业在国外的活动等方式"出口"价值观和偏好。

### 3. 相关及支持产业

相关及支持产业是指与企业产业相关的有纵向或横向一体化关系的国内产业。以国内市场为基础的优势供给者可以通过多种途径为其下游产业创造竞争优势。首先，它们可以用快捷、高效、优惠的方式提供大部分的投入。意大利的金银珠宝业在世界上是一流的，部分原因在于意大利企业提供了世界上大约 2/3 的珠宝制作和贵重金属再制造所需的机械。其次，供给者和产品用户相互靠近，由此能提供较短的沟通渠道、快速和持续的信息流动。

"意大利皮鞋产业群"现象形象地表明，一群互相靠近的、支持性的并具有国际竞争力的产业在相互间的作用中创造竞争优势。例如，皮鞋生产商在设计阶段和皮革生产商在款式与生产工艺上进行交流，并且学习运用新的皮革颜色和质地。皮革生产商能较早地掌握流行趋向，由此帮助皮鞋生产厂设计新产品。这种相互作用是互利互惠和自我强化的。又如，瑞士在制药业上的成功要归功于它以前在染料行业的国际成就；日本在电子乐器键盘上的成功来自它在声乐器和家用电器上的成就。

### 4. 企业战略、结构和竞争状况

在国家竞争优势与产业的关系中，第 4 个关键要素是企业，包括企业如何创立、组织和管理，以及竞争对手的条件如何等。而企业的目标、战略和组织结构往往随产业和国情的差异而不同，国家竞争优势也就是指各种差异条件的最佳组合。本国企业的状态，在企业创新和国家竞争优势的塑造上扮演着重要的角色。

在意大利，成功的国际竞争者经常是中小型规模企业，它们一般为私人所有，并由家族经营管理；相反，在德国，企业倾向于组织和管理上的严格科层，而且高层管理人员通常具有技术背景。显然，没有一个管理模式是普遍适用的。在意大利，成为世界领先者的产业，如照明设备、家具、鞋类产品、羊毛织物和包装机械等产业，企业通常实行强调主业、定制产品、快速变化和弹性的公司战略。相反，德国的管理系统在技术或工程导向的产业经营得很好，如在光学、化工、精密机械等领域。复杂的产品需要精密的产品制造系统、谨慎的发展过程和较高技术的售后服务，这就需要高度严格的管理结构。

强大的当地竞争的存在对竞争优势的创造和维持是一个重要的刺激。例如，瑞士国内制药公司之间的竞争很激烈，美国的计算机和软件产业竞争也很激烈；在日本，机械工具产业、半导体产业、音响设备和照相机等产业之间竞争很激烈。国内竞争像其他竞争一样，能迫使企业进行创新和改进，迫使企业不断提升竞争优势。

### 5. 政府

波特认为机遇和政府是影响国家竞争优势的可变因素。

政府与关键要素之间的关系既非正面，也非负面。政府的补贴、教育和资金市场等政策会影响到生产要素，对国内市场的影响也很微妙。一方面，政府制定本地产品规格、标准之后，必然会影响到客户的需求状态；另一方面，政府本身也常常是该国市场的主要客户之一。政府也有很多影响上游和相关产业环境的方式，如它可以规范媒体的广告形式或产品的销售活动方式，它拥有的政策工具如金融市场规范、税制和反托拉斯法等，又会影响到企业的结构、战略和竞争者的状态。反过来，政府的政策也受到环境中关键要素的影响。

政府是一个"能载舟亦能覆舟"的角色。如果政府能在适当时间推动适当政策，可能对产业发展产生雪中送炭、画龙点睛的效果；反之，如果政府一味干预或放任，将会削弱国家竞争优势。政府的首要任务是要尽力去创造一个支撑生产率提升的良好环境，政府在有些方面要尽量不干预，如企业管理、产品定价等；而在另外一些方面则要扮演积极的角色，如确保强有力的公平竞争、提供高质量的教育和培训等。政府要在干预与放任之间寻求平衡。

### 6. 机遇

机遇可能是自然演化的，也可能是由一个偶然的事件促成的，问题的关键在于如何去捕捉稍纵即逝的机遇。在各国具有优势地位的产业成功史中，机遇是一个很重要的角色。

可能形成机遇并影响产业竞争的大致有以下几种情形：基础科技的发明创新；传统技术出现断层（如生物技术、微电子科技）；生产成本突然提高（如能源危机）；全球金融市场或汇率的重大变化；全球或区域市场需求剧增；外国政府的重大决策；战争等。引发机遇的事件打破原本的状态，提供新的竞争空间，使原本的竞争者失去优势，给能够抓住机遇、满足新需求的企业创造新的环境。引发机遇的事件也会影响到钻石体系各个关键要素本身的变化，对不同的国家而言，机遇所造成的影响有好有坏。但是如果一国的钻石体系健全，往往能够化危机为转机，因为环境本身具有寻找资源、产生新优势的能力，压力也会促使企业更努力地争取新的资源。

## 10.5　国际化经营战略的风险

过去十几年间，我国企业国际化无论是从质还是量上都取得了巨大的进步。但是，由于我国企业的后发地位，自身能力和经验不足，不少企业在国际化进程中遭遇了各种各样的陷阱。

### 1. 国际化经营战略的风险

全球化是一个艰辛的旅程，企业在实施国际化经营战略过程中充满了风险，主要有政治风险、经济风险和文化风险。

政治风险是指跨国公司因为东道国、本国或国际环境变化等政治力量或者事件导致的风险，包括政府规章制度的不确定性、大量的政治冲突和军事冲突、选举和政权更迭、法律权威性和腐败、私有财产国有化的可能性等。企业通过政治风险分析，可以发现可能会导致其国外投资及经营活动非商业性中断的潜在来源和因素。

我国政治制度和意识形态的独特性常常使我国企业在国际化经营中被视为异己。此外，西方发达国家在当代世界国际交往中继续保持冷战思维，因此十分关注我国企业在一些战略资源和高科技领域的大规模投资。一旦我国企业的投资受到外界一些负面信息的干扰，东道国政府或行业协会就会对我国企业做出一些限制，从而给我国企业的国际化投资和经营带来威胁。除了在发达国家遭遇政治风险外，我国企业由于风险防范意识不够，在中东等政治风险较高地区的投资项目也曾蒙受巨大损失。抵御政治风险是企业国际化的重大挑战。

经济风险是指一个国家或地区经济中的弱点给企业成功实施国际化经营战略带来不利影

响的风险。国际金融市场动荡异常，汇率、利率波动幅度大，是企业在实施国际化经营战略时遇到的主要经济风险。企业参与国际竞争，除需要考虑各国之间的基本差异之外，还要特别考虑国际竞争所独有的东道国贸易政策、汇率波动等因素。还有一类经济风险是指当企业在国外投资时所面临的知识产权风险。如果企业不能保护其知识产权，它就不可能进行大量的对外直接投资。因此，国家需要创建保护企业知识产权的制度，以吸引外国企业直接投资。

文化风险是指企业由于不了解其与东道国之间存在的文化差异和宗教差异等所带来的冲突，在国际化经营中采用了错误的决策与管理方式。企业实施国际化经营，需要跨越不同的国家和地区，不可避免地会面对文化风险。文化环境的复杂性与不确定性增加了企业国际化经营的困难。联想原总裁柳传志接受采访时表示，联想2004年并购美国IBM公司全球PC业务时主要考虑了品牌、员工流失和文化冲突三大风险，其中最大的风险是文化磨合的风险。他指出，文化磨合关系到来自不同国家的员工能否在一起配合工作，联想在2009年巨额亏损的根源在于企业文化磨合上。

### 2. 国际化经营战略的挑战

企业实施国际化经营战略，可以培育和提升国际竞争力。但是，在某些情况下，实施国际化经营战略会导致回报逐渐减少并趋平，甚至变成负的回报。不同国家地理位置的分散性，增加了不同部门之间协调的成本和产品分销的成本，有时规模太大或太过复杂，还会导致企业失控或管理成本增加，从而使国际化经营战略带来的成本超过它所带来的利益。另外，贸易壁垒、物流成本、文化差异和不同国家的其他差异，也增加了实施国际化经营战略的复杂程度。

制度和文化差异是企业将核心能力从国内市场转移到国际市场的重要障碍。当公司进入一个新的市场时，通常需要重新设计营销方案，建立新的分销渠道。另外，公司还可能会遇到不同的劳动力成本和资本性支出。可见，企业有效地实施、管理和控制国际化经营战略是很困难的。

根据境外并购的"七七定律"，70%的并购都没有达到企业预期的商业价值，即30%的并购是失败的。并购失败往往伴随着劳资纠纷，企业在国际化经营过程中要做好有关劳工问题的调研，在境外经营时要遵守当地劳工法等相关法律，切实保障劳工的正当权益；同时，企业也应该运用法律来捍卫自己的正当利益。

我国企业在国内的优势主要是在运营成本的控制及客户端的反应能力上，这样的能力在跨国经营中总会受到所谓"外来者劣势"的明显影响，即由于对东道国的法律、语言、消费者偏好和商业惯例等缺乏充分的了解，导致在与东道国企业的竞争中处于劣势。

**章末案例**

## 字节跳动——在全球"跳动字节"

字节跳动自2012年成立以来，在10年的时间里取得了丰硕的成果。其营业收入从2016年的60亿元迅速增长到2022年的5 500亿元，其增长速度远超百度等传统互联网公司。2022年，字节跳动国际业务销售额约为1 036.8亿元，同比增长一倍多，该增速高于字节跳动全年增速表现。

### 1. 修炼内功,为"出海"做好准备

(1) 持续融资,强化资金实力

企业国际化经营需要雄厚的资金支持。字节跳动自成立以来频繁融资(见表10-3),通过引入国内外风险投资积累雄厚资金,为其国际化提供可靠的资金支持。同时,字节跳动具有很强的盈利能力,据英国金融时报报道,字节跳动2022年的利润首次超过科技巨头腾讯公司和阿里巴巴公司,高达1 640亿元。

表10-3 字节跳动8轮融资历程

| 时间 | 交易信息 | 投资方 |
| --- | --- | --- |
| 2012年3月 | 天使轮融资500万人民币 | 源码资本、晨兴资本 |
| 2012年7月 | A轮融资100万美元 | 海纳亚洲 |
| 2013年9月 | B轮融资1 000万美元 | DST、奇虎360 |
| 2014年6月 | C轮融资1亿美元 | 红杉中国、新浪微创投 |
| 2016年12月 | D轮融资10亿美元 | 红杉中国、建银国际 |
| 2017年8月 | E轮融资20亿美元 | 泛大西洋投资 |
| 2018年10月 | Pre-IPO融资10亿美元 | 软银、春华资本、KKR |
| 2020年3月 | 获战略投资 | 老虎环球基金 |

(2) 全球招聘,打造国际化人才队伍

人才是企业国际化经营的关键要素。通过实施人才本土化战略,字节跳动在全球范围内招揽互联网人才,通过"多元兼容"的企业文化建设国际化人才队伍。2018年12月,原索尼副总裁Chhandita Nambiar担任字节跳动印度区娱乐业负责人;2019年3月与12月,原Facebook总监Ross和原谷歌资深顾问Theo相继加入字节跳动,分别担任TikTolk西欧地区负责人和字节跳动欧洲公关政策总监;2020年5月,原迪士尼消费者与国际业务董事长Kevin Mayer加入字节跳动,担任其首席运营官;2021年3月,小米国际部总裁周受资加入字节跳动,担任首席财务官,兼任TikTok首席执行官。截止到2021年4月,字节跳动在境外市场组建了一支由Facebook、迪士尼、万事达、微软、Google等多家全球顶级公司的前高管构成的高管团队。

(3) 搭建App工厂,积累海量客户流量

自第一款App今日头条于2012年上线以来,字节跳动不断推出新的App,不断打造爆款App,成为一个"App工厂"(见图10-4)。旗下的抖音、今日头条等爆款App吸引了大量用户,使得抖音一跃成为国内最大的短视频平台。这些爆款App同时带来了超高的变现能力,以抖音为例,同为日活跃量超过2亿的微博,微博的广告收入仅为106亿元,而抖音却达到了惊人的600亿元,接近微博的6倍。

### 2. 探索境外市场

(1) 试水境外新闻业务,投资并购境外新闻平台

2015年,在国内成熟产品今日头条的基础上,字节跳动推出了可以展示视频、新闻

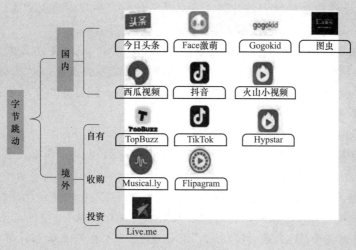

图 10-4 字节跳动产品

等多项内容的 App "TopBuzz"。该 App 先后进入美国市场、巴西市场，并相继推出了日语、西班牙语和葡萄牙语等多个版本，不断满足用户的个性化需求。

同时，字节跳动积极探索东南亚与南亚市场。2016 年 10 月，今日头条投资了印度最大的新闻聚合平台——Dailyhunt；同年 12 月，今日头条投资并控股了印度尼西亚最受欢迎的新闻推荐阅读平台——BABE。在"出境"的初期，字节跳动聚焦于图文领域，通过大数据分析技术和人工智能技术了解当地消费习惯，并推出很多垂直小众的内容。

（2）布局短视频，进军欧美市场

随着抖音短视频在中国市场获得成功，字节跳动的主要收入来源由资讯业务转变为短视频业务，这同时带动其境外市场业务领域的变化。2017 年 2—11 月，字节跳动先后收购在全球拥有几千万的月活用户的美国短视频应用 Flipagram 及 Musical.ly，为其在境外布局短视频市场打造先决条件。2017 年 5 月，TikTok 正式上线，在国际市场上迅速受到了世界各地用户的喜爱。2018 年 8 月，字节跳动将 Musical.ly 整合到 TikTok 中，仅过了 3 个月便获得 3 000 万的用户。

2017 年后，字节跳动加快"出海"步伐，通过本土化战略不断优化产品与服务。诸如为弥补 TikTok 在印度市场的短板，字节跳动推出融合 UCG 和 PGC 的印度本土语言视频平台 Helo，同时聘用印度当地人管理本地事务。Sensor Tower 数据显示，截止到 2022 年 11 月，抖音及海外版 TikTok 全球下载量达到 5 500 万，在全球移动应用（非游戏）下载榜中排名第二位。

（3）布局多个业务领域，加强产品对外输出

自 2019 年开始，字节跳动利用其海量客户流量在国际市场布局多个业务领域。

第一，字节跳动以休闲游戏作为游戏"出海"的切入点，不断打造适合当地用户的休闲游戏，取得了巨大成功。在推出《脑洞大师》（海外版）后，进一步在日本推出休闲游戏《我功夫特牛》，该款游戏于 2020 年 3 月登顶日本游戏免费榜、进入韩国游戏免费榜前十。随后，字节跳动推出的《是特工就上一百层》全球下载量超过 800 万次，《小兵别嚣张》

稳居 Google play 排行榜前 20。在休闲游戏取得成功后，字节跳动又偷偷"瞄上"了中重度游戏。

第二，聚焦市场潜力巨大的 B 端类产品。字节跳动在 2019 年 4 月推出了 Lark 海外版，Lark 可以提供文档在线、共享日历等多项企业基础办公功能，以及高级工作场景下的信息查询与企业办公。Lark 在全球拥有 9 个研发中心，凭借其"重协作、轻 OA"的设计理念，赢得了广大境外用户的青睐。

### 3. 境外市场拓展遇阻，惨遭多地封禁

近年来，字节跳动的国际化运营遇到了前所未有的挑战，多项产品遭到境外市场封禁。

2019 年，印度相关立法者质疑 TikTok 平台存在一些违反法律和色情性的信息，要求政府对此采取相关的行动，以防国内的年轻人陷入"文化堕落"；印度尼西亚通信与技术部收到 2 000 多封关于 TikTok 的投诉信，有超过 12 万人在网上请求封禁 TikTok。2020 年，印度政府信息技术部封禁了包含 TikTok 在内的 59 款 App。TikTok 被封禁，一方面致使 TikTok 在印度的市场份额大幅度下滑；另一方面，对于字节跳动旗下的游戏产品及游戏投放产生了巨大的"暴击"。据相关机构估计，此番封禁使字节跳动日均损失超过 700 万元人民币，导致的损失或超过 60 亿美元。同年，美国以字节跳动危害美国国家安全为由，签署两项行政命令，想要在美国境内封禁字节跳动。TikTok 在美国拥有庞大的用户群，积累了超过 1.5 亿的月度用户，超过 30% 的美国人使用 TikTok 分享生活点滴，这引发了美国政府对其数据处理问题的担忧。2023 年 3 月，TikTok 首席执行官出席了美国国会众议院能源和商务委员会听证会，回应来自美方议员"国家安全"等方面的问题。出于类似的安全问题，超过 12 个国家已部分或完全禁止 TikTok。

对于字节跳动来说，国际化经营还任重道远。字节跳动旗下的产品虽然曾取得过巨大成绩，但距离 2018 年定下的在三年内实现全球化的目标仍有一定差距。作为一家志在"出海"的互联网公司，进入国际资本市场，这可能仅仅只是一个新的起点。

（注：本案例在马杰与李文靖撰写的《字节跳动：在全球"跳动字节"》基础上进行了数据更新及部分改动）

资料来源：

[1] 马杰，李文靖. 字节跳动：在全球"跳动字节". 中国管理案例共享中心.

[2] 环球网. 字节跳动利润飙升 79% 超过阿里巴巴和腾讯.

思考题：

1. 字节跳动的国际化进程经历了哪几个阶段？
2. 字节跳动采取了哪些方式进入国际市场？
3. 字节跳动的国际化经历为中国互联网企业实施国际化战略提供了哪些启示？

## 本章小结

企业的国际化经营从简单的商品输出到许可协议，从战略联盟、兼并收购到新建全资子公司，是一个不断发展的过程。业务层面的国际竞争战略有成本领先、差异化、目标集中和最优成本战略。公司层面的国际化经营战略有3种类型：国际本土化战略、全球化战略和跨国战略。企业实施国际化经营战略的重要目的是增强国际竞争优势。迈克尔·波特提出了影响跨国公司国际竞争优势的"钻石理论"，即决定企业国际竞争优势高低的因素有要素条件，需求条件，相关和支持行业，企业战略、结构和竞争状况，还有两个辅助因素是政府的作用和机遇。

## 思考题

1. 国际市场进入方式有哪几种？它们分别有什么特点？各自适用于哪些情况？
2. 企业国际化经营的动因有哪些？请举例说明。
3. 三种公司层国际化战略分别是什么？列出各种战略的优势和劣势，并举例说明。
4. 企业实施国际化经营战略会面临哪些风险？
5. 查阅一家中国企业国际化经营的资料，如海尔、联想、华为等，讨论这家中国企业国际化经营的动因、进入国际市场的方式、如何通过实施国际化经营战略来获得国际竞争优势。

# 第11章

# 企业文化战略

**案例导入**

## 中国港湾基于战略转型的文化变革

中国港湾工程有限责任公司（以下简称中国港湾）是中国交通建设股份有限公司（以下简称中交股份）的全资子公司，代表中交股份在国际工程市场开展业务，业务范围主要集中在交通基础设施建设方面，包括海事工程、疏浚吹填、公路桥梁、轨道交通、航空枢纽及相关的成套设备供应与安装。

中国港湾的前身是交通部在1980年成立的中国港湾工程公司，主要负责国家对外经济援助项目的建设。从20世纪80年代末到90年代末，中国港湾工程公司先后与交通部一航局、交通部水运工程设计咨询中心、水规院、航务设计院等十七个单位合并重组，并改制为中国港湾（集团）总公司。2005年，中国港湾集团与中国路桥集团合并成立中国交通建设集团，原中国港湾集团改制为中国交通建设集团的全资子公司——中国港湾工程有限责任公司，成为负责中交股份海外业务的主体。

中国港湾近年来加速拓展国际市场，致力于整合产业链上的相关资源，积极从过去一个单纯的施工企业向能够提供BOT、EPC、MPC等多种服务模式的经营管理型工程公司进行战略转型。

**1. 中国港湾的战略转型**

中国港湾的战略转型源于国际建筑市场需求的变化、建筑施工行业市场竞争规则的变化及中国港湾自身能力的提高。

随着经济全球化步伐的加快，国际建筑市场价值链正在经历重新整合，一些大的建筑商由于拥有技术、资金、管理等方面的优势，能够为客户提供超值的一体化服务，深受客户的青睐。同时，带资承包方式日益成为国际大型工程项目中广为采用的模式。除少数国家的政府项目不需要承包商带资外，多数项目需要承包商以不同形式带资承包。在市场竞争方面，全方位嵌入价值链正成为新条件下行业内企业竞争力的核心基础。这种价值链创新模式的实质是将企业置于一个远超出竞争对手范围的大环境,将企业的客户、供应商、金融机构,以至于客户的客户都纳入企业的一个框架,通过企业自身价值链与这些密切关联的外部群体的价值链更有效的耦合,创造新的价值。这样一来,拥有一体化服务资源的大型企业在建筑行业领域就占有绝对优势。同时,由于管理科学、信息技术的蓬勃发展,行业中的一些企业依靠科学管理来降低成本并获取竞争优势。不断提高企业的管理水平成为行业内每个企业的共识。

几经改制后,目前中国港湾依托中交股份平台,资源整合能力大为增强,产业链逐步前伸,具备了提供一体化服务的能力。

因此,综观市场环境的变化、行业发展趋势及中国港湾自身的发展状况,只有实施一体化战略转型,逐步由一个单一的工程施工型企业向提供一体化服务的经营管理型工程公司转型,才是中国港湾的正确发展方向,于是中国港湾制定了"成为国际海事工程及相关建筑领域一体化服务的组织者和领导者"的发展战略。其中一体化服务就是企业利用自身专业或技术的核心优势整合资源,为客户提供相关的系列服务,并且在方便客户、为客户提供超值服务的同时企业自身也可因业务增加而提高利润。遵循新的战略,中国港湾将整合产业链上的各种资源,为客户提供全方位的一体化服务。中国港湾通过一体化服务,把产品和服务的组合镶嵌到客户的价值链中,最大限度地满足客户的需求,最终实现客户对企业的依赖与忠诚。

**2. 中国港湾促进战略转型的文化变革**

面对战略转型的要求,中国港湾原有的企业文化和管理水平明显滞后。中国港湾由于改制后人员构成变化较小,员工中长期形成的传统思维模式、价值观念、行为规范并不能适应中国港湾战略转型的需要。首先,中国港湾的员工危机意识和竞争意识较弱,更缺乏品牌意识,而要想成为国际建筑施工领域中的优势企业,高度的竞争意识、强烈的危机意识及前瞻的品牌意识是其员工尤其是管理人员的必备素质;其次,中国港湾的技术创新能力、市场开拓能力、融资能力、管理能力等与"组织者"的要求还存在较大的差距;最后,从集团到独立公司的转制使得中国港湾的经营模式发生了很大的变化,但是公司员工的思维习惯、价值观和行为方式等还大多停留在原有的模式之上。这一切都不利于中国港湾新战略的实施,为此,中国港湾开始着手推动基于公司战略转型的企业文化变革。

中国港湾首先从企业生存发展的实际出发,确定了企业的基本理念及使命、愿景和价值观,然后根据一体化战略转型的需要进行了一系列意识形态的假设。具体来说,其意识形态假设主要表现在学习意识、服务意识、沟通意识、合作意识、成本意识等方面,在这些方面要形成与过去不同的文化(见表11-1)。这些文化因素的变革都是顺利实施一体化服务模式的保证,也为企业战略的转型起到支撑与促进作用。

表 11-1 意识形态的比较

|  | 过去 | 现在 |
| --- | --- | --- |
| 学习意识 | 没有学习的意识,只满足于工作需要 | 主动创造环境,提高自身工作技能、知识水平 |
| 服务意识 | 只注重结果,忽略客户的真正需要 | 注重顾客价值创新,追求为顾客提供完善的问题解决方案 |
| 主动意识 | 把企业当作经济收入来源的场所,没有过多的情感投入 | 主动关心和了解企业发展状况,把自己当作企业大家庭的一员 |

续表

| | 过去 | 现在 |
|---|---|---|
| 沟通意识 | 信息传递过程中丢失现象严重 | 部门之间、上下级之间、同级之间形成健全的信息传递网络 |
| 合作意识 | 部门之间割据现象严重，利益小团体数量众多 | 部门之间能够团结一致，上级与下级之间形成教练式的领导风格，同级之间能够互补协作 |
| 成本意识 | 只注重数量，造成质量上的缺失，最后导致成本上升 | 讲究工作方法与效率，节约与效率意识不断增强 |

中国港湾还根据企业现状针对各个层级做了关于思维模式、价值观念和行为规范的一系列假设，至此，中国港湾依据一体化服务模式建立起了自己的企业文化假设体系。有了这些基本假设之后，中国港湾开始采用多种方式来变革公司的企业文化。公司首先编写印发了《中国港湾企业文化建设纲要及解读》《中国港湾企业文化手册》，解读公司战略转型，宣传公司战略和文化。同时，中国港湾充分利用公司内部网络，通过向员工展示世界的发展变化不断增强员工的危机感和变革的急迫感，提高员工适应变化的心理能力。公司企业文化职能部门还制作了系列 PPT、视频资料向员工展示正确的思维模式和行为方式，以逐步培养员工正确的心智模式。此外，中国港湾还运用篮球、乒乓球、围棋、钓鱼等大家喜闻乐见的文体活动，有意识地加强不同部门之间的沟通，培养员工的大局观，不断熏陶与渗透新的文化要素。

多年来，中国港湾企业文化变革的实施推进，有效促进了公司一体化战略的成功转型。2018 年 11 月，斯里兰卡国家港务局和中国港湾正式签署科伦坡港贾亚集装箱码头改扩建项目协议。2022 年 7 月，中国港湾承建的拉各斯州莱基港迎来第一艘货轮停靠。尼日利亚总统布哈里在阿布贾发表声明，对由中国企业承建的尼日利亚首个现代化深水港莱基港成功停靠首艘货轮表示祝贺。众多成功项目表明，战略转型以来中国港湾实现了跨越式的发展，已经成为行业内具有较强竞争力的企业。

（资料来源：根据互联网资料整理）

企业制定战略以后，需要全体员工积极有效地贯彻实施。优良的企业文化可以成为激发员工热情、统一员工思想行为的重要管理方式，因此企业文化建设要符合企业发展战略的要求。同时企业文化必须与企业战略相互适应。从战略实施的角度来看，企业文化既可以为实施企业战略服务，又可能会制约企业战略的实施。当企业新的战略要求企业文化与之相配合时，企业原有文化的变革速度却非常慢，很难马上对新战略做出反应，这时企业原有文化就可能成为企业实施新战略的阻力。因此在战略管理过程中，企业新旧文化更替和协调是战略实施获得成功的重要保证。

# 11.1　企业文化概述

## 1. 企业文化的概念

企业文化（corporate culture）又称公司文化，这个名词的出现始于 20 世纪 80 年代初。

一种新的概念和理论在形成过程中，往往众说纷纭，企业文化也不例外。

迪尔和肯尼迪在《企业文化：企业生活中的礼仪与仪式》一书中指出，企业文化是由5个要素组成的系统，其中价值观、英雄人物、习俗仪式和文化网络是它的4个必要的要素，而企业环境则是形成企业文化的最大的影响因素。

威廉·大内认为，企业的传统和氛围产生一个企业的企业文化。企业文化表明企业的风格，如激进、保守、迅速等，这些风格是企业中行为、言论、活动的固定模式，管理人员以自己为榜样把这个固定模式传输给企业员工。

爱德加·沙因认为，一个群体的文化可以被定义为群体在解决外部适应性和内部整合性问题的过程中所累积的共享习得的产物；其有效性已被充分证明了，因此被传递给新成员以使其以正确的方式来认知、思考、感知和行动。这种累积式的习得是一种建立在理所当然的基本假设基础之上的，并最终以无意识状态存在的信念、价值观和行为规范的模式或系统。

那么究竟应如何理解企业文化呢？本书认为，企业文化是社会文化的一个子系统。企业通过自身生产经营的产品及服务，不仅反映出企业的生产经营特色、组织特色和管理特色等，更反映出企业在生产经营活动中的战略目标、群体意识、价值观念和行为规范。它既是了解社会文明程度的一个窗口，又是社会当代文化的生长点。在结合国内外学者观点的基础上，我们认为，企业文化是指现阶段企业员工所普遍认同并自觉遵循的一系列理念和行为方式的总和，通常表现为企业的使命、愿景、价值观、管理模式、行为准则、道德规范和沿袭的传统与习惯等。

理解企业文化需要注意以下几个方面。第一，文化具有时段性。文化总是相对于一定时间段而言的，这里所指的企业文化通常是指现阶段的文化，而不是指企业过去的历史文化，也不是指将来企业可能形成的新文化。第二，文化具有共识性。只有达成共识的要素才能称为文化。企业新提出的东西，如果没有达成共识，就不能称为文化，只能说是有可能成为文化的文化种子。企业文化代表企业共同的价值判断和价值取向，即多数员工的共识。当然，共识通常是相对而言的。在现实生活中，通常很难想象一个企业的所有员工都只有一种思想、一个判断。由于人的素质参差不齐，人的追求呈现多元化，人的观念更是复杂多样，因此企业文化通常只能是相对的共识，即多数人的共识。第三，文化具有范围性。文化总是相对于一定范围而言的，这里所指的企业文化通常是企业员工所普遍认同的部分。如果只是企业领导层认同，那么它只能称为领导文化；如果只是企业某个部门的员工普遍认同，那么它只能称为该部门的文化。依据认同的范围不同，企业中的文化通常可以分为企业文化、领导文化、中层管理者文化、基层管理者文化，或部门文化、分公司文化、子公司文化、企业文化等。第四，文化具有内在性。企业所倡导的理念和行为方式一旦得到普遍的认同，成为企业的文化，就必将得到广大员工的自觉遵循。

### 2. 企业文化管理的含义

2000年以来，国内一些学者先后提出企业文化管理的新名词，目前企业文化管理并无统一的定义。我们认为，企业文化管理是指通过文化建设，形成一套适应企业发展战略的文化体系，并使广大员工认同企业所倡导的文化体系，达成共识，从而有效发挥文化的导向、激励、凝聚、约束等功能，最大限度地实现多层面自主管理的一种现代组织管理方式。

企业文化管理主张尽可能通过文化来对企业的生产经营活动进行管理，从过去强调命令和服从的传统企业管理,上升到注重企业文化的驱动性、影响性和激励性的现代企业管理。企业文化管理是一种行之有效的人本管理模式,它把人放在企业文化的背景中,在尊重人的自主意识的前提下,强调只有当企业员工认同组织所倡导的价值理念时,才能更多地依靠员工的自我指导、自我控制,并通过员工的自律行为来发挥人力资本的最大作用,从而降低企业内部不必要的管理成本。

企业文化管理旨在建立一套适应企业发展战略的文化体系,以这一套具有适应性的文化体系贯穿、整理、提升和完善企业的管理制度和行为规范,使之体现出这种适应性文化的要求。同时用这种文化塑造员工的思想,使他们为这种文化所指引,深刻认同这种文化,成为这种文化的自觉执行者和推动者,从而使企业的市场行为一致化、自觉化,企业内部管理行为有机化,进而从整体上提高企业的竞争力。

### 3. 企业文化的基本结构

参照洋葱结构模型,可以认为企业文化通常是由企业理念文化、企业制度文化、企业行为文化和企业物质文化4个层次所构成(见图11-1)。

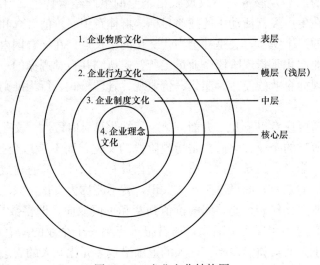

图 11-1 企业文化结构图

(1) 企业理念文化

企业理念文化是指企业在长期的生产经营过程中形成的理想、信念、价值观念等群体意识,是一种深层次的文化现象,在整个企业文化系统中,它处于核心的地位。

企业理念文化通常包括企业使命、企业愿景、企业价值观、企业精神、企业伦理道德、企业作风等内容,是企业意识形态的总和。

(2) 企业制度文化

企业制度文化是指得到企业广大员工认同并自觉遵从的由企业的领导体制、组织形态和经营管理形态构成的外显文化,是一种约束企业和员工行为的规范性文化。它是企业文化的中坚和桥梁,将企业文化中的物质文化、行为文化和理念文化有机地结合成一个整体。

企业制度文化一般包括企业领导体制、企业组织机构、企业经营制度、企业管理制度和企业特殊制度。

① 企业领导体制是企业领导方式、领导结构和领导制度的总称。不同的企业领导体制，反映不同的企业文化。领导体制影响组织机构的设置，制约企业管理的各个方面。

② 企业组织机构是指企业为了有效实现企业目标而建立的企业内部各组成部分及其相互关系。如果把企业视为一个生物有机体，那么组织机构就是这个有机体的骨骼。

③ 企业经营制度是指通过划分生产权和经营权，在不改变所有权的情况下，强化企业的经营责任，促进竞争，提高企业经济效益的一种经营责任制度。

④ 企业管理制度是企业在管理实践活动中制定的各种带有强制性的规定或条例。一般来说，企业管理制度将影响和制约企业文化发展的总趋势，同时也促使不同企业的企业文化朝着个性化的方向发展。

⑤ 企业特殊制度主要是指企业的非程序化制度，如员工评议干部制度、干部员工平等对话制度、总结表彰会制度等。与一般制度相比，特殊制度更能反映一个企业的管理特点和文化特色。

（3）企业行为文化

企业行为文化是指企业员工在生产经营、对外交往及学习娱乐等活动中产生的文化，它包括企业在经营、教育宣传、人际关系、文娱体育等活动中产生的文化现象。它是企业经营作风、精神面貌、人际关系等的动态体现，也是企业理念的折射。

从人员结构上划分，企业行为又包括企业家的行为、企业模范人物的行为、企业员工的行为等。

（4）企业物质文化

企业文化作为社会文化的一个子系统，其显著的特点是以物质为载体，企业物质文化是它的外部表现形式。优秀的企业文化总是通过重视产品的开发、服务的质量、产品的信誉和企业生产环境、办公环境、文化设施等物质现象来体现的。企业物质文化是企业文化系统的表层文化，是由企业员工创造的产品和各种物质设施等构成的文化现象。

企业文化的4个层次是紧密相连的。物质文化是企业文化的外在表现和载体，是行为文化、制度文化和理念文化的物质基础；制度文化是理念文化的载体，制度文化又规范行为文化；理念文化是形成行为文化和制度文化的思想基础，也是企业文化的核心和灵魂。

## 11.2　企业价值观

企业在经营管理活动中，需要什么、相信什么、坚持什么、追求什么，都与其价值观有密切的联系。不同的价值观，造就企业不同的个性特征。

要认识企业的价值观，首先要弄清楚何为价值、何为价值观。价值是一种关系范畴，用来表示主体与客体之间需要与满足的关系。对于主体而言，能够满足主体需要的客体属性，就是有价值的。

所谓价值观，简单地说，就是关于价值的观念。它是客观的价值关系在人们主观意识中的反映，是价值主体对自身需要的理解，以及对价值客体的意义、重要性的总的看法和根本观点。价值观回答以下基本问题：什么事至关重要？什么事很重要？我们该怎样行动？它们包括价值主体的价值取向，以及价值主体对价值客体及自身的评价。价值是客观的，价值观则是主观的。由于人们的社会生活条件、生活经验、目的、需要、兴趣、爱好、情感、意志等不同，人们的价值观也就各不相同。价值观的主体可以是一个人、一个国家、一个社会，也可以是一个企业。

概略地说，价值观是关于"对象对于主体来说是否有价值"的看法。企业价值观则是企业全体（或多数）员工一致赞同的、与企业紧密关联的关于"对象对于主体来说是否有价值"的看法。

### 1. 把握企业价值观内涵的两种角度

应从两种不同的角度，全面把握企业价值观的内涵。

第一种角度提出来的问题是：哪些对象对于企业来说有价值？从这种角度来看，企业价值观就是全体或多数员工一致赞同的关于"哪些对象对于企业来说有价值"的看法。如果甲企业全体（或多数）员工认为，集体主义对于企业来说有价值，就称甲企业具有集体主义价值观；反之，如果乙企业全体（或多数）员工认为，个人主义对于企业来说有价值，就称乙企业具有个人主义价值观。从这个角度来看，价值的主体是确定的，那就是企业；价值对象是不确定的。在确定对象对于企业是否有价值时，之所以出现不同的看法，往往是由于对企业的需要有不同的认识和理解或者对对象的属性有不同的认识和理解或者掌握与利用对象的属性有不同的方式。从这个角度来看，建立企业共同价值观的过程是一个成员之间加强信息交流以达成共识的过程。

第二种角度提出来的问题是：企业的价值在于什么？从这种角度来看，企业价值观就是全体（或多数）员工一致赞同的关于企业的价值在于什么的看法。例如，有些企业的全体员工赞同企业的价值在于赚钱，另一些企业的员工则赞同企业的价值在于育人，还有些企业的员工认为企业的价值在于创新等。从这个角度来看，价值的对象是确定的，那就是企业；价值主体则不仅是不确定的，而且是隐含着的，即人们回答这个问题时，只是指出作为价值对象的企业所具有的某种属性，并不说明这种属性能够满足哪个主体的需要。因而企业价值观方面的分歧，往往是价值主体选择上的分歧。选择价值主体的问题，实际上涉及人们的切身利益和观察问题的立场。因此建立企业共有价值的过程，就是在企业全体员工中调整利益关系并寻求共同立场的过程。

综合以上两种角度，企业价值观的内涵就是：企业全体（或多数）员工赞同的关于"企业的价值在于什么及哪些对象对于企业来说有价值"的看法。企业的价值在于什么？什么对于企业来说有价值？这两者一般来说是统一的。但在许多情况下也可以不统一，如原料对于企业来说有价值，但却不能说"企业的价值在于能够获取原料"。

### 2. 价值体系和最高价值

对企业有价值的对象，不会只有一个，而是有很多。这类对象不仅可以是物质客体，而且还可以是思想观念。例如，顾客意识、质量观念、创新思想等对于企业来说都具有重要的价值。企业本身的价值也不会只有一种，也有很多。这些价值不仅有物质价值，同样也包括精神价值，即企业不仅有创造新产品的价值，也有创造新观念的价值。这许许多多对于企业有价值的对象，以及企业本身所具有的多种多样的价值，集合起来就构成了一个企业的价值体系。企业的全体或多数成员，对于价值体系共同一致的看法或认识，就是这个企业成员共享的价值观体系。

价值体系中的各个价值,有时并不可兼得,于是便存在如何取舍的问题;有时虽可兼得,但各个价值或重要性并不一致,或彼此间有因果之类的关系,于是便存在如何对各个价值进行排序的问题。对有限数量的价值排序,一般总能得出一个最重要的价值,这个最重要的价值就是该范围内的最高价值。

企业文化管理的重要内容之一就是一方面要明确企业的价值体系,另一方面要对其中的各个价值进行排序,找出最高价值。企业价值观的区别,往往不是表现为对于"企业是否有某种价值"有不同的回答,也不是表现为对"某对象对于企业来说是否有价值"有相悖的意见,而往往表现为价值排序上的区别,以及对最高价值的选择和判定不同。

### 3. 企业核心价值观

1) 企业核心价值观的概念

企业核心价值观是指在企业的价值观体系中处于核心位置的价值观,即少数几条一般性的指导原则,这些原则在企业中长盛不衰。

IBM 前 CEO 小托马斯·华森曾经谈到核心价值观(他称之为信念)。他在 1963 年写的小册子《一个企业的信念》中说:"我相信一家公司成败之间真正的差别,经常可以归因于公司能激发员工多少精力和才能,在帮这些人找到彼此共同的宗旨方面,公司做了什么?……公司在面对代代相传期间的许多变化时,如何维系这种共同的宗旨和方向感?……我认为答案在于我们称之为信念的力量,以及这些信念对员工的吸引力。首先,我坚信任何组织想要继续生存乃至获得成功,一定要有健全的信念,作为所有政策和行动的前提。其次,我相信企业成功的最重要的唯一因素是忠实地遵循这些信念……信念必须始终放在政策、做法和目标之前,如果后面这些东西违反了根本信念,就必须改变。"

沃尔顿这样说明沃尔玛的第一价值观:"我们把顾客放在前面……如果你不为顾客服务,或不支持为顾客服务的人,那么我们不需要你。"詹姆斯·甘布尔这样简洁陈述宝洁公司注重产品品质和诚实经营的核心价值:"如果不能制造足斤足两的纯粹产品,去做别的正事吧,即使是去敲石头也好。"可见,核心价值观可以用不同的方法来陈述,但始终是简单、清楚、直接而有力的。

优秀的企业通常只有几个核心价值观,一般为 3~6 个。因为只有少数价值观才能成为真正的核心价值观。如果企业列出的核心价值观过多,则很有可能抓不住其中的关键所在。例如,惠普公司的核心价值观是:热忱对待客户;信任和尊重个人;追求卓越的成就与贡献;注重速度和灵活性;专注有意义的创新;靠团队精神达到共同目标;坚持诚实与正直。

2) 企业核心价值观应遵循的基本原则

(1) 企业核心价值观必须是企业真正信奉的东西

企业的核心价值观并非模仿自其他企业的价值观,并非来自研读管理书籍,也并非来自纯粹的智力运作,以便"计算"什么价值观最务实、最通俗化或最能获利。在制定核心价值观时,关键是要抓住自己真正相信的东西,而不是抓住其他公司定为价值观的东西,也不是外界认为应该是价值观的东西。

(2) 企业核心价值观必须与社会主导价值观相适应

如果不能与社会主导价值观相适应，那么在企业价值观导向下的企业行为难免会与周围的环境产生这样或那样的冲突，从而影响企业的发展。

(3) 企业核心价值观必须充分反映其企业家的价值观

由于企业家的价值观是该企业（群体）价值观的主要来源和影响因素，因此如果不能充分反映其企业家的价值观，就会导致该企业经营管理活动的混乱。

(4) 企业核心价值观必须与员工的个人价值观相结合

企业价值观不能脱离多数员工的个人价值观，否则难以实现群体化，也就失去了成为员工行动指南的可能性。

微软公司的核心价值观

美的的企业价值观

## 11.3 培育促进战略实施的企业文化

按照企业文化的形成规律和国内外企业的成功经验，企业新文化的导入应抓好以下3个主要环节。

**1. 科学地确定企业文化的内容**

在确定企业文化内容的过程中，可考虑以下要点。

① 以企业发展战略为参照，对既有文化进行梳理，并提出未来发展需要的新文化要素。企业文化要适应企业发展战略的需要，为促进企业发展服务。对既有文化进行梳理，是对本企业的历史和现状，特别是对企业实践中直接产生的理念，进行系统深入的回顾、调查、分析和研究。对于已经被员工普遍认同的文化要素，要以企业发展战略为基准，将符合企业发展战略要求的文化要素保留下来；将不再符合企业发展战略要求的文化要素通过文化变革抛弃掉。企业通常还需要根据未来发展战略的新要求提出某些新的文化要素，经过精心培育使其逐步成为企业的新文化。

② 以企业发展战略的要求为基准，借鉴、吸收其他民族和企业的优秀文化。对于外来的企业文化，不能简单地采取"拿来主义"，而应持认真鉴别、分析研究、有选择吸收的态度。要搞清楚哪些是优秀的，哪些是适用于自己的。同时，借鉴其他企业的长处时必须对其进行一番改造，才能适用于自己的企业。例如，20世纪50年代初，美国专家给日本企业家传授的产品质量管理考评和测量技术，很快被改造成著名的QC小组活动。

③ 重视个性发展。一个企业的文化个性是这个企业在文化上与其他企业不同的特性。国内外的优秀企业都是具有鲜明文化个性的企业。同是美国文化区域内的企业，惠普公司的文化便表现出许多与众不同的地方，它倡导团体主义，主张建立轻松、信赖、和谐的人际关系。每一家企业都需要重视企业文化个性的发展。首先要认清自己的特点，发挥本企业及其文化的优势，在自身成功经验的基础上发展本企业的文化个性。

**2. 宣传倡导，贯彻落实**

1) 广泛宣传，形成共识

西安杨森的前总裁庄祥兴曾经在大小会议上讲："我们的工资是谁付的？我们的水费、

电费是谁付的？我们的工作环境与条件是谁提供的？是顾客！是顾客掏出腰包中的钱买我们的产品，我们才得以生存。因此，顾客是上帝。而'世上没有免费的午餐'，如果我们不能提供优质的产品和良好的服务，使顾客花钱后得到满足，他们就会离我们而去，我们就会失业，企业也将面临倒闭。因此，市场导向、顾客至上是我们每位员工应遵循的准则，只有每位员工在每个岗位上都尽职尽责地为顾客服务，创造性地提供超值的服务，甚至提供连顾客都想不到的服务，我们的企业才能越办越有生机，我们的事业才会兴旺发达。"西安杨森经过持续广泛的宣传，"世上没有免费的午餐"提醒每位员工要时刻牢记顾客至上，事事为顾客着想。甚至是节假日，只要顾客要求发货，相关人员也会立即组织安排，及时发货。"客户的需求就是命令"逐渐成为西安杨森人的共识。

2）领导带头，身体力行

领导者是企业文化的龙头，领导者的模范行为是一种无声的号召，对员工起着重要的示范作用。如果领导者只是在口头上高呼企业文化有多么重要、企业需要导入什么样的文化元素、这些文化元素将会给企业和员工带来什么益处，而领导者的行动却与之不相符，甚至背道而驰，那么员工就要花费很多时间和精力去解读领导者的行为真正反映的是什么。因此，对于领导者来说，最重要的是言行一致、身体力行。

美国三角洲航空公司的高级经理人员在圣诞节期间帮助行李搬运员干活，已成为公司的传统，并且公司高层每年至少要与全体员工聚会一次，直接交换意见，以实践"增进公司的大家庭感情"的经营哲学。日本三菱电机公司的总经理为了倡导"技术和销售两个车轮奔驰"的企业理念，以改变过去"重技术、轻销售"的状况，亲自到公司零售店站柜台，宣传自家商品，听取顾客意见。领导者亲身实践自己提出的经营理念，无疑会给员工带来很大震动，起到示范表率的作用。

领导者在企业中处于特殊的地位，其一言一行、一举一动都在向员工传递信息。领导者经常关注什么、要求什么、控制什么、批评什么、赞扬什么……这些都会从侧面反映领导者持有的价值观和态度，表达了在他（们）的期望中员工应有的价值观和行为。

3）完善制度，体制保证

在培育企业员工整体价值观的同时，必须建立、健全、完善必要的规章制度，特别是相应的激励和约束机制，使员工既有价值观的导向，又有制度化的规范。同时，在建设企业文化时，要调整好企业内部的组织机构，建立和形成文化建设所要求的组织体系。

例如，企业通过价值观筛选、招聘、挑选的新员工，应是与现有员工的价值观与信念合得来的。也只有这样的员工，才能完全融入企业，在企业的文化氛围中体会到和谐、愉悦、轻松，享受到工作的乐趣。同样，绩效考核、晋升和奖惩也都是领导者深植管理团队文化的有力工具。将员工贯彻文化理念的情况纳入员工的绩效考核体系，纳入奖惩和晋升制度，大力提升符合文化理念、业绩突出的员工进入管理团队，这些均有助于管理团队文化向员工的传播。

4）树立榜样，典型引导

发挥榜样的作用是建设企业文化的一种重要而有效的方法。把那些最能体现企业价值观念的个人和集体树为典型，大张旗鼓地进行宣传、表彰，并根据客观形势的发展不断调整激励方法，有利于优秀企业文化的形成和发展。迪尔和肯尼迪在其合著的《企业文化：企业生活中的礼仪与仪式》一书中，把英雄楷模人物作为企业文化五大构成要素之一，认为没有英雄人物的企业文化是不完备的文化,是难以传播和传递的文化。

领导者创立和倡导的文化理念是主观的,许多员工由于缺乏文化透视力,难以认识企业文化,更难以把握和认同企业文化。所以,领导者必须具有塑造企业英雄、演绎文化故事的技巧,使文化具体感人,流传下去。塑造企业英雄和演绎文化故事成为领导者导入、培育企业文化最简单、最直接,也是最深刻的方法。

5) 加强培训,提高素质

一个企业,若员工的基本素质不高或缺乏良好的职业道德,那么要使其生产力健康持续地发展是不可能的,企业文化建设也只能是纸上谈兵。加强培训,不断提高企业员工的基本素质,是建设企业文化的重要基础。

培训是企业领导者系统导入领导团队文化的必由之路。企业领导者授权有关部门(如企业文化部、人力资源部等)组织全体员工进行系统的宣讲和培训,帮助员工理解和接纳企业文化。企业文化培训也给领导者提供了一个彰显个性、传播文化理念的舞台。很多时候,领导者会亲自出马,走上培训讲台,用富有感染力的语言、真实生动地向员工宣讲文化理念,传播文化愿景。GE的企业文化变革就是杰克·韦尔奇从GE位于纽约的管理训练中心——克罗顿维尔发动开始的。除了委派专人主管克罗顿维尔的改革,韦尔奇还亲自担任克罗顿维尔的培训师。克罗顿维尔给韦尔奇提供了一次说服100人的沟通机会,成为韦尔奇宣传GE新文化的殿堂。

3. 积极强化,持之以恒

企业员工的信念、价值观、作风、习俗、礼仪等文化要素,是不断积极强化的产物。强化指的是人们的某种行为因受到一定刺激而获得继续或中断的过程。使行为继续下去的强化,叫作正强化或积极强化;使行为中断或中止的强化,叫作负强化或消极强化。积极强化的刺激使人们获得奖赏性情绪体验,而消极强化的刺激带给人们惩罚性情绪体验。趋乐避苦、趋利避害是人类行为的基本法则,在建设企业文化时也应遵循这些法则,对员工的良好行为给予积极强化,对不良行为给予必要的消极强化。

价值体系、管理思想等文化理念是人类抽象思维的结果,属于精神层面的东西,它的传播必然需要借助一些物质和外化的形式,而企业例行的典礼、仪式是企业文化传播最现实的形式。典礼和仪式使抽象的文化理念通俗易懂,易于被员工理解和接受。典礼和仪式一般都有一些固定的规矩和惯例,如固定的程序、必不可少的仪式、参与者的习惯着装等。这些固定的程式造成了一种特殊的环境心理定式,使员工受到现场气氛的感染,经历情感体验,产生新的态度。领导者如果能够运用工作中的各种仪式,如朝会、欢迎新员工、颁奖典礼、集会、欢送退休人员等,对企业的价值观进行宣传和灌输,就能够潜移默化地影响员工,使员工在情感上接受企业的价值观。

企业文化建设是企业的长期行为。由组织的少数人创造、倡导的某种文化,传播到组织的每个团体,再由一个个团体传播给每一个人,使之在企业的每个角落里生根、开花、结果,这必然是一个长期的过程。改变企业文化的模式,不仅要长期积累新文化,而且要同旧文化的"惰性"做反复较量、长期斗争。学习、引进新的文化时,不仅要经过鉴别,以决定取舍,而且要经过长时间的消化领会,这样才能把它吸收进自己的文化里。因此,企业文化建设必须长期努力,积极强化,持之以恒。

海尔质量文化
的培育

## 11.4　企业文化变革

企业文化变革，也可以称为企业文化重塑，是指企业为了适应环境和战略的变化，对原有的企业文化所进行的整体性（大范围）的革新。当企业原有的文化体系难以适应企业新的战略发展的需要而陷入困境时，必然要通过文化变革来创建新的企业文化。

进入了新时代，当前正是新旧体制转换、经济增长方式转变、产业结构大调整的时期，也是企业战略转型、制度创新、资产重组、管理变革和产品更新换代的加速期，还是传统价值观、道德观等文化要素受到新形势、新观念的巨大影响和冲击的时期。可以说，在这样一个大变革的时期，外部环境的变化必然会对企业的战略和文化传统提出变革的要求。

企业文化变革是企业随着所处外部环境的变化和内部条件的改变，根据自身发展的需要，自觉改变企业文化中不利于企业发展的因素，增添有利于企业发展的文化成分，形成新的企业文化特质的过程。企业文化变革时需要根据企业发展战略等因素决定变革的内容，并遵循一定的原则来进行。

**1. 企业文化变革的原因**

企业文化变革有很多具体原因，通常可归结为外部环境的变化和内部环境的变化。

1) 企业外部环境的变化

(1) 政策和法律环境的变化

国家关于经济发展政策的转变、法律的调整都可能引发企业的管理变革与相应的文化变革。例如，我国市场化方向的经济改革政策、高质量发展下转变经济发展方式的政策、国有企业混合所有制改革的政策，以及公司法、消费者保护法、劳动法、环境保护法等一系列法律的出台或修订，都会成为企业文化变革的重要推动力量。

(2) 经济环境的变化

经济的快速增长可能会给企业带来不断扩张的市场机遇，而整体经济的萧条则可能降低消费者对企业产品的购买能力。国家税率、利率和汇率等方面的改变也可能通过市场对企业的管理变革和文化变革施加影响。当今时代，经济全球化和区域经济一体化的趋势日益突出，我国已于2001年加入世界贸易组织，2013年，我国先后提出共建"丝绸之路经济带"和"21世纪海上丝绸之路"的重大倡议。我国企业越来越深入地融入世界经济的大舞台，这些都将推动我国企业的国际化与相应的文化变革。

(3) 技术环境的变化

科学技术的进步，深刻地影响着企业生产设备和技术的改进及企业的发展，使企业的生产率明显提高，并进而影响人们的工作方式和生活方式。例如，随着生产自动化和办公自动化技术的发展，特别是以互联网技术为代表的高新技术的迅猛发展，企业的经营理念和管理思想发生了深刻变化。由于信息技术的迅速发展和普及运用，企业管理的信息化程度正迅速提高，这将会给传统的企业组织模式和企业的人际交往带来深刻的变革。

(4) 人口环境的变化

未来的劳动力市场正在呈现多元化的趋势。企业员工在年龄、教育程度、民族、技能水平、出生地等方面的差异越来越大，给企业的文化管理带来了新的挑战。如用传统的"熔炉"（假设不同的人会在某种程度上自动同化）方法来处理企业的文化差异已经不合时宜，企业不得不改变它们的管理哲学，从同样对待每个人转向承认差别和适应差别。例如，针对合资企业和跨国公司管理中的文化冲突，跨文化管理的热潮正在兴起。

（5）商业生态系统的变化

商业生态系统是一些结构松散的网络，由供应商、分销商、外包公司、相关产品的生产商或服务商、技术提供商及许许多多的其他相关组织所构成。这些网络影响企业产品的制造和交付，同时后者也反过来影响前者。与自然生态系统中的物种一样，商业生态系统中的每一家组织最终都要与整个商业生态系统共命运。因此，整个商业生态系统的发展状况，必将影响到企业在系统中扮演的角色和业务运作，进而可能引发企业的商业模式变革与文化变革。

2）企业内部环境的变化

（1）企业战略的转型

制定企业战略需要考虑新战略与已有文化的匹配问题。一旦战略确定，围绕战略进行文化变革便成为当务之急，变革文化阻碍新战略实施的部分内容就成为战略实施者的责任。随着中国经济发展步入新时代，我国已经进入一个新的发展时期，许多中国企业也进入了一个新的战略转型期。做好战略转型期的文化变革，使之协同企业的变革，发挥文化的引导、促进作用，将是企业最终能否成功实现战略转型的关键。

（2）企业面临经营危机

企业文化往往成为企业经营危机的重要根源。当企业陷入重大危机时，除少数情形的不可抗力或偶然的重大决策失误外，通常可归因于企业僵化的文化。经营危机使企业的管理者和员工经受心灵的震撼，而危机的后果更使企业全体员工意识到文化变革与企业和个人的前途命运休戚相关，这就为企业文化的变革奠定了心理基础。

（3）企业领导人的更替

企业领导人往往是企业文化的缔造者或管理者，而不同类型的领导人通常会主张不同风格的企业文化。企业领导人的更替，往往预示着一场企业文化变革将要发生。

（4）企业出现病态文化

出现病态文化的企业，往往没有清晰的关于如何在它们的经营中取得成功的价值观或信念。或者企业有许多这样的信念，但自身对于其中哪些是重要的不能前后一致，在什么是重要的问题上没有建立共同的认识，或企业的不同部门往往存在根本不同的信念。病态文化通常有以下表现。

① 只注重内部。当企业不关注外部环境的变化，特别是当企业内部开始盛行讨好上级或经常摆谱装门面或一味贬低其他企业的地位时，企业将难免陷入困境。这些目光短浅的行为可能表现为过分强调内部预算、财务分析、销售定额，而不顾及客户和竞争对手的新动向。当企业文化只注重于内部时，这家企业就会处于危险之中，公司的经营业绩滑坡只是迟早的问题。

② 只注重短期。一些企业过分重视短期效益而忽视长期发展，表现为对企业发展的定位模糊，不清楚本行业的发展趋势和本企业的未来走向，只把注意力放在眼前利益上。当一家企业把时间和注意力全部用来适应短期目标时，持久性的经营就得不到支持。

③ 企业士气不振。当企业中的员工长期士气低落时，这种文化就是陷入困境了。一段时间之后，感到不愉快的员工会离开企业。一定的人员流动率是合乎情理的，但如果人员流

动率很高或趋于上升，那么企业文化很可能出现了问题。

④ 观念和行为混乱。当来自不同文化的人们聚在一起时，由于他们对所需讨论和解决的事情看法不能取得一致，从而导致混乱和挫折。当一个分公司对总部的工作发泄不满或经常讨论总部发生的笑话时，可能就是文化没有将企业凝聚为一个整体。如不能及时调整，企业就会逐步陷入文化困境，企业内部就会发生文化冲突。

**2. 企业文化变革的内容**

企业文化变革是企业所有变革中最深层次的变革，它涉及对企业成员从观念到行为两个层面的改变。企业文化变革的内容主要包括以下 3 个方面。

（1）企业价值观的变革

这种变革既涉及对企业环境的重新认识，也涉及对企业整体运营的深层把握。在企业价值观中，管理哲学和管理思想往往会随着企业的成长和对外部环境的适应发生变化。以 IBM 为例，IBM 的传统价值观包括：必须尊重个人；为顾客服务；必须追求优异的工作表现。1993 年，郭士纳开始了 IBM 的战略转型之路，将这家曾经的信息产业硬件巨头转型为向客户提供产品和服务的整体解决方案提供商，并开启了信息产业的电子商务时代。郭士纳为 IBM 确立了适应转型时期特点的核心价值观：赢、团队、执行。2002 年，彭明盛接替郭士纳担任 IBM 的 CEO，适时提出了电子商务随需应变的战略。围绕"随需应变"理念，IBM 从收购普华永道的咨询业务、剥离 PC 业务，到同时收购多家软件公司，全面转向服务，力求通过打包齐全的软件产品，向客户提供从战略咨询到解决方案的一体化服务。战略转型的深化促使 IBM 确立了新的价值观：成就客户、创新为要、诚信负责。

（2）企业制度和行为的变革

企业制度和行为变革包括企业一些特定制度和礼仪的设立与取消、员工和管理者行为规范的调整。例如，有些企业为了加强领导者与员工的沟通，建立了相应的沟通制度；有些企业在创建学习型组织的过程中，制定了相应的学习制度。这些变革都是为了反映价值观的变化，成为企业新价值观的制度与行为载体。

（3）企业标志等物质层面的变革

企业标志等物质层面的变革大多是为了体现企业新的理念，并树立个性鲜明的企业形象和品牌形象而进行的。2003 年 4 月 28 日，联想对沿用多年的标识"Legend"进行了调整，改为"lenovo"，以强调创新的内涵，并促进公司品牌的国际化。

**3. 企业文化变革的原则**

在规划和实施企业文化变革过程中，需要考虑以下重要原则。

（1）审慎原则

企业文化反映了企业多数成员的思维方式，起行为指南的导向作用。企业文化总是在相对较长的时间内保持稳定，因此企业文化的变革必须审慎进行。对于哪些内容要变、如何变，都要进行充分思考，并具有一定的前瞻性，这样才不会出现改来改去让人无所适从的现象。反复频繁地对企业文化的内容进行改变，只能说明企业还没能形成统一的经营管理思想体系，领导层的思路尚未清晰。这将使企业文化的作用大为减弱，并使企业的经营受到影响。

（2）系统原则

任何组织的变革都是一个系统的过程，企业文化的变革也不例外。在进行企业文化变革的时候，一定要注意相关制度的相应调整与配合，特别是用人制度和考核激励制度。它们是最直接反映企业价值导向的制度，通常需要做出调整。如果一方面强调创新，另一方面又不愿意提拔勇于开拓的管理者，不愿意改变原来强调资历的薪酬制度，那么企业价值观的改变是很难实现的。因此企业的领导者在推进企业文化变革时，一定要对整个企业经营和管理的系统进行重新的审视，并运用新的价值观决定取舍或调整，这样才能促进企业文化变革的最终成功。

（3）持久原则

企业文化的变革不会轻易迅速地完成，在大企业中所需的时间更长。西方国家一些公司文化变革经历的时间如表11-2所示。

表11-2 一些著名企业文化变革所用的时间

| 公司名称 | 企业规模 | 变革经历的时间 |
| --- | --- | --- |
| 通用电气公司 | 超大型 | 10年 |
| 帝国化学工业公司 | 超大型 | 6年 |
| 尼桑公司 | 超大型 | 6年 |
| 施乐公司 | 超大型 | 7年 |
| 银行信托投资公司 | 大型 | 8年 |
| 芝加哥第一银行 | 大型 | 10年 |
| 英国航空公司 | 大型 | 4年 |
| 康纳格拉公司 | 中型 | 4年 |

因此，企业领导者不要期望企业文化的变革很快完成，要有打持久战的思想准备，这样才不至于低估企业文化变革的阻力与难度，避免在实施过程中因为缺乏毅力而半途而废。正是由于企业文化变革的持久性，形成的新文化才能真正改变企业成员的认知和行为。

IBM公司的战略转型与文化革命

# 本 章 小 结

企业文化必须与企业战略相互适应和协调，它可以成为战略实施获得成功的重要保证。企业文化是指现阶段企业员工所普遍认同并自觉遵循的一系列理念和行为方式的总和，通常表现为企业的使命、愿景、价值观、管理模式、行为准则、道德规范和沿袭的传统与习惯等。企业文化通常包括理念文化、制度文化、行为文化、物质文化4个层面的内容。理念文化的核心是价值观，企业价值观的内涵就是企业全体（或多数）员工赞同的关于"企业的价值在于什么及哪些对象对于企业来说有价值"的看法。企业在导入新文化时首先要科学地确定企业文化的内容，其次要注重宣传倡导与贯彻落实，最后要积极强化并持之以恒。随着企业所处外部环境的变化和内部条件的改变，企业往往需要根据自身发展的需要，自觉改变企业文化中不利于企业发展的因素，增添有利于企业发展的文化因素，形成新的企业文化特质。企业文化变革时需要根据企业发展战略等因素决定变革的内容，并遵循一定的原则进行规划与推进。现代企业需要积极担负起企业社会责任，讲求企业伦理，以促进企业自身和社会的可持续发展。

## 思考题

1. 什么是企业文化?
2. 企业文化通常包括哪些层面的主要内容?
3. 试举例说明什么是企业的价值观。
4. 企业新文化的导入应抓好哪些主要环节?
5. 什么是企业文化变革?
6. 企业社会责任包括哪些主要内容?
7. 试举例说明企业遵循商业伦理的重要性。

# 附录 A

# 课堂研讨案例

## A.1 盒马鲜生

盒马鲜生，作为中国新零售的典型代表，经过这些年的不断迭代发展，逐步确立了自己领航者的位置，它是如何做到的？

**1. 盒马鲜生的顶层设计**

在上海的一家咖啡馆里，侯毅与阿里巴巴首席运营官张勇共同探讨着他们对于未来零售的看法。"我想试试能不能把线上和线下进行一体化结合，走出一条新的零售模式。"张勇直言不讳地把自己对阿里巴巴未来零售的发展思路向侯毅说了出来。侯毅马上意识到一个契机到来了，他接着张勇的话说道："一定要把模式做重。"

侯毅根据自己的实战经验判断，品类、时效和成本是做 O2O 绕不开的 3 个重要指标，特别是产品品类与送达时效，是消费者最敏感的两个维度。张勇认为侯毅讲的有道理，两人又围绕 O2O "重模式"的选择展开进一步讨论：

"前置仓模式可能不合适，因为这种模式一是供应链损耗大，二是流量不够，三是品类有限。"侯毅指出前置仓模式可能的问题。

"大卖场模式本身商业逻辑是通的，品类齐全，常温配送，物流成本也很明晰。""除此之外，我们要开 4 000 $m^2$ 的大店而不是 1 000 $m^2$ 的小店，只有大店生鲜品类的 SKU 才能超过大卖场，否则就死掉。"侯毅坚信，开对了门店，基本上就能走通整个商业逻辑。

随着交流的深入，张勇表现出了极大的兴趣和对该模式的初步认可。在接下来的交谈中，他们也共同认识到他们讨论的内容已经进入到电商运营最后的、也是最危险的一片"蓝海"——生鲜电商。

生鲜食品是老百姓每天餐桌必不可少的消费品，这个品类的价格弹性相对较低，需求不确定性程度小，容易培养出顾客黏性，所以在此之前已有诸多电商开始触碰生鲜领域这个蓝海市场。但是，即便资本的热情高涨，刚性消费需求也客观存在，而高损耗、非标准化、高昂的冷链物流配送成本及较高的供应链管理要求，使得各路电商企业纷纷在这片蓝海里折戟沉沙。2014—2015 年，全国 3 000 多家生鲜电商几乎无一盈利。侯毅和张勇意识到，即使是零售行业的"老船长"，在这一片新的海域，他们既不能依赖过去模式复制路径，又必须凭借多年经验向前探索。

接下来的一段时间，侯毅和张勇多次见面，一起搭建核心设计，细化刚性指标，以此来圈定项目的"雏形"：

① 未来的门店，主要发挥流量收集作用，带给顾客直观和优质的体验，最终还是要把顾客引到线上去，一方面满足"即时消费"需求，另一方面突破门店 SKU 局限和坪效天花板；同时，要有一定的仓储能力，保证商品供应与配送的时效性，所以这个项目本质上是一个"被门店武装的电商"；

② 门店的核心服务半径应为 3 km，在这个半径内无需冷链运输就能及时供应，且配送时效性有望控制在 30 min 内；

③ 要想实现最终盈利，还必须发挥出电商的规模效应，也就是线上规模要能不断增长，达到每日 5 000 单的体量，才有可能覆盖运营的成本。

敲定了顶层设计后，侯毅正式组建了自己的创始团队，他们把这个项目命名为"盒马鲜生"：以生鲜食品带动整个到家商超的扩张，精致的盒装商品极速送达家中，带给顾客最优质的体验。

**2. 从问世到明星："跑"通商业模式第一关**

2016 年 1 月 16 日上午，上海市张扬路 3611 号的金桥国际广场，这座位处上海繁华地段的商业中心，悄然迎来了第一家盒马鲜生门店的入驻。在一个月的时间内，盒马鲜生金桥店的日流量、客单价及总销售额增长速度迅猛。2016 年 5 月的一天，张勇带领核心团队来上海看望侯毅，凭借着多年聚焦阿里巴巴业务的经验，张勇调取了盒马的几项核心运营指标数据，他发现，金桥店在四个月的时间里，会员的持续增长率保持在 20% 左右，平均复购率大概为 4 次，会员留存率居然达到了 60%，这一项指标超过了天猫，排在当时全国电商行业第一的位置。

"从持续增长率、复购率和留存率的指标来看，消费者是喜欢盒马鲜生的商品与服务的，是认可盒马模式的。这么多年来，终于出现一个盒马鲜生在某项核心指标上能超过天猫了。未来，盒马鲜生的潜力是无穷的。"

张勇所选择的这几项核心指标暗藏玄机，其实是在测试盒马鲜生能否通过第一次"大考"——盒马鲜生模式是否受到消费者的欢迎？而侯毅交出的答案意味着这个全新的商业物种已经迈过了第一关，消费者是喜欢盒马鲜生的！

随后，侯毅开始了盒马鲜生上海第 2 家店的筹备事项。经过金桥店的试水和验收后，侯毅发现海鲜加工区的消费需求极其旺盛，"生熟联动"显得十分必要。于是，2016 年 9 月，大宁店开业，独立的餐饮区被引入门店作为盒马鲜生的标配。

"从 1 月份到 9 月份，经历了无数次的模式迭代，我们确定了物流区＋餐饮区＋购物区的门店形式，也就是今天盒马鲜生的标配。"侯毅很自信，从大宁店的市场影响力来看，迭代之后的标准模式带给了消费者更全方位的优质体验。

1) "鲜"字当头，"优选"商品

生鲜超市最本质的竞争力当属产品的新鲜程度和品质，这是消费者最关注的方面。盒马鲜生从项目成立之初就设定了"鲜美生活"的宗旨，而且借助出色的供应链管理，通过全球直采的方式，降低了传统门店在生鲜类目采购过程中的渠道费用和损耗，在价格上保持了一定的优势。

盒马鲜生店内有专人对青菜、果品进行实时换新；采用小包装方式，提前把白菜、芹菜、冬瓜、海带等不易保存且单次食用量少的蔬菜切块分装，尽量做到一包一餐，这大大节省了消费者清洗、处理原材料的时间。

在价格上，盒马鲜生店内的龙虾、帝王蟹等高端生鲜产品比从酒店、水产店购买更便宜，而白菜、空心菜、胡萝卜等老百姓几乎每天都吃的产品比传统超市的售价虽会小幅上升，但品质、新鲜度与便利性远远胜出，所以综合来看，盒马鲜生的性价比优势也很明显。

2）品类更宽，智慧服务，满足一站式购物需求

第一次光顾盒马鲜生的人，很难向别人描述自己究竟去了一个什么商店："盒马鲜生是一家生鲜专业店，水产区有帝王蟹、八爪鱼、龙虾、鲈鱼，果蔬区又有苹果、芒果、车厘子、牛肝菌、花椰菜，肉禽区有火腿、羔羊、各类鸡肉。"

"盒马鲜生是一家食品超市，我可以在这里以相对平价买到普通生活超市所经营的各类食材、副食品、调味剂，并且根据盒马App给出的烹饪指南，让一家老小每天都吃到不同的食物。另外，超市里的海鲜烹饪区和餐饮区还方便我快速用餐，节省不少时间。"

"盒马鲜生是一家生鲜电商，利用盒马App，我可以下单购买附近三公里内门店的同款商品，并享受30 min内免费送达服务，足不出户，我就能每天买到最新鲜的精品食物。"

消费者逛完盒马鲜生，很容易形成这些想法和不同的判断。不过，在他们看来，盒马鲜生究竟是超市、便利店还是专业店并不重要，他们只关心这样一个"新物种"究竟好不好玩、好不好吃、实惠不实惠。

3）门店精细化运营，打造精致生活

大宁店内，经过设计的灯光照射在果蔬上，商品本身明艳的颜色与盒马鲜生整体清新、简洁的背景相得益彰，营造出干净、品质和多样化的感受；店铺顶部时常传动的悬挂链，帮助店员以更快的速度拣货分装，满足线上订单需求，让顾客对盒马鲜生形成了效率和便捷的认知，也能亲眼看见配送准备的过程；与传统超市中紧凑、高大的货架不同，盒马鲜生并没有一味追求门店面积的最大化利用，而是以消费者最能感到舒适和便捷的标准来设计货架高度与布局；货架上的每种商品都有属于自己的身份证——电子标签，顾客通过扫码的形式可以获取商品的来源地、日期、价格和其他属性，一方面便于门店统一管理和统计，另一方面也能帮助顾客更好地了解产品及解决售后问题。

4）3 km 30 min的"盒区"生活

与盒马鲜生门店同步上线的App，主打"3 km 30 min"：只要消费者位于盒马门店的3 km电子围栏内，就可以通过App在线下单，选购所需要的商品，并且无门槛享受免费配送服务，从下单到配送到家的整个过程，能够在30 min之内完成。"这相当于把盒马鲜生门店和仓储变为消费者的冰箱，几乎可以随时随地取材"，这种足不出户的一站式购物直接填补了传统便利店、超市存在的诸多服务空缺。

5）特色餐饮，"生熟"联动

侯毅表示，"盒马鲜生是基于场景定位的，围绕吃这个场景来构建商品品类。"为了增加

体验,从大宁店开始,后续开业的门店都设置了餐饮区:一方面通过招商联营的方式吸纳餐饮店,且不同门店的餐饮特色各有侧重,有的以快餐为主,有的以海鲜为主,这些都会根据前期的市场调研做出决定;另一方面又提供加工服务,消费者在店内选购海鲜后,直接送到相应窗口加工,然后根据口味和饮食偏好添加其他配菜或盒马鲜生自制的调料。

随后半年时间里,盒马鲜生又在上海、宁波加速开店布局并不断修改细节,进一步验证了盒马标店模式的市场接受度。

### 3. 数字化赋能:"跑"通商业模式第二关

2017年7月14日,在盒马鲜生金桥店购物的顾客看到了一个熟悉的面孔,阿里巴巴董事局主席马云正在挑选海鲜,徒手抓着一只巨大的帝王蟹与旁边的张勇、侯毅等阿里巴巴高管团队合影,并与购物的顾客热烈交谈。

马云的到来,一方面对外公示了阿里巴巴"新零售"战略中的盒马鲜生模式,另一方面对内见证并肯定了盒马鲜生盈利模式的基本走通。

"新零售的本质是效率。"站在公司的角度,侯毅和他的团队一直在思考与迭代盒马鲜生的最优成本结构和最佳盈利模式。盒马鲜生要在光鲜亮丽的外表之下,通过全面的数字化手段提升零售效率,重塑成本结构。为此,侯毅和他的团队在这一年内做了很多的工作。

#### 1) 建设数字化供应链和智慧配送网络,降低刚性费用

所有提供到家配送服务的企业,都会受到每笔线上订单所产生的"刚性边际成本"的制约,包含配送费用和订单处理费用。侯毅基于他多年来深扎物流领域的经验,运用"数字化供应链"管理模式,构建智慧网络,有效降低了这笔费用。

① 基于阿里巴巴底层技术平台的支持,盒马鲜生后台能够对消费者特性进行较为准确的分析,了解每个消费者诸如购买频次、品类偏好和渠道偏好等消费习惯。通过这个信息,盒马鲜生可以进行合并订单等操作,使得单次配送的订单数量更具有规模经济性。

② 盒马鲜生门店的动线设计十分合理,采用智能调度的方式,在符合基本的货架管理原则和店面结构之外,更多地为快速响应线上订单服务:店内十分通畅,采用电子价签,包装标准化,便于节省线上订单的拣货时间与人工成本;采取仓储式货架设计,同时具备线下的实体店销售功能和线上的仓储作业功能。而传统零售店的动线设计更多的是为了增加顾客停留时间,这也是O2O到家模式较难嫁接到传统零售企业的一个原因。

③ 盒马鲜生店内处处体现着"能用机器绝不用人工"的理念,每个工作人员都配备了数字化订单处理设备,线上订单会及时传递给分布在店内各个位置的人员,他们就近拣货后,将其投递到传送装置,门店顶部的传送带会把商品运输到终端的配送人员手中,大大减少人员跑动时间,提高了效率。

#### 2) 建设数字化顾客需求管理与精准营销,提高客单价与客单数

客单价和客单数的提升,关键在于知道"哪些商品好卖,可以卖给谁,怎么卖",知道了顾客想要什么就能获取客单价上升的机会。"顾客数字化"让盒马鲜生掌握了"盒区"范围内顾客的消费偏好信息,基于用户年龄、性别、职业、饮食习惯等标签可以帮助后台将顾客变成精准营销的对象。"数字化的精准营销很重要,比如,我们推出的一个250 mL豆浆卖2.5元,后来我们做了750 mL的家庭装,卖10.8元,这个豆浆从出来第一天开始就供不应求。"侯毅对盒马鲜生的消费者洞察能力很自信。

"场景数字化"则将与消费决策相关的地理位置、时间等信息也纳入用户画像数据库，作为影响消费行为的外部环境因素，共同优化盒马鲜生后台的算法推荐系统。顾客和场景的数字化，根本目的在于精确地识别特定时间、特定地点的特定客群，其偏好的消费组合、习惯是什么，掌握这些信息，盒马鲜生的云端系统就能够温馨地"提醒"消费者关注适合自己的商品组合，以此刺激潜在需求，提高加购率。如此，顾客在不同时点看似孤立的购买行为与购买品类在大数据的作用下得以链接，顾客会在不经意间主动增加每笔订单的商品或增加复购率，客单价、客单数因此就会得到提升。

3）建设数字化流通渠道和品类管理，提高毛利率

在侯毅看来，提高毛利空间的逻辑很简单，一个是如何确定价格，一个是节约成本，差价增多了毛利率也就提升了。

① 在定价策略上，盒马鲜生首先是依靠数字化优化现有商品结构，拓宽品类和服务。

盒马鲜生门店大致销售 6 000 多种商品，其中生鲜产品种类不低于 20%，这些生鲜品类的毛利率水平也不尽相同。"商品数字化"赋予了盒马鲜生第一手的流量数据，帮助盒马鲜生划分出爆品和滞品，并且将 SKU 标签化，赋予特定场景信息，与数字化的顾客及数字化的其他商品进行匹配链接。商品间的链接和消费者的组合购买意愿决定了盒马鲜生可以通过引入相对高价格、高毛利商品替代组合中的一些低毛利商品，以类似互补品的方式带动商品整体的毛利空间提升。

② 盒马鲜生还通过增加自有品牌的比重拓宽价格带，提升商品平均价格。

"商品满足了品牌化，就拥有了个性，代表你对消费者的理解，代表你对整个商品组织链路的最佳化。"侯毅说道。自有品牌体现着差异化，品牌溢价给传统的生鲜品类带来更多的价格空间。盒马鲜生的一些苹果要比传统超市贵 1~2 元/500 g，因为是有品牌的，有自己的电子价签，帮助顾客溯源，了解更多信息，还能凭借其享受损坏无条件退货的服务，消费者会相信品牌背后的信誉和保障，自然就会愿意支付一定的溢价。自有品牌还代表了定制化、个性化的能力。同时，阿里巴巴的技术平台能够对顾客做出准确的需求分析与预测，基于一个地理范围或一个时期内全样本的分析还能掌握市场喜好的走向，那么盒马鲜生便可以几乎同步地跟进市场，一旦发现顾客产生了什么新的需求，上游生产和供应就能第一时间跟进，并打造成自有品牌商品提供给顾客。

③ 在降低成本上，盒马鲜生通过渠道再造，将上游的成本信息透明化，做到信息对称。

"传统蔬果超市、菜场毛利率为什么低？流通成本太高了。"由于我国规模化农业尚未形成，必须依靠众多批发环节来充当中介人，那么层层加码就导致零售端的价格加成空间很小，盒马鲜生要做的就是通过建立全球直采、源头直采供应体系，重构链路：一方面，降低批发、运输等流通环节的损耗，并省去更多的中间环节，把节省下来的渠道费用贴补给消费者；另一方面利用产地优势不仅能打出品质化的形象，更能把采购价格给降下来。还有一个更为重要的原因是盒马对传统商超"通道费"商业模式的摒弃，"我们不收取供应商一分钱的进场费，将全链条上节省下来的费用，直接补贴到消费者身上，确保了盒马鲜生在微利情况下将该模式可持续运作。"对此，盒马鲜生的副总经理张国宏解释到。全面数字化的理念与快速迭代的数字化实践，帮助侯毅和他的团队不断探索盒马鲜生 O2O 模式的最佳成本结构，在相对成熟的市场空间，能够实现每单盈利和门店盈利，从而使这个零售创新能够在盈利模式上基本走通。

马云此刻的现身，对侯毅和盒马鲜生而言，是一个重要的时间节点：它一方面标志着盒马鲜生闯过了"顾客欢迎"和"门店盈利"两道关口，基本跑通了自己的商业模式，至此完成了从 0 到 1 的蜕变；另一方面，它标志着在阿里巴巴的支持下，盒马鲜生将开启从 1 到 N 的全国战略。

从 2016 年新春前夕诞生于上海的第一家门店，到 2020 年盒马 X 会员店，2021 年盒马 mini、盒马邻里和盒马奥莱折扣店，截至 2022 年 10 月底，盒马鲜生的自有品牌商品类目已经达到 1 200 多种，催生了 10 个销售规模过亿的"盒品牌"。2022 年的公开数据显示，盒马鲜生销售额同比增长超过 25%，盒马 X 会员店增长超过 247%，盒马奥莱和盒马邻里的增长达到 555%。从成立到成长，盒马鲜生依托数字化手段，不断迭代着商业模式，在新零售的创新中独树一帜，引领着线上线下融合的新零售方式。

**资料来源**
[1] 刘向东，石明明，张霞，等. 盒马鲜生：不断迭代前行的新零售领航者. 中国管理案例共享中心案例库，2019.
[2] 互联网资料收集.

**思考讨论题**
1. 请分析盒马鲜生诞生的主要背景原因。
2. 谈谈盒马鲜生采用"门店＋App""重模式"进行线上线下融合的原因。
3. 盒马鲜生的商业模式吸引消费者的因素主要有哪些？

## A.2　娃哈哈集团的经营战略

在中国现有的饮料市场上，娃哈哈已经成为一个著名的品牌。它于 1987 年由个人靠 14 万元起家，经过多年的拼搏，从一个默默无闻的弄堂小厂，跻身于全国最大规模 500 强和最大利税总额 500 强，走出了一条高速高效的发展路子。

**1. 开发新产品，迅速占领市场**

20 世纪 80 年代中后期，国民生活水平普遍提高，人们的保健意识逐渐增强。那时中国的营养液市场并不很大，相应的生产厂家也很少。娃哈哈看准了这个很具潜力的市场，一举推出了自己的第一代产品"娃哈哈儿童营养口服液"。新颖亲切的名字，并辅以可爱的娃娃头标志，能够引起孩子们的喜欢。娃哈哈在许多报纸上做广告，请营养专家谈儿童营养、生长发育新概念。随着人们对这一新概念的认可，一盒盒"娃哈哈"也来到儿童手中。精美而科学的包装，良好的口感，使娃哈哈一举打开市场。

**2. "小鱼吃大鱼"，企业步入规模化经营**

1990 年娃哈哈只有 140 名正式工，生产场地仅一二百平方米。娃哈哈儿童营养液问世仅三年，销量飞涨，市场上产品供不应求，而有限的生产规模却无法满足市场需求，传统的发展思路——立项、征地，既费时费力又可能错过大好时机。于是，娃哈哈变直线型发展为横向型扩张，选择了充满风险与机遇的兼并劣势企业之路——兼并了有 2 200 名职工，亏损积压达 6 000 多万元的国营老厂——杭州罐头厂，以娃哈哈的灵活经营机制取代了原厂的经营机制，以娃哈哈的优良资产盘活了杭州罐头厂的不良资产，以娃哈哈的优势产品替代了杭州罐头厂的滞销产品。

兼并百日，杭州罐头厂扭亏为盈，首次盈利 32.33 万元，而兼并后新组建的娃哈哈集团实现年销售收入 2.16 亿元。

### 3. 不断推陈出新，占据更大市场

市场一旦被打开，竞争者就会很快出现，与娃哈哈几乎同时出现并争夺营养液市场的就是广东的太阳神口服液。娃哈哈并没有和太阳神硬拼下去，而是看准了儿童营养饮料这一市场，当时儿童营养饮料市场刚具雏形，广东乐百氏良好的营销开端，预示着这是一个很有潜力的市场。另外，虽然各地也有一些零散的品牌，如"喜乐"等，但由于口味、营养等因素，这些区域性品牌没有发展起来。于是娃哈哈在经过试制后，推出了其第二大营养饮品——娃哈哈果奶，由于其品牌效应，果奶立即给消费者以"好味＋营养"的印象，它先以儿歌式的趣味广告吸引了人们的注意，随即又以多样的口味、精致的包装和比同类产品稍低的价格迅速打开市场，不仅是儿童，一些成年人也喜欢上了这种甜甜的、酸酸的、有营养、味道好的果奶。

娃哈哈推出果奶后，成了儿童饮品市场上的领头企业，但乐百氏实力也很强，并与娃哈哈平分秋色。如何能在竞争中生存，除了在儿童市场上采取多样化经营之外，娃哈哈又向成年人市场进军了。考虑到娃哈哈这个品牌的知名度，娃哈哈利用品牌延伸，1994 年以来，开发了 30 多个新品种，先后推出了桂圆莲子八宝粥、红豆沙、绿豆沙、第三四代果奶、AD钙奶、纯净水等一系列产品，并由此形成了娃哈哈产品群、产品链，满足了不同消费群体、不同层次的新需求，使企业实现了"生产一代、试制一代、储备一代、开发一代"的战略目标。

### 4. 抓住机遇，不断扩张

沿海的劳动力低成本优势正在逐渐丧失，沿海的市场开拓毕竟有限，而中西部地区自然资源丰富，市场空间诱人，劳动力优势明显，充满了希望和机遇，于是娃哈哈确定了"西进北上"的战略。

1994 年 12 月，娃哈哈抓住支援三峡库区移民建设的机遇，在涪陵市以"移民经营与移民任务总承包"的改革思路，兼并当地的三家特困企业，组建了娃哈哈涪陵公司，以当地的成本优势、运输优势及娃哈哈的品牌优势，一举打开了局面，产值、利税连年翻番增长。

1997 年下半年，娃哈哈又继续在湖北宜昌、红安，四川广元及产品的主销地辽宁、湖南、安徽、河北等地成立 7 家控股子公司，生产娃哈哈纯净水、钙奶等产品，均采用生产管理、质量监控、产品销售由娃哈哈统一负责的方式运营。

### 5. 积极引进外资，注入新鲜血液

1996 年 3 月，娃哈哈集团与排名世界第六、欧洲第三的法国达能集团及一家香港投资银行签订合资协议，娃哈哈以一部分原有资产为股本，投资方以 4 500 万美元现汇作股本。利用这笔外资，娃哈哈进行了高起点的投资，建起了占地 300 亩，建筑面积达 30 万 m² 的现代化厂房，从美国、德国、日本、意大利、加拿大等国引进了 20 世纪 90 年代国际领先水

平的计算机控制全自动生产设备，推出了娃哈哈纯净水、娃哈哈 AD 钙奶等产品。

### 6. 推出非常可乐

1998 年娃哈哈在试制两年之后，隆重推出了它的又一新产品——非常可乐，与广东的汾煌可乐几乎同时问世。但这一次，娃哈哈的竞争对手不仅仅局限于国内了，最大的则是享誉世界的可口可乐和百事可乐。

非常可乐其生产设备并不比可口可乐差，口味也比前者更清淡一些。另外，非常可乐采用了与可口可乐极其相似的包装。

### 7. 多元化发展

饮料业务增长进入瓶颈期是不争的现实。从过去的饮料，到后来的童装、食品、商业、白酒，娃哈哈在不断地寻求自己新的增长点。

早在 2002 年，娃哈哈就已进军童装市场。当时，宗庆后说："娃哈哈童装 3 个月内组建 2 000 家加盟连锁店，年销售额突破 10 亿元。"但 10 年后，娃哈哈童装年销售额才 2 亿元。娃哈哈不得不放弃童装市场。2015 年，宗庆后承认，"童装一年赚两千万是不错的。但作为大企业，品牌童装容量太小，走到头就会造成亏损。"

2010 年，娃哈哈把爱迪生奶粉引入中国市场。这是一种高品质婴幼儿配方奶粉。宗庆后为其确定的目标是：要在创立两年内达 100 亿~200 亿元的销售额。当时，乳业专家王丁棉曾指出："娃哈哈营养快线确实不错，但乳酸饮料与奶粉行业完全是两码事，无论是销售渠道、销售方式，还是消费对象、营销手段等都完全不同，婴幼儿奶粉市场非常敏感，对娃哈哈来说，是一场严峻的考验。"到 2015 年，爱迪生奶粉已经悄无声息，市场占有率不足 1%。

2012 年，娃哈哈斥资 17 亿元投资娃欧商场，进军零售业，这一度成为宗庆后寄托娃哈哈战略转型的关键一步。该商场定位于满足中国中产阶层消费趋势，销售知名度较低的欧洲品牌，甚至还计划 5 年内在全国开设 100 家连锁店。经过几年尝试，宗庆后承认，娃欧商场缺点不少，销售情况也不如意。

2013 年，在整个白酒行业陷入深度调整期之际，娃哈哈宣布拟投资 150 亿元进入正处寒冬期的白酒业。仅半年时间，其先锋产品领酱国酒即传出靠内部摊派冲量的风波。到了 2015 年，中国白酒业哀鸿遍野。2018 年，"娃哈哈抛售领酱国酒"的消息一度甚嚣尘上。

2020 年，娃哈哈尝试跨界奶茶店，在广州开出首个直营茶饮店，主打"AD 钙奶＋水果"的组合，定价为人均 15 元左右。开业当天，75 岁的宗庆后特意从杭州飞到广州，亲自为该门店站台。在开业现场，宗庆后对茶饮行业表示出极强的信心和支持，并给予高度评价。宗庆后表示，广州首店后，全国的其他直营店也会陆续开业。但到了 2021 年下半年，则传来娃哈哈奶茶店加盟商普遍亏损的消息。2022 年 3 月 10 日，原广州娃哈哈健康饮品有限公司正式更名为广州茶美饮品有限公司。这次更名意味着娃哈哈集团已经退出该奶茶运营公司。

宗庆后还希望娃哈哈这个"生产饮料的企业"升级成一个"生产饮料企业的企业"，也就是向高端智能装备制造业发展。他说："我们把自己要用的机器人都开发完了。"娃哈哈和天津大学合作，研发了放吸管机器人、铅酸电池装配机器人、炸药包装机器人，后两者都是将机器人输出给其他企业，解决生产过程中可能存在的工伤问题。

**8. 进军"大健康"市场**

2020年5月，娃哈哈集团在杭州召开"娃哈哈康有利电商平台启动暨招商新闻发布会"，正式宣布娃哈哈康有利电商平台启动。康有利电商平台于2020年6月18日正式上线，其不仅销售娃哈哈自己拥有的"大健康"产品，同时也吸纳国内外的知名品牌入驻。拟在全社会范围内招募10万家经销商，通过社交电商的方式进行推广销售，致力于为广大用户提供高质量、高标准的服务。

为确保"大健康"战略的顺利实施，娃哈哈成立了现代生物工程研究所，组建专业团队进行食品生物技术的研发及应用，以及对传统中医食疗、天然产物资源的深度开发和利用。同时，娃哈哈还自主规划并建设了专用的食品生产基地，皆在打造大健康智能化的"透明工厂"，以保证大健康食品清洁、稳定、高效的生产流程。

2022年12月，娃哈哈在2023年销售工作会议暨新品发布会上，公布了公司在2023年的销售、品牌和产品规划，同时推出了17款饮品和大健康产品，精耕大健康领域。

**资料来源**

[1] 胡笑红，滕新慧. 员工称被强购快过期奶粉 娃哈哈承认奶粉业务不温不火. 京华时报，2014-06-12.

[2] 李冰. 娃哈哈多元化：饮料帝国的土豪式商业法则. 中国经营报，2014-07-19.

[3] 金骑. 娃哈哈："一个人的帝国"日显老迈. 中国企业报，2015-06-15.

[4] 金晓岩. 路线突变 娃哈哈"进城". 华夏时报，2016-02-27.

[5] 佚名. 宗庆后回应娃哈哈营收负增长：仍有足够的抗压能力. 中国经济周刊，2016-09-26.

[6] 金微. 宗庆后说电商：幸好没被看上 看上也要遭殃. 每日经济新闻，2015-03-05.

[7] 洁云. 跨界卖酒？娃哈哈在多元化转型的路上越跑越"偏". 澎湃新闻，2022-04-01.

[8] 杨玲玲. 娃哈哈多元化迷途：千亿营收目标8年未达 经营理念和利润低迷将成上市拦路虎，环球网，2019-06-03.

**思考讨论题**

1. 娃哈哈集团成功的关键因素是什么？
2. 请分析娃哈哈集团在饮料行业的竞争战略。
3. 请分析评价娃哈哈集团的多元化战略。
4. 娃哈哈集团今后应如何进行战略定位？

# A.3　海底捞的经营之道

四川海底捞餐饮股份有限公司是一家以经营川味火锅为主，融汇各地火锅特色于一体的大型直营餐饮民营企业。2018年9月，海底捞在香港成功上市，市值突破1 000亿港元大关。自1994年海底捞在四川简阳建立第一家门店以来，公司直营店已遍布北京、上海、西安、郑州等全国几十个省市，自2012年在新加坡开设第一家境外分店以来，公司陆续已在美国、韩国等开设了多家境外店。截至2021年6月31日，海底捞全球门店总数接近1 600

家，拥有 4 个大型现代化物流配送基地和 1 个原料生产基地，员工人数超过 13 万。

不止火锅店经营，海底捞还一直致力于开发多元产品矩阵及布局企业生态链。除了餐厅经营业务，外卖业务、调味品及食材销售也是海底捞收入的重要组成部分。海底捞的餐饮生态链已剥离出多家独立的公司，分别负责火锅底料供应、供应链、餐厅设计及施工和外卖业务等。

海底捞是如何从一家只有 4 张桌子的小火锅店一步一步成长为火锅业龙头企业的？对其他企业有着怎样的启示？扩张过程中面临哪些挑战？这些是值得思考与探究的。

### 1. 海底捞的服务和人性化管理

张勇与同学创办第一家海底捞后，从服务切入，开启了海底捞的特色发展之旅。海底捞遵循"贴心、温心、舒心"的服务原则，秉承"服务至上、客户至上"的文化理念，吸引了一大批忠实的消费者。

张勇认为，要想在竞争激烈的餐饮行业中胜出，必须要考虑清楚自己的核心竞争力是什么。对于一家火锅店而言，环境、味道、菜品、价格都可以为顾客提供满意的用餐体验，而海底捞则通过"超预期"的极致服务来制造惊喜，为顾客提供深入人心的情感体验。

海底捞给消费者最直观的体验是"服务好"。通过激活一线员工，海底捞能够深刻细致地了解消费者的需求，并给消费者提供及时有效的解决方案。例如，海底捞原创的等位时提供下棋、美甲、擦鞋等服务，被大家称为"海底捞式服务"。此服务推出后，被业内推崇并迅速复制到其他服务行业。

虽然海底捞以服务闻名，但是张勇认为海底捞的成功来自海底捞的员工。张勇说，"我觉得人力资源体系对餐饮企业是至关重要的。如果我们能把这个人力资源体系打造好，它会形成一种自下而上的文化"。员工，是海底捞最引以为豪也是最重要的资产。

"顾客满意度最重要，为了保证顾客满意度，员工就很重要，这是我们火锅店最重要的两个指标"。所以，海底捞的日常工作是一手抓员工，一手抓顾客。

张勇认为，餐饮业属于劳动密集型行业，来就餐的顾客是人，管理的员工是人，所以一定要贯彻以人为本。只有当员工对企业产生认同感和归属感，才会真正快乐地工作，用心去做事，然后再通过他们去传递海底捞的价值理念。

海底捞为员工提供的优厚薪资和福利待遇，有效激发了员工的团队精神，使之获得幸福感。比如在居住条件方面，海底捞为员工租住正规住宅小区的两、三居室，且都会配备空调。考虑到路程太远会影响员工休息，规定从小区步行到工作地点不能超过 20 min。仅是员工的住宿成本，一个门店一年要花费 50 万元。

而对于店长的考核只有两项指标：一是顾客的满意度；二是员工的工作积极性。海底捞通过顾客满意度的提升来实现品牌建设的目的，给员工传达"用双手改变命运"的价值观，良好的晋升通道，让员工得以快乐工作，并把这种情绪传达给顾客。

张勇充分意识到人的价值。他认为自己管理的不是事，更不是钱，而是人，"人"才是海底捞的核心。

碎片化、低客单价、劳动密集等特征，让餐饮业很难建立起现代化的管理体系。为此，海底捞经历了多次组织架构变革，抛弃了层层管控的方式，也改变了关键绩效指标（key performance indicator，KPI）的管理逻辑，而是采用"连住利益，锁住管理"的方式，即高度统一员工与公司利益，将员工的薪酬与公司绑定，同时也赋予店长较大的门店经营自主权。

### 2. 海底捞的数智化转型

2018年开始，随着人工智能等新技术的快速发展，其数字化应用场景也渗透到餐饮业，海底捞开始了以"新技术改变成本结构""科技让服务更简单"为目标的数字化变革探索。海底捞与阿里云合作，实施数字化转型战略，经过半年的开发与打磨，2018年10月海底捞App上线及智慧餐厅开业。

海底捞App可实现排号预订、社区留言、会员权益等功能，提高了用户活跃度，让线上互动更有趣，实现精准营销和"智慧服务"的目标。智慧餐厅给消费者带来了很多创新体验和惊喜，例如沉浸式的等位区、环绕式全方位投影背景的餐饮区、送餐机器人及各种应用在后厨的黑科技等。另外，海底捞的数智化转型有效赋能了企业的供应链，"自动配锅机""自动传菜机器人""智能厨房管理系统"不仅使后厨降本增效，而且通过供应链自动化提高了食品安全质量。

海底捞的数字化转型推动了管理的同步创新。基于阿里云提供的技术支持和代码，海底捞的IT部门可以自行根据业务需要进行中台的二次开发和迭代，自身可以实现数据驱动业务和数据驱动决策。

海底捞首席战略官周兆呈明确表示，数字化转型与创新不会改变海底捞"以人为本"的企业文化。数据中台和数字技术对运营的赋能是希望帮助员工实现自己的发展，"企业的价值观是双手改变命运，让海底捞每一个员工通过公平、公正的平台改变他们的命运。员工舒服了，顾客才会舒服"。这也印证了"科技让服务更简单"的数字化转型目标。

### 3. 海底捞面临的挑战

作为火锅行业的头把交椅，海底捞自2018年上市以来，迅速扩张，2019年新开门店308家，2020年新开门店544家，截止到2021年6月31日，海底捞全球门店总数接近1 600家。

如此大规模的门店数激增，规模效益是有了，可是利润却大受影响，反映餐饮企业利润的重要指标是翻台率，2021年4月海底捞的翻台率跌破盈亏平衡线。张勇亲自道歉，直言"对业绩持续增长不抱希望"。张勇认为业绩下降最重要的原因是内部管理问题，包括制度化管理、流程化操作、跟踪式监督、数据化考核。张勇也直言对疫情趋势判断错了，"当时判断在2020年9月结束疫情，从2020年6月逆势扩张的策略没有符合预期，2021年1月意识到错误，2021年3月才有所反应"。

海底捞的未来发展仍然充满机遇和挑战。首先，疫情增加了人们利用互联网的机会，海底捞仍需加强数字化管理与网络化运营，将商业模式与组织运行模式向数字化方向靠拢。其次，人们的心理需求和消费观念产生了新的变化，对品牌原有的认知会随之产生改变。在这种新的餐饮环境之下，海底捞能否重新审视消费者的需求变化，并做出相应的调整，抓住新的发展机遇？海底捞作为智慧餐饮的先行者，能否在"新食代"继续保持竞争优势，这仍然值得期待。

**资料来源**

[1] 李振华，马艳. 疫情突袭，海底捞凭数字化赋能化危为机. 中国管理案例共享中心.

[2] 杜兰英，陈晓东. 海底捞扩张迷局. 中国管理案例共享中心.

[3] 马冰仑. 从"众口难调"到"私人定制"：海底捞的数智化转型. 哈佛商业评论（中文版），2019.

**思考讨论题**

1. 海底捞的核心能力是什么？海底捞是如何培育核心能力的？
2. 海底捞选择了何种竞争战略？它的竞争优势可持续吗？
3. 对海底捞的未来发展，你有哪些建议？

# A.4 中国好声音

### 1. 好声音初现

1) 购买好声音

大型专业音乐真人秀《中国好声音》是席卷海外的荷兰音乐节目 *The Voice of Holland* 的中国版，它是由星空传媒旗下的灿星制作公司以 350 万元三季的价格从注册在英国的版权代理公司 IPCN 手中购买 *The Voice* 的中国版权后制作的中国娱乐真人秀节目。灿星在购得节目的版权后，对于其中国版的制作产生了困惑：是按部就班地照原版来运作，还是进行本土创新将节目中国化。经过一番内心挣扎，田明决定要在原版的基础上对好声音进行适当的改造和创新，但节目的精华部分必须保持不变。

2) 寻找合作伙伴

灿星秉承海外节目的模式，由四位明星导师坐镇，而评判学生的标准只有一个，那就是声音。导师一旦选定了自己的学生，就将全程培训门下弟子的音乐才艺，力争在这些学员中培养出华语乐坛新一代的接班人。田明认为海外好声音的精华在于其拒绝"炒作"，拒绝"毒舌"的选择标准，在节目中，导师将对所有学员给予真诚的意见和指导，而不是国内以往的选秀节目中导师的讽刺和谩骂。灿星在寻找导师的过程中坚持音乐人的知名度和效应大小，最终选定了四位明星导师：刘欢、那英、庾澄庆和杨坤。

挑选播出平台是一个难题，首先版权方对收视平台有一定的要求，其次该节目的制作与推广费用太过昂贵：该节目对外播出打包售价达 8 000 万元，这两点使得不少卫视难以承受。田明曾经与国内多家一线卫视接洽，直到最后花落浙江卫视。到今天，说起这次大胆的决定，浙江卫视掌门人夏陈安坦陈当初台里对是否"接纳"这个高昂的节目存在很大分歧，但是他还是以自己敏锐的眼光和极大的魄力将其纳入旗下，夏陈安对外表示："浙江卫视是'第一梦想频道'，《中国好声音》与《中国梦想秀》在精神上是血脉相连的，它秉持'以精英实力打造大众文化'的宗旨，不断发挥正面能量，激励和鼓舞人们不断向前奋斗，相信梦想，也相信奇迹。"

由于节目的制作成本很高，如果没有冠名，灿星和浙江卫视的压力都会非常大。面对 6 000 万元的冠名费，很多企业都望而却步。就在田明一筹莫展之时，加多宝与王老吉的"战争"给他提供了一个机会，田明与王俊商量为加多宝量身定做了"正宗好凉茶，正宗好声音"的广告语，加多宝方面对此表现出非常大的兴趣，三方一拍即合，困扰田明和王俊许久的问题也迎刃而解了。加多宝的加入使《中国好声音》广告赞助商的主力集中在了饮料行业，加多宝、娃哈哈、郎酒、养生堂和蒙牛等的赞助占总赞助费的40%，高出位居第二的化妆品行业20%多。

3）制作首季好声音

在制作《中国好声音》之前，田明将好声音定位为中国首档大型励志类音乐评论节目，并对整个制作团队提出要求：《中国好声音》要在质量上做到最好，节目的创新点和本土化等都必须是高水平的。田明将目标定为：收视率同时段第一，并且开启国内音乐选秀节目的一段新的旅程。

田明认为节目要获得成功，必须抓住观众的心理，他将麦基叙事策略作为制作《中国好声音》的一个标准，鸿沟和反差情节及激励事件成为《中国好声音》的一条主线。

首季《中国好声音》的制作及播出历时近三个半月，灿星将节目分为"导师盲选""导师抉择""导师对战""年度盛典"4个阶段。

第一阶段"导师盲选"：田明认为海外版好声音的转椅方式非常有新意，于是决定在《中国好声音》最初的学员选拔阶段，采取明星导师背对学员，仅凭参赛选手的声音来选择的方式，而不受其他任何因素的干扰。在选择过程中，若有导师在选手演唱时按下选择按钮，则标志着该选手被该位导师纳入旗下。这种方式不仅考察了选手本身的演唱功力，对于导师的决策判断能力也有一定的考验。当一位选手被多位导师选择时，选手自己也有反选的权利。在这一环节，灿星设计了导师们为获得自己青睐的学员而通过卖萌、撒娇等"你争我夺"的看点。田明相信让观众分享选手具有的选择权利，以及平时高高在上的导师竞相争宠会相当有趣，这一"鸿沟与反差"会使观众内心产生快感，进而爱上这档节目。

第二阶段"导师抉择"：导师盲选过后，四位明星导师将会对所选出的门下弟子进行专门的音乐才艺培训。培训结束后，四位明星导师旗下的弟子将会同台演出进行PK，最后谁能成为优秀学员，不仅要看培训的时间及导师的指导和建议，还要看另外一个环节，那就是听选手们的梦想故事，当然这些故事要具有激励作用，让观众们在感动的同时，还会喜欢上故事的主角，也就是通过梦想引起共鸣。

第三阶段"导师对战"：灿星设计这一阶段，主要是考验四位明星导师的"教学能力"，更重要的是"运筹帷幄"的能力。经过相同时间的培训，谁的学生进步得更快，发挥得更好，这些悬念都将在舞台上揭晓。

第四阶段"年度盛典"：在比赛结束之后，灿星筹备了一场大型演唱会，届时首季《中国好声音》的明星导师和他们培养出来的学员将在这场盛典中接受大舞台演出的考验，也将接受所有观众的检验，这个环节的目的是让观众做一回主人。

**2. 好声音完美绽放**

灿星完成对《中国好声音》的制作及播出平台的选择后，田明舒缓了一口气后不禁有点担忧：《中国好声音》能沿袭它的前身《荷兰之声》一举成名吗？

2012年7月13日，田明永远忘不了这一天，《中国好声音》在浙江卫视首播一炮而红，第一期的10位参赛选手登场，靠着一副好声音和全身心的投入，这些名不见经传的音乐爱好者征服了电视机前的观众，很多观众称"听出了一身鸡皮疙瘩"，通过微博的广泛传播，好声音迅速占据了微博实时热词排行榜第一名。互联网方面，《中国好声音》的访问量也是直线上升。《中国好声音》在网络上的火爆程度让很多网友赞其是"2005 年以来最值得期待的音乐盛事""耳尖上的中国"。

《中国好声音》第一期取得了 1.477% 的收视率，随后的 13 期节目收视率一路飙升，收官之作达到 5.652%，而其总决赛的收视率最高更是达到了 6.101%。

### 3. 好声音的好战略

灿星制作团队在几个关键方面进行了革新，对国外节目模式进行了创新。

1) 制播分离模式创新

到目前为止，国内卫视节目的制作和播出采取以下 3 种主要模式。

第一种模式是电视台的劳务输出。电视台把部分工作交付给电视台以外的人（如制作公司）来做，但是总控制权还是在电视台的手中，也可以下派导演负责。这种模式的本质是将劳务性质的工作，如剪辑师、编导等交由外人完成，但核心技术和节目的内容仍由电视台掌控。

第二种模式也是目前的主流模式，是电视台负责审查、付费和播出，制作公司全职生产。某制作公司独立完成一档节目，该节目的创意、理念、制作等都由该制作公司负责，节目完成后，制作公司先拿出一个样片，交由电视台的审片委员会审查，他们会预估这个节目的收视率和广告吸附力，再考虑是否购买。

第三种模式是《中国好声音》采用的一种新颖的制播分离模式。《中国好声音》的商业模式创新之一就体现在制播的分离与分成方面，即灿星与浙江卫视双方共同投资、共担风险、共同招商、均分利益。这种模式堪称是真正意义上的首次制作方和播出方的"联盟"。在这种模式下，灿星将负担节目达不到规定的收视标准时广告商的损失，相反，当节目达到规定的收视标准后，灿星可以直接参与浙江卫视的广告分成。

灿星的这一创新使其同时面临着巨大的风险和利益的刺激，这也激励灿星更好地来制作出一档高质量的节目。数据表明，灿星通过制播分离的新模式获得了相当可观的利益。

2) 传递"正能量"

灿星力求通过《中国好声音》将人们对音乐的评判回归到好声音这个标准上。田明对节目的评选要求设定为：不以貌取人，只用声音打动人；明星导师们选取学员的标准也一律以"好声音"为评判。这是对选秀节目形式的一种创新，相比于国内选秀节目以"恶俗、毒舌、冷酷、拜金、富二代、造假"等吸引观众眼球的形式，它显得更贴近生活。

3) 打造全产业链

田明为了改变对国外引进节目的再制作的被动局面，决定从产业链着手，打造音乐选秀节目的全产业链模式。

灿星首先将明星导师作为打造全产业链的合作伙伴，以此来吸引明星们的长期共同投入。它不同于之前的节目对明星导师们采取付费的方式，而是与明星导师们合作，共同进行整个产业链的开发工作，也就是说导师们可以参与节目后期的开发分成，这不仅可以保证导师们全身心地投入来提高节目的质量，也为参赛选手们的前景提供了保障，因为导师们的利益和他们紧密联系在一起，只有全力以赴地培养自己的成员，导师们才能名利双收。更重要的是，后期的产业链的开发更能实现参赛选手们的音乐梦想。

如今音乐产业的主体——唱片公司、经纪公司、演出公司，长期以来都保持着各自为政的局面，这使得它们各自力量薄弱，不仅易遭受互联网的冲击，而且也很难通过整合产业链释放出行业潜在的能量。考虑到这个事实，灿星为了改变自己的尴尬局面，提出了更大的创新，灿星把参赛选手签约及签约之后的商业演出等项目都收归己有，并逐步开发包括音乐学院、演唱会、音乐剧及线下演出在内的全产业链。除此之外，灿星与运营商签署了彩铃分成协议，学员在节目中演唱的歌曲可以同步通过彩铃下载，另外还与运营商成立了一家经纪公司，为参赛学员的后续发展保驾护航。

4) 生态圈的互利共赢

田明将与《中国好声音》有利益关系的主体所在的环境定义为一个生态圈，灿星、浙江卫视、四位导师、学员、赞助商等都是这个生态圈中的成员。在这个生态圈中，共生、互生和再生是各成员活动的共同准则。田明将《中国好声音》比作一个"公司"，该"公司"的发言人是华少，他负责沟通并了解和讲述每个学员背后的故事；曾经是老师、乐坛大姐、音乐顽童和拥有32场演唱会的刘欢、那英、庾澄庆和杨坤在这家"公司"里是质量总监，他们负责挑选制作好的产品，并给出指导意见，提升产品的深层价值；这家"公司"销售的产品是声音，并将产品进行包装，通过不同的形式将产品及其衍生品销售出去；加多宝、娃哈哈等则是这家"公司"的投资者。

好声音生态圈的健康发展是各成员共同努力的结果，而在田明看来，不管是灿星或浙江卫视，还是导师、赞助商等，他们都达到了互利共赢的目标。灿星参与了广告分成，并深挖了产业链，浙江卫视在创造收视奇迹的同时打响了知名度，而导师和学员等则成为热门话题，其中参赛学员成为最热门的话题，关注程度达71%，导师的关注度也达到68%。赞助《中国好声音》之后，各广告商的被关注度也迅速提升，加多宝遥遥领先，关注度为31%，促使人们的认知从王老吉转变为红罐凉茶加多宝，成功实现了品牌的转身。

官方数据显示，《中国好声音2022》自开播以来，收视率继续领跑。首期节目的播出便毫无悬念地夺得了卫视同时段综艺节目收视率第一的好成绩。这无疑证明，《中国好声音》的系列节目依然是卫视综艺中最好的节目之一。

资料来源
郭焱，庞海燕.《中国好声音》：耳尖上的中国. 中国管理案例共享中心案例库，2013.

思考讨论题
1.《中国好声音》获得成功的原因主要有哪些？
2. 国内卫视节目制作和播出的三种主要模式各自的利弊如何？
3. 联系战略管理理论，《中国好声音》有哪些成功的经验值得借鉴？

# A.5 从后发到领先：华为公司的追赶之路

1987年，华为公司在中国深圳成立，为一家生产用户交换机（PBX）的香港公司提供销售代理服务。华为的追赶过程分为两个阶段：国内市场追赶阶段和境外市场追赶阶段。通过国际化，华为获取并积累了国际领先的技术、市场与管理知识，成功从市场跟随者转型为市场领先者。发展至今，华为已成长为全球领先的信息与通信基础设施和智能终端提供商，为全球 170 多个国家和地区、30 多亿人口提供服务。

### 1. 国内市场追赶阶段（1987—1995）

在国内市场，华为实现了从销售代理公司向技术型公司的转型。作为一家销售代理公司，华为在交换机领域的技术积累为零。但成立两年后，华为开始自主开发 PBX 产品。1992 年，华为开始研发并推出农村数字交换解决方案。1994 年，华为推出 C&C08 数字程控交换机。截至 1995 年，华为销售额达 15 亿元人民币，主要来自中国农村市场。1996 年，华为推出综合业务接入网和光网络 SDH 设备，为香港和记黄埔提供固定网络解决方案。为进一步提升技术能力，华为先后在北京和上海成立研发中心。

### 2. 境外市场追赶阶段（1996 年至今）

华为境外市场的追赶主要体现为其不断推进国际化进程。在正式开始国际化经营之前，华为以香港市场为国际市场"练兵厂"，通过为李嘉诚旗下的香港企业和记电讯提供固定网络解决方案逐步打开香港市场。华为高速、高效、低成本地完成与交付，赢得了香港运营商的认可，并逐步成为中国香港地区移动网络的最大供应商。在香港的"练兵"，帮助华为加快了 3G 商用进程，为其扩宽内地市场打下了坚实的基础，同时也是华为进入国际化市场的一次模拟，由此迈出了产品国际化的第一步。因此，华为的境外市场追赶阶段分为两部分：国际化初期和国际化中后期。

1) 国际化初期：进入发展中国家市场（1996—2000）

该阶段，华为采用"农村包围城市"的国际化经营战略，主要目标市场分布在亚洲、非洲及拉丁美洲的发展中国家。按照进入市场的先后顺序，华为先后进入俄罗斯、南非共和国、肯尼亚、尼日利亚、巴西、墨西哥、泰国、马来西亚等国家。

（1）进入俄罗斯市场

1997 年爆发的亚洲金融危机使得俄罗斯电信业遭受严重打击，导致西门子等跨国通信巨头撤离俄罗斯市场。这为华为提供了进入机会，但同时也存在极高的国际化失败风险，华为为此考察三年后才决心进入俄罗斯市场。

1998 年初，华为与贝托康采恩公司、俄罗斯电信达成合作意向，通过组建贝托-华为合资公司拓展俄罗斯市场。在 1998 年成立合资公司之后的三年，华为处处碰壁，几乎找不到大的客户和订单。直到 2001 年，华为与俄罗斯国家电信部门签署了 GSM 设备供应合同，并获得了从圣彼得堡到莫斯科国家光传输干线的订单。随着经济情况的好转，华为凭借自身的产品技术领先、综合成本低、技术创新能力、以客户为中心的营销理念、优质的客户服务、丰富的产品组合等优势成功在俄罗斯站稳脚跟。截至 2003 年，华为在独联体国家的销售额超过 3 亿美元，位居独联体市场国际大型设备供应商的前列。

（2）进入南非市场（南非共和国、肯尼亚、尼日利亚等）

1998 年前后，华为对撒哈拉沙漠以南的南非共和国（以下简称南非）、肯尼亚及尼日利亚展开探索。得益于中国与非洲国家良好的外交关系，加之自身的产品竞争力，华为在非洲的国际市场拓展相对顺利。

在南非市场，华为始终致力于为当地客户提供个性化的端到端通信解决方案，南非政府也积极与华为在 3G、4G、5G 通信技术上展开合作。同时，华为改变以往在消费者终端产品上的销售策略，用南非人的"语言"跟当地人沟通，通过音乐节、广告等提高产品形象。这使得消费者终端产品销量猛增，截至 2017 年，华为手机占南非市场份额的 9%。

在肯尼亚市场，华为通过在社交媒体上进行品牌宣传吸引本地消费者，通过为高、中、低端不同需求的消费群体制定差异化的价格策略来扩大市场份额。在非洲第一大经济体的尼日利亚，强劲的竞争者（如西门子、爱立信）占据了大部分市场，华为于 2003 年与尼日利亚的 MTN 和 Starcomms 两家电信公司签订了高达 7 000 多万美元的销售合同；在 2005 年，华为与尼日利亚通讯部在人民大会堂签订《CDMA450 普遍服务项目合作备忘录》及华为在尼日利亚投资协议，金额高达 2 亿美元。目前，华为已经成为非洲最主要的移动网络设备供应商。

（3）进入拉丁美洲市场（巴西、墨西哥等）

1999 年，华为在拉丁美洲第一大经济体的巴西设立 3 个办事处，并将拉丁美洲片区总部设在圣保罗，由此迈出了进驻拉丁美洲市场的第一步。面对欧洲、美国通信巨头分公司等强大竞争对手，华为依照中国外交路线，通过"国家品牌提携企业品牌"这一路径逐步打开拉丁美洲市场的大门。此后，经过 8 年的努力，华为以巴西为起点，逐步在阿根廷、乌拉圭、智利、墨西哥、委内瑞拉、哥伦比亚、玻利维亚、厄瓜多尔、秘鲁等国设立了 13 个分公司和办事机构，业务遍及拉丁美洲 33 个国家。

华为在积极进行境外扩张时，更加注重本土化经营。华为在墨西哥的 1 400 名员工中，本地员工占比高达 90%，1/3 的高管是本地人。同时，华为还间接地为墨西哥创造了 5 000 个工作岗位。此外，华为与当地大学、医院等机构展开合作，履行企业社会责任。

（4）进入东南亚市场（泰国、马来西亚等）

鉴于泰国电子工业的广阔前景，华为在 1999 年开始进入泰国市场。2001 年，华为在泰国首都曼谷成立了华为泰国分公司。2002 年，华为在泰国的销售额达到 30 亿泰铢，成为泰国电信市场的主流设备供应商，其主要客户几乎囊括了当地的主流电信运营商。华为始终坚持"双赢"的战略思维，与泰国政府及行业客户进行广泛的深度合作，积极履行企业社会责任。据统计，华为累计为当地及区域培养了 10 000 多名专业技术人才，创造了近 5 000 个当地间接就业机会。

从 2001 年开始，华为开始拓展马来西亚市场。华为与马来西亚通信部及当地 3 家主要移动运营商共同开启 T3 计划，由华为负责建设和维护当地 300 多个偏远地区站点，其高质量产品和细致服务赢得了马来西亚客户的高度认可。

2）国际化中后期：拓展发达国家市场（2001 年至今）

1998—2002 年，中国国内的通信市场发展势头迅猛，但大部分市场被爱立信、摩托罗拉、诺基亚等外国企业瓜分，并联手围剿华为，使得华为无订单可签。雪上加霜的是，华为决策层在这期间连续做出了 3 个战略误断，错失了 CDMA、小灵通、手机 3 个市场，直接导致华为在 2002 年首次出现负增长。面对如此危机，为了活下去，华为决定"走出去"，进一步拓展国际市场。华为通过拓展发展中国家市场积累了丰富的国际化经验，并借此开始向发达的欧美国家市场进发。

（1）进入美国市场

1993 年，华为在美国达拉斯建立华为研究基地；1999 年，华为在达拉斯建立研究所；

2002年6月，华为在美国亚特兰大电信设备展中首次展示华为全系列数据通信产品，宣布正式进入北美市场，并在美国得克萨斯州成立子公司。

华为国际市场的优异成绩很快引起竞争对手的关注，并被视为有潜力的市场竞争者。2003年1月，华为及其美国分公司遭到思科（全球领先的网络解决方案供应商）起诉，被要求停止"侵犯"思科知识产权。华为聘请了第三方数据通信专家，对思科IOS和华为的通用路由平台的新旧两个版本进行比对。对比结果表明，华为通用路由旧平台中仅有1.9%与思科的私有协议有关。与此同时，华为与老牌美国设备提供商3Com公司成立合资公司，3Com公司CEO布鲁斯·克拉夫林在考察过华为的技术、管理等各个方面后出庭作证，证明华为技术和实力的可信赖性。2004年7月，思科与华为这场历时近两年的纠纷最终达成和解。

虽然达成和解，但这场官司使华为损失重大。华为不得不放慢进入美国市场的脚步，并选择从欧洲入场国际高端市场。此后，华为多次尝试进入美国市场，但依旧阻力重重。2010年和2011年，华为分别试图并购摩托罗拉无线网络业务和3 Leaf Systems（三叶系统），均被美国政府拒绝。2016年6月，美国商务部为了找到制裁华为的相关"证据"，强制华为提交向古巴、伊朗、朝鲜、苏丹和叙利亚出口或再出口美国技术的相关出货信息。2018年初，在美国政府的干预下，美国运营商AT&T放弃销售华为最新智能手机，而华为和AT&T的这次合作曾被视作华为即将正式进军美国市场的一个标志性事件。2019年5月16日，美国商务部将华为及其分布在全球的68家子公司纳入实体清单。华为不得不开始去美国化，更新其供应商。

2019年8月9日—8月11日，在华为开发者大会上，华为正式发布自有操作系统——鸿蒙；紧接着，在9月6日的德国柏林消费电子展（IFA）上，华为宣布面向全球推出华为最新一代旗舰芯片麒麟990系列，包括麒麟990和麒麟990 5G两款芯片。然而，华为在进行去美国化和芯片自有化的同时，美国的供应商态度多次逆转。2019年5月，移动处理器知识产权提供商Arm表示必须遵循美国的贸易禁令；但其在9月份又宣称，在合规的前提下，Arm确认可以向包括华为、海思在内的中国客户授权V8架构和未来的后续架构技术。此外，高通、美光、英特尔等也在陆续表示将恢复对华为的供货。

（2）进入欧洲市场（英国、荷兰、德国等）

在全球电信市场中，北美市场和欧洲市场分别占到约30%的份额，且欧美市场更加成熟和健全。进入欧美市场，华为需要改变依靠成本优势、做"价格屠夫"的套路，要重视国际化市场的规则、口碑、满意度，以及竞争者的态度。华为决策层决定从通过各地严苛的认证入手，进入欧洲市场。

2003—2005年，英国电信（BT）从企业质量、品质、财务、人力资源、环境、科学管理、人权等12个维度对华为进行供应商认证。在通过英国电信（BT）认证后，华为又陆续通过了西班牙电信、英国沃达丰的认证，这为华为开拓欧洲市场打下了坚实基础。2004年底，华为签下荷兰运营商泰尔弗（Telfort）关于搭建覆盖全国WCDMA网络的合同，这标志着华为迈进欧洲主流市场。2006年，沃达丰通过华为的分布式基站在西班牙电信的竞争中获胜，这使华为在欧洲名声大噪，并接连斩获大单。2008年，华为推出具有显著技术优势的第四代基站[①]，强化其在欧洲市场的地位。

华为在欧洲并非一帆风顺，其在关于3G设备的测试局上就走过一条"荆棘和鲜花并存

---

① 相比于爱立信的12块插板，华为的第四代基站只需要3块。

的开创之路"。2004年，世界上最大移动通信网络公司之一的沃达丰在受邀参观华为后，提出想要测试华为3G设备的建议。面对沃达丰的征询，任正非自信地回答："放在你们认为最难、技术要求最高的国家吧！"由此，德国杜塞尔多夫成为首选的测试地。但此次测试被沃达丰德国代表拒绝。紧接着，德国某传统电信厂家的一封表示与华为有专利纠纷的正式律师函更是直接将华为在欧洲的扩张计划打入寒冬。直至2009年，获得LTE牌照的沃达丰德国准备启动相关测试，华为作为独家LTE测试公司于2010年成功通过测试，并成为沃达丰德国未来5~10年最主要的合作伙伴。

在进行国际化的同时，华为也在反省自身的战略。曾经，为了活下去，华为凭借"农村包围城市"的战略开启了国际化进程。低价策略在欧美市场遇冷后，华为及时调整战略，通过国际合作的方式进入欧美市场。由于西门子具有TD-SCDMA技术上的领先优势，华为于2003年与西门子共同投资1亿美元组建鼎桥通信公司①，以此拓展TD-SCDMA市场。同年，华为再次与西门子组建合资企业，共同研发3G手机芯片和手机平台，为华为进入手机市场奠定技术基础。

（3）进入亚洲市场（新加坡、日本等）

新加坡政府对于通信领域的重视为华为提供了市场机会。2005年，华为进入新加坡市场；2007年，华为与新加坡三大电信运营商之一的电信公司签订合同，为其NGN（网络和项目捆绑业务）项目开发一套定制化的软件。为研发这套软件，华为组建了一个1000多人的研发团队，耗时一年终于成功交付。NGN项目的顺利完成，打响了华为在新加坡的名号，促使华为接连承接了新加坡大型网络业务项目，包括StarHub（新加坡电信运营商）的整个3G网络等。此后，新加坡3G、4G、5G网络的发展，也都有华为的身影参与其中。

2001年4月，任正非到日本考察，并决定加速拓展日本市场。2005年，华为在日本成立华为技术日本株式会社；2006年，华为接到NTT（日本电报电话公司）的订单，为其提供一款对技术要求非常高的新产品。华为研发部连续60天奋战后，最终顺利完成项目。此次项目使华为认识到日本的超高质量标准和匠人精神，同时也使日本企业看到华为的实力。2008年7月，世界排名第十二的日本电信运营商KDDI决定考察华为的生产现场，随后对华为的生产现场提出了93个不合格项，给原本信心满满的华为当头一棒。对于KDDI的苛刻标准，华为内部在激烈争论后达成一致：必须保持开放的心态，在质量方面，必须要有更高的进取心，要迎难而上。在接下来的4个月里，华为坚持以KDDI的要求为标准，以客户的思维和角度改进生产现场，最终通过考察并于2009年10月赢得了KDDI的首份合同。同时，华为在日本积极建立研发基地，通过在销售与服务、研发、采购等维度同时发力，华为逐渐融入日本ICT产业界。

**3. 总结：华为追赶战略的总体评价**

华为通过国内市场追赶和境外市场追赶成功实现了从后发到领先的转型。华为首先通过国内市场追赶阶段积累市场和技术经验；其次，华为通过境外市场追赶阶段拓展国际市场，实现国际市场经验的积累，以及国际前沿技术的探索。其中，华为境外市场追赶过程又分为两个阶段：在国际化1.0阶段，华为采用"农村包围城市"策略，攻下位于亚洲、非洲、拉美的众多发展中国家；在国际化2.0阶段，为了适应发达国家的市场特征，华为调整策略为

---

① 对于鼎桥通信公司，西门子持51%的股份，华为持49%的股份。

"以土地换和平",化敌为友,成功打开了欧洲市场。

在拓展国际市场的过程中,华为的进入模式表现出以下特征:第一,始终保证超高的质量标准,以客户为中心,用产品和服务打动客户;第二,根据国际市场环境特征,综合使用新建子公司、建立合资公司等进入方式;第三,通过在境外设立创新与研发中心等机构,获取境外技术资源。在国际化过程中,华为始终坚持尊重东道国本土文化,并广泛吸纳当地人才。时至今日,华为约有19.5万员工,业务遍及170多个国家和地区,服务全球30多亿人口。

资料来源

[1] 周锡冰. 华为国际化 [M]. 北京:中信出版集团,2020.

[2] 任正非. 赴美考察散记 [EB/OL]. 1994 - 01 - 28.

[3] 任正非. 北国之春 [EB/OL]. 2001 - 04 - 24.

[4] 杜浩月,李玲,郭立甫. 中国跨国公司的国际化经营与战略分析:以华为公司为例 [J]. 中国商论,2022,871 (24):50 - 52.

[5] 周展. 华为有限公司知识积累的国际化战略研究 [D]. 长沙:湘潭大学,2014.

思考讨论题

1. 华为在欧洲市场成功的关键因素有哪些?
2. 华为在美国市场失败的原因是什么?
3. 华为在实施境外市场追赶战略时,都采用了哪些进入模式?
4. 华为的追赶历程对后发企业实施追赶战略有哪些启发?

# A.6 小米的多元化、生态链与成本领先战略

小米科技有限责任公司(下称小米)于2010年在北京创立,之后于2018年在香港上市。小米目前的业务主要包括智能手机、IoT与生活消费品和互联网服务。此外,小米的其他部门负责提供硬件产品的维修工作。表A-1对小米的业务领域进行了分类。图A-1展示了小米的价值链,其中不仅有供应商、客户,还有代工厂、生态链企业、自营电商。

表 A-1 小米业务领域分类

| 业务领域 | 是否自营 | 业务类型 |
| --- | --- | --- |
| 智能手机 | 自营 | 第一圈层,核心业务 |
| 智能手机周边产品中的中心产品:小米路由器、电视、笔记本、小爱音箱 | 自营 | 第一圈层,相关多元化业务 |
| 智能电动汽车 | 自营 | 第一圈层,相关多元化业务 |
| 生态链IoT产品中的手机周边产品:小米手环、小米耳机、充电宝、插线板等 | 生态链企业 | 第二圈层,相关多元化业务 |
| 生态链IoT产品中的非手机周边产品:小米空气净化器、小米电饭锅、小米空调、小米智能门锁、平衡车 | 生态链企业 | 第二圈层,相关多元化业务 |
| 生活消费产品:生活用品 | 生态链企业 | 第二圈层,非相关多元化业务 |
| 互联网服务:MIUI系统服务、广告服务、游戏、互联网金融 | 自营 | 第三圈层,相关多元化业务 |

● 战略管理

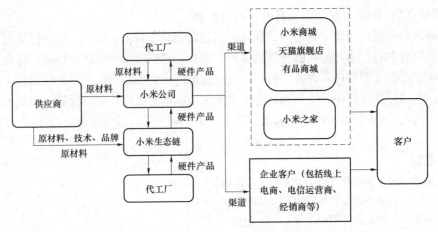

图 A-1 小米的价值链

**1. 智能手机业务**

小米在创立初期首先推出了 MIUI 系统、米聊 App 等互联网信息产品。2010 年，小米正式开启了手机业务。2011 年 10 月，小米手机产品一经上市便通过产品性价比迅速地打开了市场。2013 年，小米手机成为全球三大品牌之一。

2016 年，国产手机市场竞争进入白热化，OPPO、vivo 等品牌线下门店的大量扩张使得这些同行"弯道超车"，将小米的市场份额进一步压缩，加之中美贸易摩擦使得小米一直依赖的高通芯片出现供应链问题，小米的手机业务一度遭受重大挑战。2015 年，小米因供应链等原因致使新机推迟发布，后又因订单增加使小米遭遇产能危机，这使小米的销量在 2015 年和 2016 年一度跌到谷底。

**2. IoT 业务**

自 2013 年年底开始，小米逐步开启了在 IoT 领域的布局。除手机产品之外，小米相继推出了小米耳机、小米充电宝等手机周边产品。

虽然小米智能手机的出货量在 2015 年、2016 年连续降低，但通过物联网的建立与发展，小米营收及利润一路攀升。IoT 与生活消费品部分收入占总收入的比重由 2015 年的 13.00% 提升至 2019 年的 30.16%，逐渐成为小米的重要收入来源。2018 年，小米的核心战略升级为"手机+AIoT"双引擎战略。

**3. 小米自有 IoT 产品**

在小米的生态系统中，第一圈层是小米核心自有产品，包括小米品牌和 Redmi 品牌旗下的智能手机、电视、笔记本、路由器和小爱音箱。其中，除智能手机外，其他均为 IoT 产品，即 1+4+X 生态链产品布局中的"4"。2021 年，小米成立一家全资子公司负责小米智能电动汽车业务。

**4. 出自生态链企业的 IoT 产品**

2013 年底，小米成立生态链团队并展开对外投资，开始向 IoT 领域扩展。小米以成本价购入产成品，之后以利益分成的方式返还给生态链伙伴一定的收益。小米所投资的企业通常"性价比"较高。小米生态链投资的布局以小米智能手机为中心展开，无论是对手机数据线、耳机、充电宝等生产企业的投资，还是与电视、空调、音响等生产企业的合作，小米都将其与智能手机业务的协调性作为重要参考标准。

如今，除了小米电视、小米笔记本、小米路由器和小米音响是小米自有品牌产品，其他IoT产品都出自小米的生态链企业。2019年11月，小米提出IoT品类战略：1+4+X，其中1+4指的是小米智能手机和电视、笔记本、路由器、小米音响这五大接口。在小米投资战略的实施过程中，可以发现一个"圈层逻辑"：最内部的核心圈为小米的核心业务——智能手机业务，向外扩展的一圈为小米的四大重点业务——小米电视业务、小米路由器业务、小米音响业务和小米电脑业务；再进一步向外面拓展，第三圈层为与小米核心业务、重点业务相关的硬件耗材和主流产品，主要包括小米移动电源等耗材与平衡车、扫地机器人等产品；继续向外拓展，第四圈层为米家品牌下的系列产品，主要为以生活耗材为主题的智能设备。

至2021年底，小米投资的生态链公司增至390多家。为小米提供可穿戴产品的华米、提供净水器的云米、提供智能扫地机器人的石头科技、提供平衡车和电动滑板车的九号机器人都已在2018—2020年陆续上市。表A-2列举了小米生态链部分主要企业。

表A-2 小米生态链部分主要企业

| 被投资企业名称 | 代表产品 | 企业成立时间 | 小米投资时间 |
| --- | --- | --- | --- |
| 华米科技（纳斯达克上市） | 小米手环 | 2013年 | 2014年 |
| 云米科技（纳斯达克上市） | 小米净水器 | 2014年 | 2016年 |
| 石头科技（科创板上市） | 米家扫地机器人 | 2014年 | 2014年 |
| 九号机器人（科创板上市） | 米家电动滑板车、米家平衡车 | 2012年 | 2014年 |
| 紫米科技 | 小米充电宝 | 2012年 | 2014年 |
| 万魔声学 | 耳塞式耳机 | 2013年 | 2013年 |
| 创米科技 | 小白智能摄像机 | 2014年 | 2014年 |
| 绿米联创 | 小米米家智能门锁 | 2009年 | 2014年 |
| 青米科技（母公司新三板上市） | 小米插线板 | 2014年（母公司动力未来成立于2002年） | 2015年 |
| 峰米科技（母公司科创板上市） | 米家激光投影电视 | 2016年（母公司光峰科技成立于2006年） | 2016年 |

截至2020年年底，小米的AIoT平台已连接的IoT设备（不包括智能手机及笔记本电脑）数达到3.25亿台。2020年，米家App月活跃用户中非小米手机用户占比达到67.9%，这表示小米的IoT生态平台已经减少了对手机出货量的依赖。

小米从资金、品牌、技术、渠道4方面给生态链企业提供资源支持。

① 资金：小米利用其下属基金公司向生态链企业大量投资。

② 技术：小米利用其搭建的IoT平台和中控技术为生态链企业提供技术支持。其中，中控技术包括小米电视、小米AI音箱、米家App。通过统一控制平台的建设，生态链企业节省了独立研发的时间和精力。

③ 渠道：小米与生态链企业共享小米商城、小米有品和小米之家等营销渠道。

④ 品牌：2016年，推出生态链"米家"品牌，着力打造更多的小米生态链产品。由此，小米主要分为了两类品牌：小米品牌和Redmi品牌用于专门承载小米自有产品；米家品牌是生态链品牌。

小米的生态链企业在生产出商品之后，一部分可以借助米家的品牌进行销售，还有一部分可以用自有品牌进行销售。小米生态链企业往往依赖小米平台实现了初期的发展，但由于存在依赖于小米这一单一大客户的风险及低利润率，后续往往会通过实施双品牌战略来降低对小米的依赖度。例如，华米科技拥有自有品牌Amazfit，紫米科技拥有自有品牌ZMI。云米科技2016年来自小米销售的收入占比为95.9%，到2020年则下降至49.6%。

5. 互联网服务业务

除了搭建生态产业之外，小米的互联网服务业务也在迅速增长，2021年其互联网服务收入已经占到总收入的约8.6%，是小米除智能手机和AIoT业务之外第三大收入源头。

小米互联网服务业务的主要平台是MIUI。截至2021年12月31日，MIUI月活跃人数约5.08亿。基于小米MIUI的系统应用下，智能手机和IoT消费产品实现互相连入，这给互联网服务带去了更多的用户流量。

6. 成本领先战略

小米的战略提出：硬件利润率不超过5%。相比苹果（营业利润率达到30.7%）和三星（营业利润率为9.7%），小米的利润率水平较低。为迎合更多消费者需求，2013年，小米将"红米"独立成立子品牌，"红米"主打性价比，主要针对中低收入客户。

7. 生产成本的控制

小米基本采用代工厂模式（进行生产外包）而不是投入资本去建立工厂和生产线，减少了固定生产线的投入，从而降低了人工成本和生产成本。和小米不同，华为拥有生产工厂，对于一些高端旗舰机型，大多自己生产。小米先后在2019年和2021年落地投产了智能制造工厂，这些工厂的自动化率达到75%，减少了人工参与，节省了制造成本。

8. 采购成本的控制

小米对于其手机的核心部件，如处理器等，往往采用较高成本的配件，对其他配件，通常退而求其次，这样既不影响手机的整体性能，又能在与其他品牌同类机型的价格比较上占一定优势。

由于之前的芯片断供以及中美贸易摩擦，使得小米等国产企业面临"无芯"危机。在经历危机后小米加大了对芯片等技术研发的投入，并推出了自主研发的芯片"松果处理器"。到2023年，小米手机的国产零件占比已经有了大幅提升。

9. 销售成本的控制

小米以互联网直销作为主要渠道，拥有小米商城、小米有品等自建电商平台，节省了渠道费用和店面运营成本。小米商城主要销售小米及其生态链企业生产制造的产品；小米有品则采用多品牌合作的模式，在销售小米及米家品牌商品的同时，引入第三方的高端品牌，丰富商品种类。

小米之家的开设始于2011年，初期职能是为小米手机提供线下自提和售后维修的地点。后来随着线上销售红利的消失，小米加大了对线下销售渠道的投入。小米在2017年通过开设小米之家、小米专卖店、小米授权店和小米专营店，填补了线下销售空白，并渗透三四线城市。智能手机和智能硬件销售量大幅度提高，极大地增加了总体营业收入。尽管如此，在2023年第一季度，小米手机在国内的销量还是低于OPPO、苹果、vivo、荣耀。表A-3对比了小米 4 种线下渠道的特点。

表 A-3  小米线下渠道特点对比

| 类型 | 小米之家 | 小米专卖店 | 小米授权店 | 小米专营店 |
| --- | --- | --- | --- | --- |
| 建店区域 | 一二线城市 | 一二线城市 | 县级以上城市 | 所有区域 |
| 投资方 | 小米 | 经销商 | 经销商 | 经销商 |
| 运营方 | 小米 | 小米 | 经销商 | 经销商 |

### 10. 研发成本的控制

2020 年，小米 3.76% 的研发投入与华为 15.6% 的研发投入相比明显偏低。目前，小米在芯片的开发研究上落后于华为、苹果等竞争对手。小米通过客户参与来降低研发支出，即利用自身高黏性的"米粉"基础，通过发放样机、程序试运营等手段，让消费者参与到灰度测试过程中来。小米通过"以投资代研发"的方式，也节约了研发支出。

### 11. 国际市场

随着国内手机市场的饱和，行业发展遇到瓶颈期，于是小米开发了印度等境外市场，以高性价比的优势，获得了较高的市场份额。2014 年，小米首先选择进入东南亚和南亚市场。2014 年，在进入印度市场时，小米采取了出口贸易型进入模式。与国内市场的销售模式一样，小米在印度最先开辟的是线上销售渠道。小米手机通过高性价比迅速获得了市场青睐，产品推广依靠零成本口碑营销，在印度获得了大批的"米粉"。"米粉"自发推广，降低了推广费用。2015 年，小米和富士康在印度联合投资 35 亿美元打造本土生产线，从而在印度由最先的出口贸易型模式逐渐转变为投资模式。

在进军欧洲市场时，考虑到当地市场的原材料、运输、人工等成本均高于印度，投资设厂的进入方式没有很好的实施条件，小米逐渐开始寻求战略联盟的方式。

由于在国际市场上较为成功，在 2023 年第一季度，小米在全球智能手机市场的份额排在第三名，仅次于三星、苹果，并高于 OPPO 和 vivo。

资料来源
根据专业学位硕士论文、新闻报道等公开资料整理。

**思考讨论题**

1. 小米所面临的外部环境对其成本领先战略的实施有哪些影响？
2. 小米的生态系统和多元化之间有怎样的关系？
3. 小米的轻资产运营策略和成本领先战略分别有哪些积极作用和负面作用？
4. 小米的智能电动汽车业务和小米以智能手机为核心业务的圈层结构之间有什么关系？
5. 小米在境外市场的表现较好，有哪些原因？
6. 小米在境外市场的发展与其成本领先战略有何关系？

# 参考文献

[1] 黎群，汤小华，魏炜．战略管理教程．2版．北京：北京交通大学出版社，2017．

[2] 蓝海林．企业战略管理．3版．北京：中国人民大学出版社，2021．

[3] 魏江，邬爱其．战略管理．2版．北京：机械工业出版社，2021．

[4] 徐飞．战略管理．5版．北京：中国人民大学出版社，2022．

[5] 李丹，薛章林，卢欢．企业战略管理．2版．北京：清华大学出版社，2021．

[6] 高红岩．战略管理学．北京：北京交通大学出版社，2007．

[7] 姚建明．战略管理．2版．北京：清华大学出版社，2022．

[8] 陈劲，焦豪．战略管理．北京：北京大学出版社，2021．

[9] 希特，爱尔兰，霍斯基森．战略管理：概念与案例．刘刚，等译．13版．北京：中国人民大学出版社，2021．

[10] 汤普森，甘布尔．战略管理：概念与案例．王晓宇，王家宝，等译．北京：机械工业出版社出版社，2020．

[11] 黎群，汤小华，高红岩．企业战略管理教程．北京：中国铁道出版社，2008．

[12] 鲁梅尔特．好战略，坏战略．北京：中信出版社，2017．

[13] 徐二明，肖建强．战略管理研究的演进．管理科学，2021（7）．

[14] 马浩．战略管理研究：40年纵览．外国经济与管理，2019（12）．

[15] 武亚军．"战略框架式思考"、"悖论整合"与企业竞争优势：任正非的认知模式分析及管理启示 [J]．管理世界，2013（4）．

[16] 陈昌盛，许伟，兰宗敏，等．"十四五"时期我国发展内外部环境研究 [J]．管理世界，2020（10）．

[17] 邢小强，汤新慧，王珏，等．数字平台履责与共享价值创造：基于字节跳动扶贫的案例研究 [J]．管理世界，2021（12）．

[18] 丁雄军．奋力开创茅台高质量发展、现代化建设新局面 [J]．当代贵州，2022（52）．

[19] 谭小芳，张伶俐．海尔集团战略演变与价值链管理研究 [J]．财会通讯，2020（8）．

[20] 沙因．组织文化与领导力．5版．陈劲等译．北京：中国人民大学出版社，2020．

[21] 黎群．IBM公司战略转型与文化变革的经验与启示 [J]．企业文明，2016（5）．

[22] 潘剑英，王重鸣．商业生态系统理论模型回顾与研究展望 [J]．外国经济与管理，2012（9）．

[23] 谢伟，张娜娜．管理学习的研究现状及其未来研究展望 [J]．科技管理研究，2017，37

(22)：248-253.

[24] 张娜娜，谢伟．中国企业管理创新的演化及其与环境的关系［J］．科技进步与对策，2016, 33 (10)：54-58.

[25] 张娜娜，梅亮．后发企业的管理滞后与改善：基于管理学习的视角［J］．南开管理评论，2021, 24 (1)：74-85+103-105.

[26] 希林．技术创新的战略管理［M］．王毅，谢伟，段勇倩，译．北京：清华大学出版社，2015.

[27] 焦豪，杨季枫，应瑛．动态能力研究述评及开展中国情景化研究的建议［J］．管理世界，2021 (5).

[28] 苏敬勤，孙悦，高昕．连续数字化转型背景下的数字化能力演化机理：基于资源编排视角［J］．科学学研究，2022 (10).

[29] 吕贤杰，陶锋．相关与非相关多元化经营抑制了实质性创新吗［J］．科技进步与对策 2020 (19).

[30] 黎群，王莉．企业文化．2版．北京：北京交通大学出版社，2012.

[31] 项保华．战略管理：艺术与实物．5版．北京：华夏出版社，2012.

[32] 金占明．战略管理：超竞争环境下的选择．北京：清华大学出版社，2010.

[33] 王成．战略罗盘．北京：中信出版社，2014.

[34] 戴维．战略管理：概念与案例．13版．北京：清华大学出版社，2013.

[35] 白长虹，刘春华．基于扎根理论的海尔、华为公司国际化战略案例相似性对比研究［J］．科研管理，2014 (3).

[36] 杨道广，张传财，陈汉文．内部控制、并购整合能力与并购业绩：来自我国上市公司的经验证据［J］．审计研究，2014 (3).

[37] 汪建成．避免掉入国际化五大陷阱［J］．北大商业评论，2016 (2).

[38] 支晓强，戴璐．组织间业绩评价的理论发展与平衡计分卡的改进：基于战略联盟情景［J］．会计研究，2012 (4).

[39] 李维安，刘振杰，顾亮．董事会异质性、断裂带与跨国并购［J］．管理科学，2014 (7).

[40] 陈仕华，姜广省，卢昌崇．董事联结、目标公司选择与并购绩效：基于并购双方之间信息不对称的研究视角［J］．管理世界，2013 (12).

[41] 李宁娟，高山行．环境扫描对探索式创新和新产品绩效影响的研究：被调节的中介效应［J］．管理学报，2017 (2).

[42] 吴先明，苏志文．将跨国并购作为技术追赶的杠杆：动态能力视角［J］．管理世界，2014 (4).

[43] MCINTYRE D P, SRINIVASAN A. Networks, platforms, and strategy：Emerging views and next steps. Strategic Management Journal, 2016, 1 (38)：141-160.

[44] MELISSA A SCHILLING．技术创新的战略管理．王毅，等译．北京：清华大学出版社，2015.

[45] SEBASTIAN I M, ROSS J W, BEATH C, et al. How big old companies navigate digital transformation. MIS Quarterly Executive, 2017, 16 (3).